Iwan Turgenjew

Gesammelte Werke in Einzelbänden

Herausgegeben
von Klaus Dornacher

Iwan Turgenjew

Aufzeichnungen eines Jägers

Deutsch
von Herbert Wotte

Aufbau-Verlag

Titel der russischen Originalausgabe
Записки охотника

Chor und Kalinytsch

Wer zufällig einmal aus dem Kreis Bolchow in den von Shisdra gekommen ist, den hat wahrscheinlich der schroffe Gegensatz zwischen dem Menschenschlag im Gouvernement Orjol und den Menschen von Kaluga überrascht. Der orjolsche Bauer ist klein von Wuchs und etwas krumm, er ist mürrisch und blickt finster drein, wohnt in einer ärmlichen Hütte aus Espenholz, geht auf Frondienst und befaßt sich nicht mit Handel, er nährt sich schlecht und trägt Bastschuhe. Der kalugische Zinsbauer aber wohnt in einem geräumigen Haus aus Fichtenholz, er ist groß von Wuchs und blickt frei und froh drein, sein Gesicht ist frisch und offen; er handelt mit Öl und Teer und geht feiertags in Stiefeln. Ein orjolsches Dorf – wir sprechen hier vom östlichen Teil des Gouvernements – liegt gewöhnlich inmitten gepflügter Felder, in der Nähe einer Schlucht, die man mit Müh und Not in einen schmutzigen Teich umgewandelt hat. Außer einigen Weiden, denen man auf Schritt und Tritt begegnet, und zwei, drei mageren Birken ist im Umkreis von einer Werst kein Baum zu sehen; Hütte schmiegt sich an Hütte; die Dächer sind mit faulem Stroh beschüttet. Ein kalugisches Dorf hingegen ist meist von Wald umgeben; die Hütten stehen freier und gerader da und sind mit Schindeln gedeckt; die Tore schließen fest, die Flechtzäune um die hinteren Höfe fallen nicht auseinander und kippen nicht nach außen um, sie laden nicht jedes vorübertrottende Schwein zu Gast ... Auch für den Jäger ist es im Gouvernement Kaluga besser. Im Gouvernement Orjol werden die letzten Wälder und Strauchdickichte in fünf Jahren verschwunden sein, und von Mooren wird kein Mensch mehr etwas wissen; im Kalugischen hingegen ziehen sich die Forste über Hunderte, die Moore über Dutzende von Werst hin, der edle Birkhahn ist noch nicht ausgerottet, die gutmütige Doppelschnepfe kommt noch häufig vor, und das geschäftige Rebhuhn erfreut und erschreckt mit seinem jähen Aufschwirren Jäger und Hund.

Als ich einmal als Jäger den Kreis Shisdra besuchte, wurde ich auf freiem Felde mit einem kleinen kalugischen Gutsbesitzer namens Polutykin bekannt, der ein leidenschaftlicher Jäger und daher auch ein ganz ausgezeichneter Mensch war. Er hatte allerdings einige Schwächen. So hielt er zum Beispiel um alle reichen Bräute des Gouvernements an; und hatte er einen Korb bekommen, so teilte er betrübten Herzens allen Freunden und Bekannten seinen Kummer mit; den Eltern der Bräute aber schickte er auch weiterhin saure Pfirsiche und andere unreife Erzeugnisse seines Gartens als Geschenke. Er liebte es auch, ein und dieselbe Anekdote immer wieder zu erzählen, die, trotz Herrn Polutykins hoher Meinung von ihrer Güte, wirklich niemanden mehr zum Lachen reizte. Er lobte die Werke Akim Nachimows und die Erzählung „Pinna", er stotterte, seinen Hund nannte er Astronom, und anstatt „dennoch" sagte er „denndoch". In seinem Haus hatte er die französische Küche eingeführt, deren Geheimnis, nach der Auffassung seines Kochs, in einer völligen Veränderung des natürlichen Geschmacks jeder Speise bestand. Fleisch schmeckte bei diesem Kochkünstler nach Fisch, der Fisch nach Pilzen, die Makkaroni nach Pulver; dafür kam keine einzige Möhre in die Suppe, die nicht eine Rhombus- oder Trapezform angenommen hätte. Doch von diesen wenigen und unbedeutenden Mängeln abgesehen, war Herr Polutykin, wie schon gesagt, ein ganz ausgezeichneter Mensch.

Gleich am ersten Tag unserer Bekanntschaft lud mich Herr Polutykin für die Nacht zu sich ein.

„Bis zu mir sind es rund fünf Werst", fügte er hinzu. „Zu Fuß ist es zu weit, gehen wir doch erst einmal auf einen Sprung zu Chor." (Der Leser wird mir gestatten, sein Stottern nicht wiederzugeben.)

„Wer ist dieser Chor?"

„Einer von meinen Bauern. Er wohnt ganz in der Nähe."

Wir machten uns auf den Weg. Auf einer gerodeten und bearbeiteten Lichtung mitten im Wald erhob sich das einsame Gehöft Chors. Es bestand aus mehreren Gebäuden, die aus Fichtenholzbalken gezimmert und durch Zäune miteinander verbunden waren. Wir traten auf eine von dünnen Säulen gestützte Veranda am Hauptgebäude. Ein großer, hübscher junger Mann von etwa zwanzig Jahren empfing uns.

„Ah, Fedja! Ist Chor zu Hause?" fragte ihn Herr Polutykin.

„Nein, Chor ist in die Stadt gefahren", antwortete der Bursche lächelnd und zeigte dabei eine Reihe schneeweißer Zähne. „Soll ich einen Wagen anspannen?"

„Ja, mein Sohn, ich möchte einen Wagen. Und bring uns Kwaß."

Wir traten in die Hütte. Kein Susdaler Öldruck verunzierte die sauberen Balkenwände; in einer Ecke brannte vor einem schweren Heiligenbild in silberner Einfassung die Ewige Lampe; der Tisch aus Lindenholz war wohl erst vor kurzem abgeschabt und gescheuert worden; zwischen den Balken und an den Fensterrahmen sah man weder flinke rötlichgelbe Schaben umherlaufen noch bedächtige schwarze Kakerlaken sich verkriechen. Bald darauf erschien der junge Mann mit einem großen weißen Krug voll gutem Kwaß, einem mächtigen Kanten Weizenbrot sowie einem Dutzend Salzgurken, die in einer Holzschüssel lagen. Er stellte all diese Vorräte auf den Tisch, lehnte sich dann an den Türpfosten und begann uns lächelnd zu betrachten. Wir waren mit unserem Imbiß noch nicht fertig, als vor der Veranda schon der Wagen vorfuhr. Wir gingen hinaus. Ein etwa fünfzehnjähriger Junge, ein rotbäckiger Lockenkopf, saß vorn als Kutscher; er hatte Mühe, den satten scheckigen Hengst zu halten. Und um den Wagen herum standen sechs junge Riesen, alle einander und auch Fedja sehr ähnlich.

„Alles Söhne von Chor", bemerkte Polutykin.

„Alles junge Iltisse", stimmte Fedja ein, der hinter uns auf die Veranda hinausgetreten war. „Doch das sind noch nicht alle. Potap ist im Wald, und Sidor ist mit dem alten Chor in die Stadt gefahren ... Paß auf, Wasja", setzte er, sich an den Kutscher wendend, hinzu, „fahr wie der Wind – du fährst den

Herrn. Nur da, wo Löcher sind, gib acht und fahr langsamer, sonst ruinierst du den Wagen und erschütterst den Bauch des gnädigen Herrn!"

Die übrigen Iltisjungen grienten zu Fedjas keckem Scherz.

„Astronom beim Einsteigen helfen!" rief feierlich Herr Polutykin.

Nicht ohne Vergnügen hob Fedja den Hund hoch, der gute Miene zum bösen Spiel machte, und setzte ihn auf den Boden des Wagens. Wasja lockerte die Zügel, und fort ging es.

„Das dort ist mein Büro", sagte plötzlich Herr Polutykin zu mir und zeigte auf ein niedriges Häuschen. „Wollen wir einmal hingehen?"

„Sehr gern."

„Es wird jetzt nicht benützt", bemerkte er beim Aussteigen. „Dennoch können wir es uns einmal ansehen."

Das Büro bestand aus zwei leeren Zimmern. Der Wächter, ein krummer alter Mann, kam vom Hinterhof herbeigelaufen.

„Guten Tag, Minjajitsch", redete ihn Herr Polutykin an, „wo bleibt denn das Wasser?"

Der krumme Alte verschwand und kam sogleich mit einer Flasche Wasser und zwei Gläsern wieder.

„Kosten Sie", sagte Polutykin zu mir, „ich habe hier gutes Quellwasser."

Wir tranken jeder ein Glas aus, wobei sich der Alte tief vor uns verbeugte.

„Nun, jetzt können wir wohl weiterfahren", bemerkte mein neuer Freund. „In diesem Büro habe ich dem Kaufmann Allilujew vier Deßjatinen Wald zu einem vorteilhaften Preis verkauft."

Wir setzten uns wieder in den Wagen und fuhren schon nach einer halben Stunde in den Hof des Herrenhauses ein.

„Sagen Sie bitte", fragte ich Polutykin beim Abendessen, „weshalb wohnt eigentlich Ihr Chor so abgesondert von Ihren übrigen Bauern?"

„Wissen Sie, er ist ein gescheiter Bauer. Vor ungefähr fünfundzwanzig Jahren ist ihm das Haus abgebrannt; da kam er zu meinem verstorbenen Vater und sagte: ‚Gestatten Sie mir, Nikolai Kusmitsch, daß ich mich in Ihrem Wald im Moor niederlasse, ich werde Ihnen auch einen guten Zins dafür zahlen.' – ‚Aber warum willst du dich denn im Moor ansiedeln?' – ‚Ich denke es mir eben so; nur eins, Väterchen Nikolai Kusmitsch: Ziehen Sie mich dann bitte zu keiner Arbeit heran; und den Zins setzen Sie fest, wie Sie es für richtig halten.' – ‚Fünfzig Rubel im Jahr!' – ‚Gut!' – ‚Aber ohne Rückstände, hörst du?' – ‚Ja freilich, ohne Rückstände.' Und so siedelte er sich denn im Moor an. Seitdem trägt er den Beinamen Chor."

„Nun, und ist er reich geworden?" fragte ich.

„Ja, er ist reich geworden. Jetzt zahlt er mir hundert Rubel Zins, und ich werde den Betrag wohl noch erhöhen. Mehr als einmal habe ich zu ihm gesagt: ‚Kauf dich doch frei, Chor, kauf dich doch frei!' Aber der durchtriebene Kerl versichert mir stets, er könne es nicht, er habe kein Geld. Doch das kann unmöglich stimmen!"

Am nächsten Tag gingen wir gleich nach dem Tee wieder auf Jagd.

Als wir durchs Dorf fuhren, befahl Herr Polutykin dem Kutscher, vor einem niedrigen Bauernhaus anzuhalten, und rief laut:

„Kalinytsch!"

„Gleich, Väterchen, gleich", erscholl eine Stimme vom Hofe her, „ich binde mir nur den Bastschuh fest!"

Wir fuhren im Schritt weiter. Hinter dem Dorf holte uns ein großer, hagerer, etwa vierzigjähriger Mann mit kleinem, zurückgeneigtem Kopf ein. Das war Kalinytsch. Sein gutmütiges, braungebranntes Gesicht, das stellenweise Blatternarben aufwies, gefiel mir auf den ersten Blick. Wie ich später erfuhr, ging Kalinytsch jeden Tag mit seinem Herrn auf Jagd; er trug dessen Jagdtasche, manchmal auch das Gewehr; er beobachtete, wo sich die Vögel niederließen, er besorgte Wasser, sammelte Walderdbeeren, baute Hütten aus Zweigen und lief den Wagen holen; ohne ihn vermochte Herr Polutykin keinen Schritt zu tun. Kalinytsch war ein Mensch von überaus heiterem und sanftem Wesen. Fortwährend sang er halblaut vor sich hin und blickte sorglos nach allen Seiten. Er sprach ein wenig durch die Nase; wenn er lächelte, kniff er seine hellblauen Augen zusammen, und oft faßte er mit der Hand nach seinem schütteren, keilförmigen Bart. Er schritt nicht schnell, aber weit aus und stützte sich dabei leicht auf einen langen, dünnen Stock. Im Laufe des Tages redete er mich mehrmals an und ging mir ohne jede Unterwürfigkeit zur Hand; für seinen Herrn aber sorgte er wie für ein Kind. Als uns die unerträgliche Mittagshitze zwang, einen Unterschlupf zu suchen, führte er uns mitten in den dichtesten Wald zu seinem Bienenstand. Er riegelte uns eine kleine Hütte auf, in der lauter Bündel getrockneter, duftender Kräuter hingen, und bereitete uns ein Lager auf frischem Heu. Er selbst aber stülpte sich eine Art Sack mit einem Netz über den Kopf, ergriff ein Messer, einen Topf und ein schwelendes Holzscheit und begab sich zu dem Bienenstand, um uns eine Honigwabe herauszuschneiden. Auf den durchsichtigen, warmen Honig tranken wir Quellwasser und schlummerten dann unter dem eintönigen Summen der Bienen und dem geschwätzigen Rauschen der Blätter ein.

Ein leichter Windstoß weckte mich. Ich schlug die Augen auf und erblickte Kalinytsch: Er saß auf der Schwelle der halboffenen Tür und schnitzte mit seinem Messer einen hölzernen Löffel. Lange hatte ich meine Freude an seinem Gesicht, das ruhig und klar war wie der Abendhimmel. Dann erwachte auch Herr Polutykin, aber wir standen noch nicht sofort auf. Es ist angenehm, nach langer Wanderung und tiefem Schlaf regungslos im Heu zu liegen; der Körper ruht in wohliger Mattigkeit, das Gesicht ist heiß, und süße Trägheit drückt die Lider zu. Endlich erhoben wir uns und gingen bis zum Abend von neuem auf Wanderschaft.

Beim Abendessen kam ich wieder auf Chor und auch auf Kalinytsch zu sprechen.

„Kalinytsch ist ein braver Mann", sagte mir Herr Polutykin, „eifrig und dienstwillig; seine Wirtschaft aber kann er denndoch nicht in Ordnung halten: Ich lenke ihn ja immerzu ab. Tagtäglich geht er mit mir auf die Jagd ... Was soll da aus der Wirtschaft werden, urteilen Sie selbst."

Ich pflichtete ihm bei, und wir legten uns schlafen.

Am nächsten Tag mußte sich Herr Polutykin wegen eines Prozesses, den er mit seinem Nachbarn Pitschukow führte, in die Stadt begeben. Der Nachbar Pitschukow hatte ein Stück Land von ihm umgepflügt und auf dem gepflügten Land auch noch ein altes Weib, eine Leibeigene Polutykins, durchgeprügelt. So fuhr ich allein auf die Jagd und kehrte vor Einbruch der Dunkelheit bei Chor ein. Auf der Schwelle des Hauses empfing mich ein alter Mann – er war kahlköpfig, von kleiner Statur, aber breitschultrig und stämmig –, Chor selbst. Neugierig betrachtete ich diesen Chor. Sein Gesichtsschnitt erinnerte an Sokrates: die gleiche hohe, gewölbte Stirn, die gleichen kleinen Augen, die gleiche kurze, stumpfe Nase. Wir traten zusammen in die Stube. Fedja brachte mir Milch und Schwarzbrot. Chor setzte sich auf eine Bank und ließ sich, seinen krausen Bart gemächlich streichend, in ein Gespräch mit mir ein. Er schien sich seiner Würde bewußt; nur langsam sprach und bewegte er sich, und bisweilen lächelte er unter seinem langen Schnurrbart hervor.

Wir redeten von Aussaat und Ernte und vom Bauernleben überhaupt ... Es hatte den Anschein, als stimme er mit mir in allem überein; aber allmählich wurde mir das peinlich, ich hatte das Gefühl, nicht das zu sagen, was ich meinte ... Es kam alles irgendwie sonderbar heraus. Chor drückte sich manchmal ganz verzwickt aus, wahrscheinlich aus Vorsicht. Ich möchte Ihnen eine Probe unseres Gespräches geben:

„Hör mal, Chor", sagte ich zu ihm, „weshalb kaufst du dich eigentlich nicht von deinem Herrn los?"

„Wozu sollte ich mich loskaufen? Jetzt kenne ich meinen Herrn und kenne meinen Zins ... Unser Herr ist gut."

„Trotzdem lebt es sich in der Freiheit beser", bemerkte ich.

Chor sah mich von der Seite an.

„Gewiß", sagte er.

„Nun also, warum kaufst du dich dann nicht los?"

Chor schüttelte ein wenig den Kopf.

„Womit, Väterchen, sollte ich mich denn loskaufen?"

„Nun hör aber auf, Alter!"

„Sollte Chor unter die freien Leute geraten", fuhr er halblaut fort, als spräche er mit sich selbst, „dann wäre ein jeder, der ohne Bart lebt, mehr als Chor."

„Dann nimm dir doch selbst den Bart auch ab!"

„Was ist schon der Bart? Der Bart ist wie Gras – kann man abmähen."

„Na also, was dann?"

„Wer weiß, da gerät Chor vielleicht geradeswegs unter die Kaufleute; die Kaufleute haben ein schönes Leben, und die tragen auch Bärte."

„Na und, du treibst doch ebenfalls Handel?" fragte ich ihn.

„Wir handeln ein bißchen mit Öl und mit Teer ... Wie ist es, Väterchen, soll ein Wagen angespannt werden?"

Auf den Mund bist du nicht gefallen, und deinen eigenen Kopf hast du auch, dachte ich.

„Nein", sagte ich laut, „ich brauche keinen Wagen. Ich will morgen in der Nähe deines Hofes jagen, und wenn du gestattest, bleibe ich über Nacht bei dir in der Heuscheune."

„Du bist mir willkommen. Aber wirst du es in der Heuscheune auch bequem genug haben? Ich werde den Frauen befehlen, dir ein Bettlaken auszubreiten und ein Kissen hinzulegen. He, ihr Frauenzimmer!" rief er und erhob sich von seinem Platz. „Hierher, ihr Frauenzimmer! ... Und du, Fedja, gehst mit ihnen. Die Weiber sind ja ein dummes Volk."

Eine Viertelstunde später begleitete mich Fedja mit einer Laterne in die Scheune. Ich warf mich auf das duftende Heu, und mein Hund rollte sich zu meinen Füßen zusammen. Fedja wünschte mir eine gute Nacht, dann knarrte die Tür und schlug zu. Ich konnte ziemlich lange keinen Schlaf finden. Eine Kuh näherte sich der Tür und schnob ein paarmal geräuschvoll; mein Hund knurrte sie mit Würde an; ein Schwein trottete nachdenklich grunzend vorüber; irgendwo in der Nähe fing ein Pferd an, Heu zu kauen und zu schnauben ... Endlich schlummerte ich ein.

Als der Morgen graute, weckte mich Fedja. Dieser frohe, flinke Bursche gefiel mir sehr, und soviel ich bemerken konnte, war er auch der Liebling des alten Chor. Beide neckten einander sehr liebevoll. Der Alte kam mir zur Begrüßung entgegen. War es nun, weil ich eine Nacht unter seinem Dach verbracht hatte, oder aus irgendeinem anderen Grund, jedenfalls behandelte mich Chor bei weitem freundlicher als am vorangegangenen Tag.

„Der Samowar steht für dich bereit", sagte er lächelnd zu mir, „gehen wir Tee trinken."

Wir setzten uns an den Tisch. Ein kräftiges junges Weib, eine seiner Schwiegertöchter, brachte einen Topf mit Milch. Seine Söhne, einer nach dem andern, traten in die Stube.

„Was für ein stattliches Volk du hast", bemerkte ich zu dem Alten.

„Ja", sagte er, ein kleines Stück Zucker abbeißend, „über mich und auch über meine Alte brauchen sie sich nicht zu beklagen, meine ich."

„Und alle leben sie bei dir?"

„Alle. Sie wollen es selber, und so leben sie eben hier."

„Und alle sind verheiratet?"

„Nur der Schlingel dort heiratet nicht", antwortete er und zeigte auf Fedja, der wie bei meinem ersten Besuch am Türpfosten lehnte. „Waska ist noch zu jung, der kann warten."

„Warum soll ich denn heiraten?" entgegnete Fedja. „Es geht mir auch so ganz gut. Wozu brauche ich eine Frau? Etwa, um sie anzuschnauzen?"

„Du bist mir einer ... Ich kenn dich schon! Trägst silberne Ringe und möchtest immer nur mit den Mädchen vom Hofgesinde schäkern ... ‚Hört auf, ihr Unverschämten!'" fuhr der Alte fort, die Stubenmädchen nachahmend. „Ich kenn dich schon, du Nichtsnutz!"

„Aber was ist denn schon Gutes an einer Frau?"

„Das Weib ist eine Arbeitskraft", bemerkte Chor ernsthaft. „Das Weib ist dem Mann eine Dienerin."

„Und wozu brauche ich eine Arbeitskraft?"

„Das ist es eben, du läßt dein Feuer gern von fremden Händen schüren. Deinesgleichen kennen wir schon."

„Wenn es so ist, dann verheirate mich doch. Na? Was ist! Warum schweigst du denn?"

„Genug, du Witzbold, genug! Wir belästigen nur den Herrn hier mit unserem Geschwätz. Ich werde dich schon verheiraten, paß nur auf ... Und du, Väterchen, sei nicht böse: Du siehst ja, er ist noch ein kleines Kind und hat sich noch nicht viel Verstand angeeignet."

Fedja schüttelte den Kopf.

„Ist Chor daheim?" erscholl plötzlich hinter der Tür eine bekannte Stimme, und Kalinytsch trat in die Stube, in der Hand einen Strauß Walderdbeeren, den er für seinen Freund Chor gepflückt hatte. Der Alte begrüßte ihn freundlich. Ich blickte Kalinytsch verwundert an: Solche „Zärtlichkeiten", muß ich gestehen, hatte ich von einem Bauern nicht erwartet.

An diesem Tag ging ich vier Stunden später als gewöhnlich auf die Jagd, und auch die folgenden drei Tage verbrachte ich bei Chor. Meine neuen Bekannten beschäftigten mich. Ich weiß nicht, womit ich mir ihr Vertrauen verdient hatte, aber sie unterhielten sich völlig ungezwungen mit mir. Vergnügt hörte ich ihnen zu und beobachtete sie. Die beiden Freunde ähnelten einander in keiner Weise. Chor war ein tüchtiger und praktischer Mann, ein Verwaltungsgenie und Rationalist; Kalinytsch dagegen gehörte zu den Idealisten und Romantikern, zu den begeisterungsfähigen und träumerischen Menschen. Chor begriff die Wirklichkeit, das heißt, er hatte gebaut und ein Sümmchen zurückgelegt, er stand mit seinem Herrn und mit den übrigen Obrigkeiten auf gutem Fuß; Kalinytsch hingegen ging in Bastschuhen und schlug sich mit Müh und Not durch. Chor hatte eine große Familie in die Welt gesetzt, die ihm gehorsam war und in Eintracht lebte; Kalinytsch hatte einstmals eine Frau gehabt, die er gefürchtet hatte, aber Kinder nannte er nicht sein eigen. Chor kannte Herrn Polutykin durch und durch; Kalinytsch empfand Ehrfurcht vor seinem Herrn. Chor liebte Kalinytsch und nahm ihn unter seine Fittiche; Kalinytsch liebte und verehrte Chor. Chor sprach wenig, lachte still in sich hinein und dachte sich sein Teil; Kalinytsch sprach voller Eifer, wenn ihm die Worte auch nicht so zuströmten wie einem redegewandten Fabrikarbeiter ... Aber Kalinytsch besaß Vorzüge, die selbst Chor anerkannte; zum Beispiel konnte er das Blut besprechen, den Schreck und die Tollwut bannen und Würmer vertreiben; die Bienen fügten sich ihm; er hatte eine glückliche Hand. Chor bat ihn in meiner Gegenwart, ein neues Pferd in den Stall zu führen, und Kalinytsch erfüllte die Bitte des alten Skeptikers mit gewissenhaftem Ernst. Kalinytsch stand der Natur näher, Chor den Menschen, der Gesellschaft. Kalinytsch liebte es nicht, eine Sache lange zu erwägen, und glaubte alles blindlings; Chor hingegen hatte sich sogar dazu aufgeschwungen, das Leben ironisch zu betrachten. Er hatte viel gesehen und wußte viel, und ich habe viel von ihm gelernt. Aus seinem Mund habe ich zum Beispiel erfahren, daß jeden Sommer vor der Mahd in den Dörfern ein kleiner Wagen von besonderer Art auftaucht. In diesem Wagen sitzt ein Mann in einem Kaftan und verkauft Sensen. Bei Barzahlung nimmt er einen Rubel fünfundzwanzig Kopeken bis anderthalb Rubel in Banknoten, beim Kauf auf Borg aber drei Rubel in Papiergeld und einen Silberrubel dazu. Selbstverständlich kauften alle Bauern bei ihm auf Borg. Nach zwei, drei Wochen erscheint er wieder und fordert sein Geld. Der Bauer hat gerade den Hafer geschnitten und kann folglich zahlen; er geht mit dem Kaufmann in die Schenke und begleicht dort seine Schuld. Manche Gutsbesitzer waren nun auf den Gedanken gekommen, selbst Sensen für bares Geld zu kaufen und sie an die Bauern zum gleichen Preis auf Kredit abzugeben; doch die Bauern zeigten sich unzufrieden und verfielen geradezu in Trübsinn; sie waren des Vergnügens beraubt, die Sense abzuklopfen, auf ihren Klang zu horchen, sie in den Händen hin und her zu drehen und den verschlagenen Hausierer wohl zwanzigmal zu fragen: „Na, mein Lieber, die Sense hier ist wohl nicht viel wert?" Ebenso geht es beim Einkauf der Sicheln zu, nur mit dem Unterschied, daß sich hier die Weiber in das Geschäft einmischen und den Händler vor die Notwendigkeit stellen, sie zur ihrem eigenen Besten zu verprügeln. Am meisten aber werden die Weiber bei folgender Gelegenheit geschädigt. Die Rohstofflieferanten der Papierfabriken betrauen mit dem Aufkauf von Lumpen eine besondere Sorte Menschen, die in manchen Landkreisen die „Adler" genannt werden. Ein solcher „Adler" bekommt von dem Lieferanten ungefähr zweihundert Rubel in Papiergeld und tritt damit seinen Beutezug an. Doch im Gegensatz zu dem edlen Vogel, nach dem er benannt worden ist greift er nicht kühn und offen an, im Gegenteil, der „Adler" nimmt seine Zuflucht zu List und

Tücke. Er läßt seinen Wagen irgendwo im Gebüsch beim Dorf stehen und nähert sich den Gehöften von der Rückseite her und über den hinteren Hof, als sei er irgendein Wandersmann oder ein harmloser Müßiggänger. Die Weiber wittern sein Nahen und stehlen sich fort, ihm entgegen. In aller Eile wird der Handel abgewickelt. Für ein paar Kupfermünzen gibt das Weib dem „Adler" nicht nur sämtliche unnützen Lumpen hin, sondern oft auch noch das Hemd ihres Mannes und ihren eigenen Rock. In letzter Zeit fanden es die Weiber vorteilhaft, sich selbst zu bestehlen und auf diese Weise ihren Hanf zu veräußern, besonders den „Femel", eine wichtige Erweiterung und Vervollkommnung im Gewerbe der „Adler"! Doch die Bauern ihrerseits sind hellhörig geworden und treffen beim geringsten Verdacht, beim leisesten Gerücht, daß ein „Adler" aufgetaucht sei, schleunigst Vorbeugungs- und Abwehrmaßnahmen. Und in der Tat, ist das nicht kränkend? Den Hanf zu verkaufen ist doch ihre Sache, und sie verkaufen ihn auch wirklich, freilich nicht in der Stadt – in die Stadt müßten sie ihn ja selber schleppen –, sondern an die reisenden Aufkäufer, die in Ermangelung einer Schnellwaage das Pud zu vierzig Handvoll rechnen – und man weiß ja, was für eine hohle Hand der Russe machen kann und was für einen Handteller er hat, besonders wenn er sich „Mühe gibt".

Solche Geschichten bekam ich, der ich ein Neuling und auf dem Lande nicht „eingelebt" war, wie man bei uns in Orjol sagt, reichlich zu hören. Aber Chor erzählte nicht immer nur selbst, er fragte auch mich über vieles aus. Er hatte erfahren, daß ich im Ausland gewesen war, und nun war in ihm die Neugier entbrannt ... Kalinytsch stand ihm darin nicht nach, aber ihn ergriffen mehr die Naturschilderungen, die Beschreibungen von Bergen, Wasserfällen, ungewöhnlichen Gebäuden und großen Städten; Chor dagegen beschäftigten administrative und politische Fragen. Er nahm alles der Reihe nach durch: „Nun, ist das bei ihnen dort genauso wie bei uns oder anders? Sprich, Väterchen, wie ist es?" – „Ah! Ach, du lieber Gott, dein Wille geschehe!" rief Kalinytsch aus, während ich erzählte; Chor schwieg, runzelte die dichten Augenbrauen und warf nur dann und wann eine Bemerkung ein wie: „So was ginge bei uns nicht, aber das da ist gut – das ist in Ordnung." Ich kann hier nicht all seine Fragen wiedergeben, und warum sollte ich es auch; aber aus unseren Gesprächen gewann ich eine Überzeugung, die dem Leser wahrscheinlich sehr unerwartet kommt, die Überzeugung, daß Peter der Große in erster Linie ein russischer Mensch war, ein Russe namentlich in seinen Reformen. Der Russe ist von seiner Kraft und seiner Standhaftigkeit so überzeugt, daß er nicht davor zurückschreckt, sich völlig umzustellen. Er beschäftigt sich wenig mit seiner Vergangenheit und blickt kühn in die Zukunft. Was gut ist, das gefällt ihm auch; was vernünftig ist, das will er auch haben – woher es kommt, das ist ihm gleich. Sein gesunder Sinn macht sich gern über den trockenen deutschen Verstand lustig; aber nach Chors Worten sind die Deutschen ein interessantes Völkchen, von dem er auch bereit ist zu lernen. Dank seiner Ausnahmestellung, seiner Unabhängigkeit, sprach Chor mit mir über vieles, das man aus einem anderen – wie sich die Bauern ausdrükken – nicht mit einem Hebebaum herausgehoben, nicht mit einem Mühlstein herausgemahlen hätte. Er wußte sehr genau, was für eine Stellung er hatte. In der Unterhaltung mit Chor habe ich zum erstenmal die einfache, verständige Rede des russischen Bauern vernommen. Seine Kenntnisse waren für seine Verhältnisse ziemlich umfangreich, doch lesen konnte er nicht. Kalinytsch konnte es.

„Diesem Tagedieb ist das Schreiben und Lesen zugeflogen", bemerkte Chor, „ihm sind auch zeitlebens keine Bienen eingegangen."

„Aber deine Kinder können doch schreiben und lesen?"

Chor schwieg ein Weilchen.

„Fedja kann es."

„Und die anderen?"

„Die anderen können es nicht."

„Weshalb denn nicht?"

Der Alte antwortete nicht und gab dem Gespräch eine andere Wendung. Übrigens hatte er, so gescheit er auch war, doch eine Menge Vorurteile und vorgefaßte Meinungen. Die Weiber zum Beispiel verachtete er aus tiefster Seele, und wenn er guter Laune war, verspottete er sie und machte sich über sie lustig. Seine Frau, eine zänkische Alte, kam den ganzen Tag nicht vom Ofen herunter und keifte und schimpfte unaufhörlich; die Söhne schenkten ihr gar keine Beachtung, die Schwiegertöchter aber hielt sie in strenger Zucht. Nicht umsonst singt die Schwiegermutter in einem russischen Lied:

> Was bist du für ein Sohn, für ein Hausherr mir schon!
> Schlägst nicht die Junge, schlägst nicht die Frau ...

Einmal wollte ich für die Schwiegertöchter ein gutes Wort einlegen und versuchte, bei Chor Mitgefühl für sie zu wecken; aber er entgegnete mir ruhig: „Was geben Sie sich mit solchen Kleinigkeiten ab; mögen sich die Weiber zanken ... Will man sie auseinanderbringen, wird es nur schlimmer. Es lohnt nicht, sich die Hände dabei schmutzig zu machen."

Zuweilen kletterte die böse Alte vom Ofen herunter, rief den Hofhund aus dem Hausflur herein: „Komm, komm her, mein Hundchen!" und schlug ihn mit dem Feuerhaken auf den mageren Rücken; oder sie stellte sich auf die Veranda, um jeden, der vorbeiging, „anzukläffen", wie Chor sich ausdrückte. Ihren Mann jedoch fürchtete sie, und wenn er es befahl, verzog sie sich wieder auf ihren Ofen.

Ein besonderes Vergnügen war indessen, zuzuhören, wie Kalinytsch mit Chor stritt, wenn die Rede auf Herrn Polutykin kam.

„Daß du mir ihm nicht zu nahe trittst, Chor!" sagte Kalinytsch.

„Warum läßt er dir denn keine Stiefel machen?" erwiderte jener.

„Ach was, Stiefel! Wozu brauch ich Stiefel? Ich bin ein Bauer..."

„Ich bin auch ein Bauer, aber, siehst du ..."

Bei diesen Worten hob Chor das Bein und zeigte Kalinytsch einen Stiefel, der aussah, als wäre er aus Mammutleder gemacht.

„Ja, ja, du bist auch nicht meinesgleichen", antwortete Kalinytsch.

„Wenn er dir wenigstens etwas für Bastschuhe geben würde! Du gehst doch mit ihm auf die Jagd; sicherlich verschleißt du jeden Tag ein Paar Bastschuhe."

„Er gibt mir Geld für Bastschuhe."

„Ja, voriges Jahr hat er dir großmütig ein Zehnkopekenstück geschenkt."

Kalinytsch wandte sich ärgerlich ab, und Chor brach in ein lautes Gelächter aus, wobei seine kleinen Augen völlig verschwanden.

Kalinytsch konnte recht gut singen und spielte auch ein wenig Balalaika. Chor hörte ihm gern und lange zu, dann neigte er plötzlich den Kopf zur Seite und begann mit weinerlicher Stimme mitzusingen. Besonders liebte er das Lied „Schicksal, du mein Schicksal!".

Fedja ließ die Gelegenheit, den Vater zu necken, nicht vorübergehen. „Worüber bist du denn so traurig, Alter?"

Aber Chor stützte die Wange in die Hand, schloß die Augen und fuhr fort, sein Schicksal zu beklagen.

Dafür gab es zu anderer Zeit keinen tätigeren Menschen als ihn: Ewig machte er sich mit irgend etwas zu schaffen, besserte einen Wagen aus, stützte einen Zaun, sah das Pferdegeschirr nach. Besonderer Reinlichkeit befleißigte er sich allerdings nicht, und als ich eines Tages darauf anspielte, gab er mir zur Antwort, in einem Haus müsse es „nach Wohnung riechen".

„Sieh mal", entgegnete ich ihm, „wie sauber es bei Kalinytsch auf dem Bienenstand ist."

„Sonst würden die Bienen nicht bei ihm bleiben, Väterchen", sagte er mit einem Seufzer.

„Sag, hast du eigentlich ein Stammgut?" fragte er mich ein andermal.

„Ja."

„Weit von hier?"

„An die hundert Werst."

„Und du lebst auch auf deinem Stammgut, Väterchen?"

„Gewiß."

„Aber lieber gibst du dich wohl mit der Flinte ab?"

„Offen gesagt, ja."

„Das machst du recht, Väterchen; schieß deine Birkhühner und laß dir's gut bekommen, und wechsle öfter den Dorfältesten."

Am Abend des vierten Tages schickte Herr Polutykin nach

mir. Ich bedauerte es, mich von dem Alten trennen zu müssen. Mit Kalinytsch zusammen setzte ich mich in den Wagen.

„Nun, leb wohl, Chor, und bleib gesund", sagte ich. „Leb wohl, Fedja."

„Leb wohl, Väterchen, leb wohl und vergiß uns nicht."

Wir fuhren davon. Die Abendröte flammte gerade auf.

„Morgen wird schönes Wetter", bemerkte ich, auf den leuchtenden Himmel blickend.

„Nein, regnen wird es", entgegnete mir Kalinytsch. „Die Enten dort plätschern im Wasser, und das Gras riecht so stark."

Wir fuhren durch Gebüsch. Kalinytsch fing halblaut an zu singen, gab auf dem Kutscherbock den Stößen des Wagens nach und blickte unverwandt in die Abendröte ...

Am folgenden Tag verließ ich das gastfreundliche Haus des Herrn Polutykin.

Jermolai und die Müllerin

Am Abend begab ich mich mit dem Jäger Jermolai auf den „Schnepfenstrich". Aber vielleicht wissen nicht alle meine Leser, was der Schnepfenstrich ist. Also hören Sie zu, meine Herrschaften.

Eine Viertelstunde vor Sonnenuntergang, im Frühling, gehen Sie mit dem Gewehr, aber ohne Hund, in ein Wäldchen. Sie suchen sich irgendwo am Waldrand einen Platz aus, schauen sich um, prüfen das Zündhütchen und wechseln einige Blicke mit Ihrem Kameraden. Dann ist die Viertelstunde vorüber und die Sonne untergegangen, doch im Walde ist es noch hell; die Luft ist klar und durchsichtig; die Vögel zwitschern geschwätzig; das junge Gras funkelt heiter wie lauter Smaragde. Sie warten. Im Waldesinnern wird es allmählich dunkel; das Purpurlicht der Abendröte gleitet langsam über die Wurzeln und Stämme der Bäume, steigt höher und immer höher und geht von den unteren, fast noch kahlen Zweigen auf die regungslosen, entschlummernden Wipfel über ... Nun haben auch die Wipfel ihren Glanz verloren; der gerötete Himmel färbt sich blau. Der Waldgeruch wird stärker; eine warme Feuchte weht kaum spürbar heran; ein aufgekommenes Lüftchen in Ihrer Nähe erstirbt. Die Vögel schlafen ein, nicht alle zugleich, sondern jede Art für sich: Jetzt sind die Finken verstummt, nach wenigen Augenblicken schweigen die Rotkehlchen, danach die Ammern. Dunkler und dunkler wird es im Wald. Die Bäume verschwimmen zu großen schwärzlichen Massen; am tiefblauen Himmel treten schüchtern die ersten kleinen Sterne hervor. Alle Vögel schlafen. Nur ein Rotschwänzchen oder ein kleiner Specht piept da und dort noch schläfrig vor sich hin ... Nun sind auch sie verstummt. Noch einmal erklingt über Ihnen die helle Stimme eines Laubsängers; irgendwo ruft klagend ein Pirol, die erste Nachtigall beginnt zu schlagen. Vor Erwartung klopft Ihr Herz. Da plötzlich – doch nur Jäger werden mich verstehen –, plötzlich erschallt in der tiefen Stille ein eigenartiges Schnarren und Zischen, man hört einen gleichmäßigen, eiligen Flügelschlag – und eine Waldschnepfe, den langen Schnabel schön gesenkt, kommt in schwebendem Flug hinter einer dunklen Birke hervor, Ihrem Schuß entgegen.

Das bedeutet der Ausdruck „auf den Schnepfenstrich anstehen".

Ich begab mich also mit Jermolai auf den Schnepfenstrich; doch entschuldigen Sie, meine Herrschaften, ich muß Sie zuerst mit Jermolai bekannt machen.

Stellen Sie sich einen Mann von etwa fünfundvierzig Jahren vor, groß und hager, mit langer, schmaler Nase, niedriger Stirn und kleinen grauen Augen, mit struppigem Haar und breiten, spöttisch lächelnden Lippen. Dieser Mann ging Sommer und Winter in einem gelblichen Nankingrock nach deutschem Schnitt, band sich aber nach russischer Art dazu einen Gürtel um; er trug dunkelblaue Pluderhosen und eine feine Lammfellmütze, die ihm einmal in einer lustigen Stunde ein verarmter Gutsbesitzer geschenkt hatte. An dem Gürtel waren zwei Beutel festgebunden: einer vorn, kunstvoll in zwei Hälften geteilt, für Pulver und für Schrot, der andere hinten, für das erlegte Wild. Die Pfropfen aber holte sich Jermolai aus seiner eigenen, anscheinend unerschöpflichen Mütze. Für das Geld, das er beim Verkauf von Wildbret einnahm, hätte er sich leicht eine Patronen- und eine Jagdtasche kaufen können, aber er hatte an eine solche Erwerbung noch nicht einmal gedacht und fuhr fort, sein Gewehr so zu laden wie bisher, wobei die Geschicklichkeit, mit der er es vermied, Schrot und Pulver zu verschütten oder zu vermengen, bei den Zuschauern Staunen hervorrief. Seine Flinte war einläufig und hatte ein Feuersteinschloß; außerdem besaß sie die üble Angewohnheit, heftig „rückzustoßen", weswegen Jermolais rechte Wange stets dicker war als die linke. Wie er mit dieser Flinte treffen konnte, das vermochte selbst ein kluger Mensch nicht zu begreifen, aber er traf. Er hatte auch einen Hühnerhund mit Namen Waletka, ein höchst merkwürdiges Geschöpf. Jermolai gab ihm nie zu fressen. „Ich werde doch den Köter nicht füttern", erklärte er, „ein Hund ist ein kluges Tier und kann sich sein Futter selber suchen." Und wirklich: Obgleich Waletka selbst einen gleichgültigen Vorübergehenden durch seine ungewöhnliche Magerkeit beeindruckte, lebte er, und er lebte schon lange; er war sogar, trotz seines erbärmlichen Zustandes, noch nicht ein einziges Mal entlaufen und hatte nie den Wunsch bekundet, seinen Herrn zu verlassen. In seinen jungen Jahren hatte er sich einmal, von der Liebe verleitet, für zwei Tage entfernt, aber diese Narrheit war bald wieder von ihm gewichen. Die hervorstechendste Eigenschaft Waletkas war seine unbegreifliche Gleichgültigkeit gegen alles auf der Welt. Wäre nicht von einem Hund die Rede, so würde ich das Wort Resignation gebrauchen. Meistens saß er da und hatte den gestutzten Schwanz eingezogen, er blickte mürrisch drein, zuckte hin und wieder zusammen und lächelte nie. (Bekanntlich besitzen Hunde die Fähigkeit zu lächeln, sie können sogar sehr freundlich lächeln.) Er war überaus häßlich, und kein müßiger Hofknecht ließ sich eine Gelegenheit entgehen, über sein Äußeres boshaft zu spotten; all diesen Spott aber und sogar Schläge ertrug Waletka mit erstaunlicher Kaltblütigkeit. Ein besonderes Vergnügen verschaffte er den Köchen, die sofort ihre Arbeit im Stich ließen und ihm mit Geschrei und Geschimpf nachjagten, wenn er, einer Schwäche nachgebend, die nicht nur den Hunden eigen ist, seine hungrige Schnauze zu der halboffenen Tür der verlockend warmen und wohlriechenden Küche hereinsteckte. Auf der Jagd zeichnete er sich durch Unermüdlichkeit aus; er besaß auch eine recht gute Witterung; wenn er aber gelegentlich einen angeschossenen Hasen erwischte, dann fraß er ihn irgendwo im kühlen Schatten, unter einem grünen Strauch, mit Genuß bis zum letzten Knöchelchen auf, in respektvoller Entfernung von Jermolai, der ihn dann in allen möglichen bekannten und unbekannten Dialekten beschimpfte.

Jermolai gehörte einem meiner Nachbarn, einem Gutsbesitzer alten Schlages. Die Gutsbesitzer vom alten Schlag machen sich nichts aus Schnepfen, sie halten sich an das Hausgeflügel. Höchstens bei ungewöhnlichen Anlässen wie Geburtstagen, Namenstagen und Wahlen machen sich die Köche der altväterischen Gutsbesitzer an die Zubereitung der langschnäbeligen Vögel und geraten dabei in einen Eifer, wie er beim Russen immer zu beobachten ist, wenn er nicht recht weiß, was er tut, und ersinnen so seltsame Zutaten, daß die Gäste die aufgetragenen Speisen zwar meist mit Neugier und Aufmerksamkeit betrachten, sich aber nicht entschließen können, sie zu kosten. Jermolai hatte den Auftrag, der herrschaftlichen Küche einmal im Monat je zwei Paar Birkhähne und Rebhühner zu liefern, im übrigen war ihm erlaubt zu leben, wo er wollte und wovon er wollte. Man hielt ihn sich vom Leibe als einen Menschen, der zu keiner Arbeit taugte, als einen Taugenichts, wie man bei uns in Orjol sagt. Pulver und Schrot wurden an ihn selbstverständlich nicht ausgegeben, wobei man genau dieselben Regeln befolgte, nach denen er selbst seinem Hund kein Futter gab. Jermolai war ein sehr sonderbarer Mensch: sorglos wie ein Vogel, ziemlich redselig, zerstreut und dem Anschein nach linkisch; er war dem Trinken sehr zugetan; es hielt ihn nie lange an ein und demselben Ort; beim Gehen schlurfte er mit den Füßen und wiegte den Oberkörper hin und her, aber schlurfend und wiegend legte er doch seine fünfzig Werst am Tag zurück. Er erlebte die verschiedensten Abenteuer; er nächtigte in Mooren, auf Bäumen, auf Dächern, unter Brücken und saß manchmal auf Dachböden, in Kellern oder Scheunen eingesperrt; er hatte schon sein Gewehr, seinen Hund und die unentbehrlichsten Kleidungsstücke eingebüßt; er wurde des öfteren hart und lange geschlagen und kehrte trotz alledem nach einiger Zeit nach Hause zurück, bekleidet, mit Flinte und mit Hund. Man konnte ihn keineswegs einen heiteren Menschen nennen, obgleich er sich fast immer in ziemlich gehobener Stimmung befand; alles in allem wirkte er wie ein Kauz. Jermolai schwatzte gern ein wenig mit einem guten Kumpan, am liebsten bei einem Gläschen, jedoch nie lange; er stand bald auf und ging.

„Zum Teufel, wohin willst du denn? Draußen ist es Nacht."

„Nach Tschaplino."

„Aber wozu mußt du dich denn nach Tschaplino schleppen, zehn Werst von hier?"

„Ich will dort beim Bauer Sofron übernachten."

„Übernachte doch hier!"

„Nein, das geht nicht."

Und so zieht Jermolai mit seinem Waletka hinaus in die finstere Nacht, durch Gebüsche und tiefe Pfützen, und der Bauer Sofron läßt ihn vielleicht gar nicht zu sich auf den Hof, sondern haut ihm zu guter Letzt noch die Jacke voll: Was hast du ehrliche Leute zu belästigen!

Dafür konnte sich niemand mit Jermolai in der Kunst messen, im Frühling bei Hochwasser Fische zu fangen und mit den bloßen Händen Krebse herauszuholen, das Wild aufzuspüren, Wachteln zu locken, Habichte abzurichten, Nachtigallen mit der „Waldgeistflöte" oder dem „Kuckucksflug"* zu erbeuten. Nur eins verstand er nicht, nämlich Hunde zu dressieren; dazu fehlte ihm die Geduld.

Er hatte auch eine Frau. Einmal in der Woche besuchte er sie. Sie lebte in einer armseligen, halbverfallenen Hütte und schlug sich äußerst kümmerlich durch. Nie wußte sie am Abend, ob sie am nächsten Tag satt zu essen haben würde; sie hatte überhaupt ein bitteres Los. Jermolai, dieser sorglose und gutmütige Mensch, behandelte sie hart und grob und setzte zu Hause eine strenge und finstere Miene auf. Seine arme Frau wußte nicht, wie sie es ihm recht machen sollte; sie zitterte vor seinem Blick, kaufte ihm für ihre letzte Kopeke Branntwein und deckte ihn unterwürfig mit ihrem Schafpelz zu, wenn er, großspurig auf dem Ofen ausgestreckt, in tiefen Schlaf verfiel. Ich selbst habe mehr als einmal unwillkürliche Regungen einer düsteren Wildheit an ihm bemerkt; mir gefiel sein Gesichtsausdruck nicht, wenn er einen angeschossenen Vogel totbiß. Aber Jermolai blieb nie länger als einen Tag daheim. Draußen wurde er dann wieder zum „Jermolka", wie er im Umkreis von hundert Werst hieß und wie er sich bisweilen auch selbst nannte.

---

* Liebhabern von Nachtigallen sind diese Ausdrücke bekannt; man bezeichnet damit die schönsten Stellen des Nachtigallenschlages. (Die Fußnoten stammen vom Verfasser.)

Noch der letzte Hofknecht fühlte sich diesem Landstreicher überlegen und behandelte ihn vielleicht gerade deswegen freundlich; die Bauern freilich machten sich anfangs einen Spaß daraus, ihn zu hetzen und zu fangen wie einen Hasen auf dem Feld, ließen ihn dann aber wieder laufen. Hatten sie ihn erst einmal als einen Sonderling erkannt, so rührten sie ihn nicht mehr an, sondern gaben ihm sogar Brot und ließen sich mit ihm in Gespräche ein.

Diesen Mann also hatte ich als Jäger angenommen, und mit ihm begab ich mich in einen großen Birkenhain am Ufer der Ista, auf den Schnepfenstrich.

Bei vielen russischen Flüssen ist, wie bei der Wolga, ein Ufer steil, das andere eine flache Aue; so auch bei der Ista. Dieses kleine Flüßchen windet sich außerordentlich launisch; es kriecht wie eine Schlange und fließt keine halbe Werst geradeaus; an manchen Stellen aber ist es von der Höhe des Steilhangs auf zehn Werst zu überschauen mit seinen Wehren, Teichen, Mühlen, Gemüsebeeten und den von Weidengebüsch umgebenen, dichtbelaubten Gärten. Fische gibt es in der Ista eine Unmenge, vor allem Weißfische; die Bauern holen sie an heißen Tagen mit den Händen unter dem Buschwerk hervor. Kleine Sandschnepfen fliegen pfeifend die steinigen Ufer entlang, an denen kalte, kristallklare Quellen sprudeln; Wildenten schwimmen, wachsam um sich blickend, auf die Teiche hinaus; Reiher stehen am Fuße der Steilhänge im Schatten der Buchten.

Wir standen etwa eine Stunde auf Schnepfen an und erlegten zwei Paar Waldschnepfen; und da wir vor Sonnenaufgang unser Glück nochmals versuchen wollten (man kann auch frühmorgens auf den Schnepfenstrich gehen), entschlossen wir uns, in der nächsten Mühle zu übernachten. Wir verließen den Hain und stiegen von der Anhöhe hinab. Der Fluß wälzte sich in dunkelblauen Wellen dahin; die Luft, von nächtlicher Feuchtigkeit geschwängert, wurde schwer. Wir pochten ans Tor. Auf dem Hof schlugen die Hunde an.

„Wer da?" erscholl eine heisere, verschlafene Stimme.
„Jäger. Laß uns ein zum Übernachten."
Keine Antwort.

„Wir werden bezahlen."

„Ich geh und sag's dem Hausherrn ... Kusch, ihr verdammten Biester! Verrecken solltet ihr!"

Wir hörten den Arbeiter ins Haus gehen; bald darauf kam er ans Tor zurück.

„Nein", sagte er, „der Hausherr will euch nicht einlassen."

„Weshalb will er nicht?"

„Er hat Angst. Ihr seid Jäger; am Ende steckt ihr die Mühle in Brand, ihr habt doch allerlei Schießzeug mit."

„Was für ein Unsinn!"

„Uns ist erst im vorvorigen Jahr die Mühle abgebrannt; da haben Viehhändler hier übernachtet, und die haben sie irgendwie angezündet."

„Aber, lieber Mann, sollen wir vielleicht im Freien übernachten?"

„Das ist eure Sache."

Mit den Stiefeln stapfend, ging er weg.

Jermolai wünschte ihm verschiedenes Ungute an den Hals.

„Gehen wir ins Dorf", meinte er schließlich mit einem Seufzer. Aber bis zum Dorf waren es zwei Werst.

„Wir übernachten hier im Freien", sagte ich, „die Nacht ist warm; für Geld wird uns der Müller wohl Stroh herausschikken."

Jermolai war widerspruchslos einverstanden. Wir klopften wieder.

„Was wollt ihr denn noch?" erscholl abermals die Stimme des Arbeiters. „Es ist euch doch gesagt worden, daß es nicht geht."

Wir setzten ihm auseinander, was wir wollten. Er ging sich mit dem Hausherrn beraten und kehrte mit ihm zusammen zurück. Die Pforte knarrte. Der Müller erschien, ein großer Mann mit feistem Gesicht, Stiernacken und rundem, dickem Bauch. Er ging auf meinen Vorschlag ein. Hundert Schritt von der Mühle entfernt befand sich ein kleiner, nach allen Seiten offener Schuppen. Man brachte uns Stroh und Heu dorthin; der Arbeiter stellte im Gras am Flusse einen Samowar auf, kauerte sich davor und blies eifrig in das Rohr. Die auflodernden Kohlen beleuchteten hell sein jugendliches Gesicht. Der Müller lief seine Frau wecken und lud mich schließlich selbst ein, im Haus zu übernachten; ich zog es jedoch vor, unter freiem Himmel zu bleiben. Die Müllerin brachte uns Milch, Eier, Kartoffeln und Brot. Bald kochte der Samowar, und wir setzten uns hin, um Tee zu trinken. Vom Flusse stiegen Nebel auf; es war windstill; ringsum schnarrten die Wachtelkönige; von den Mühlrädern wurden leise Geräusche herübergetragen: Tropfen fielen von den Radschaufeln, und durch die Riegel des Wehrs sickerte Wasser. Wir fachten ein kleines Feuer an. Während Jermolai in der Asche Kartoffeln röstete, fiel ich in einen leichten Schlummer ... Ein leises, verhaltenes Flüstern weckte mich. Ich hob den Kopf. Am Feuer saß auf einem umgestürzten Kübel die Müllerin und unterhielt sich mit meinem Jäger. Schon vorher hatte ich an ihrem Kleid, ihren Bewegungen und ihrer Aussprache erkannt, daß sie eine Frau aus dem Gutsgesinde war, keine Bäuerin und keine Kleinbürgerin, aber erst jetzt konnte ich ihre Züge genauer betrachten. Sie mochte etwa dreißig Jahre alt sein; ihr mageres und blasses Gesicht bewahrte noch Spuren einer bemerkenswerten Schönheit; besonders gefielen mir ihre großen, traurigen Augen. Sie hatte die Ellbogen auf die Knie gestützt und das Gesicht auf die Handflächen gelegt. Jermolai saß mit dem Rücken zu mir und schob Späne ins Feuer.

„In Sheltuchinaja ist wieder eine Viehseuche ausgebrochen", sagte die Müllerin, „dem Priester Iwan sind beide Kühe verendet ... Gott behüte uns."

„Und was machen eure Schweine?" fragte nach kurzem Schweigen Jermolai.

„Sie leben."

„Ein Spanferkel könntet ihr mir wenigstens schenken."

Die Müllerin schwieg, dann seufzte sie.

„Mit wem sind Sie hier?" fragte sie.

„Mit einem Herrn aus Kostomarowo."

Jermolai warf ein paar Tannenzweige ins Feuer; die Zweige prasselten sofort auf; dichter, weißer Rauch quoll ihm gerade ins Gesicht.

„Warum hat uns dein Mann nicht ins Haus gelassen?"

„Er hat Angst."
„Oho, der Fettwanst ... Mein Herzchen, Arina Timofejewna, bring mir ein Gläschen Branntwein!"
Die Müllerin erhob sich und verschwand in der Dunkelheit. Jermolai fing halblaut an zu singen:

> „Lief zur Liebsten hin im Trab,
> Lief mir all mein' Stiefel ab ..."

Arina kehrte mit einer kleinen Karaffe und einem Glas zurück. Jermolai stand auf, bekreuzigte sich und trank das Glas auf einen Zug aus.
„Das hab ich gern", sagte er.
Die Müllerin setzte sich wieder auf den Kübel.
„Nun, wie ist es, Arina Timofejewna, bist du immer noch krank?"
„Ja."
„Was fehlt dir denn?"
„Der Husten quält mich nachts."
„Der Herr da ist anscheinend eingeschlafen", meinte Jermolai nach einer kurzen Pause. „Geh nicht zum Arzt, Arina, es wird nur schlimmer."
„Ich gehe sowieso nicht."
„Aber mich kannst du besuchen kommen."
Arina senkte den Kopf.
„Meine Frau, die werde ich davonjagen, in diesem Fall", fuhr Jermolai fort, „wahrhaftig."
„Sie sollten lieber den Herrn wecken, Jermolai Petrowitsch. Sehen Sie, die Kartoffeln sind gar."
„Ach, laß ihn schnarchen", versetzte gleichmütig mein treuer Diener, „er hat sich ausgelaufen, nun schläft er."
Ich bewegte mich auf dem Heu. Jermolai stand auf und trat zu mir heran. „Die Kartoffeln sind fertig. Sie können essen."
Ich trat aus dem Schuppen hinaus; die Müllerin erhob sich von ihrem Kübel und wollte fortgehen. Ich sprach sie an.
„Habt ihr diese Mühle schon lange in Pacht?"
„Das zweite Jahr seit Pfingsten."
„Und woher ist dein Mann?"
Arina hatte meine Frage überhört.

„Woher dein Mann ist?" wiederholte Jermolai, die Stimme hebend.

„Aus Belew. Er ist ein Belewer Kleinbürger."

„Und du bist auch aus Belew?"

„Nein, ich bin eine Herrschaftliche – war eine Herrschaftliche."

„Wem hast du gehört?"

„Dem Herrn Swerkow. Jetzt bin ich frei."

„Welchem Swerkow?"

„Alexander Silytsch."

„Warst du nicht Zofe bei seiner Frau?"

„Woher wissen Sie das? Ja, das war ich."

Ich blickte Arina mit doppelter Neugier und Teilnahme an.

„Ich kenne deinen Herrn", fuhr ich fort.

„Sie kennen ihn?" antwortete sie leise und schlug die Augen nieder.

Ich muß nun dem Leser sagen, warum ich mit solchem Mitgefühl auf Arina blickte. Während meines Aufenthaltes in Petersburg hatte ich ganz zufällig einen Herrn Swerkow kennengelernt. Er bekleidete einen ziemlich wichtigen Posten und galt als ein kenntnisreicher und tüchtiger Mann. Er hatte eine sehr dicke Frau, eine empfindliche, tränenselige und bösartige Person, ein durchschnittliches und doch schwieriges Geschöpf; auch ein Sohn war da, ein richtiges Herrensöhnchen, verwöhnt und dumm. Das Äußere des Herrn Swerkow selbst sprach wenig zu seinen Gunsten. Aus einem breiten, fast viereckigen Gesicht blickten verschlagen ein Paar Mausaugen und ragte eine große, spitze Nase mit weit offenen Nasenlöchern hervor. Das kurzgeschnittene graue Haar stand wie eine Bürste über der gefurchten Stirn, die dünnen Lippen bewegten sich unaufhörlich und lächelten süßlich. Gewöhnlich stand Herr Swerkow breitbeinig da, die fleischigen Hände in die Taschen geschoben. Einmal war ich genötigt, mit ihm zusammen in einem Wagen vor die Stadt zu fahren. Wir kamen ins Gespräch, und als erfahrener, vernünftiger Mann begann Herr Swerkow mich auf den „Weg der Wahrheit" zu bringen.

„Gestatten Sie mir zu bemerken", sagte er schließlich mit

seiner hohen, dünnen Stimme, „daß ihr jungen Leute über alle Dinge immer aufs Geratewohl urteilt und redet; ihr kennt euer eigenes Vaterland zuwenig; Rußland ist euch, meine Herren, unbekannt, so ist es! Ihr lest immer nur deutsche Bücher. Sie sagen mir da zum Beispiel dies und das über diese, na, eben über die Leibeigenen. Schön, ich will nicht streiten, das ist alles schön und gut, aber Sie kennen sie nicht, Sie wissen nicht, was das für ein Volk ist." Herr Swerkow schneuzte sich geräuschvoll und schnupfte eine Prise Tabak. „Gestatten Sie mir, Ihnen als Beispiel eine kleine Anekdote zu erzählen, die Sie vielleicht interessieren wird." Herr Swerkow räusperte sich. „Sie wissen doch, was für eine Frau ich habe. Mir scheint, eine gütigere Frau als sie wird schwer zu finden sein, das werden Sie zugeben. Ihre Zofen haben nicht bloß ein gutes Leben – sie haben das reine Paradies auf Erden. Aber meine Frau hat es sich zur Regel gemacht, keine verheirateten Zofen zu halten. Und das ist auch wirklich nichts, da kommen Kinder und dies und jenes, nun, wo wird sich dann die Zofe so um ihre Herrin kümmern, wie es sich gehört, und auf deren Gewohnheiten eingehen – ihr steht nicht mehr der Sinn danach, sie hat ganz andere Dinge im Kopf. Man muß das Menschliche in Betracht ziehen. Da fahren wir also eines Tages durch unser Dorf, das wird – was soll ich Ihnen sagen, ich will nicht lügen – vielleicht fünfzehn Jahre her sein. Wir sehen, der Dorfälteste hat ein Mädelchen, eine Tochter, sehr hübsch; sie hat sogar, wissen Sie, etwas Einschmeichelndes im Benehmen. Und so sagt meine Frau zu mir: ‚Koko' – das heißt, Sie verstehen, so nennt sie mich gewöhnlich –, ‚nehmen wir doch dieses Mädelchen mit nach Petersburg; sie gefällt mir, Koko.' Ich sage: ‚Gut, nehmen wir sie mit, mit Vergnügen.' Der Dorfälteste fiel uns selbstverständlich zu Füßen; ein solches Glück, Sie verstehen, hatte er nie und nimmer erwarten können. Nun, das Mädchen weinte natürlich, aus lauter Dummheit. Anfangs ist es ja wirklich bedrückend: das elterliche Haus ... und überhaupt ... das ist gar nicht verwunderlich. Aber sie hatte sich bald an uns gewöhnt. Zuerst gaben wir sie in die Mägdekammer; wir ließen ihr natürlich Unterricht geben. Und was glauben Sie! Das Mädelchen macht erstaunliche Fortschritte, meine Frau ist einfach bezaubert von ihr und ernennt sie schließlich – die anderen übergeht sie – zu ihrer Leibzofe ... Bedenken Sie! Und man muß ihr Gerechtigkeit widerfahren lassen: Noch nie hatte meine Frau eine solche Zofe gehabt, tatsächlich nicht; dienstbeflissen, bescheiden, gehorsam – alles, was man nur verlangen kann. Dafür wurde sie freilich von meiner Frau auch allzusehr verwöhnt, das muß ich sagen; sie wurde bestens gekleidet, vom herrschaftlichen Tisch beköstigt, bekam Tee zu trinken – nun, eben alles, was man sich nur denken kann. So diente sie an die zehn Jahre bei meiner Frau. Plötzlich, eines schönen Morgens, stellen Sie sich vor, kommt Arina – sie hieß Arina – unangemeldet zu mir ins Arbeitszimmer und fällt mir zu Füßen. So etwas, ich sage es Ihnen ganz offen, kann ich nicht ausstehen. Der Mensch darf niemals seine Würde vergessen, habe ich nicht recht? ‚Was willst du?' – ‚Väterchen, Alexander Silytsch, ich bitte um eine Gunst.' – ‚Was für eine?' – ‚Erlauben Sie mir zu heiraten.' Ich gestehe Ihnen, ich war äußerst erstaunt. ‚Du weißt doch, dummes Ding, daß die gnädige Frau keine andere Zofe hat.' – ‚Ich werde der gnädigen Frau dienen wie zuvor.' – ‚Unsinn! Unsinn! Die gnädige Frau mag keine verheirateten Zofen.' – ‚Malanja kann an meine Stelle treten.' – ‚Ich verbitte mir Erörterungen.' – ‚Wie Sie befehlen.' Ich gestehe, ich war erstaunt. Sehen Sie, so bin ich nun mal: Nichts kränkt mich so sehr, ich darf wohl sagen, kränkt mich so stark wie Undankbarkeit. Ich brauche Ihnen da nichts weiter zu erklären, Sie wissen, was für eine Frau ich habe: ein Engel in Menschengestalt, die Güte selbst. Ich glaube, ein Bösewicht – selbst dem hätte sie leid getan. Ich wies Arina hinaus. Vielleicht, dachte ich, nimmt sie Vernunft an; man möchte nicht gleich an das Böse glauben, wissen Sie, an den schwarzen Undank im Menschen. Aber was meinen Sie? Nach einem halben Jahr untersteht sie sich abermals, mir mit dieser Bitte zu kommen. Diesmal, ich gestehe es, wurde ich wütend, ich jagte sie hinaus und drohte ihr, es meiner Frau zu sagen. Ich war empört ... Aber stellen Sie sich meine Bestürzung vor: Einige Zeit später kommt meine Frau zu mir, in Tränen aufgelöst und so aufgeregt, daß ich geradezu erschrecke. ‚Was ist denn geschehen?' – ‚Arina ...' Sie verstehen ... ich schäme mich, es auszusprechen. ‚Es kann nicht sein! Wer ist es denn?' – ‚Der Lakai Petruschka.' Ich war außer mir. Ich bin nun einmal so ein Mensch – halbe Maßnahmen liebe ich nicht. Petruschka war nicht schuld. Man konnte ihn bestrafen, aber schuld war er meiner Ansicht nach nicht. Arina – nun ja, was soll man dazu noch viel sagen? Ich befahl selbstverständlich sofort, ihr die Haare abzuschneiden, sie in alte Sachen zu kleiden und ins Dorf zurückzuschicken. Meine Frau hatte eine ausgezeichnete Zofe verloren, doch das war nicht zu ändern. Unordnung im Haus kann man nicht dulden, keinesfalls. Es ist besser, ein krankes Glied gleich abzuschneiden. Nun, und jetzt urteilen Sie selbst, nun, Sie kennen ja meine Frau, sie ist ja doch, ist ja, ist ja ... eben ein Engel! Sie hing ja so an Arina, und Arina wußte das und schämte sich nicht ... Na? Nein, sagen Sie ... Na? Aber was gibt es da groß zu reden! Auf jeden Fall war es nicht zu ändern. Mich, besonders mich hat die Undankbarkeit dieses Mädchens für lange Zeit sehr erbost und gekränkt. Sagen Sie, was Sie wollen – Herz, Gefühl suchen Sie bei diesen Leuten vergebens! Man mag den Wolf noch so gut füttern, er schaut doch immer nach dem Wald ... Eine Lehre für die Zukunft! Aber ich wollte Ihnen nur beweisen ..."

Ohne seine Rede zu beenden, wandte Herr Swerkow sein Gesicht ab und wickelte sich fester in seinen Umhang, die unwillkürliche Erregung mannhaft bezwingend.

Jetzt versteht der Leser wahrscheinlich, warum ich so teilnahmsvoll auf Arina blickte.

„Bist du schon lange mit dem Müller verheiratet?" fragte ich sie schließlich.

„Zwei Jahre."

„Wie, hat es dir dein Herr denn erlaubt?"

„Ich wurde losgekauft."

„Von wem?"

„Von Saweli Alexejewitsch."

„Wer ist das?"

„Mein Mann." Jermolai lächelte vor sich hin. „Hat Ihnen denn mein Herr von mir erzählt?" fügte Arina nach kurzem Schweigen hinzu.

Ich wußte nicht, was ich auf ihre Frage antworten sollte.

„Arina!" rief der Müller von fern. Sie stand auf und ging.
„Ist ihr Mann ein guter Mensch?" fragte ich Jermolai.
„Es geht."
„Haben sie Kinder?"
„Sie hatten eins, aber es ist gestorben."
„Sie hat dem Müller wohl gefallen – oder wie?... Hat er viel Lösegeld für sie gegeben?"
„Weiß ich nicht. Sie kann lesen und schreiben; in diesem Gewerbe ist das ... nun, eine gute Sache. Da wird sie ihm schon gefallen haben."
„Bist du schon lange mit ihr bekannt?"
„Ja. Ich kam früher oft zu ihrer Herrschaft. Deren Gut ist hier in der Nähe."
„Kennst du auch den Lakai Petruschka?"
„Pjotr Wassiljewitsch? Freilich hab ich den gekannt."
„Wo ist er jetzt?"
„Zu den Soldaten gegangen."
Wir schwiegen beide eine Weile.
„Wie es scheint, ist sie nicht gesund?" fragte ich Jermolai.
„Ganz und gar nicht gesund! – Morgen wird übrigens der Schnepfenstrich gut werden. Ein bißchen Schlaf könnte Ihnen jetzt nicht schaden."

Ein Schwarm Wildenten zog schwirrend über uns hinweg. Wir hörten, wie er nicht weit von uns auf dem Fluß einfiel. Unterdessen war es völlig dunkel geworden – und kalt. Im Wäldchen schlug voll Wohllaut eine Nachtigall. Wir krochen tief ins Heu und schliefen ein.

Das Himbeerwasser

Anfang August ist die Hitze oft unerträglich. Zwischen zwölf und drei Uhr ist während dieser Zeit selbst der willensstärkste und zielstrebigste Mensch nicht imstande zu jagen, und auch der allerergebenste Hund beginnt, „dem Jäger die Sporen zu putzen", das heißt, er geht im Schritt hinter ihm her, mit angestrengt zusammengekniffenen Augen und übertrieben weit heraushängender Zunge; auf die Vorwürfe seines Herrn wedelt er nur demütig mit dem Schwanz, sein Gesicht drückt Verlegenheit aus, aber vorwärts bewegt er sich nicht.

Es hatte sich so gefügt, daß ich gerade an einem solchen Tag auf der Jagd war. Lange widerstand ich der Versuchung, mich wenigstens für einen Augenblick irgendwo in den Schatten zu legen; lange hatte mein unermüdlicher Hund immer wieder die Büsche durchstöbert, obwohl er anscheinend selbst nichts Gescheites von seiner fieberhaften Tätigkeit erwartete. Die drückende Schwüle zwang mich schließlich, an die Schonung unserer letzten Kräfte und Fähigkeiten zu denken. Mit Müh und Not schleppte ich mich bis zu dem Flüßchen Ista, das meine nachsichtigen Leser schon kennen, stieg den steilen Hang hinunter und strebte auf dem gelben, feuchten Ufersand einer Quelle zu, die in der ganzen Gegend unter dem Namen „Himbeerwasser" bekannt ist. Diese Quelle entspringt einer Spalte in der Uferböschung, die sich nach und nach zu einer kurzen, aber tiefen Schlucht erweitert hat, und mündet zwanzig Schritt von dort, lustig und geschwätzig plätschernd, in den Fluß. An den Abhängen der Schlucht wuchert Eichengebüsch; um den Quell grünt kurzes, samtiges Gras; fast nie berühren die Sonnenstrahlen das kalte, silbrige Naß. Ich gelangte zu dem Quell. Im Grase lag eine Schöpfkelle aus Birkenrinde, die wohl ein vorübergekommener Bauer zur allgemeinen Benutzung liegengelassen hatte. Ich trank mich satt, legte mich in den Schatten und blickte mich um. An der Bucht, die durch das Einmünden der Quelle in den Fluß entstanden war und deren Wasser daher stets ein feines Wellengekräusel überzieht, saßen mit dem Rücken zu mir zwei alte Männer. Der eine, ziemlich stämmig und groß, trug einen dunkelgrünen, sauberen Kaftan und eine daunengefütterte Schirmmütze, er angelte; der andere, schmächtig und klein, in einem halbseidenen Rock voller Flicken und ohne Mütze, hielt auf den Knien einen Topf mit Würmern und fuhr sich bisweilen mit der Hand über den kleinen grauen Kopf, als wollte er ihn vor der Sonne schützen. Ich betrachtete ihn etwas genauer und erkannte in ihm den Stjopuschka aus Schumichino. Ich bitte den Leser um Erlaubnis, ihm diesen Mann vorzustellen.

Einige Werst von meinem Gut entfernt liegt das große Dorf Schumichino mit seiner steinernen Kirche, die zu Ehren der Heiligen Kosma und Damian errichtet ist. Dieser Kirche gegenüber prangte einstmals ein geräumiges Herrenhaus, umgeben von verschiedenen Nebengebäuden, Gesindehäusern, Werkstätten, Pferdeställen, Winter- und Wagenschuppen, Badestuben und Behelfsküchen, Flügeln für Gäste und für die Verwalter, Treibhäusern und Orangerien, Schaukeln für das Volk und anderen mehr oder weniger nützlichen Baulichkeiten. In diesem Herrenhaus wohnten reiche Gutsbesitzer, und alles ging bei ihnen seinen geordneten Gang, bis plötzlich eines schönen Morgens die ganze Herrlichkeit bis auf den Grund niederbrannte. Die Herrschaft siedelte in ein anderes Nest über; die Besitzung verödete. Die ausgedehnte Brandstätte verwandelte sich in einen Gemüsegarten, aus dem nur hier und da Ziegelhaufen und Überreste der einstigen Fundamente aufragten. Aus unversehrt gebliebenen Balken zimmerte man eilig eine Hütte zusammen, deckte sie mit den Schindeln, die vor ungefähr zehn Jahren zum Bau eines Pavillons in gotischem Stil angekauft worden waren, und gab diese dem Gärtner Mitrofan, seiner Frau Axinja und seinen sieben Kindern. Mitrofan hatte für die herrschaftliche Tafel über eine

Entfernung von hundertfünfzig Werst Grünzeug und Gemüse zu liefern. Axinja wurde die Aufsicht über die Tiroler Kuh übertragen, die man in Moskau für schweres Geld erworben hatte, der aber leider die Fähigkeit, Nachkommenschaft hervorzubringen, versagt blieb und die daher seit ihrem Ankauf noch niemals Milch gegeben hatte; auch ein beschopfter, rauchfarbener Enterich, der einzige „herrschaftliche" Vogel, wurde Axinjas Obhut anvertraut. Den Kindern waren, ihrer Minderjährigkeit wegen, keinerlei Ämter zugewiesen, was sie übrigens durchaus nicht daran hinderte, vollkommener Faulheit zu verfallen. Bei diesem Gärtner hatte ich zweimal übernachten müssen; da nahm ich mir von ihm ein paar Gurken mit, die sich, Gott weiß warum, sogar im Sommer durch ihre Größe, einen unangenehmen wässerigen Geschmack und eine dicke gelbe Schale auszeichneten. Bei ihm hatte ich auch Stjopuschka zum erstenmal gesehen. Außer Mitrofan mit seiner Familie und dem alten, tauben Kirchenältesten Gerassim, der um Christi willen in einem Kämmerchen bei einer einäugigen Soldatenfrau hauste, war keiner von den Leibeigenen in Schumichino zurückgeblieben, denn Stjopuschka, mit dem ich den Leser bekannt machen will, konnte weder als Mensch im allgemeinen noch als Leibeigener im besonderen gelten.

Jeder Mensch nimmt in der Gesellschaft irgendeine Stellung ein, mag sie sein, wie sie will; er hat irgendwelche Bindungen; jeder Leibeigene bekommt, wenn nicht einen Lohn, so doch wenigstens ein sogenanntes Deputat. Stjopuschka erhielt keinerlei Zuwendungen, von keiner Seite. Er stand mit niemandem in verwandtschaftlichen Beziehungen, niemand wußte, wie er eigentlich lebte. Dieser Mensch hatte nicht einmal eine Vergangenheit, man sprach nicht von ihm, und selbst bei der Revision wurde er wohl kaum mitgezählt. Es gingen dunkle Gerüchte um, nach denen er irgendwann bei irgendwem Kammerdiener gewesen sein sollte, aber wer er war, woher er stammte, wessen Sohn er war, wie er unter die Untergebenen von Schumichino geraten und wie er zu dem halbseidenen Rock gekommen war, den er seit undenklichen Zeiten trug, wo er lebte, wovon er lebte – davon hatte niemand auch nur die leiseste Ahnung, und, um die Wahrheit zu sagen, diese Fragen beschäftigten auch niemanden. Großvater Trofimytsch, der die Stammbäume sämtlicher Leibeigenen vom Hofgesinde in aufsteigender Linie bis ins vierte Glied kannte, hatte diesmal nur gesagt, er erinnere sich, daß Stepan mit einer Türkin verwandt sei, die der verstorbene gnädige Herr, der Brigadegeneral Alexej Romanytsch, aus einem Feldzug im Troß mitzubringen geruht habe. Selbst an den Feiertagen, nach altem, russischem Brauch den Tagen der allgemeinen Beschenkung und Bewirtung mit Brot und Salz, mit Buchweizenpasteten und Kornschnaps, selbst an diesen Tagen erschien Stjopuschka nicht an den aufgestellten Tischen und Fässern; weder verbeugte er sich, noch näherte er sich dem gnädigen Herrn zum Handkuß, er leerte das Glas nicht in einem Zug vor den Augen der Herrschaft und auf die Gesundheit der Herrschaft, das Glas, das von der fleischigen Hand des Gutsverwalters gefüllt worden war; kaum daß eine gute Seele im Vorbeigehen dem armen Schlucker ein nicht aufgegessenes Stück Pastete schenkte. Am Ostersonntag tauschte man mit ihm zwar den Osterkuß, aber er krempelte nicht den schmierigen Ärmel auf, um aus der hinteren Tasche das rotgefärbte Ei hervorzuholen, er brachte es nicht, atemlos und blinzelnd, den jungen Herrschaften oder gar der gnädigen Frau selbst dar. Im Sommer hauste er nachts in einem Verschlag hinter dem Hühnerstall, im Winter im Vorraum der Badestube; bei starkem Frost nächtigte er auf dem Heuboden. Man war an seinen Anblick gewöhnt; manchmal bekam er einen Fußtritt, aber niemand richtete je ein Wort an ihn, und er selbst hatte, wie es schien, nie im Leben den Mund aufgetan. Nach dem Brand war dieser völlig vernachlässigte Mensch bei dem Gärtner Mitrofan untergekommen oder, wie die Orjoler sagen, „untergekrochen". Der Gärtner ließ ihn in Ruhe; er hatte zwar nicht zu ihm gesagt: „Du kannst bei mir wohnen", aber er jagte ihn auch nicht davon. Stjopuschka wohnte allerdings auch gar nicht bei dem Gärtner, er lebte und webte im Gemüsegarten. Er ging und bewegte sich völlig geräuschlos; er nieste und hustete furchtsam in die hohle Hand; unablässig hatte er, wie eine Ameise, heimlich etwas zu tun und zu schaffen, und immer nur des Essens wegen, einzig und allein des Essens wegen. Und wahrlich, hätte er nicht von morgens bis abends für seine Nahrung gesorgt, so wäre mein Stjopuschka längst Hungers gestorben. Es ist schlimm, am Morgen nicht zu wissen, wovon man am Abend satt werden wird! Bald sitzt Stjopuschka am Zaun und nagt an einem Rettich oder lutscht an einer Möhre oder zerrupft einen schmutzigen Krautkopf, bald schleppt er ächzend einen Eimer Wasser irgendwohin. Bald legt er unter einem Topf ein Feuerchen an, holt aus seinem Rockausschnitt ein paar schwarze Brocken hervor und wirft sie in den Topf, bald schlägt er in seiner Vorratsecke mit einem Holzklotz einen Nagel ein, um ein kleines Wandbrett für sein bißchen Brot anzubringen. Und alles das tut er schweigend und gleichsam verstohlen: Sieht man hin, schon hat er sich versteckt. Dann ist er plötzlich auf zwei Tage verschwunden; kein Mensch bemerkt natürlich seine Abwesenheit. Aber ehe man sich's versieht, ist er wieder da und legt wieder heimlich irgendwo am Zaun Späne unter einen kleinen Feuerbock. Sein Gesicht ist klein, die Äuglein sehen gelblich aus, die Haare hängen ihm bis auf die Augenbrauen hinab, die Nase ist spitz, die Ohren sind übergroß und durchscheinend wie bei einer Fledermaus, der Bart sieht aus, als wäre er zwei Wochen nicht abrasiert, wird aber weder länger noch kürzer. Diesen Stjopuschka also traf ich am Ufer der Ista in Gesellschaft des anderen Alten.

Ich trat zu den beiden, begrüßte sie und setzte mich neben sie. In Stjopuschkas Kameraden erkannte ich ebenfalls einen Bekannten; es war ein Freigelassener des Grafen Pjotr Iljitsch***, Michailo Saweljew, mit Spitznamen Tuman. Er wohnte bei einem schwindsüchtigen Bolchower Kleinbürger, der eine Herberge unterhielt, in der ich ziemlich oft abstieg. Die auf der großen Orjoler Landstraße reisenden jungen Beamten und anderen wenig beschäftigten Leute (die in ihre gestreiften Federbetten vergrabenen Kaufleute haben dafür kein Auge) können noch bis zum heutigen Tag unweit von dem großen Dorf Troizkoje ein riesiges einstöckiges Holzhaus gewahren, das völlig verwahrlost ist – das Dach ist eingefallen, und die Fenster sind mit Brettern vernagelt; es steht unmittelbar an der Landstraße. Um die Mittagszeit, bei klarem, sonnigem Wetter, kann man sich nichts Trostloseres vorstellen als diese Ruine. Hier wohnte einst Graf Pjotr Iljitsch, ein reicher Magnat der alten Zeit, der wegen seiner Gastfreundlichkeit bekannt war. Bei ihm kam manchmal das ganze Gouvernement zusammen, tanzte und vergnügte sich großartig beim betäubenden Dröhnen der Hauskapelle und beim Prasseln der Schwärmer und der römischen Kerzen; und wahrscheinlich wird manche Greisin, die jetzt an dem verödeten Bojarenpalast vorüberfährt, seufzend der vergangenen Zeiten und der entschwundenen Jugend gedenken. Lange Jahre feierte der Graf hier seine Feste, lange Jahre wandelte er, leutselig lächelnd, durch die Scharen der schmeichlerischen Gäste, aber leider reichte sein Vermögen nicht für das ganze Leben. Völlig verarmt, begab er sich nach Petersburg, um sich dort einen Posten zu suchen, und starb in einem Hotelzimmer, ohne einen Bescheid erhalten zu haben. Tuman hatte bei ihm als Haushofmeister gedient und noch bei Lebzeiten des Grafen den Freibrief erhalten. Er war ein Mann von etwa siebzig Jahren mit einem regelmäßigen und angenehmen Gesicht. Er lächelte fast ständig, und zwar so, wie jetzt nur noch Leute aus Katharinas Zeiten lächeln: gutmütig und überlegen. Beim Reden schob er langsam die Lippen vor und preßte sie dann zusammen, blinzelte freundlich und sprach die Worte ein wenig durch die Nase. Auch wenn er sich schneuzte oder Tabak schnupfte, ließ er sich Zeit, als führe er etwas Wichtiges aus.

„Nun, Michailo Saweljitsch", begann ich, „hast du etwas gefangen?"

„Belieben Sie da in das Körbchen zu blicken: Zwei kleine Barsche habe ich geködert und fünf Stück Weißfische. Zeig her, Stjopka."

Stjopuschka schob mir das Körbchen hin.

„Wie geht's dir, Stepan?" fragte ich ihn.

„I ... i ... Ni ... nicht besonders, Väterchen, so leidlich", antwortete Stepan stockend, als müsse er mit der Zunge ein schweres Gewicht bewegen.

„Ist Mitrofan gesund?"

„Gesund, ge ... gewiß, Väterchen."

Der arme Kerl wandte sich ab.

„Sie beißen schlecht an", sagte Tuman, „es ist zu heiß; die Fische haben sich alle unter die Sträucher verzogen und schlafen. Steck mal einen Wurm auf, Stjopa." Stjopuschka holte einen Wurm heraus, legte ihn auf die flache Hand und klatschte zweimal darauf; dann steckte er ihn auf den Angelhaken, spuckte darauf und reichte ihn Tuman. „Danke, Stjopa. – Und Sie, Väterchen", fuhr er, zu mir gewandt, fort, „belieben zu jagen?"

„Wie du siehst."

„Soso ... Und das Hündchen, das Sie da haben, ist das ein engländisches oder ein furländisches?"

Der Alte spielte sich gelegentlich gern ein wenig auf: Siehst du, auch wir haben die Welt kennengelernt!

„Ich weiß nicht, von welcher Rasse er ist, aber er ist gut."

„Soso ... Belieben Sie auch mit Hunden auf die Jagd zu reiten?"

„Ich besitze zwei Koppeln."

Tuman lächelte und schüttelte den Kopf.

„So ist das nun mal: Der eine ist ein großer Freund von Hunden, der andere mag sie nicht geschenkt haben. Ich, mit meinem geringen Verstand, denke mir: Hunde sollte man sich sozusagen mehr zum Großtun halten ... Und es müßte dann eben alles in Ordnung sein: Die Pferde müßten in Ordnung sein und die Hundewärter, so wie es sich gehört, und alles andere auch. Der verstorbene Graf – ich wünsch ihm das Himmelreich! – war kein geborener Jäger, zugegeben, aber Hunde hielt er sich, und zweimal im Jahr geruhte er auf die Jagd zu reiten. Da versammelten sich auf dem Hof die Hundewärter in roten Kaftanen mit Tressen daran und bliesen ins Horn; Seine Erlaucht geruhten hinauszutreten, und man führte Seiner Erlaucht das Reitpferd vor; Seine Erlaucht saßen auf, und der Hauptjägermeister steckte ihm die Füße in die Steigbügel, nahm die Mütze vom Kopf und reichte ihm in der Mütze die Zügel. Seine Erlaucht geruhten hierauf mit der Hetzpeitsche zu knallen, und die Hundeführer fingen an zu rufen und zu schreien und setzen sich in Bewegung, zum Hof hinaus. Und hinter dem Grafen ritt ein Reitknecht, der führte an einer seidenen Koppel die zwei Lieblingshunde des gnädigen Herrn und gab so acht, wissen Sie ... Er saß so hoch, der Reitknecht, auf seinem Kosakensattel und war so rotwangig und machte so große Augen ... Nun, und Gäste waren bei dieser Gelegenheit da, das versteht sich. Und auf die Ehre wurde ebenso gesehen wie aufs Vergnügen ... Ach, da hat er sich losgerissen, der Asiat!" setzte er plötzlich hinzu und zog die Angel heraus.

„Man sagt doch, der Graf habe sein Leben gehörig genossen?" fragte ich.

Der Alte spuckte auf den Wurm und warf die Angel wieder aus.

„Er war ein vornehmer Mann, das ist bekannt. Zu ihm kamen immer die ersten Größen, das kann man sagen, aus Petersburg zu Besuch. Mit blauen Ordensbändern saßen sie immer an der Tafel und speisten. Und er war ein Meister im Bewirten! Es kam vor, daß er mich rufen ließ. ‚Tuman‘, sagte er, ‚ich brauche zum morgigen Tag lebende Sterlete, gib Befehl, sie zu beschaffen, hörst du?‘ – ‚Ich höre, Euer Erlaucht.‘ Die bestickten Kaftane, die Perücken, Spazierstöcke, Parfüms, das Ladekolon erster Güte, die Tabakdosen, die riesengroßen Bilder, das ließ er sich alles direkt aus Paris kommen. Wenn er ein Bankett gab – du lieber Gott, Herr meines Lebens! –, was gab es da für Feuerwerke, für Spazierfahrten! Sogar aus Kanonen wurde geschossen! Allein an Musikanten waren vierzig Mann da. Und einen deutschen Kapellmeister hielt er sich; aber der Deutsche wurde zu eingebildet, er wollte mit den Herrschaften an einer Tafel speisen; da befahlen Seine Erlaucht, ihn in Gottes Namen fortzujagen: ‚Meine Musikanten‘, sagte er, ‚verstehen ihre Sache auch ohne ihn.‘ Soviel Gewalt hat nun mal der Herr! Und wie da getanzt wurde – bis zum Morgenrot tanzten sie, und am meisten Lacossaise-Matradura. – Äh, äh, äh, da hab ich dich, Freundchen!" Der Alte zog einen kleinen Barsch aus dem Wasser. „Da, Stjopa. – Der gnädige Herr war eben ein Herr, wie er sein soll", fuhr der Alte fort und warf die Angel aufs neue aus, „und er war auch eine gute Seele. Wenn er einen schlug, das kam vor, gleich hatte er es wieder vergessen. Allerdings, Mätressen hielt er sich. Oh, diese Mätressen, Gott verzeih ihnen! Sie haben ihn auch zugrunde gerichtet. Und er nahm sie sich doch allermeistens aus dem niederen Stand. Was wollten sie denn noch? sollte man meinen. Aber nein, was sie sich auch schenken ließen, es mußte immer das Teuerste in ganz Europa sein! Und man muß sagen: Warum sollte er sein Leben nicht genießen – das ist Herrschaftssache. Nur zugrunde richten hätte er sich nicht dürfen. Besonders eine, Akulina hieß sie, jetzt ist sie tot – ich wünsch ihr das Himmelreich! Sie war ein ganz einfaches Mädchen, die Tochter des Sitower Dorfpolizisten, und dabei so bösartig! Auf die Backen hat sie den Grafen geschlagen, manchmal. Richtig behext hatte sie ihn. Meinen Neffen hat sie zu den Soldaten geschickt, er hatte ihr auf ein neues Kleid Schokolat geschüttet. Und nicht bloß ihn hat sie zu den Soldaten geschickt. Ja, ja ... Und trotz allem war es eine schöne Zeit!" fügte der Alte mit einem tiefen Seufzer hinzu, senkte den Kopf und verstummte.

„Aber euer Herr war auch streng, wie es scheint?" begann ich nach einer kurzen Pause wieder.

„Das war damals so Sitte, Väterchen", erwiderte der Alte und wiegte den Kopf.

„Jetzt gibt es das nicht mehr", bemerkte ich, ohne ihn aus den Augen zu lassen.

Er sah mich von der Seite an.

„Jetzt ist es natürlich besser", murmelte er und warf die Angel weit hinaus.

Wir saßen im Schatten, aber auch im Schatten war es schwül. Die schwere, stickige Luft war wie erstorben; das heiße Gesicht wartete sehnsüchtig auf einen Windhauch, aber es regte sich kein Lüftchen. Die Sonne stach nur so vom blauen, tiefblau gewordenen Himmel hernieder. Gerade vor uns, am anderen Ufer, leuchtete gelb ein Haferfeld, hier und da von Wermut durchwachsen, und auch nicht eine einzige Rispe bewegte sich. Weiter unten stand ein Bauernpferd bis an die Knie im Fluß und schlug sich träge mit dem nassen Schweif. Bisweilen schwamm unter einem überhängenden Strauch ein großer Fisch hervor, ließ Luftblasen emporsteigen und senkte sich dann still auf den Grund hinab, ein leichtes Gekräusel auf dem Wasser zurücklassend. Die Heuschrecken zirpten im rötlich schimmernden Gras; die Wachteln riefen gleichsam widerwillig; Habichte schwebten ruhig über den Feldern und rüttelten häufig an einem Fleck, mit schnellem Flügelschlag und fächerartig ausgebreitetem Schwanz. Wir saßen regungslos, von der Hitze niedergedrückt. Plötzlich drang aus der Schlucht hinter uns ein Geräusch; es stieg jemand zur Quelle hinab. Ich sah mich um und erblickte einen Bauern von etwa fünfzig Jahren. Er war staubbedeckt, trug ein Hemd und Bastschuhe und hatte einen geflochtenen Quersack und den Kittel über der Schulter. Er trat an den Quell und trank gierig, dann erhob er sich.

„He, Wlas?" rief Tuman und musterte ihn. „Tag, Bruder. Von wo bringt denn dich der liebe Gott her?"

„Tag, Michailo Saweljitsch", sagte der Bauer und kam zu uns heran, „von weit her."

„Wohin hattest du dich denn verirrt?" fragte ihn Tuman.

„Ich bin nach Moskau gegangen, zum Herrn."

„Und weshalb?"

„Ich wollte ihn um etwas bitten."

„Worum bitten?"

„Daß er mir den Zins nachläßt oder mich auf Frondienst setzt oder vielleicht umsiedelt. Mein Sohn ist gestorben, und allein schaffe ich es nicht."

„Dein Sohn ist gestorben?"

„Ja, er ist tot. Der Verstorbene", fügte der Bauer nach einer Pause hinzu, „war in Moskau Kutscher; er hat für mich, ich kann's ja sagen, auch den Zins bezahlt."

„Seid ihr etwa jetzt auf Zins gesetzt?"

„Ja, auf Zins."

„Und was hat dein Herr gesagt?"

„Der Herr? Hinausgejagt hat er mich! ‚Was unterstehst du dich', sagte er, ‚direkt zu mir zu kommen, dafür ist der Verwalter da; du bist verpflichtet', sagte er, ‚zuerst dem Verwalter Bericht zu erstatten. Und wohin soll ich dich denn umsiedeln? Bezahl du erst mal deine Rückstände', sagte er. Er war ganz wütend."

„Nun, und da bist du eben wieder gegangen?"

„Da bin ich gegangen. Ich wollte mich eigentlich noch erkundigen, ob der Verstorbene nicht irgendwelches Eigentum hinterlassen hätte, aber ich bin nicht klug daraus geworden. Ich sagte zu seinem Hauswirt: ‚Ich bin Filipps Vater.' Er sagte zu mir: ‚Woher soll ich das wissen? Und hinterlassen hat dein

Sohn gar nichts', sagte er, ,er hat bei mir sogar noch Schulden.' Nun, und da bin ich eben gegangen."

Der Bauer erzählte uns das alles mit einem spöttischen Lächeln, als sei von jemand anderem die Rede, doch in seinen kleinen, zusammengekniffenen Augen zeigte sich eine Träne, und seine Lippen zitterten.

„Was machst du nun, gehst du jetzt nach Hause?"

„Wohin sonst? Freilich, nach Hause. Meine Frau wird wohl jetzt vor Hunger in die hohle Faust pfeifen."

„Da hättest du ... doch ...", warf Stjopuschka unvermutet ein, wurde aber gleich verlegen, verstummte und fing an, in seinem Topf herumzuwühlen.

„Und wirst du zum Verwalter gehen?" fuhr Tuman fort, nachdem er einen verwunderten Blick auf Stjopa geworfen hatte.

„Warum soll ich zu ihm hingehen? Ich bin so schon im Rückstand. Mein Sohn hat schon das Jahr vor seinem Tode gekränkelt, da hat er nicht einmal für sich selber den Zins bezahlt. Für mich ist es nur halb so schlimm: Bei mir ist nichts zu holen. Ja, Bruder, wie schlau du's auch anfängst, du erreichst nichts: Mein Mund ist stumm!" Der Bauer lachte laut auf. „Wie klug er's auch anstellen mag, der Kintiljan Semjonytsch, umsonst ..." Wlas lachte wieder.

„Was soll das? Das ist schlimm, Bruder Wlas", sagte Tuman, jedes Wort abwägend.

„Wieso schlimm? Nicht ..." Wlas versagte die Stimme. „So eine Hitze", fuhr er fort und wischte sich das Gesicht mit dem Ärmel ab.

„Wer ist euer Herr?" fragte ich.

„Graf***, Walerian Petrowitsch."

„Der Sohn von Pjotr Iljitsch?"

„Pjotr Iljitschs Sohn", antwortete Tuman. „Der verstorbene Pjotr Iljitsch hat ihm noch bei Lebzeiten das Dorf von Wlas zugeteilt."

„Und ist er gesund?"

„Ja, Gott sei Dank", erwiderte Wlas. „Ganz rot sieht er aus, das ganze Gesicht ist überzogen."

„Da hat man es, Väterchen", fuhr Tuman fort und wandte

sich mir zu, „wenn es wenigstens noch in der Nähe von Moskau wäre, aber er hat ihn hier auf Zins gesetzt."

„Und wieviel zahlst du?"

„Fünfundneunzig Rubel zahle ich", brummte Wlas.

„Nun, sehen Sie: Und dabei so wenig Land, eigentlich gibt es da nur herrschaftlichen Wald."

„Den haben sie auch schon verkauft, sagt man", bemerkte der Bauer.

„Nun, da sehen Sie's. – Stjopa, gib mal einen Wurm her. He, Stjopa! Du bist wohl gar eingeschlafen, wie?"

Stjopuschka fuhr auf. Der Bauer setzte sich zu uns. Wir verstummten wieder. Am anderen Ufer stimmte jemand ein Lied an, aber ein so schwermütiges Lied. Mein armer Wlas ließ den Kopf hängen ...

Nach einer halben Stunde gingen wir auseinander.

Der Kreisarzt

Einmal erkältete ich mich im Herbst auf der Rückfahrt aus einem sehr abgelegenen Jagdgebiet und wurde krank. Ich kann noch von Glück sprechen, daß mich das Fieber in der Kreisstadt packte, im Gasthof; ich schickte nach dem Doktor. Eine halbe Stunde später erschien der Kreisarzt, ein kleiner Mann, schwarzhaarig und hager. Er verschrieb mir das übliche schweißtreibende Mittel, hieß mich ein Senfpflaster auflegen und ließ sehr geschickt meinen Fünfrubelschein in seinem Ärmelaufschlag verschwinden, wobei er jedoch trocken hüstelte und beiseite blickte. Er wollte sich gerade auf den Heimweg machen, da kam er, ich weiß nicht wie, mit mir ins Gespräch und blieb. Mich plagte das Fieber; ich sah eine schlaflose Nacht voraus und war froh, mit dem guten Mann ein wenig plaudern zu können. Ich ließ Tee bringen, und mein Doktor kam ins Erzählen. Er war kein dummer Mensch und drückte sich gewandt und recht launig aus. Sonderbar geht es in der Welt zu: Mit manchem Menschen lebt man lange zusammen, man steht mit ihm in freundschaftlichen Beziehungen, spricht aber nie frei und offenherzig mit ihm; mit einem andern aber ist man kaum bekannt geworden – und sieh da, schon hast du ihm oder hat er dir, wie bei der Beichte, die tiefsten Geheimnisse ausgeplaudert. Ich weiß nicht, womit ich mir das Vertrauen meines neuen Freundes verdient hatte, jedenfalls erzählte er mir ohne besondere Veranlassung und ohne selbst recht zu wissen, wie er dazu kam, ein ziemlich merkwürdiges Erlebnis. Ich will seine Erzählung nunmehr dem geneigten Leser wiedergeben. Ich werde mich dabei bemühen, mich mit den Worten des Arztes auszudrücken.

„Sie kennen wohl nicht zufällig", begann er mit leiser und zitternder Stimme – die Wirkung von unvermischtem Berjosower Tabak –, „Sie kennen wohl nicht zufällig den hiesigen Richter, Mylow, Pawel Lukitsch? – Sie kennen ihn nicht. Nun, das macht nichts." Er räusperte sich und rieb sich die Augen. „Also, sehen Sie, die Sache trug sich – was soll ich Ihnen sagen, ich will nicht lügen – zu den großen Fasten zu, mitten im schlimmsten Tauwetter. Ich sitze so bei ihm, bei unserem Richter, und spiele Preference. Unser Richter ist ein braver Mann und ein leidenschaftlicher Preferencespieler. Plötzlich" – mein Arzt gebrauchte sehr oft das Wort „plötzlich" – „wird mir gesagt: ‚Ein Mann fragt nach Ihnen.' Ich sage: ‚Was will er denn?' – ‚Er bringt einen Brief', sagt man, ‚wahrscheinlich von einem Kranken.' – ‚Gib den Brief her', sage ich. Und so war es auch, er war von einem Kranken. Na schön. Sie verstehen, das ist unser Brot. Es handelte sich um folgendes: Eine Gutsbesitzerin, eine Witwe, schrieb mir, ihre Tochter liege im Sterben. ‚Kommen Sie', schrieb sie, ‚um unseres Herrgotts willen; die Pferde', schrieb sie, ‚sind schon nach Ihnen geschickt.' Nun, das ist alles noch nichts Besonderes. Aber sie wohnte zwanzig Werst weit von der Stadt weg, draußen war es Nacht, und die Wege waren einfach fürchterlich! Und sie selber war arm, mehr als zwei Silberrubel hatte ich nicht zu erwarten, und auch das war noch zweifelhaft, vielleicht mußte ich mich mit Leinwand oder irgendwelchen Kleinigkeiten begnügen. Aber die Pflicht geht allem andern vor, Sie verstehen: Es lag ein Mensch im Sterben. Ich übergebe also plötzlich meine Karten dem ständigen Ratsmitglied Kalliopin und mache mich auf den Heimweg. Vor der Freitreppe sehe ich schon einen klapprigen Wagen stehen, Bauernpferde davor, dickbäuchig, sehr dickbäuchig, mit wolligem Haar, richtigem Filz, und der Kutscher sitzt da und hat aus Respekt die Mütze abgenommen. Na, denke ich, man sieht, Bruder, deine Herrschaft ißt nicht von goldenen Tellern. Sie lachen, aber ich sage Ihnen: Ein armer Teufel wie unsereiner muß alles in Betracht ziehen ... Wenn der Kutscher wie ein Fürst dasitzt, statt untertänig nach der Mütze zu greifen, spöttisch unter seinem Bart hervorlächelt und mit der Peitsche spielt – dann kann man schon mit zwei Banknoten rechnen! Aber hier, das merkte ich gleich, sah es nicht danach aus. Aber, denke ich, das ist nicht zu ändern, die Pflicht geht allem vor. Ich packe die nötigsten Arzneien zusammen und fahre los. Ob Sie es glauben – nur mit Müh und Not kam ich bis hin. Der Weg war höllisch: Bäche, Schnee, Dreck, tiefe Pfützen, an einer Stelle war plötzlich ein Damm gebrochen – es war fürchterlich! Aber endlich bin ich da. Das Haus ist klein, mit Stroh gedeckt. Die Fenster sind erleuchtet, man wartet also schon. Eine alte Frau, sehr ehrwürdig, eine Haube auf dem Kopf, kommt mir entgegen.

,Retten Sie sie', sagt sie, ,sie stirbt!'

Ich sage:

,Ängstigen Sie sich nicht. Wo ist die Kranke?'

,Bemühen Sie sich, bitte, hier herein.'

Ich sehe mich um: ein sehr sauberes Stübchen, in der Ecke die Ewige Lampe, im Bett ein Mädchen von vielleicht zwanzig Jahren, bewußtlos. Hitze strahlt von ihr aus, sie atmet schwer – sie hat hohes Fieber. Noch zwei andere Mädchen sind da, ihre Schwestern, ganz verstört und in Tränen.

,Gestern war sie noch vollkommen gesund', sagen sie, ,und aß mit Appetit; heute morgen klagte sie über Kopfschmerzen, und gegen Abend war sie plötzlich in diesem Zustand.'

Ich sage wiederum: ,Ängstigen Sie sich nicht!' – Sie wissen, das ist die Pflicht des Arztes – und gehe ans Werk. Ich ließ sie zur Ader, verordnete Senfpflaster und verschrieb eine Mixtur. Unterdessen blickte ich sie an ... Ich blicke sie an, wissen Sie, nun, bei Gott, ein solches Gesicht hatte ich noch nie gesehen ... Mit einem Wort, eine Schönheit! Mitleid überkam mich. Diese angenehmen Züge, diese Augen ... Nun, Gott sei Dank, sie wurde ruhiger; der Schweiß brach aus, sie schien wieder zur Besinnung zu kommen. Sie blickte um sich, lächelte, strich sich mit der Hand übers Gesicht. Die Schwestern beugten sich über sie und fragten:

,Wie geht dir's?'

,Ganz gut', sagte sie und wandte sich ab.

Ich sah, sie war eingeschlafen.

,Nun', sagte ich, ,jetzt müssen wir die Kranke in Ruhe lassen.'

Und so gingen wir alle auf Zehenspitzen hinaus; nur das Stubenmädchen blieb für alle Fälle zurück. Im Salon stand schon der Samowar auf dem Tisch, und auch Jamaikarum stand da; in unserem Beruf kommt man ohne das nicht aus. Man schenkte mir Tee ein und bat mich, über Nacht zu bleiben. Ich war einverstanden – wohin sollte ich jetzt auch fahren! Die alte Frau stöhnte in einem fort.

‚Was haben Sie‘, sagte ich, ‚sie wird wieder gesund, ängstigen Sie sich nicht, ruhen Sie sich lieber selbst mal aus, es geht auf zwei Uhr.‘

‚Aber Sie lassen mich wecken, wenn etwas vorfallen sollte?‘

‚Gewiß, gewiß.‘

Die Alte ging, und auch die Mädchen begaben sich in ihr Zimmer. Für mich war im Salon ein Bett aufgeschlagen worden. Und so legte ich mich nieder. Aber ich fand keinen Schlaf. Was war das nur! Ich hatte mich doch wirklich zur Genüge abgeplagt. Die ganze Zeit über ging mir meine Kranke nicht aus dem Kopf. Endlich hielt ich es nicht mehr aus und stand plötzlich auf. Ich will mal gehen, dachte ich, und sehen, was mein Patient macht. Ihr Schlafzimmer lag nämlich neben dem Salon. Ich stand also auf und öffnete leise die Tür. Das Herz klopfte mir nur so. Ich sehe: Das Stubenmädchen schläft, hat den Mund weit offen und schnarcht auch noch, der Trampel! Die Kranke aber liegt mit dem Gesicht zu mir und hat die Arme weit von sich gestreckt, das arme Ding! Ich trete näher ... Da schlägt sie plötzlich die Augen auf und starrt mich an!

‚Wer ist das? Wer ist das?‘

Ich gerate in Verwirrung.

‚Erschrecken Sie nicht, gnädiges Fräulein‘, sage ich, ‚ich bin der Doktor, ich komme nur, um nachzusehen, wie es Ihnen geht.‘

‚Sie sind der Doktor?‘

‚Ja, der Doktor, der Doktor. Ihre Frau Mutter hat nach mir in die Stadt geschickt. Wir haben Sie zur Ader gelassen, gnädiges Fräulein. Jetzt belieben Sie zu ruhen, und so nach zwei Tagen etwa werden wir Sie mit Gottes Hilfe wieder auf die Beine stellen.‘

‚Ach, ja, ja, Doktor, lassen Sie mich nicht sterben – bitte!'
‚Was sagen Sie da, Gott sei mit Ihnen!'
Sie hat wieder Fieber, denke ich bei mir. Ich fühle ihr den Puls – richtig, Fieber. Sie sieht mich an, und plötzlich nimmt sie meine Hand.
‚Ich will Ihnen sagen, warum ich nicht sterben möchte, ich will es Ihnen sagen, ich will es Ihnen sagen ... Jetzt sind wir allein. Aber, bitte, Sie dürfen es niemandem ... Hören Sie zu ...'
Ich beugte mich zu ihr hinab; sie brachte ihre Lippen ganz dicht an mein Ohr, ihre Haare berührten meine Wange, ich gestehe, mir drehte sich alles im Kopf, dann begann sie zu flüstern. Ich verstand kein Wort ... Ach, sie phantasierte wohl nur! Sie flüsterte und flüsterte, aber so hastig und anscheinend gar nicht auf russisch. Als sie geendet hatte, erschauerte sie, ließ den Kopf kraftlos aufs Kissen sinken und drohte mir mit dem Finger: ‚Hören Sie, Doktor, niemandem ...' Mit Mühe gelang es mir, sie zu beruhigen. Ich gab ihr zu trinken, weckte das Stubenmädchen und ging hinaus."
Hier schnupfte der Arzt wieder erbittert seinen Tabak und saß dann einen Augenblick lang wie erstarrt da.
„Indessen", fuhr er fort, „am nächsten Tag ging es der Kranken, entgegen meinen Erwartungen, nicht besser. Ich überlegte und überlegte und entschloß mich plötzlich zu bleiben, obwohl mich noch andere Patienten erwarteten. Sie wissen ja, man darf da nicht nachlässig sein, darunter leidet die Praxis. Aber erstens befand sich die Kranke wirklich in Gefahr, und zweitens – ich muß schon die Wahrheit sagen – empfand ich eine starke Zuneigung zu ihr. Außerdem gefiel mir überhaupt die ganze Familie. Die Leute waren zwar unvermögend, aber man kann sagen: gebildet, wie man es selten findet. Der Vater war ein gelehrter Mann gewesen, ein Schriftsteller, und natürlich in Armut gestorben, aber seinen Kindern hatte er eine ausgezeichnete Erziehung zuteil werden lassen; und auch viele Bücher hatte er hinterlassen. War es nun, weil ich mich so eifrig um die Kranke bemühte, oder mochte es irgendwelche andere Ursachen haben, jedenfalls darf ich sagen, daß man mich in dem Hause liebgewann wie einen Verwandten. Unterdessen

waren infolge des Tauwetters die Wege grundlos geworden; alle Verkehrsverbindungen waren sozusagen völlig abgebrochen; sogar die Arznei konnte aus der Stadt nur mit Mühe beschafft werden. Das Befinden der Kranken besserte sich nicht. Tag um Tag verging, Tag um Tag ... Aber da, auf einmal ..." Der Arzt schwieg eine Weile. „Wirklich, ich weiß nicht, wie ich Ihnen das auseinandersetzen soll." Er schnupfte abermals, hüstelte und trank einen großen Schluck Tee. „Ich will es Ihnen ohne Umschweife sagen, meine Kranke ... Nun, sie hatte mich eben liebgewonnen – oder nein, nicht gerade liebgewonnen ... Im übrigen ... wirklich, das ist, wie soll ich sagen ..." Er senkte den Kopf und errötete.

„Nein", fuhr er lebhaft fort, „was heißt liebgewonnen! Man muß schließlich wissen, wer man ist. Sie war ein gebildetes Mädchen, klug, belesen, und ich habe sogar mein Latein, man kann sagen vollständig, vergessen. Und was mein Äußeres betrifft" – der Arzt blickte lächelnd an sich hinunter –, „so kann ich damit, wie es scheint, ebenfalls nicht prahlen. Doch hat mich der Herrgott auch nicht als Dummkopf in die Welt gesetzt; ich nenne weiß nicht schwarz und kapiere schon dieses und jenes. Ich begriff zum Beispiel sehr gut, daß Alexandra Andrejewna – sie hieß Alexandra Andrejewna – keine Liebe für mich empfand, sondern sozusagen eine freundschaftliche Zuneigung, so etwas wie Achtung. Obwohl sie sich in dieser Hinsicht vielleicht täuschte – aber in was für einem Zustand befand sie sich denn, urteilen Sie selbst ... Übrigens", fügte der Arzt hinzu, der all diese abgerissenen Sätze ohne Atem zu holen und mit offensichtlicher Verlegenheit hervorbrachte, „mir scheint, ich bin ein wenig durcheinandergeraten. So werden Sie überhaupt nichts verstehen. Ich will Ihnen jetzt, wenn Sie erlauben, alles der Reihe nach erzählen."

Er leerte ein Glas Tee und sprach dann mit ruhigerer Stimme weiter.

„Ja, so war das. Meiner Kranken ging es immer schlechter, immer, immer schlechter. Sie sind kein Mediziner, mein Herr; Sie können nicht verstehen, was in unsereinem vorgeht, besonders in den ersten Jahren, wenn man zu ahnen beginnt, daß man der Krankheit nicht Herr wird. Wo bleibt da das Selbstvertrauen! Plötzlich wird man so verzagt, daß es sich gar nicht beschreiben läßt. Es kommt einem vor, als hätte man alles vergessen, was man wußte, als vertraute einem der Kranke nicht mehr, als fingen die anderen schon an zu merken, daß man nicht mehr aus noch ein weiß, als teilten sie einem die Krankheitssymptome nur ungern mit, als blickten sie einen stirnrunzelnd an und tuschelten miteinander – abscheulich! Es gibt doch bestimmt ein Mittel gegen diese Krankheit, denkt man, man muß es nur finden. Ob es das hier ist? Man versucht es – nein, das ist es nicht! Man läßt der Arznei nicht mehr die Zeit, gehörig zu wirken. Man greift nach dem und jenem, versucht eins nach dem andern. Man nimmt das Rezeptbuch her. Da muß es doch stehen! denkt man. Wahrhaftig, manchmal schlägt man es aufs Geratewohl auf, vielleicht will es das Schicksal, denkt man ... Und unterdessen liegt der Kranke im Sterben. Ein anderer Arzt könnte ihn vielleicht noch retten. ‚Es ist eine ärztliche Beratung nötig‘, sagt man, ‚ich kann die Verantwortung nicht allein auf mich nehmen.‘ Als was für ein Narr steht man in solchen Fällen da! Nun, mit der Zeit gewöhnt man sich daran, es macht einem nichts mehr aus. Stirbt der Mensch, so ist es nicht deine Schuld, du hast nach deinen Vorschriften gehandelt. Es gibt aber noch etwas, was einen besonders quält: Man sieht das blinde Vertrauen, das einem entgegengebracht wird, und fühlt selbst, daß man nicht imstande ist zu helfen. Und eben ein solches Vertrauen setzte Alexandra Andrejewnas ganze Familie in mich; sie hatten fast vergessen, daß die Tochter in Gefahr war. Ich versicherte ihnen auch meinerseits, daß es nicht schlimm sei, obwohl ich selbst allmählich allen Mut verlor. Um das Unglück voll zu machen, waren die Wege so schlecht geworden, daß der Kutscher manchmal ganze Tage unterwegs war, um eine Arznei zu holen. Ich aber kam aus dem Zimmer der Kranken gar nicht mehr heraus, ich konnte mich nicht losreißen. Ich erzählte ihr alle möglichen lustigen Geschichten, wissen Sie, und spielte Karten mit ihr. Auch die Nächte saß ich bei ihr. Die Alte dankte mir unter Tränen, während ich bei mir dachte: Ich bin deines Dankes nicht wert. Ich gestehe es Ihnen ganz offen – jetzt brauche ich es ja nicht mehr zu verbergen –, ich hatte mich in meine

Kranke verliebt. Auch Alexandra Andrejewna hing an mir. Es kam vor, daß sie niemanden zu sich ins Zimmer ließ außer mir. Sie fing an, sich mit mir zu unterhalten, sie fragte mich aus, wo ich studiert hätte, wie ich lebe, wer meine Verwandten seien, mit wem ich verkehre. Und dabei fühlte ich, daß es nicht gut für sie war, sich zu unterhalten, aber es ihr verbieten, einfach resolut verbieten, wissen Sie, das konnte ich nicht. Manchmal griff ich mir an den Kopf: Was tust du nur, du Räuber! Aber dann nahm sie meine Hand und hielt sie fest und sah mich an; lange, lange sah sie mich an, wandte sich ab, seufzte und sagte: ‚Wie gut Sie sind!' Ihre Hände waren so heiß, ihre Augen so groß und sehnsuchtsvoll ...

‚Ja', sprach sie, ‚Sie sind gut, Sie sind ein lieber Mensch, nicht so wie unsere Nachbarn ... Nein, Sie sind nicht so ... Wie kommt es nur, daß ich Sie bisher nicht gekannt habe!'

‚Alexandra Andrejewna, beruhigen Sie sich', sagte ich, ‚glauben Sie mir, ich fühle es, ich weiß nicht, womit ich es verdient habe ... Nur beruhigen Sie sich, um Gottes willen, beruhigen Sie sich ... Alles wird gut, Sie werden wieder gesund ...'

Und dabei muß ich Ihnen sagen", fügte der Arzt hinzu, wobei er sich vorbeugte und die Brauen hochzog, „daß sie mit ihren Nachbarn wenig Umgang hatten, denn die kleinen Gutsbesitzer paßten nicht zu ihnen, und mit den reichen zu verkehren verbot ihnen ihr Stolz. Ich sage Ihnen, es war eine ungewöhnlich gebildete Familie, und so war es für mich auch sehr schmeichelhaft, wissen Sie. Die Arznei nahm sie nur aus meiner Hand ... Sie richtete sich mit meiner Hilfe auf, die Ärmste, nahm die Arznei und blickte mich an ... Mein Herz, das pochte nur so. Dabei ging es ihr immer schlechter, immer schlechter. Sie wird sterben, dachte ich, sie wird ganz bestimmt sterben. Ob Sie es glauben, ich hätte mich lieber selber ins Grab gelegt. Und die Mutter, die Schwestern beobachteten alles, sahen mir in die Augen – und das Vertrauen schwand.

‚Nun? Wie ist es?'

‚Nichts, nichts Besonderes.'

Aber was heißt da nichts, man konnte den Verstand dabei verlieren!

So sitze ich eines Nachts, wieder allein, bei der Kranken.

Das Stubenmädchen sitzt auch da und schnarcht aus Leibeskräften. Nun ja, dem unglückseligen Mädchen konnte man es nicht übelnehmen, sie rackerte sich auch ab. Alexandra Andrejewna hatte sich schon den ganzen Abend gar nicht wohl gefühlt, das Fieber quälte sie. Bis Mitternacht warf sie sich fortwährend hin und her; endlich schien sie eingeschlafen zu sein, wenigstens bewegte sie sich nicht mehr und lag still. Vor dem Heiligenbild in der Ecke brannte das Ewige Lämpchen. Ich sitze da, wissen Sie, lasse den Kopf hängen und nicke schließlich auch ein. Plötzlich ist mir, als hätte mich jemand in die Seite gestoßen, ich wende mich um – Herr mein Gott! Alexandra Andrejewna starrte mich mit großen Augen an, die Lippen standen offen, die Wangen glühten.

‚Was ist Ihnen?'

‚Doktor, nicht wahr, ich muß sterben?'

‚Gott bewahre!'

‚Nein, Doktor, nein, bitte, sagen Sie mir nicht, daß ich am Leben bleiben werde ... Sagen Sie es nicht ... Wenn Sie wüßten ... Hören Sie, verbergen Sie mir um Gottes willen meinen Zustand nicht!' Und dabei atmet sie ganz hastig. ‚Wenn ich genau weiß, daß ich sterben muß, dann werde ich Ihnen alles sagen, alles!'

‚Alexandra Andrejewna, ich bitte Sie!'

‚Hören Sie, ich habe doch gar nicht geschlafen, ich habe Sie nur immerzu angesehen ... Um Gottes willen, ich glaube Ihnen, Sie sind ein guter Mensch, ein ehrlicher Mensch, ich beschwöre Sie bei allem, was es Heiliges auf der Welt gibt, sagen Sie mir die Wahrheit! Wenn Sie wüßten, wie wichtig das für mich ist. Doktor, sagen Sie mir um Gottes willen: Bin ich in Gefahr?'

‚Was soll ich Ihnen sagen, Alexandra Andrejewna, ich bitte Sie!'

‚Ich flehe Sie an, um Gottes willen!'

‚Ich kann es Ihnen nicht verhehlen, Alexandra Andrejewna, Sie sind wirklich in Gefahr, aber Gott ist barmherzig.'

‚Ich werde also sterben, ich werde sterben.' Es war, als freue sie sich, ihr Gesicht heiterte sich auf. Ich erschrak. ‚Nein, fürchten Sie nichts, fürchten Sie nichts, mich schreckt der Tod gar nicht.' Sie richtete sich plötzlich auf und stützte sich auf den Ellbogen. ‚Jetzt ... nun, jetzt kann ich Ihnen sagen, daß ich Ihnen von ganzem Herzen dankbar bin, daß Sie ein guter, lieber Mensch sind, daß ich Sie liebe.' Ich sah sie an wie ein Irrer, mir graute, wissen Sie. ‚Hören Sie denn nicht, ich liebe Sie!'

‚Alexandra Andrejewna, womit habe ich das verdient?'

‚Nein, nein, Sie verstehen mich nicht ... du verstehst mich nicht.'

Und plötzlich streckte sie die Arme aus, schlang sie um meinen Kopf und küßte mich ... Ob Sie es glauben, ich hätte beinahe aufgeschrien. Ich warf mich auf die Knie und barg meinen Kopf in ihr Kissen. Sie schwieg; ihre Finger zitterten auf meinem Haar; ich hörte, daß sie weinte. Ich tröstete sie, redete ihr zu, ich weiß wirklich nicht mehr, was ich ihr alles gesagt habe.

‚Sie werden das Mädchen aufwecken, Alexandra Andrejewna', sagte ich. ‚Ich danke Ihnen ... Glauben Sie mir ... Beruhigen Sie sich ...'

‚Ach, laß doch, laß doch', antwortete sie. ‚Gott mit ihnen, mögen sie aufwachen, mögen sie kommen, das ist mir gleich, ich werde ja doch sterben. Warum bist du denn so verzagt, wovor fürchtest du dich? Heb den Kopf – oder lieben Sie mich vielleicht gar nicht, habe ich mich vielleicht getäuscht? In diesem Fall, bitte verzeihen Sie mir.'

‚Alexandra Andrejewna, was sagen Sie da! Ich liebe Sie, Alexandra Andrejewna!'

Sie sah mir fest in die Augen und breitete die Arme aus.

‚So umarme mich!'

Ich sage Ihnen offen: Ich verstehe nicht, daß ich in jener Nacht nicht den Verstand verloren habe. Ich fühle, daß sich meine Kranke selber zugrunde richtet; ich sehe, daß sie nicht ganz bei Sinnen ist; ich begreife auch, daß sie, wenn sie sich nicht dem Tode geweiht wüßte, gar nicht an mich denken würde. Denn nicht wahr, es ist doch schrecklich, mit fünfundzwanzig Jahren sterben zu müssen, ohne je einen Menschen geliebt zu haben. Denn das war es doch, was sie quälte, und nur deswegen, aus Verzweiflung, klammerte sie sich an mich.

Verstehen Sie jetzt? Nun, sie ließ mich nicht aus ihren Armen.

‚Schonen Sie mich, Alexandra Andrejewna, und schonen Sie auch sich selbst‘, sagte ich.

‚Wozu‘, sagte sie, ‚weshalb schonen? Ich muß ja doch sterben.‘ Das wiederholte sie unablässig. ‚Ja, wenn ich wüßte, daß ich am Leben bleiben und wieder ein ehrsames Fräulein sein würde, dann würde ich mich schämen, wirklich schämen, aber so?‘

‚Und wer hat Ihnen gesagt, daß Sie sterben werden?‘

‚Ach, nicht, hör auf, du täuschst mich nicht, du verstehst nicht zu lügen, sieh dich nur selber an!‘

‚Sie werden leben, Alexandra Andrejewna, ich werde Sie wieder gesund machen. Dann wollen wir Ihre Mutter um ihren Segen bitten, wir werden uns für immer verbinden und glücklich sein.‘

‚Nein, nein, ich habe Ihr Wort, daß ich sterben muß. Du hast es mir versprochen, du hast es mir gesagt.‘

Mir war schwer ums Herz, aus mehr als einem Grunde. Urteilen Sie selbst: Es sind zuweilen so belanglose Dinge, die man erlebt, es hat anscheinend gar nichts zu bedeuten, aber es tut doch weh. Es fiel ihr plötzlich ein, mich nach meinem Namen zu fragen, nicht nach dem Familiennamen, sondern nach dem Vornamen. Nun will es doch das Unglück, daß ich Trifon heiße. Jawohl, ja, Trifon, Trifon Iwanytsch. Im Hause nannten mich alle nur Doktor. Da half nun nichts, ich sagte also: ‚Trifon, gnädiges Fräulein.‘ Sie blinzelte, schüttelte den Kopf und flüsterte etwas auf französisch, ach, es war wohl nichts Gutes, und dann lachte sie, das war auch nicht schön. So verbrachte ich fast die ganze Nacht bei ihr. Frühmorgens verließ ich sie, ganz benommen, und kam erst am Tag, nach dem Tee, wieder zu ihr ins Zimmer. Mein Gott, mein Gott! Sie war nicht wiederzuerkennen: vom Tode gezeichnet. Ich schwöre Ihnen bei meiner Ehre, ich verstehe jetzt nicht mehr, ich verstehe absolut nicht, wie ich diese Folter ausgehalten habe. Drei Tage und drei Nächte hielt sich meine Kranke noch am Leben – und was waren das für Nächte! Was hat sie mir nicht alles gesagt! ... Und in der letzten Nacht, stellen Sie sich vor, sitze ich neben ihr und bitte Gott nur um eines: Nimm sie recht bald zu dir und mich gleich mit dazu! Da tritt plötzlich die alte Mutter ins Zimmer. Ich hatte ihr, der Mutter, schon am Abend gesagt, daß wenig Hoffnung sei und daß es wohl gut wäre, den Geistlichen zu holen. Sowie die Kranke ihre Mutter erblickte, sagte sie:

,Ja, es ist gut, daß du kommst. Da, sieh uns an, wir lieben uns, wir haben einander das Wort gegeben.'

,Was sagt sie, Doktor, was hat sie?'

Ich erstarrte.

,Sie phantasiert', sagte ich, ,es ist das Fieber.'

Darauf sie:

,Hör auf, hör auf, du hast mir soeben etwas ganz anderes gesagt, und den Ring hast du von mir genommen ... Warum verstellst du dich? Meine Mutter ist gut, sie wird uns verzeihen, sie wird verstehen, und ich, ich sterbe doch – ich brauche nicht zu lügen. Gib mir die Hand ...'

Ich sprang auf und stürzte hinaus. Die Alte erriet natürlich alles.

Ich will Sie jedoch nicht länger ermüden, es ist auch für mich selbst schwer genug, offen gestanden, mich an all das zu erinnern. Meine Kranke verschied am folgenden Tag. Das Himmelreich sei ihr beschieden!" setzte der Arzt hastig und mit einem Seufzer hinzu. „Vor ihrem Tode bat sie ihre Angehörigen, hinauszugehen und mich mit ihr allein zu lassen. ,Vergeben Sie mir', sagte sie, ,ich bin vielleicht schuldig vor Ihnen ... Die Krankheit ... Aber, glauben Sie mir, ich habe nie jemanden mehr geliebt als Sie ... Vergessen Sie mich nicht ... und bewahren Sie meinen Ring ...'"

Der Arzt wandte sich ab; ich nahm ihn bei der Hand.

„Ach ja", sagte er, „sprechen wir von etwas anderem, oder hätten Sie Lust, eine Partie Preference mit kleinem Einsatz zu spielen? Unsereiner, wissen Sie, soll sich nicht so erhabenen Gefühlen hingeben. Unsereins hat nur daran zu denken, daß die Kinder nicht schreien und die Frau nicht schimpft. Seit jener Zeit bin ich nämlich, wie man so sagt, eine gesetzliche Ehe eingegangen ... Nun ja, ich habe eine Kaufmannstochter geheiratet: siebentausend Mitgift. Sie heißt Akulina, das paßt zu Trifon. Ich muß Ihnen sagen, ein böses Weib, aber zum Glück schläft sie den ganzen Tag ... Also, wie wär's mit einer Partie Preference?"

Wir setzten uns zum Spiel, die Partie um eine Kopeke. Trifon Iwanytsch gewann mir zwei und einen halben Rubel ab und ging spät fort, sehr zufrieden mit seinem Sieg.

Mein Nachbar Radilow

Im Herbst halten sich die Waldschnepfen oft in alten Lindengärten auf. Solcher Gärten gibt es bei uns im Gouvernement Orjol ziemlich viele. Unsere Vorfahren teilten, wenn sie sich einen Platz für einen Wohnsitz suchten, unbedingt zwei Deßjatinen guten Bodens für einen Obstgarten mit Lindenalleen ab. Ungefähr fünfzig, höchstens siebzig Jahre später verschwanden diese Landsitze, diese „Adelsnester", allmählich vom Antlitz der Erde; die Holzhäuser verfaulten oder wurden auf Abbruch verkauft, die steinernen Wirtschaftsgebäude verwandelten sich in Ruinenhaufen, die Apfelbäume starben ab und wurden als Brennholz verwendet, die Planken- und Flechtzäune fielen der Vernichtung anheim. Nur die Linden wuchsen prächtig weiter und künden noch jetzt, umgeben von frisch gepflügten Äckern, unserem leichtlebigen Geschlecht von den „entschlafenen Vätern und Brüdern". Ein schöner Baum ist solch eine alte Linde. Selbst die erbarmungslose Axt des russischen Bauern verschont sie. Die Blätter der Linde sind klein, ihre mächtigen Äste breiten sich weit nach allen Seiten aus, und ewiger Schatten herrscht unter ihnen.

Als ich eines Tages mit Jermolai auf der Suche nach Rebhühnern durch die Felder streifte, erblickte ich etwas abseits einen verwilderten Garten und lenkte meine Schritte dahin. Ich hatte ihn kaum erreicht, als sich eine Waldschnepfe geräuschvoll aus dem Gebüsch erhob; ich schoß, und im selben Augenblick ertönte einige Schritte von mir entfernt ein Schrei; das erschrokkene Gesicht eines jungen Mädchens blickte zwischen den Bäumen hervor und verbarg sich sogleich wieder. Jermolai kam herbeigelaufen. „Wie können Sie hier schießen, hier wohnt doch ein Gutsbesitzer!"

Bevor ich ihm antworten konnte und bevor mir mein Hund mit vornehmer Würde den erlegten Vogel brachte, vernahm ich bereits hastige Schritte, und ein großer Mann mit einem Schnurrbart trat aus dem Dickicht und blieb mit unwilliger Miene vor mir stehen. Ich entschuldigte mich, so gut ich konnte, nannte meinen Namen und bot ihm den auf seinem Besitztum geschossenen Vogel an.

„Nun, gut", sagte er lächelnd zu mir, „ich nehme Ihr Wild an, jedoch nur unter der Bedingung, daß Sie bei uns zum Mittagessen bleiben."

Ich muß gestehen, ich war von seinem Vorschlag nicht sehr erbaut, konnte aber unmöglich ablehnen.

„Ich bin der Besitzer dieses Gutes und Ihr Nachbar; mein Name ist Radilow, vielleicht haben Sie schon von mir gehört", fuhr mein neuer Bekannter fort. „Heute ist Sonntag, und da wird es bei mir wahrscheinlich ein anständiges Mittagessen geben, sonst hätte ich Sie nicht eingeladen."

Ich antwortete, wie man in solchen Fällen zu antworten pflegt, und schritt hinter ihm her. Ein erst vor kurzem gesäuberter Weg führte uns bald aus dem Lindenhain hinaus, und wir kamen in den Gemüsegarten. Zwischen alten Apfelbäumen und wuchernden Stachelbeersträuchern schimmerten runde, blaßgrüne Kohlköpfe; in Spiralen wand sich Hopfen um hohe Stangen; auf den Beeten ragte braunes, von dürren Erbsenranken umsponnenes Reisig auf; große, flache Kürbisse wälzten sich gleichsam träge auf dem Erdboden herum; Gurken leuchteten gelb unter verstaubten, eckigen Blättern hervor; längs eines Flechtzauns schwankten hohe Brennesseln; an zwei, drei Stellen wuchsen in dichten Haufen tatarisches Geißblatt, Holunder, Heckenrosen – Überreste einstiger Ziergesträuche. Neben einem kleinen Fischbehälter, der mit rötlichem, schleimigem Wasser gefüllt war, wurde ein von Lachen umgebener Brunnen sichtbar. Enten plätscherten und gründelten geschäftig in den Lachen. Auf einer Lichtung benagte ein Hund, blinzelnd und am ganzen Körper zitternd, einen Knochen, während eine scheckige Kuh gemächlich Gras rupfte und sich ab und zu mit dem Schwanz auf den mageren Rücken schlug. Der Weg bog zur Seite ab, und hinter dicken Weiden und Birken blickte uns ein altes, graues Haus mit Schindeldach und schiefer Veranda an. Radilow blieb stehen.

„Übrigens", sagte er und blickte mir dabei gutmütig und offen ins Gesicht, „ich komme erst jetzt auf den Gedanken, daß Ihnen vielleicht gar nichts daran liegt, mit zu mir hineinzukommen; in diesem Fall ..."

Ich ließ ihn nicht ausreden, sondern versicherte ihm, daß es mir im Gegenteil sehr angenehm sei, bei ihm zu speisen.

„Nun, wie Sie wollen."

Wir traten ins Haus. Ein junger Bursche in einem langen Kaftan aus dickem, blauem Tuch empfing uns auf der Veranda. Radilow befahl ihm sogleich, Jermolai Wodka zu bringen; mein Jäger verneigte sich ehrerbietig vor dem Rücken des großmütigen Spenders. Aus dem Vorzimmer, das mit allerhand bunten Bildern beklebt und mit Vogelkäfigen behängt war, kamen wir in ein kleines Stübchen, das Kabinett Radilows. Ich legte meine Jagdausrüstung ab und stellte das Gewehr in eine Ecke; der Bursche in dem langschößigen Kaftan bürstete mich eifrig ab.

„Nun, jetzt wollen wir in den Salon gehen", sagte Radilow freundlich, „ich werde Sie mit meiner Mutter bekannt machen."

Ich folgte ihm. Im Salon saß auf dem mittleren Diwan eine kleine alte Dame in braunem Kleid und weißem Häubchen; sie hatte ein gütiges, sehr schmales Gesicht, ihr Blick war schüchtern und traurig.

„Hier, Mütterchen, stelle ich Ihnen unseren Nachbarn*** vor."

Die alte Dame erhob sich und verneigte sich vor mir, ohne dabei ihren dicken Garnbeutel, der fast wie ein Sack aussah, aus den mageren Händen zu legen.

„Halten Sie sich schon lange in unserer Gegend auf?" fragte sie mit schwacher, leiser Stimme und zwinkerte dabei ein wenig mit den Augen.

„Nein, erst seit kurzem."

„Und beabsichtigen Sie, längere Zeit hier zu bleiben?"

„Ich denke, bis zum Winter."
Die alte Dame schwieg.
„Und das hier", nahm Radilow wieder das Wort und machte mich auf einen langen, hageren Mann aufmerksam, den ich gar nicht bemerkt hatte, als ich in den Salon trat, „das ist Fjodor Michejitsch. – Na, Fedja, zeig mal unserem Gast deine Kunst. Was hast du dich denn so in die Ecke verkrochen?"

Fjodor Michejitsch erhob sich sofort von seinem Stuhl, nahm eine alte, gebrechliche Geige vom Fensterbrett und ergriff den Bogen, faßte ihn aber nicht am Ende an, so wie es sich gehört, sondern in der Mitte; dann stemmte er die Geige an die Brust, schloß die Augen und begann zu tanzen, fiedelte auf den Saiten und sang dazu ein Lied. Seinem Aussehen nach mochte er siebzig Jahre alt sein; ein langer Nankingrock schlotterte traurig um seine dürren, knochigen Glieder. Er tanzte; bald schüttelte er übermütig den kleinen kahlen Kopf, bald bewegte er ihn wie ersterbend auf und nieder; er reckte den sehnigen Hals, stampfte mit den Füßen immer auf dem gleichen Fleck und beugte bisweilen mit sichtlicher Mühe die Knie. Aus seinem zahnlosen Mund drang eine brüchige Stimme. Radilow las meinem Gesicht wahrscheinlich ab, daß mir Fedjas „Kunst" kein großes Vergnügen bereitete.

„Es ist gut, Alter, hör auf", sagte er, „du kannst gehen und dir deine Belohnung holen."

Sofort legte Fjodor Michejitsch die Geige wieder aufs Fensterbrett, verneigte sich erst vor mir, als dem Gast, dann vor der alten Dame und schließlich vor Radilow und ging hinaus.

„Er war auch einmal Gutsbesitzer", fuhr mein neuer Freund fort, „und zwar ein reicher. Aber er ist verarmt, und nun lebt er bei mir. Zu seiner Zeit galt er als der tollste und flotteste Kerl im ganzen Gouvernement; zwei Frauen hat er ihren Männern entführt, er hielt sich Sänger, sang auch selbst und tanzte meisterhaft ... Aber wünschen Sie nicht ein Glas Wodka? Das Essen steht ja schon auf dem Tisch."

Ein junges Mädchen, dasselbe, das ich im Garten flüchtig gesehen hatte, trat ins Zimmer.

„Und da ist Olga!" bemerkte Radilow, den Kopf leicht abwendend. „Bitte, seien Sie nett zu ihr. – Nun, gehen wir zu Tisch."

Wir begaben uns ins Eßzimmer und setzten uns. Während wir den Salon verließen und Platz nahmen, sang Fjodor Michejitsch, dessen Augen von der „Belohnung" glänzten und dessen Nase sich leicht gerötet hatte: „Es erschalle Siegesdonner!" Für ihn war auf einem kleinen Tischchen in der Ecke ein besonderes Gedeck ohne Tischtuch aufgelegt worden. Der arme Alte konnte sich nicht besonderer Reinlichkeit rühmen, und deswegen hielt man ihn ständig in einer gewissen Entfernung von der Gesellschaft. Er bekreuzigte sich, seufzte und begann gierig wie ein Haifisch zu schlingen. Das Mittagessen war wirklich nicht übel, und da Sonntag war, fehlten zum Schluß auch ein zitterndes Gelee und spanische Winde, ein Gebäck, nicht. Bei Tisch kam Radilow, der zehn Jahre in einem Infanterieregiment gedient und den Feldzug in die Türkei mitgemacht hatte, ins Erzählen. Ich hörte ihm aufmerksam zu und beobachtete verstohlen Olga. Sie war an und für sich nicht gerade hübsch, aber der entschlossene und ruhige Ausdruck ihres Gesichtes, ihre hohe, weiße Stirn, das dichte Haar und besonders ihre kastanienbraunen Augen, die zwar nicht groß, aber klug, hell und lebhaft waren, hätten auch jeden anderen an meiner Stelle beeindruckt. Es schien, als folge sie jedem Wort, das Radilow sprach, und nicht nur Aufmerksamkeit – leidenschaftliche Anteilnahme spiegelte sich auf ihrem Antlitz wider. Radilow hätte dem Alter nach ihr Vater sein können; er sagte du zu ihr, aber ich merkte sofort, daß sie nicht seine Tochter war. Im Laufe des Gespräches erwähnte er seine verstorbene Frau. „Ihre Schwester", fügte er, auf Olga weisend, hinzu. Sie errötete jäh und schlug die Augen nieder. Radilow schwieg eine Weile und gab dann dem Gespräch eine andere Wendung. Die alte Dame sprach während der ganzen Mahlzeit kein Wort, aß selbst fast nichts und nötigte auch mich nicht. Aus ihren Zügen sprach eine Art furchtsamer und hoffnungsloser Erwartung, jene greisenhafte Schwermut, bei der sich dem Beobachter das Herz so schmerzlich zusammenzieht. Zum Schluß der Mahlzeit wollte Fjodor Michejitsch die Wirte und den Gast „hochleben" lassen, aber Radilow bat ihn nach einem Blick auf mich zu schweigen. Der Alte fuhr sich mit der Hand über die Lippen, zwinkerte mit den Augen, verbeugte sich und setzte sich wieder hin, aber nur noch auf den äußersten Stuhlrand. Nach dem Essen ging Radilow mit mir in sein Kabinett.

Menschen, die dauernd stark von einem Gedanken oder einer Leidenschaft beherrscht werden, haben etwas gemeinsam, eine gewisse äußere Ähnlichkeit in ihrem ganzen Verhalten, so verschieden im übrigen ihre Eigenschaften und Fähigkeiten, ihre Stellung in der Welt und ihre Erziehung auch sein mögen. Je mehr ich Radilow beobachtete, um so mehr schien er mir zu diesen Menschen zu gehören. Er sprach von der Wirtschaft, von der Ernte und der Heumahd, vom Krieg, von den Klatschereien im Kreis und den bevorstehenden Wahlen, er sprach offen und sogar mit Anteilnahme, aber dann seufzte er plötzlich, ließ sich in den Sessel zurücksinken wie ein von schwerer Arbeit ermüdeter Mensch und strich sich mit der Hand übers Gesicht. Sein ganzes gutes und warmes Herz schien von einem einzigen Gefühl durchdrungen und gesättigt zu sein. Mich hatte schon gewundert, daß ich bei ihm keinerlei Passionen zu entdecken vermochte, weder fürs Essen noch für Wein, weder für die Jagd noch für Kursker Nachtigallen oder für Tauben, die an Fallsucht leiden, weder für die russische Literatur noch für Paßgänger, weder für Ungarinnen noch für Karten- und Billardspiel, weder für Tanzabende noch für Fahrten in die Gouvernements- und Hauptstädte, weder für Papier- und Zuckerfabriken noch für bunt angestrichene Gartenlauben, weder für Tee noch für übertrieben herausgeputzte Beipferde, ja nicht einmal für dicke, dicht unter den Achselhöhlen gegürtete Kutscher, jene großartigen Kutscher, bei denen, Gott weiß warum, bei jeder Bewegung des Halses die Augen schielen und hervorquellen ... Was ist das eigentlich für ein sonderbarer Gutsherr! dachte ich. Dabei gab er sich durchaus nicht als ein trübsinniger und mit seinem Schicksal unzufriedener Mensch – im Gegenteil, es ging von ihm ein so gar nicht wählerisches Wohlwollen aus, ein Entgegenkommen und eine fast verletzende Bereitwilligkeit, sich mit dem ersten besten anzufreunden. Allerdings empfand man gleichzeitig, daß er sich niemandem eng anzuschließen, niemandem wirklich nahezutreten vermochte, und zwar nicht etwa, weil er überhaupt anderer Menschen nicht bedurft hätte, sondern weil sein ganzes Leben zur Zeit nach innen gerichtet war. Wenn ich Radilow ansah, konnte ich ihn mir nicht glücklich vorstellen, weder jetzt noch zu irgendeiner anderen Zeit. Er war auch kein schöner Mann, aber in seinem Blick, seinem Lächeln, in seinem ganzen Wesen verbarg sich etwas ungewöhnlich Anziehendes, ja eben, es verbarg sich. Daher verspürte man den Wunsch, ihn näher kennenzulernen, ihn liebzugewinnen. Natürlich kam bei ihm auch manchmal der Gutsbesitzer und Steppenbewohner zum Durchbruch; aber trotzdem war er ein prächtiger Mensch.

Wir hatten gerade begonnen, über den neuen Adelsmarschall des Kreises zu sprechen, als plötzlich an der Tür Olgas Stimme ertönte: „Der Tee ist fertig!" Wir gingen in den Salon. Fjodor Michejitsch saß wie vorher in seinem Winkel zwischen Fenster und Tür und hatte bescheiden die Beine angezogen. Radilows Mutter strickte einen Strumpf. Durch die offenen Fenster wehten aus dem Garten herbstliche Frische und der Duft von Äpfeln herein. Olga schenkte geschäftig den Tee ein. Ich sah sie jetzt mit noch größerer Aufmerksamkeit an als beim Mittagessen. Sie sprach sehr wenig, wie überhaupt alle jungen Mädchen auf dem Land, aber ich merkte ihr auch wenigstens nicht das Verlangen an, irgend etwas Gescheites zu sagen, begleitet von dem quälenden Gefühl innerer Leere und Kraftlosigkeit; sie seufzte nicht wie aus einem Überschwang unerklärlicher Empfindungen heraus, sie verdrehte nicht schmachtend die Augen und lächelte nicht träumerisch und unbestimmt. Sie blickte ruhig und gleichmütig drein, wie ein Mensch, der von einem großen Glück oder nach einer großen Aufregung ausruht. Ihr Gang und ihre Bewegungen waren entschlossen und ungezwungen. Sie gefiel mir sehr.

Radilow und ich kamen von neuem ins Gespräch. Ich erinnere mich nicht mehr, auf welchem Weg wir zu der bekannten Feststellung gelangten, daß oft die geringfügigsten Dinge einen größeren Eindruck auf die Menschen machen als die allerwichtigsten.

„Ja", sagte Radilow, „das habe ich an mir selbst erfahren. Sie wissen, ich war verheiratet. Nicht lange, drei Jahre; meine Frau starb im Wochenbett. Ich dachte, ich würde sie nicht überleben; ich war schrecklich traurig, wie erschlagen, aber weinen konnte ich nicht. Ich ging umher wie ein Irrsinniger. Man hatte sie angekleidet, wie es Sitte ist, und auf den Tisch gelegt, hier in diesem Zimmer. Der Geistliche kam; die Kirchendiener kamen und begannen zu singen, zu beten, Weihrauch zu räuchern; ich machte die üblichen tiefen Verbeugungen, aber ich vergoß dabei keine Träne. Mein Herz war wie versteinert und auch mein Kopf – alles an mir war schwer wie Blei. So verging der erste Tag. Sie werden es kaum glauben, in der Nacht habe ich sogar geschlafen. Am nächsten Morgen ging ich zu meiner Frau. Es war Sommer, und die Sonne beschien sie von Kopf bis Fuß, ganz hell. Plötzlich sah ich" – Radilow schauderte unwillkürlich –, „was glauben Sie wohl? Ihr Auge war nicht völlig geschlossen, und auf dem Auge lief eine Fliege umher ... Ich brach zusammen wie ein Klotz, und als ich wieder zu mir kam, begann ich zu weinen, zu weinen – ich konnte mich gar nicht beruhigen."

Radilow verstummte. Ich sah erst ihn an, dann Olga. Zeitlebens werde ich den Ausdruck ihres Gesichtes nicht vergessen. Die alte Dame hatte ihren Strickstrumpf auf die Knie gelegt, zog aus ihrem Strickbeutel ein Taschentuch und wischte sich verstohlen eine Träne ab. Fjodor Michejitsch erhob sich plötzlich, ergriff seine Geige und stimmte mit rauher, wilder Stimme ein Lied an. Vermutlich wollte er uns aufheitern, aber wir zuckten alle beim ersten Ton zusammen, und Radilow bat ihn, sich zu beruhigen.

„Im übrigen", fuhr er fort, „was vorbei ist, ist vorbei; die Vergangenheit läßt sich nicht zurückholen, und schließlich ... Alles wendet sich in dieser Welt zum Besten, wie Voltaire gesagt hat, wenn ich nicht irre", fügte er rasch hinzu.

„Ja, gewiß", erwiderte ich, „außerdem, jedes Unglück kann man überstehen, es gibt keine Lage, mag sie auch noch so schlimm sein, aus der man nicht herauskommen könnte."

„Meinen Sie?" bemerkte Radilow. „Aber vielleicht haben Sie recht. Da fällt mir ein, ich lag einmal in der Türkei im Lazarett, halbtot; ich hatte das Faulfieber. Mit unserer Unterkunft konnten wir nicht viel Staat machen – es war eben Krieg –, wir mußten Gott danken, daß wir überhaupt eine hatten! Plötzlich wurden noch mehr Kranke zu uns hereingebracht. Wohin sollte man sie legen? Der Arzt lief hin und her – es war kein Platz. Da trat er zu mir und fragte den Feldscher: ‚Lebt der noch?' Jener antwortete: ‚Am Morgen hat er noch gelebt.' Der Arzt bückte sich und horchte: Ich atmete noch. Da konnte der gute Mann nicht mehr an sich halten. ‚Was ist die Natur doch für ein dummes Frauenzimmer', sagte er, ‚der Mann hier muß sterben, muß unweigerlich sterben, aber er röchelt noch immer, zieht die Sache hin und nimmt bloß den andern den Platz weg!' Nun, dachte ich bei mir, es steht schlecht für dich, Michailo Michailytsch. Und doch bin ich wieder gesund geworden und lebe heute noch, wie Sie sehen. Demnach hätten Sie recht."

„In jedem Falle habe ich recht", antwortete ich, „denn selbst wenn Sie gestorben wären – aus Ihrer schlimmen Lage wären Sie dann trotzdem herausgekommen."

„Versteht sich, versteht sich", rief er und schlug kräftig mit der Hand auf den Tisch. „Man braucht nur einen Entschluß zu fassen ... Was hat man von einer schlimmen Lage? Wozu zögern, die Sache hinziehen?"

Olga stand schnell auf und ging in den Garten hinaus.

„Los, Fedja, ein Tanzlied!" rief Radilow.

Fedja sprang auf und ging mit jenen stutzerhaften, sonderbaren Schritten im Zimmer auf und ab, mit denen die bekannte „Ziege" um den gezähmten Bären stolziert, und sang dazu: „Wie vor unserm Tor einmal..."

Vor der Veranda hörte man einen leichten Kutschwagen vorfahren, und wenige Augenblicke später trat ein alter Mann ins Zimmer, von hohem Wuchs, breitschultrig und füllig; es war der Freisasse Owsjanikow. Aber Owsjanikow ist eine so merkwürdige und originelle Persönlichkeit, daß wir von ihm, mit Erlaubnis des Lesers, in einem anderen Abschnitt sprechen werden. Von mir aus will ich jetzt nur noch hinzufügen, daß ich mich am nächsten Tag im Morgengrauen mit Jermolai auf die Jagd begab, und von der Jagd nach Hause, und daß ich eine Woche darauf Radilow wieder besuchen wollte, jedoch weder ihn noch Olga zu Hause antraf. Zwei Wochen danach erfuhr ich, daß er ganz plötzlich verschwunden sei, seine Mutter verlassen habe und mit seiner Schwägerin fortgefahren sei – wohin, war nicht bekannt. Das ganze Gouvernement regte sich darüber auf und sprach von diesem Ereignis, ich aber verstand erst jetzt völlig den Ausdruck in Olgas Gesicht während Radilows Erzählung. Nicht nur Mitgefühl hatte es damals ausgedrückt – es hatte auch vor Eifersucht geglüht.

Bevor ich vom Lande wegfuhr, besuchte ich noch die alte Frau Radilow. Ich fand sie im Salon; sie spielte mit Fjodor Michejitsch „Dummkopf".

„Haben Sie Nachricht von Ihrem Sohn?" fragte ich sie schließlich.

Die alte Frau brach in Tränen aus, und ich fragte sie nicht weiter nach Radilow.

Der Freisasse Owsjanikow

Stellen Sie sich, lieber Leser, einen beleibten, großen Mann von etwa siebzig Jahren vor, mit einem Gesicht, das ein wenig an das Gesicht Krylows erinnert, einen Mann mit hellem, klugem Blick unter überhängenden Brauen, mit würdevoller Haltung, gemessener Rede und langsamem Gang: Da haben Sie Owsjanikow. Er trug einen weiten dunkelblauen Überrock mit langen Ärmeln, der bis oben zugeknöpft war, um den Hals ein lila Seidentuch, an den Füßen blankgeputzte Stiefel mit Quasten und ähnelte so äußerlich einem wohlhabenden Kaufmann. Seine Hände waren schön, weich und weiß; im Laufe eines Gespräches griff er oft an die Knöpfe seines Überrockes. Mit seiner Würde und Gemessenheit, seinem aufgeweckten Verstand und seiner Behäbigkeit, seiner Geradheit und seinem Starrsinn gemahnte mich Owsjanikow an die russischen Bojaren aus den Zeiten vor Peter dem Großen. Ein langer Bojarenrock hätte gut zu ihm gepaßt. Er war einer der letzten Männer der alten Zeit. All seine Nachbarn achteten ihn außerordentlich und sahen es als eine Ehre an, mit ihm bekannt zu sein. Seine Standesgenossen, die anderen Freisassen, vergötterten ihn beinahe, rissen schon von weitem die Mütze vor ihm herunter und waren stolz auf ihn.

Im allgemeinen ist es bei uns noch heutzutage schwer, einen Freisassen von einem Bauern zu unterscheiden; seine Wirtschaft ist fast noch schlechter als die bäuerliche, die Kälber kommen aus dem Buchweizen nicht heraus, die Pferde halten sich kaum auf den Beinen, und das Geschirr besteht aus Strikken. Owsjanikow war eine Ausnahme von der allgemeinen Regel, obgleich er nicht für reich galt. Er lebte mit seiner Frau allein in einem gemütlichen, sauberen Häuschen. Er hielt nur wenige Dienstboten, kleidete seine Leute nach russischer Art und nannte sie seine Arbeiter; sie pflügten ihm auch die Felder. Sich selbst gab er weder für einen Adligen aus, noch spielte er den Gutsbesitzer, niemals „vergaß er sich", wie man zu sagen pflegt, setzte sich nie auf die erste Aufforderung hin und erhob sich beim Eintreten eines neuen Gastes unbedingt von seinem Platz, jedoch mit solcher Würde, mit so hoheitsvoller Freundlichkeit, daß der Gast sich unwillkürlich etwas tiefer vor ihm verneigte. Owsjanikow hielt an den alten Sitten nicht aus Aberglauben fest – er war von freier Sinnesart –, sondern aus Gewohnheit. Er liebte zum Beispiel keine stahlgefederten Equipagen, weil er sie nicht bequem fand, sondern fuhr entweder in einem leichten Kutschwagen aus oder in einem kleinen hübschen Wagen mit Lederpolstern und lenkte seinen guten braunen Traber selbst. (Er hielt nur braune Pferde.) Sein Kutscher, ein junger, rotbäckiger Bursche mit rundgeschnittenem Haar, saß in einem bläulichen Bauernrock und einer niedrigen Lammfellmütze, den Leib mit einem Riemen umgürtet, respektvoll neben ihm.

Nach dem Mittagessen schlief Owsjanikow stets, und sonnabends ging er in die Badestube. Er las nur geistliche Bücher, wobei er sich mit Würde eine silberne Brille mit runden Gläsern auf die Nase setzte. Er stand früh auf und legte sich zeitig nieder. Den Bart jedoch rasierte er sich ab, und das Haar trug er nach deutscher Mode. Gäste nahm er überaus herzlich und freundlich auf, verbeugte sich aber vor ihnen nicht besonders tief, machte ihretwegen keine großen Umstände und traktierte sie nicht mit allerlei Gedörrtem und Eingesalzenem. „Frau", sagte er langsam und ohne von seinem Platze aufzustehen, wobei er den Kopf leicht zu ihr hinwandte, „bring den Herren etwas zum Naschen."

Er hielt es für eine Sünde, Getreide zu verkaufen, eine Gabe Gottes; und im Vierzigerjahr, als allgemein Hungersnot und schreckliche Teuerung herrschten, verteilte er seinen ganzen Vorrat an die benachbarten Gutsbesitzer und Bauern; im folgenden Jahr trugen sie ihm ihre Schuld mit Dankbarkeit in natura ab. Oft wandten sich Nachbarn an Owsjanikow mit der

Bitte, einen Streit zu schlichten, Frieden zwischen ihnen zu stiften, und fast immer fügten sie sich seinem Schiedsspruch oder hörten auf seinen Rat. Viele einigten sich dank seinem freundlichen Zureden endgültig über ihre Flurgrenzen. Aber nach zwei oder drei Streitigkeiten mit Gutsbesitzersfrauen erklärte er, daß er fortan jegliche Vermittlung zwischen Personen weiblichen Geschlechts ablehne. Er konnte die Eile nicht leiden, die aufgeregte Hast, das Weibergeschwätz und das „überflüssige Hin und Her". Einst war in seinem Hause Feuer ausgebrochen. Ein Arbeiter kam atemlos zu ihm gelaufen und schrie: „Es brennt! Es brennt!" – „Nun, was schreist du denn so?" sagte Owsjanikow ruhig. „Gib mir meine Mütze und meinen Stock."

Er liebte es, seine Pferde selbst einzufahren. Eines Tages ging ein feuriger Bitjuk* mit ihm durch und jagte bergab auf eine Schlucht zu. „Nun, genug, genug, du junges Fohlen, du wirst dich verletzen", redete Owsjanikow ihm gutmütig zu und flog im nächsten Augenblick samt dem leichten Kutschwagen, dem Jungen, der hinter ihm saß, und dem Pferd in die Schlucht hinein. Zum Glück lagen auf dem Boden der Schlucht große Mengen Sand. Niemand war verletzt – nur der Bitjuk hatte sich einen Fuß verrenkt. „Siehst du", fuhr Owsjanikow mit ruhiger Stimme fort, indem er sich vom Erdboden erhob, „ich habe es dir ja gesagt."

Er hatte sich auch eine Gattin gewählt, die zu ihm paßte. Tatjana Iljinitschna Owsjanikowa war eine Frau von hohem Wuchs, ernst und schweigsam und immer in ein braunes Seidentuch gehüllt. Von ihr ging ein kalter Hauch aus, obwohl sich nicht nur keiner über ihre Strenge beklagte, sondern sie im Gegenteil viele arme Leute Mütterchen und Wohltäterin nannten. Ihre regelmäßigen Gesichtszüge, die großen dunklen Augen und die feinen Lippen zeugten auch jetzt noch von ihrer einst weithin bekannten Schönheit. Kinder hatte Owsjanikow nicht.

Ich war mit ihm, wie der Leser schon weiß, bei Radilow be-

---

* Bitjuk heißt eine besondere Pferderasse, die im Gouvernement Woronesh in der Nähe des bekannten Gestüts „Chrenowoi" gezüchtet wurde, das einst der Gräfin Orlowa gehörte.

kannt geworden, und zwei Tage danach fuhr ich zu ihm. Ich traf ihn zu Hause an. Er saß in einem großen Ledersessel und las in den Heiligenlegenden. Auf seiner Schulter schnurrte eine graue Katze. Er hieß mich nach seiner Gewohnheit freundlich und hoheitsvoll willkommen, und wir kamen ins Gespräch.

„Sagen Sie mir die Wahrheit, Luka Petrowitsch", sagte ich unter anderem, „früher, zu Ihrer Zeit, war es doch besser?"

„Manches war wirklich besser", erwiderte Owsjanikow, „das kann ich sagen; wir lebten ruhiger; es war mehr Zufriedenheit da, das stimmt ... Und trotzdem ist es jetzt besser; und Ihre Kinder werden es noch besser haben, Gott gebe es."

„Und ich hatte gerade erwartet, Luka Petrowitsch, daß Sie mir die alte Zeit loben würden."

„Nein, ich habe keinen Anlaß, die alte Zeit besonders zu loben. Um ein Beispiel zu nennen: Sie sind zwar jetzt Gutsbesitzer, genauso ein Gutsbesitzer wie Ihr verstorbener Großvater, aber soviel Gewalt werden Sie nicht mehr haben! Und Sie selbst sind auch nicht so ein Mensch. Uns drücken jetzt andere Herren nieder; ohne das ist offenbar nicht auszukommen. Wenn gemahlen wird, wird es auch Mehl geben. Nein, was ich in meiner Jugend mit angesehen habe, das werde ich jetzt nicht mehr sehen."

„Was wäre das, zum Beispiel?"

„Da will ich zum Beispiel gleich wieder auf Ihren Großvater zu sprechen kommen. Das war ein herrischer Mann! Der hat unsereinem schweres Unrecht angetan. Sie kennen doch vielleicht – aber wie sollten Sie Ihren eigenen Grund und Boden nicht kennen! – den Keil, der sich von Tschaplygins Land zu Malinins zieht. Sie haben jetzt Hafer darauf stehen. Nun, der Keil gehört uns, so, wie er ist, gehört er ganz und gar uns. Ihr Großvater hat ihn uns weggenommen; er ist ausgeritten, hat mit der Hand darauf gezeigt und gesagt: ‚Mein Besitz!' und hat ihn in Besitz genommen. Mein verstorbener Vater – das Himmelreich sei ihm beschieden! – war ein gerechter Mann, aber auch ein hitziger; er ertrug das nicht – und wer hätte auch Lust, sein Eigentum zu verlieren? – und reichte bei Gericht Beschwerde ein. Aber er allein reichte sie ein, die anderen gingen nicht hin, sie hatten Angst. Das wurde nun Ihrem Großvater hinterbracht: ‚Pjotr Owsjanikow hat sich über Sie beschwert', hieß es. ‚Sie hätten geruht, ihm Land wegzunehmen.' Sofort schickte Ihr Großvater seinen Jäger Bausch mit einem Trupp Leute zu uns. Und die packten meinen Vater und brachten ihn auf Ihr Stammgut. Ich war damals ein kleiner Junge und lief barfuß hinter ihm her. Und was geschah? Sie führten ihn zu Ihrem Haus und prügelten ihn unter den Fenstern durch. Ihr Großvater aber stand auf dem Balkon und schaute zu; und Ihre Großmutter saß am Fenster und guckte ebenfalls. Mein Vater schrie: ‚Mütterchen, Marja Wassiljewna, treten Sie für mich ein, erbarmen Sie sich wenigstens!' Aber sie richtete sich nur ein bißchen höher auf und sah weiter zu. Und dann nahmen sie meinem Vater das Wort ab, auf das Stück Land zu verzichten, und befahlen ihm, sich auch noch dafür zu bedanken, daß man ihn lebend laufenließ. Und so blieb es in Ihrem Besitz. Gehen Sie nur und fragen Sie Ihre Bauern, wie dieses Stück Land genannt wird! Das Knüppelland heißt es, weil es mit dem Knüppel genommen wurde. So kommt es, daß wir kleinen Leute den alten Verhältnissen nicht sehr nachtrauern können."

Ich wußte nicht, was ich Owsjanikow antworten sollte, und wagte nicht, ihm ins Gesicht zu sehen.

„Und noch ein anderer Nachbar war zu jener Zeit in unserer Gegend ansässig, Komow, Stepan Niktopolionytsch. Der hat meinen Vater beinahe zu Tode gequält, auf jede Weise, wenn nicht so, dann eben anders. Er war ein Trunkenbold und hatte gern Gäste um sich; wenn der sich einen Rausch antrank und auf französisch sagte: ‚sä bong' und sich die Lippen leckte – dann hätte man am liebsten die Heiligenbilder aus der Stube tragen mögen! Zu sämtlichen Nachbarn schickte er und bat sie, ihn zu besuchen. Die Troiken standen bei ihm immer fertig angespannt da; kam man nicht zu ihm, so schneite er plötzlich selber unverhofft herein. Was für ein sonderbarer Mensch war das doch! In nüchternem Zustand log er nicht, hatte er aber getrunken, so fing er an zu erzählen, er habe in Petersburg an der Fontanka drei Häuser, das eine rot mit einem Schornstein, das zweite gelb mit zwei Schornsteinen, das dritte blau ohne

Schornstein, und drei Söhne – dabei war er nie verheiratet: Der eine sei bei der Infanterie, der zweite bei der Kavallerie, der dritte selbständig. In jedem Hause, sagte er, wohne ein Sohn von ihm; zu dem ältesten kämen Admirale auf Besuch, zu dem zweiten Generale und zu dem jüngsten lauter Engländer! Dann stand er auf und sagte: ‚Auf das Wohl meines ältesten Sohnes, er ist der ehrerbietigste von allen!' und fing an zu weinen. Und wehe, wenn es jemand ablehnte, darauf einzugehen! ‚Erschießen werde ich ihn', schrie er, ‚und nicht gestatten, daß er beerdigt wird!' Oder er sprang auf und rief: ‚Tanze, Volk Gottes, dir zum Spaß und mir zum Trost!' Und da mußte man tanzen; selbst wenn man dabei starb, tanzen mußte man. Seine leibeigenen Mägde hat er bis aufs Blut gepeinigt. Die ganze Nacht durch mußten sie manchmal im Chor singen; und diejenige, die mit der Stimme besonders hoch kam, erhielt eine Belohnung. Wurden sie aber müde, so legte er den Kopf auf die Arme und jammerte: ‚Ach, ich verwaistes Waisenkind! Sie lassen mich im Stich, mich lieben, guten Menschen!' Dann machten seine Pferdeknechte die Mägde sogleich wieder munter. Meinen Vater hatte er besonders ins Herz geschlossen – was sollte er dagegen tun? Beinahe hätte er meinen Vater ins Grab gebracht; ja, er hätte ihn wirklich dahin gebracht, aber er starb glücklicherweise selbst. In der Trunkenheit stürzte er vom Taubenschlag hinunter. Ja, solche Nachbarn hatten wir damals!"

„Wie sich die Zeiten geändert haben!" bemerkte ich.

„Ja, ja", bestätigte Owsjanikow. „Nun, und auch das muß man sagen: In den alten Zeiten lebten die Adligen prächtiger, von den Magnaten gar nicht zu reden, die habe ich mir in Moskau zur Genüge angesehen. Aber auch dort sollen sie jetzt ausgestorben sein."

„Sie waren in Moskau?"

„Ja, aber es ist lange her, sehr lange. Ich stehe jetzt im dreiundsiebzigsten Jahr, und nach Moskau kam ich in meinem sechzehnten."

Owsjanikow seufzte.

„Wen haben Sie denn dort gesehen?"

„Viele Magnaten hab ich gesehen, jedermann sah sie, sie

hielten offenes Haus und lebten auf großem Fuß, daß alles staunte. Nur an den verstorbenen Grafen Alexej Grigorjewitsch Orlow-Tschesmenski reichte keiner heran. Diesen Alexej Grigorjewitsch habe ich oft gesehen; mein Onkel diente bei ihm als Haushofmeister. Der Graf geruhte am Kalugischen Tor zu wohnen, an der Schabolowka. Das war ein Magnat! Eine so schöne Erscheinung, einen so leutseligen Gruß kann man sich gar nicht vorstellen, das läßt sich auch gar nicht erzählen. Was war allein sein Wuchs wert, die Kraft, der Blick! Solange man ihn nicht kannte, nicht vor ihn hingetreten war, fürchtete man sich wirklich vor ihm und war zaghaft; trat man aber vor ihn hin, dann war es, als wärme einen die liebe Sonne, und man wurde ganz vergnügt. Jedermann hatte Zutritt zu ihm höchstpersönlich, und für alles hatte er Sinn und Interesse. Beim Pferderennen lenkte er selbst und fuhr mit jedem um die Wette; und nie überholte er gleich zu Anfang, nie kränkte oder hinderte er jemanden, erst ganz zum Schluß fuhr er an den anderen vorbei; und so freundlich war er – er tröstete noch den Gegner und lobte dessen Pferde. Tümmlertauben hielt er von der allerbesten Sorte. Manchmal ging er auf den Hof hinaus, setzte sich in einen Sessel und befahl, die Tauben aufsteigen zu lassen; und ringsum auf den Dächern standen seine Leute mit Flinten, um die Habichte abzuschießen. Zu Füßen des Grafen stellte man eine große silberne Schüssel voll Wasser nieder, und in dem Wasser sah er die Tauben fliegen. Die Krüppel, die Bettler lebten zu Hunderten von seinen Almosen, und wieviel Geld er dafür ausgab! Wenn er aber zürnte – wie der Donner grollte er dann. Die Angst war groß, doch zu beklagen hatte man sich nicht – ehe man sich's versah, lächelte er schon wieder. Gab er ein Gastmahl, so bewirtete er ganz Moskau! Und was für ein kluger Kopf er war! Er hat ja den Türken aufs Haupt geschlagen. Ringkämpfe liebte er auch sehr; man brachte Kraftmenschen aus Tula zu ihm, aus Charkow, aus Tambow, von überallher. Wen er besiegte, den belohnte er, aber wer ihn besiegte, den überschüttete er mit Geschenken und küßte ihn auf den Mund. Und dann, während ich in Moskau war, veranstaltete er eine Hetzjagd, wie es in Rußland noch keine gegeben hatte: Die Jäger aus dem ganzen Reich lud er allesamt zu sich zu Gast und bestimmte einen Tag und gab ihnen drei Monate Frist. Und dann versammelten sie sich und brachten die Hunde mit und die Jägerburschen – ein ganzes Heer kam da anmarschiert, ein richtiges Heer! Zuerst wurde ein Gelage gehalten, wie es sich gehört, dann ging es zur Stadt hinaus. Und ein Volk war da zusammengeströmt, wie Sand am Meer! Und was glauben Sie? Ihres Großvaters Hund, der überholte alle anderen."

„War es nicht Milowidka?" fragte ich.

„Milowidka, freilich, die Milowidka. Da begann ihn der Graf inständig zu bitten: ‚Verkauf mir deinen Hund; verlange, was du willst.' – ‚Nein, Graf', sprach er, ‚ich bin kein Kaufmann, nicht einmal einen unnützen Fetzen verkaufe ich; aus Hochachtung wäre ich bereit, meine Frau abzutreten, nur die Milowidka nicht. Eher würde ich mich selber in die Knechtschaft begeben.' Alexej Grigorjewitsch aber lobte ihn. ‚Das gefällt mir', sagte er. Ihr Großvater brachte die Milowidka im Wagen heim; und als sie starb, bestattete er sie mit Musik im Park, ja, er bestattete die Hündin und errichtete ihr einen Stein mit einer Inschrift."

„Da hat also Alexej Grigorjewitsch keinem etwas zuleide getan", bemerkte ich.

„So ist es doch immer: Nur wer selbst im seichten Wasser schwimmt, der stößt sich wund."

„Aber was für ein Mensch war denn dieser Bausch?" fragte ich nach kurzem Schweigen.

„Wie kommt es, daß Sie von Milowidka gehört haben und von Bausch nicht? Das war der oberste Jäger und oberste Aufseher über die Jagdhunde Ihres Großvaters. Ihr Großvater liebte ihn nicht weniger als Milowidka. Er war ein verwegener Mensch; was Ihr Großvater auch befahl – im Nu führte er es aus, und wenn er sich dabei fast den Hals brach. Und wie er die Hunde hetzte – das war ein Getöse im Wald. Aber er konnte auch plötzlich dickköpfig werden, vom Pferde steigen und sich hinlegen. Und sobald die Hunde seine Stimme nicht mehr hörten, war es aus! Sie ließen sofort von der frischen Fährte ab und verfolgten sie nicht mehr, um nichts in der Welt. Oh, wie wurde da Ihr Großvater zornig! ‚Ich will nicht weiterleben, wenn ich den Nichtsnutz nicht aufhängen lasse! Das Innere werde ich dem Antichristen nach außen kehren! Die Fersen ziehe ich dem Verbrecher durch die Gurgel!' Doch es endete damit, daß er nach ihm schickte und ihn fragen ließ, was ihm fehle und weshalb er nicht weiter hetze. Und Bausch verlangte in solchen Fällen gewöhnlich Schnaps; den trank er aus, erhob sich, und dann ging es mit Hoho wieder hurtig weiter."

„Sie lieben wohl ebenfalls die Jagd, Luka Petrowitsch?"

„Ich habe sie geliebt, das ist wahr – jetzt nicht mehr, jetzt meine Zeit vorbei, aber in jungen Jahren ... Wissen Sie, es schickt sich nicht, des Standes wegen. Es ziemt sich für unsereinen nicht, es den Adligen gleichtun zu wollen. Zwar gesellt sich auch aus unserem Stande manch einer, der ein Trinker und Taugenichts ist, den Herren zu. Aber was für eine Freude ist das schon! Er entehrt sich nur selbst. Sie geben ihm ein schlechtes, stolperiges Pferd, werfen ihm in einem fort die Mütze auf die Erde, tun so, als schlügen sie mit der Hetzpeitsche nach seinem Pferd, ziehen aber ihm selbst eins drüber; und er soll immer nur lachen und die andern zum Lachen bringen. Nein, sage ich Ihnen: Je geringer der Stand, um so strenger muß man auf sich halten, sonst besudelt man nur sich selbst.

Ja", fuhr Owsjanikow mit einem Seufzer fort, „es ist viel Wasser ins Meer geflossen, seit ich auf der Welt bin, es sind andere Zeiten angebrochen. Besonders beim Adel gewahre ich eine große Veränderung. Die kleinen Gutsbesitzer sind entweder in den Staatsdienst getreten oder sitzen wenigstens nicht an ihrem Ort; und was die größeren sind, die erkennt man gar nicht wieder. Ich habe sie mir gründlich angesehen, diese großen, und zwar bei einer Flurabgrenzung. Und ich muß Ihnen sagen: Ich habe mich von Herzen gefreut, wie ich sie gesehen habe, so umgänglich, so höflich. Nur eins hat mich gewundert: Alle Wissenschaften haben sie studiert, und sie reden so wohlgesetzt, daß man ganz gerührt ist, aber von wirklicher Arbeit verstehen sie nichts, sogar für ihren eigenen Nutzen haben sie kein Gefühl; ein Leibeigener von ihnen, ihr Gutsverwalter, biegt sie hin und her, wie er will, wie einen Bogen. – Sie kennen doch wohl Koroljow, Alexander Wladimirowitsch – ist das vielleicht kein Edelmann? Eine schöne Erscheinung, reich, hat an ‚Niversitäten' studiert und war, scheint's, auch im Ausland, spricht fließend und bescheiden, drückt einem jeden von uns die Hand. – Kennen Sie ihn? Nun, so hören Sie. Vorige Woche kamen wir auf Einladung des Schiedsmannes Nikifor Iljitsch in Berjosowka zusammen. Und der Schiedsmann Nikifor Iljitsch sagt zu uns: ‚Meine Herrschaften, wir müssen die Flurgrenzen festsetzen. Es ist eine Schande, unser Bezirk ist hinter allen anderen im Rückstand geblieben. Gehen wir ans Werk.' Und so ging man denn ans Werk. Es gab Auseinandersetzungen, Streit, wie üblich; unser Vertrauensmann fing an, Sperenzien zu machen. Als erster aber schlug Porfiri Owtschinnikow Krach. Und weswegen schlug der Mann Krach? Er selbst besitzt keinen Zollbreit Boden, er verhandelte nur im Auftrag seines Bruders. Er schrie: ‚Nein! Mich könnt ihr nicht hinters Licht führen! Nein, da seid ihr an den Falschen geraten! Her mit den Flurkarten! Bringt mir den Feldmesser her, bringt ihn her, den Judas!' – ‚Aber was stellen Sie denn eigentlich für Forderungen?' – ‚Ihr meint, ihr habt einen Dummen gefunden! Ha! Ihr denkt, ich werde euch jetzt so ohne weiteres meine Forderung darlegen? Nein, erst bringt ihr die Flurkarten her, so ist das!' Und dabei schlug er mit der Hand auf die Karten. Marfa Dmitrewna hat er tödlich beleidigt. Sie rief: ‚Wie können Sie es wagen, meinen Ruf anzutasten?' – ‚Ihren Ruf', sagt er, ‚wünsche ich meiner braunen Stute nicht!' Mit Müh und Not wurde er mit Madeira besänftigt. Kaum aber hatte man ihn beruhigt, da fingen andere an zu meutern. Mein lieber Koroljow aber, Alexander Wladimirowitsch, saß in einer Ecke, biß auf seinen Stockknauf und schüttelte nur den Kopf. Mir war das alles peinlich, ich hielt es kaum noch aus und wäre am liebsten davongelaufen. Was mochte der Mensch von uns denken! Und sieh, da erhebt sich mein Alexander Wladimirytsch und gibt zu verstehen, daß er zu sprechen wünscht. Der Schiedsmann wird unruhig und sagt: ‚Meine Herrschaften, meine Herrschaften, Alexander Wladimirytsch wünscht zu sprechen!' Und man muß die Edelleute loben: Sie waren alle sofort still. So begann denn Alexander Wladimirytsch und sagte, wir hätten anscheinend vergessen, wozu wir zusammengekommen seien; die Flurabgrenzung sei zwar unstreitig für die Grundherren vorteilhaft, aber wozu werde sie denn eigentlich durchgeführt? Dazu, daß es dem Bauern leichter werde, daß es ihm bequemer gemacht werde, seine Arbeit zu leisten und seinen Verpflichtungen nachzukommen, denn jetzt kenne er sein eigenes Land nicht und fahre nicht selten fünf Werst weit, um zu pflügen – da könne man von ihm auch nichts verlangen. Hierauf sagte Alexander Wladimirytsch weiter, daß der Gutsherr sich versündige, wenn er bei seinen Bauern nicht für Wohlstand sorge, daß schließlich, wenn man vernünftig urteile, ihr Vorteil auch unser Vorteil sei: Geht es ihnen gut, so geht es auch uns gut, geht es ihnen schlecht, geht es auch uns schlecht, folglich sei es sündhaft und unvernünftig, sich aus nichtigen Gründen nicht zu einigen ... Und so redete er weiter und immer weiter. Und wie er sprach! Ans Herz griff es einem! ... Die Edelleute ließen alle die Nasen hängen; mir selber standen schon die Tränen in den Augen. Wahrhaftig, solche Reden findet man in den alten Büchern nicht. Und womit endete es? Derselbe Mann trat vier Deßjatinen Moorboden nicht ab und wollte sie auch nicht verkaufen. Er sagte: ‚Diesen Sumpf werde ich mit meinen Leuten trockenlegen und eine Tuchfabrik darauf errichten, mit allen Vervollkommnungen. Ich habe den Platz schon ausgewählt', sagte er, ‚und habe dabei meine Vorstellungen.' Und wenn das wenigstens der wahre Grund gewesen wäre! Aber nein, der Nachbar Alexander Wladimirytschs, Anton Karassikow, war einfach zu geizig gewesen, Koroljows Verwalter hundert Rubel in Banknoten zuzustecken. Und so gingen wir denn unverrichteterdinge auseinander. Alexander Wladimirytsch aber glaubt sich bis zum heutigen Tag im Recht und redet immerzu von seiner Tuchfabrik, zur Trockenlegung des Sumpfes freilich unternimmt er nichts."

„Und wie verwaltet er sein Gut?"

„Er führt fortwährend neue Ordnungen ein. Die Bauern loben ihn nicht, aber auf sie darf man nicht hören. Alexander Wladimirytsch handelt ganz richtig."

„Wieso denn das, Luka Petrowitsch? Ich dachte, Sie halten an den alten Sitten fest?"

„Ich – das ist etwas anderes. Ich bin ja kein Edelmann und kein Gutsbesitzer. Was ist meine Wirtschaft schon wert? Und anders verstehe ich es eben nicht. Ich bemühe mich, nach der Gerechtigkeit und nach dem Gesetz zu handeln – und dafür danke ich Gott! Die jungen Herren lieben die alten Sitten nicht; ich lobe sie dafür. Es ist an der Zeit, daß man Vernunft annimmt. Nur eins ist schlimm: Die jungen Herren wollen gar zu klug sein. Den Bauern behandeln sie wie eine Puppe, sie drehen und wenden ihn hin und her, machen ihn entzwei und werfen ihn weg. Und der Verwalter, ein Leibeigener oder ein gebürtiger Deutscher, nimmt den Bauern wieder in die Klauen. Wenn wenigstens einer dieser jungen Herren ein Beispiel geben und zeigen würde: Seht, so muß man wirtschaften! Wie soll das bloß enden? Sollte ich wirklich sterben, ohne eine neue Ordnung gesehen zu haben? Ist das nicht merkwürdig? Das Alte ist gestorben, und das Junge wird nicht geboren!"

Ich wußte Owsjanikow nichts zu antworten. Er blickte sich um, rückte etwas näher zu mir heran und fuhr halblaut fort:

„Haben Sie von Wassili Nikolajitsch Ljuboswonow gehört?"

„Nein."

„Erklären Sie mir doch bitte, was das für seltsame Geschichten sind, ich werde daraus nicht klug. Seine eigenen Bauern haben es mir erzählt, aber ich kann mir keinen Vers daraus machen. Er ist noch ein junger Mann, wissen Sie, und hat erst vor kurzem die Erbschaft seiner Mutter angetreten. Er fuhr also nun auf sein Stammgut. Die Bauern hatten sich versammelt, um sich ihren Herrn anzugucken. Wassili Nikolajitsch tritt zu ihnen heraus. Die Bauern schauen und staunen das Wunder an: Der Herr geht in Halbsamthosen wie ein Kutscher und in Stiefeln mit Pelzbesatz, er hat sich ein rotes Hemd angezogen und einen langen Kutscherrock; einen Bart hat er sich wachsen lassen, auf dem Kopf sitzt so ein komisches Mützchen, und er macht auch so ein komisches Gesicht – war er nun betrunken oder war er nicht betrunken, ganz bei Verstand war er nicht. ‚Guten Tag, Kinder', sagte er, ‚Gott helfe euch!' Die Bauern verneigten sich tief, aber schweigend, sie waren verwirrt, wissen Sie. Aber auch er schien verwirrt zu sein. Er begann ihnen eine Rede zu halten: ‚Ich bin ein Russe', sagte er, ‚und ihr seid auch Russen, ich liebe alles Russische, ich habe ein russisches Gemüt und auch russisches Blut ...' Und dann kommandierte er plötzlich: ‚Aber nun, Kinder, singt mal ein echtes russisches Volkslied!' Den Bauern zitterten die Knie, sie waren wie vor den Kopf geschlagen. Ein kecker Bursche stimmte wirklich ein Lied an, setzte sich aber gleich danach auf den Erdboden und versteckte sich hinter den anderen. Und das ist es, worüber man sich wundern muß: Es hat auch früher bei uns solche Gutsbesitzer gegeben, tolle Herren, richtige Saufbrüder; sie kleideten sich wie Kutscher, tanzten selbst und spielten Gitarre, sangen und tranken mit dem Gutsgesinde, schmausten und zechten mit den Bauern, aber dieser Wassili Nikolajitsch, der ist ja wie ein junges Mädchen: Immerfort liest er Bücher oder schreibt er oder sagt gar Verse laut vor sich hin, er unterhält sich mit niemandem, ist menschenscheu, geht allein im Garten spazieren, als ob er sich langweile oder traurig sei. Der frühere Verwalter fürchtete ihn in der ersten Zeit sehr; vor Wassili Nikolajitschs Ankunft lief er die Bauernhöfe ab und grüßte überall höflich – offenbar roch die Katze, wessen Fleisch sie gefressen hatte! Und die Bauern hofften und dachten: So kommst du nicht davon, Freundchen! Man wird dich schon zur Verantwortung ziehen, lieber Mann; dann wirst du schon tanzen lernen, du Blutsauger! – Aber statt dessen kam es so – wie soll ich Ihnen das verständlich machen –, der Herrgott selber wird nicht begreifen, was am Ende herauskam. Wassili Nikolajitsch ließ ihn zu sich kommen und sagte – und dabei wurde er rot und atmete ganz schnell, wissen Sie: ‚Sei gerecht und bedrücke niemanden, hörst du?' Und seitdem hat er ihn nie wieder zu sich befohlen. Er lebt auf seinem eigenen Gut wie ein Fremder. Nun, der Verwalter atmete auf; die Bauern aber getrauen sich nicht, vor Wassili Nikolajitsch hinzutreten, sie fürchten sich vor ihm. Und auch das ist wieder staunenswert: Der Herr grüßt sie und blickt sie freundlich an – ihnen aber zieht es vor Angst den Magen zusammen. Was sind das für sonderbare Sachen, Väterchen, sagen Sie! Oder bin ich etwa altersschwach und dumm geworden – ich verstehe das nicht."

Ich antwortete Owsjanikow, daß Herr Ljuboswonow wahrscheinlich krank sei.

„Der und krank? Er ist dicker als lang, und sein Gesicht, Gott mit ihm, ist voll und rund, trotzdem er noch jung ist. Übrigens, der Herrgott mag es wissen!"

Owsjanikow seufzte tief.

„Nun, lassen wir die Edelleute", begann ich. „Was können Sie mir denn von den Freisassen erzählen, Luka Petrowitsch?"

„Nein, damit verschonen Sie mich bitte", erwiderte er hastig, „zwar ... ich könnte Ihnen erzählen ... aber wozu!" Er winkte mit der Hand ab. „Trinken wir lieber Tee. – Bauern sind es, richtige Bauern; und übrigens, um die Wahrheit zu sagen, wie sollen wir denn schließlich auch sein?"

Er verstummte. Es wurde Tee gebracht. Tatjana Iljinitschna stand von ihrem Platz auf und setzte sich näher zu uns heran. Im Laufe des Abends war sie mehrmals geräuschlos hinausgegangen und ebenso leise wieder zurückgekommen. Im Zimmer herrschte Schweigen. Owsjanikow leerte ernst und bedächtig Tasse um Tasse.

„Mitja war heute bei uns", bemerkte Tatjana Iljinitschna halblaut.

Owsjanikow zog die Augenbrauen zusammen.

„Was wollte er?"

„Er kam um Verzeihung bitten."

Owsjanikow schüttelte den Kopf.

„Nun, was meinen Sie", fuhr er fort, sich an mich wendend, „was soll man mit den Verwandten machen? Lossagen kann man sich von ihnen nicht ... Da hat auch mich Gott mit einem Neffen beschenkt. Es ist ein Bursche mit einem klugen Kopf, ein gewandter Bursche, unstreitig; er hat gut gelernt, nur von Nutzen wird er mir nicht sein. Er hat im Staatsdienst gestanden und den Dienst wieder aufgegeben: Er käme nicht vorwärts. Ja, ist er denn ein Adliger? Und auch die Adligen werden nicht gleich zu Generälen gemacht. So lebt er nun jetzt ohne Arbeit. Nun, das wäre noch nicht so schlimm, aber er ist unter die Händelstifter gegangen! Den Bauern setzt er Eingaben auf, schreibt Berichte, belehrt die Polizeidiener, entlarvt unredliche Feldmesser, sitzt in den Schenken herum und kennt in den Herbergen die Kleinbürger aus der Stadt, die dauernd Zeit haben, und auch die Hausmeister. Kann das lange gut gehen? Die Landgendarme und Kreispolizeichefs haben ihm schon mehrmals gedroht. Zu seinem Glück versteht er es, einen Spaß zu machen; er bringt sie zum Lachen, und nachher brockt er ihnen dann eine schöne Suppe ein. – Aber, hör mal, sitzt er nicht bei dir in der Kammer?" fügte er, zu seiner Frau gewandt, hinzu. „Ich kenne dich doch, du bist ja so mitleidig und gewährst ihm noch Schutz."

Tatjana Iljinitschna schlug die Augen nieder, lächelte und errötete.

„Nun, das habe ich mir gedacht", fuhr Owsjanikow fort. „Ach, du Verwöhnerin! Na, laß ihn hereinkommen – mag's denn so sein, um des werten Gastes willen soll dem Dummkopf verziehen sein. Also, hol ihn, hol ihn."

Tatjana Iljinitschna ging zur Tür und rief:

„Mitja!"

Mitja, ein junger Mann von achtundzwanzig Jahren, groß und schlank, mit lockigem Haar, trat ins Zimmer und blieb, als er mich erblickte, an der Tür stehen. Sein Anzug war nach deutscher Mode angefertigt, aber die unnatürliche Größe der Ärmelpuffen an den Schultern lieferte den klaren Beweis dafür, daß ihn nicht einfach ein russischer, sondern ein auf sein Russentum stolzer Schneider zugeschnitten hatte.

„Nun, tritt näher, tritt näher", redete ihn der Alte an, „weshalb schämst du dich? Bedanke dich bei deiner Tante: Es sei dir verziehen. – Hier stelle ich Ihnen vor", fuhr er fort und wies auf Mitja, „mein leiblicher Neffe, aber ich komme in keiner Weise mit ihm zurecht. Die letzten Zeiten sind angebrochen!" Wir begrüßten einander. „Und nun, sprich, was hast du denn wieder angestiftet? Weswegen beschwert man sich über dich? Rede!"

Mitja hatte augenscheinlich keine Lust, sich in meiner Gegenwart auszusprechen und zu rechtfertigen.

„Später, Onkel", murmelte er.

„Nein, nicht später, sondern jetzt", beharrte der Alte. „Ich weiß, es ist dir vor dem Herrn Gutsbesitzer peinlich, um so besser – klag dich nur an. Sprich, immer sprich! Wir hören."

„Ich brauche mich nicht zu schämen", begann Mitja lebhaft und schüttelte den Kopf. „Bitte urteilen Sie selbst, Onkel. Da kommen die Freisassen von Reschetilowo zu mir und sagen: ‚Tritt für uns ein, Bruder.' – ‚Was ist denn los?' – ‚Es geht darum: Unsere Getreidespeicher sind in bester Ordnung, besser geht es gar nicht. Plötzlich kommt ein Beamter zu uns: Es sei ihm befohlen worden, die Speicher zu überprüfen. Er prüft sie und sagt: »Eure Speicher sind nicht in Ordnung, es sind erhebliche Nachlässigkeiten festzustellen; ich bin gezwungen, der vorgesetzten Behörde darüber zu berichten.« – »Was für Nachlässigkeiten denn?« – »Es genügt, wenn ich das weiß«, sagt er. Wir versammelten uns und hatten schon beschlossen, dem Beamten ein ordentliches Geschenk zu machen, da hielt uns der alte Prochorytsch zurück; er sagte: »Damit macht man ihnen nur den Mund wässerig. Wie ist das eigentlich? Gibt es für uns schon keine Gerechtigkeit mehr?« Wir hörten auf den Alten; der Beamte aber wurde wütend, reichte Klage ein und schrieb eine Meldung. Und jetzt fordert man nun Rechenschaft von uns.' – ‚Sind eure Speicher auch wirklich in Ordnung?' frage ich. ‚Bei Gott, sie sind in Ordnung, auch die gesetzliche Menge Getreide ist vorhanden.' – ‚Nun', sage ich, ‚dann braucht ihr nicht zu verzagen.' Und ich setzte ihnen ein Schriftstück auf. Und es ist noch gar nicht heraus, zu wessen Gunsten entschieden werden wird. Aber daß man sich deswegen bei Ihnen über mich beschwert hat, das ist ganz verständlich: Jeder ist sich selbst der Nächste."

„Jeder, ja, du aber offenbar nicht", sagte der Alte halblaut. „Und was hast du da für Geschichten mit den Bauern von Schutolomowo?"

„Woher wissen Sie das?"

„Ich weiß es eben."

„Auch da bin ich im Recht, und wieder bitte ich Sie, selbst zu urteilen. Die Bauern von Schutolomowo haben einen Nachbarn Bespandin, der hat ihnen vier Deßjatinen Land umgepflügt. ‚Das ist mein Land', sagt er; die Schutolomowoer aber müssen Zins dafür zahlen. Ihr Gutsherr ist ins Ausland gereist, wer soll nun für sie eintreten, urteilen Sie selbst! Und das Land ist ihr unbestreitbares Eigentum, seit jeher. Da kamen sie zu mir und sagten: ‚Schreib uns eine Eingabe.' Ich habe sie auch geschrieben. Bespandin erfuhr davon und fing an zu drohen: ‚Diesem Mitja werde ich die Schulterblätter aus den Gelenken drehen', sagte er, ‚oder ihm überhaupt den Kopf von den Schultern reißen.' Nun, wir wollen mal sehen, wie er das machen wird, bis jetzt sitzt mein Kopf noch fest."

„Prahle nur nicht! Mit deinem Kopf wird es noch ein schlimmes Ende nehmen", entgegnete der Greis, „du bist ein ganz verrückter Mensch."

„Aber, Onkel, haben Sie mir nicht selbst gesagt ..."

„Ich weiß, ich weiß, was du mir sagen willst", unterbrach ihn Owsjanikow, „das ist schon richtig: Der Mensch soll nach der Gerechtigkeit leben und hat die Pflicht, seinem Nächsten zu helfen. Es kommt auch vor, daß er sich dabei selbst nicht schonen darf. Aber handelst du denn immer so? Führt man dich nicht in die Schenken, wie? Lädt man dich etwa nicht zum Trinken ein, verneigt man sich nicht vor dir: ‚Dmitri Alexejitsch, Väterchen, hilf uns, wir werden dir schon unsere Dankbarkeit beweisen.' Und dann wandert ein Silberrubel oder ein blauer Schein unterm Rockschoß hervor und in deine Hand? Nun? Kommt das nie vor? Sprich doch, kommt das nie vor?"

„In dieser Hinsicht bekenne ich mich allerdings schuldig", antwortete Mitja und ließ den Kopf hängen, „aber von den Armen nehme ich nichts, und auf Unredlichkeiten lasse ich mich nicht ein."

„Jetzt nimmst du nichts; wenn es dir aber selbst einmal schlecht geht, wirst du schon nehmen. Auf Unredlichkeiten läßt du dich nicht ein – ach du! Du trittst wohl immer nur für Heilige ein? Hast du Borka Perechodow vergessen? Wer hat sich für ihn verwendet? Wer hat ihm seinen Schutz angedeihen lassen? Na?"

„Perechodow hat durch eigene Schuld gelitten, das ist richtig ..."

„Staatsgelder hat er durchgebracht, das ist kein Spaß!"

„Aber bedenken Sie doch, Onkel, die Armut, die Familie ..."

„Armut, Armut ... Er ist ein Trinker und Spieler, das ist es!"

„Vor Kummer hat er angefangen zu trinken", bemerkte Mitja, die Stimme senkend.

„Vor Kummer! Du hättest ihm schon helfen können, wenn dein Herz dich dazu trieb, aber du brauchtest nicht selbst mit dem Trunkenbold in den Kneipen zu sitzen. Daß er schön reden kann – was ist daran schon Besonderes!"

„Er ist ein sehr gutherziger Mensch."

„Bei dir sind alle Menschen gut. – Sag mal", wandte sich Owsjanikow an seine Frau, „ist ihm das geschickt worden, du weißt schon?"

Tatjana Iljinitschna nickte.

„Wo hast du denn diese ganzen Tage gesteckt?" begann der Alte wieder.

„In der Stadt war ich."

„Und hast sicher die ganze Zeit Billard gespielt und Tee getrunken, auf der Gitarre geklimpert, in den Amtsstuben herumgelungert, in den Hinterzimmern deine Eingaben aufgesetzt und mit den Kaufmannssöhnchen den feinen Mann gespielt. War es nicht so? Sprich doch!"

„So ungefähr war es", sagte Mitja mit einem Lächeln. „Ach ja, beinahe hätte ich es vergessen: Funtikow, Anton Parfenytsch, bittet Sie für Sonntag zum Essen zu sich."

„Zu diesem Schmerbauch fahre ich nicht. Der setzt einem einen Fisch für hundert Rubel vor und ranzige Butter dazu. Gott mit ihm, ein für allemal!"

„Und dann habe ich auch Fedosja Michailowna getroffen."

„Was ist das für eine Fedosja?"

„Vom Gutsbesitzer Garpentschenko, dem, der Mikulino auf der Auktion gekauft hat. Fedosja ist selbst aus Mikulino. Sie hat gegen Zinsabgabe in Moskau als Näherin gelebt und ihren Zins regelmäßig bezahlt, hundertzweiundachtzigeinhalb Rubel im Jahr. Und sie versteht ihre Sache, sie erhielt in Moskau gute Aufträge. Jetzt aber hat Garpentschenko sie zurückkommen lassen und hält sie hier fest, weist ihr aber keine bestimmte Beschäftigung zu. Sie wäre bereit, sich loszukaufen, und hat es dem Herrn gesagt, aber er gibt ihr keinen Bescheid über seinen

Entschluß. Sie, Onkel, sind doch mit Garpentschenko bekannt, können Sie da nicht ein gutes Wort einlegen? Fedosja würde ein gutes Lösegeld für sich zahlen."

„Etwa von deinem Gelde? Wie? Na ja, schon gut, ich will mit ihm reden. Ich weiß nur nicht", setzte der Alte mit unzufriedenem Gesicht hinzu, „dieser Garpentschenko, Gott verzeih mir, ist doch ein Wucherer: Er kauft Wechsel auf, leiht Geld auf Zinsen aus, Güter erwirbt er unter dem Hammer ... Wer hat ihn nur in unsere Gegend gebracht? Ach, diese Zugewanderten! Man wird aus ihm so schnell nicht klug; im übrigen, wir werden sehen."

„Geben Sie sich nur Mühe, Onkelchen."

„Gut, ich werde mir Mühe geben. Aber du paß auf, paß mir gut auf! Schon gut, schon gut, du brauchst dich nicht zu rechtfertigen. Gott sei mit dir, Gott mit dir! Paß nur in Zukunft auf, sonst nimmt es mit dir noch ein schlimmes Ende, Mitja – bei Gott, du gehst noch zugrunde! Ich kann dich doch nicht immer auf meinen Schultern heraustragen. Ich bin selbst nur ein geringer Mann. Na, nun geh mit Gott."

Mitja ging hinaus. Tatjana Iljinitschna folgte ihm.

„Setz ihm Tee vor, du Verwöhnerin!" rief ihr Owsjanikow nach. „Der Junge ist nicht dumm", fuhr er fort, „und hat ein gutes Herz, aber ich fürchte für ihn. – Übrigens, entschuldigen Sie, daß ich Ihre Aufmerksamkeit so lange mit diesen Kleinigkeiten in Anspruch genommen habe."

Die Tür zum Vorzimmer öffnete sich. Ein kleiner, grauhaariger Mann in einem Samtrock trat ein.

„Ah, Franz Iwanytsch!" rief Owsjanikow. „Guten Tag! Wie geht es Ihnen?"

Gestatten Sie mir, lieber Leser, Sie auch mit diesem Herrn bekannt zu machen.

Franz Iwanytsch Lejeune, Gutsbesitzer im Gouvernement Orjol und mein Nachbar, war auf nicht ganz gewöhnliche Weise in den ehrenvollen Stand eines russischen Edelmannes gelangt. Er war in Orleans als Sohn französischer Eltern geboren und zusammen mit Napoleon zur Eroberung Rußlands ausgezogen, als Trommler. Anfangs ging alles wie geölt, und unser Franzose marschierte hocherhobenen Hauptes in Moskau ein. Aber auf dem Rückzug fiel der arme Monsieur Lejeune, halberfroren und ohne Trommel, Smolensker Bauern in die Hände. Die Smolensker Bauern sperrten ihn eine Nacht lang in eine leere Walkmühle ein. Am nächsten Morgen führten sie ihn an ein ins Eis gehauenes Loch in der Nähe des Uferdammes und begannen den Trommler „de la grrrande armée" zu bitten, ihnen einen Gefallen zu tun, nämlich unter das Eis zu tauchen. Monsieur Lejeune konnte sich mit diesem Vorschlag nicht einverstanden erklären und begann seinerseits die Smolensker Bauern zu überreden, und zwar auf französisch, ihn nach Orleans zu entlassen. „Dort, messieurs", sprach er, „wohnt meine Mutter, une tendre mère." Die Bauern aber fuhren fort, wahrscheinlich aus Unkenntnis der geographischen Lage von Orleans, ihm die Reise unter Wasser zu empfehlen, das vielgewundene Flüßchen Gnilotjorka stromabwärts, und fingen schon an, ihn durch leichte Stöße auf die Hals- und Rückenwirbel zu ermuntern, als plötzlich zu Lejeunes unbeschreiblicher Freude der Klang eines Glöckchens ertönte und auf dem Damm ein mächtiger Schlitten gefahren kam, mit einem überaus bunten Teppich auf dem unmäßig erhöhten Rücksitz und gezogen von einem hellbraunen, schwarzmähnigen wjätkischen Dreigespann. In dem Schlitten saß ein dicker, rotbäckiger Gutsbesitzer in einem Wolfspelz.

„Was macht ihr denn da?" fragte er die Bauern.

„Einen Franzosen ersäufen wir, Väterchen."

„Ach so", antwortete der Gutsbesitzer gleichgültig und wandte sich ab.

„Monsieur, monsieur!" schrie der arme Kerl.

„Aha!" hub der Wolfspelz vorwurfsvoll an. „In zwölf Sprachen seid ihr nach Rußland gezogen, Moskau hast du angezündet, du Verfluchter, das Kreuz von Iwan dem Großen hast du fortgeschleppt, und jetzt – Musje! Musje! Jetzt ziehst du den Schwanz ein! Der Dieb hat seine Qual verdient. – Vorwärts, Filka!"

Die Pferde zogen an.

„Ach, übrigens – halt!" fügte der Gutsbesitzer hinzu. „He, du, Musje, verstehst du was von Musik?"

„Sauvez-moi, sauvez-moi, mon bon monsieur!" wiederholte Lejeune in einem fort.

„Ist das ein Volk! Russisch kann nicht einer von ihnen. Müsik, Müsik, saweh Müsik wu? Saweh? Na, sprich doch! Kompreneh? Saweh Müsik wu? Auf Fortepiano schueh saweh?"

Endlich begriff Lejeune, worauf der Gutsbesitzer hinauswollte, und nickte bejahend mit dem Kopf.

„Oui, monsieur, oui, oui, je suis musicien; je joue tous les instruments possibles! Oui, monsieur ... Sauvez-moi, monsieur!"

„Na, bedank dich bei deinem Gott", antwortete der Gutsbesitzer. „Laßt ihn los, Kinder; hier habt ihr einen Zwanziger für Wodka."

„Danke, Väterchen, vielen Dank. Bitte, nehmen Sie ihn."

Lejeune wurde in den Schlitten gesetzt. Er erstickte fast vor Freude, weinte, zitterte, verneigte sich und bedankte sich bei dem Gutsbesitzer, beim Kutscher, bei den Bauern. Er hatte nur ein grünes Unterhemd mit rosa Bändern an, und es herrschte grimmiger Frost. Der Gutsbesitzer blickte schweigend auf die blaugefrorenen, erstarrten Glieder des Franzosen, wickelte den Unglücklichen in seinen Pelz und brachte ihn zu sich nach Hause. Das Gesinde lief zusammen. Der Franzose wurde rasch aufgewärmt, gesättigt und angezogen. Dann führte ihn der Gutsbesitzer zu seinen Töchtern.

„Hier, Kinder", sagte er zu ihnen, „ich habe einen Lehrer für euch gefunden. Immer hat ihr mir in den Ohren gelegen: ‚Laß uns Musik und Französisch lernen.' Hier habt ihr einen Franzosen, und Fortepiano spielen kann er auch. – Na, Musje", fuhr er fort und wies auf ein altersschwaches Klavier, das er vor fünf Jahren bei einem Juden gekauft hatte, der eigentlich mit Eau de Cologne handelte, „zeig uns deine Kunst: Schueh!"

Lejeune setzte sich mit stockendem Herzen auf den Stuhl – er hatte in seinem ganzen Leben noch kein Klavier angerührt.

„Schueh doch, schueh doch!" wiederholte der Gutsbesitzer.

Verzweifelt hämmerte der Ärmste auf die Tasten, als hätte

er seine Trommel vor sich, und spielte, wie es gerade kam. „Ich glaubte", erzählte er später, „mein Retter würde mich am Kragen packen und aus dem Haus werfen." Aber zum höchsten Erstaunen des unfreiwilligen Improvisators klopfte ihm der Gutsbesitzer nach einer Weile beifällig auf die Schulter.

„Gut, gut", sagte er, „ich sehe, daß du es kannst; geh jetzt und ruh dich aus."

Zwei Wochen später zog Lejeune von diesem Gutsbesitzer zu einem andern um, einem reichen und gebildeten Mann, dem er wegen seines heiteren und sanften Wesens gefiel; er heiratete dessen Pflegetochter, trat in den Staatsdienst, wurde in den Adelsstand erhoben, vermählte seine Tochter mit dem Orjoler Gutsbesitzer Lobysanjew, einem verabschiedeten Dragoner und Dichter, und siedelte selber für immer nach Orjol über.

Das war derselbe Lejeune oder, wie man ihn jetzt nennt, Franz Iwanytsch, der während meines Besuches in die Stube von Owsjanikow trat, mit dem er in freundschaftlichen Beziehungen stand.

Aber vielleicht langweilt es den Leser bereits, mit mir bei dem Freisassen Owsjanikow zu sitzen, und darum will ich jetzt beredt schweigen.

Lgow

„Fahren wir doch einmal nach Lgow", sagte eines Tages der den Lesern schon bekannte Jermolai zu mir, „dort können wir Enten schießen, soviel wir wollen."

Obwohl für den echten Weidmann die Wildente nichts besonders Anziehendes darstellt, hörte ich doch auf meinen Jäger und begab mich mit ihm nach Lgow, da es gerade kein anderes Wildbret gab – es war Anfang September, die Waldschnepfen waren noch nicht da, und nach Rebhühnern über die Felder zu laufen, hatte ich keine Lust mehr.

Lgow ist ein großes Steppendorf mit einer sehr alten steinernen, einkuppeligen Kirche und zwei Mühlen an dem sumpfigen Flüßchen Rossota. Dieses Flüßchen verwandelt sich ungefähr fünf Werst unterhalb von Lgow in einen breiten Teich, der an den Rändern und stellenweise auch in der Mitte mit dichtem Schilf, im Orjolschen „Maier" genannt, bewachsen ist. Auf diesem Teich, in den Buchten und auf dem stillen Wasser zwischen dem Schilfröhricht, lebte und nistete eine Unzahl von Enten aller möglichen Arten: Knäkenten, Spießenten, Krickenten, Tauchenten und andere. Kleine Ketten flogen ständig hin und her und strichen über das Wasser, nach einem Schuß aber erhoben sich solche Wolken, daß sich der Jäger unwillkürlich mit einer Hand an die Mütze griff und ein langgezogenes „Fu-u!" ausstieß.

Ich ging anfangs mit Jermolai an dem Teich entlang, aber erstens hält sich die Ente, ein sehr vorsichtiger Vogel, nicht so dicht am Ufer auf, und zweitens, selbst wenn sich eine zurückgebliebene und unerfahrene Krickente unseren Schüssen aussetzte und dabei ihr Leben verlor, waren unsere Hunde nicht imstande, sie aus dem Schilfdickicht herauszuholen; trotz der edelsten Selbstaufopferung konnten sie dort weder schwimmen noch auf dem Grund laufen, sie zerschnitten sich nur unnütz ihre kostbaren Nasen an den scharfen Rändern des Schilfes.

„Nein", sagte Jermolai schließlich, „so geht es nicht; wir brauchen einen Kahn. Gehen wir nach Lgow zurück."

Wir kehrten um. Kaum waren wir ein paar Schritte gegangen, da lief uns aus dichtem Weidengebüsch ein ziemlich schäbiger Hühnerhund entgegen. Hinter ihm tauchte ein mittelgroßer Mann in einem blauen, stark abgetragenen Überrock auf, in einer gelblichen Weste und in Hosen, deren Farbe einst gris-de-lin oder auch bleu-d'amour gewesen sein mochte und die nachlässig in die durchlöcherten Stiefel gesteckt waren; um den Hals trug er ein rotes Tuch und auf der Schulter eine einläufige Flinte. Während unsere Hunde nach dem üblichen, ihrer Art eigenen chinesischen Zeremoniell die für sie neue Persönlichkeit beschnupperten, die offensichtlich Angst hatte, den Schwanz einkniff, die Ohren anlegte und sich zähnefletschend schnell um sich selbst drehte, ohne dabei die Knie zu beugen, kam der Unbekannte auf uns zu und grüßte außerordentlich höflich. Seinem Aussehen nach war er etwa fünfundzwanzig Jahre alt; seine langen hellbraunen Haare waren stark mit Kwaß angefeuchtet und standen in starren Strähnen vom Kopf ab; die kleinen braunen Augen zwinkerten freundlich; das ganze Gesicht, das mit einem schwarzen Tuch umbunden war, wie man das bei Zahnschmerzen tut, lächelte süßlich.

„Gestatten Sie, daß ich mich vorstelle", begann er mit weicher, einschmeichelnder Stimme, „ich bin der hiesige Jäger Wladimir. Als ich von Ihrer Ankunft hörte und erfuhr, daß Sie beliebten, sich ans Ufer unseres Teiches zu begeben, beschloß ich, wenn es Ihnen recht ist, meine Dienste anzubieten."

Der Jäger Wladimir sprach haargenau wie ein junger Provinzschauspieler, der die Rollen der Ersten Liebhaber spielt. Ich ging auf sein Anerbieten ein, und noch bevor wir in Lgow angelangt waren, hatte ich schon seine Lebensgeschichte erfahren. Er war ein freigelassener Leibeigener aus dem Hofgesinde; in zarter Jugend hatte er Musikunterricht genossen, war später Kammerdiener geworden, konnte lesen und schreiben und las auch ab und zu, soviel ich feststellen konnte, irgendwelche Schwarten; er lebte jetzt, wie viele in Rußland, ohne einen Groschen Bargeld, ohne feste Beschäftigung und nährte sich von allem anderen, nur nicht von himmlischem Manna. Er drückte sich ungewöhnlich gewählt aus und tat sich auf seine feinen Manieren offenbar etwas zugute; er war wohl auch ein großer Schürzenjäger und hatte aller Wahrscheinlichkeit nach Erfolg: Die russischen Mädchen lieben die Beredsamkeit. Unter anderem gab er mir zu verstehen, daß er bisweilen die benachbarten Gutsbesitzer besuche, auch in die Stadt zu Gast fahre, Preference spiele und mit Leuten in der Hauptstadt bekannt sei. Er lächelte meisterhaft und dabei ungemein unterschiedlich; besonders gut stand ihm ein bescheidenes, zurückhaltendes Lächeln, das um seine Lippen spielte, wenn er den Reden anderer lauschte. Er hörte den Sprechenden an, stimmte mit ihm völlig überein, verlor aber dennoch nicht das Gefühl seines eigenen Wertes, und es schien, als wolle er den anderen wissen lassen, daß auch er gelegentlich eine eigene Meinung äußern könne. Jermolai, der nicht allzu gebildet und schon gar nicht „subtil" war, wollte ihn anfangs duzen. Man mußte gesehen haben, mit welch spöttischem Lächeln Wladimir ihm mit „Sie" antwortete.

„Warum haben Sie sich das Tuch umgebunden?" fragte ich ihn. „Haben Sie Zahnschmerzen?"

„Nein", entgegnete er, „das ist die verhängnisvolle Folge einer Unvorsichtigkeit. Ich hatte einen Freund; er war ein guter Mensch, aber überhaupt kein Jäger, wie das so manchmal vorkommt. Eines schönen Tages nun sagte er zu mir: ‚Mein lieber Freund, nimm mich doch mit auf die Jagd; ich bin neugierig zu erfahren, worin dieses Vergnügen besteht.' Selbstverständlich wollte ich meinem Kameraden die Bitte nicht abschlagen; ich verschaffte ihm ein Gewehr und nahm ihn mit auf die Jagd. Wir jagten denn auch ganz ordentlich, und schließlich fiel es uns ein, Rast zu machen. Ich setzte mich unter einen Baum; er dagegen fing an, mit seinem Gewehr Griffe zu klopfen, wobei er auf mich zielte. Ich bat ihn aufzuhören, er jedoch, in seiner Unerfahrenheit, hörte nicht auf mich. Der

Schuß krachte, und ich büßte das Kinn und den Zeigefinger der rechten Hand ein."

Wir hatten Lgow erreicht. Wladimir und Jermolai waren der festen Meinung, daß es unmöglich sei, ohne Kahn zu jagen.

„Sutschok hat einen Kahn", bemerkte Wladimir, „aber ich weiß nicht, wo er ihn versteckt hält. Wir müssen zu ihm gehen."

„Zu wem?" fragte ich.

„Hier wohnt ein Mann mit dem Spitznamen Sutschok."

Wladimir ging mit Jermolai zu Sutschok. Ich sagte ihnen, ich würde an der Kirche auf sie warten. Als ich mir die Gräber auf dem Friedhof betrachtete, stieß ich auf eine schwarzgewordene viereckige Urne mit folgenden Inschriften: Auf der einen Seite stand in lateinischen Buchstaben: „Ci-gît Théophile Henri, vicomte de Blangy"; auf der anderen: „Unter diesem Steine liegt begraben der Leib des französischen Untertanen Grafen Blangy; geboren 1737, verstorben 1799, seine Lebenszeit war 62 Jahre"; auf der dritten: „Friede seiner Asche!" und auf der vierten:

„Es ruhet unter diesem Stein ein Emigrant
Aus Frankreich, von Talent und angesehnem Stand.
Beweinend die erschlagnen Seinen, ging von dannen
Er aus der Heimat, die zertreten von Tyrannen.
Als die Gestade er erreicht' vom Reußenland,
In seinem Alter er ein gastlich Obdach fand.
Die Kinder lehrt' er, half den Eltern auch hienieden ...
Der höchste Richter gab ihm hier den ew'gen Frieden."

Das Eintreffen Jermolais, Wladimirs und des Mannes mit dem seltsamen Spitznamen Sutschok unterbrach meine Betrachtungen.

Der barfüßige, abgerissene und zerzauste Sutschok machte den Eindruck eines aus dem Dienst entlassenen Leibeigenen aus dem Hofgesinde; er mochte sechzig Jahre alt sein.

„Hast du einen Kahn?" fragte ich.

„Einen Kahn habe ich", antwortete er mit dumpfer und brüchiger Stimme, „aber er ist sehr schlecht."

„Wieso?"

„Er ist aus dem Leim gegangen; und aus den Löchern sind die Stopfen herausgefallen."

„Das ist kein großes Unglück", fiel Jermolai ein, „das kann man mit Werg abdichten."

„Allerdings, das kann man", bestätigte Sutschok.

„Wer bist du denn?"

„Der herrschaftliche Fischer."

„Wie, du bist Fischer, und dein Kahn ist in einem so schlechten Zustand?"

„Ja, in unserem Fluß gibt es auch gar keine Fische."

„Die Fische lieben das rostige Sumpfwasser nicht", bemerkte mein Jäger wichtigtuerisch.

„Na, dann geh", sagte ich zu Jermolai, „verschaffe dir Werg, und richte uns den Kahn her, aber schnell."

Jermolai ging.

„Und wenn wir nun untergehen?" fragte ich Wladimir.

„Gott ist gnädig", antwortete er. „Auf jeden Fall darf man annehmen, daß der Teich nicht tief ist."

„Ja, er ist nicht tief", bemerkte Sutschok, der irgendwie sonderbar sprach, gleichsam schlaftrunken, „und auf dem Grund sind Schlammpflanzen und Gras, er ist ganz mit Gras zugewuchert. Übrigens gibt es auch tiefe Stellen."

„Aber wenn das Gras so dicht steht, dann wird man nicht rudern können", warf Wladimir ein.

„Wer rudert denn auch mit so einem Kahn? Da muß man staken. Ich werde mit Ihnen fahren. Ich habe dort eine Stange, sonst geht es auch mit einer Schaufel."

„Mit der Schaufel ist es unbequem, damit reicht man an manchen Stellen vielleicht nicht bis auf den Grund", sagte Wladimir.

„Es ist wahr, das ist unbequem."

In Erwartung Jermolais setzte ich mich auf ein Grab. Wladimir ging anstandshalber einige Schritte beiseite und setzte sich ebenfalls. Sutschok blieb an seinem Fleck stehen, ließ den Kopf hängen und faltete nach alter Gewohnheit die Hände auf dem Rücken.

„Sag mal, bitte", begann ich, „bist du hier schon lange Fischer?"

„Das siebente Jahr", entgegnete er, plötzlich auffahrend.
„Und was hast du vorher gemacht?"
„Vorher war ich Kutscher."
„Wer hat dich denn als Kutscher abgesetzt?"
„Die neue Herrin."
„Welche Herrin?"
„Die uns gekauft hat. Sie werden sie nicht kennen: Aljona Timofejewna, so eine Dicke ... nicht mehr jung."
„Wie kam sie denn darauf, dich zum Fischer zu machen?"
„Gott mag es wissen. Sie kam von ihrem Stammgut zu uns, aus Tambow, ließ das ganze Gesinde antreten und kam dann zu uns heraus. Wir küßten ihr zuerst die Hand, da war sie ganz nett, nicht böse ... Aber dann fing sie an, uns der Reihe nach auszufragen: Womit sich ein jeder beschäftigte, welches Amt er hätte. Wie die Reihe an mich kam, fragte sie: ‚Was warst du?' Ich sagte: ‚Kutscher.' – ‚Kutscher? Nun, was bist du für ein Kutscher, sieh dich doch an: Was bist du für ein Kutscher? Du taugst nicht zum Kutscher; bei mir wirst du Fischer sein – und den Bart nimmst du dir ab. Für den Fall, daß ich herkomme, lieferst du Fisch für die herrschaftliche Tafel, hörst du?' Und seitdem zähle ich nun zu den Fischern. ‚Und paß auf, auch den Teich hältst du in Ordnung.' Aber wie soll ich den in Ordnung halten?"

„Wem habt ihr denn vorher gehört?"
„Sergej Sergejitsch Pechterew. Dem waren wir durch Erbschaft zugefallen. Er hat uns aber nicht lange besessen, nur sechs Jahre. Bei dem eben bin ich als Kutscher gefahren, aber nicht in der Stadt, dort hatte er andere, sondern auf dem Lande."

„Du warst also von Jugend auf immer Kutscher?"
„Ach wo, immer Kutscher! Kutscher bin ich erst bei Sergej Sergejitsch geworden, früher war ich Koch, aber auch wieder nicht Koch in der Stadt, sondern so, auf dem Lande."

„Bei wem warst du denn Koch?"
„Bei dem früheren Herrn, bei Afanassi Nefjodytsch, dem Onkel von Sergej Sergejitsch. Er hatte Lgow gekauft, Afanassi Nefjodytsch hatte es gekauft, und an Sergej Sergejitsch fiel die Besitzung durch Erbschaft."

„Von wem hatte er es gekauft?"

„Von Tatjana Wassiljewna."

„Von welcher Tatjana Wassiljewna?"

„Die im vorvorigen Jahr gestorben ist, bei Bolchow ... oder, nein, bei Karatschow, als alte Jungfer. Sie war nie verheiratet. Sie haben sie nicht gekannt? Wir kamen von ihrem Vater an sie, von Wassili Semjonytsch. Sie hat uns sehr lange besessen, an die zwanzig Jährchen."

„Und bei ihr warst du also Koch?"

„Zuerst war ich wirklich Koch, aber dann machten sie mich zum Kaffeeschenk."

„Zu was?"

„Zum Kaffeeschenk."

„Was ist denn das für ein Amt?"

„Ich weiß nicht, Väterchen. Ich mußte am Büfett stehen und hieß Anton, nicht Kusma. So hatte es die Herrin befohlen."

„Dein richtiger Name ist Kusma?"

„Ja. Kusma."

„Und da warst du die ganze Zeit über Kaffeeschenk?"

„Nein, die ganze Zeit nicht, ich war auch Schauspieler."

„Was du nicht sagst!"

„Freilich, war ich. Auf dem Keater habe ich gespielt. Unsere Herrin hatte bei sich ein Keater eingerichtet."

„Was für Rollen hast du denn gespielt?"

„Wie belieben?"

„Was du beim Theater gemacht hast?"

„Das wissen Sie nicht? Da haben sie mich genommen und angeputzt, und dann ging ich angeputzt umher oder stand da oder saß, wie es gerade verlangt wurde. Sie sagten: ‚Hier, das mußt du sagen', und da habe ich es gesagt. Einmal habe ich einen Blinden dargestellt. Unter jedes Augenlid haben sie mir eine Erbse gesteckt. Ja, freilich!"

„Und was warst du danach?"

„Danach bin ich wieder Koch geworden."

„Weswegen hat man dich denn wieder zum Koch erniedrigt?"

„Mein Bruder war davongelaufen."

„Nun, und was warst du beim Vater deiner ersten Herrin?"

„Da hatte ich verschiedene Stellungen: Zuerst gehörte ich zu den Laufjungen, nachher war ich Vorreiter, dann Gärtner und dann auch Hundewärter."

„Aufseher über die Jagdhunde? Und bist mit den Hunden auf die Jagd geritten?"

„Ich bin auch mit den Hunden ausgeritten, aber da bin ich zu Fall gekommen: Ich stürzte mit dem Pferd, und das Pferd verletzte sich. Der alte Herr war sehr streng. Er ließ mich auspeitschen und dann nach Moskau in die Lehre geben, zu einem Schuster."

„Wieso in die Lehre? Du bist doch nicht schon als Kind Hundeaufseher geworden?"

„Ja, da war ich schon etwas über zwanzig."

„Wie kann man denn mit zwanzig Jahren noch in die Lehre gehen?"

„Wahrscheinlich kann man es doch, wenn der Herr es befiehlt. Aber er ist zum Glück bald gestorben, und mich haben sie ins Dorf zurückgeholt."

„Wann hast du denn die Kochkunst erlernt?"

Sutschok hob sein abgezehrtes, gelbes Gesicht und grinste.

„Muß man das denn lernen? Die Weiber kochen ja auch!"

„Nun", sagte ich, „da hast du ja allerhand durchgemacht in deinem Leben, Kusma! Was machst du denn jetzt als Fischer, wenn es bei euch gar keine Fische gibt?"

„Ich kann mich nicht beklagen, Väterchen. Gott sei Dank, daß sie mich zum Fischer gemacht haben. Einen andern, genauso einen Alten wie mich, Andrej Pupyr, den hat die Herrin in die Papierfabrik stecken lassen, in die Schöpfmühle. ‚Es ist eine Sünde', hat sie gesagt, ‚sein Brot umsonst zu essen.' Der Pupyr hat immer noch auf Gnade gehofft. Ein Großneffe von ihm sitzt im herrschaftlichen Kontor als Kontorist; der hatte ihm versprochen, der Herrin über ihn zu berichten, sie an ihn zu erinnern. Einen Dreck hat er sie erinnert! Und dabei hat Pupyr seinen Neffen vor meinen Augen kniefällig angefleht."

„Hast du Familie? Warst du verheiratet?"

„Nein, Väterchen. Die verstorbene Tatjana Wassiljewna –

das Himmelreich sei ihr beschieden! – erlaubte keinem zu heiraten. Gott bewahre! Sie sagte immer: ‚Ich lebe ja auch so, als Jungfer; was ist das für eine Albernheit! Wozu brauchen sie das?'"

„Wovon lebst du jetzt eigentlich? Bekommst du einen Lohn?"

„Ach wo, Väterchen, Lohn! Das Essen bekommen wir – und dem Herrgott sei's gedankt! Ich bin sehr zufrieden. Gott schenke unserer gnädigen Frau ein langes Leben!"

Jermolai kehrte zurück.

„Der Kahn ist hergerichtet", sagte er rauh, „hol deine Stange, du!"

Sutschok lief nach der Stange.

Während ich mich mit dem armen Alten unterhielt, hatte der Jäger Wladimir ihn mit einem verächtlichen Lächeln betrachtet. „Ein dummer Mensch", sagte er, als Sutschok gegangen war, „ein völlig ungebildeter Mensch, ein Bauer, weiter nichts. Man kann ihn nicht einmal zum Hofgesinde rechnen, und dabei prahlt er noch. Wo will er schon Schauspieler gewesen sein, belieben Sie selbst zu urteilen! Umsonst haben Sie sich die Mühe gemacht und sich mit ihm unterhalten!"

Eine Viertelstunde darauf saßen wir bereits in Sutschoks Kahn. Die Hunde hatten wir unter der Aufsicht des Kutschers Jegudiil in der Hütte zurückgelassen. Es war nicht sehr bequem für uns, aber Jäger sind nicht anspruchsvoll. An dem stumpfen hinteren Ende stand Sutschok und stakte; ich saß mit Wladimir auf der Querbank des Kahnes; Jermolai hatte ganz vorn, am Bug, Platz gefunden. Trotz des Wergs zeigte sich bald Wasser unter unseren Füßen. Zum Glück war das Wetter still, und der Teich schien eingeschlafen.

Wir kamen ziemlich langsam voran. Der Alte zog nur mit Mühe seine lange Stange, die ganz mit den grünen Ranken der Wasserpflanzen umwickelt war, aus dem zähen Schlammgrund; auch die dicht nebeneinander liegenden runden Blätter der Seerosen hemmten das Vorwärtskommen unseres Kahnes. Endlich hatten wir das Schilfdickicht erreicht, und nun ging es los. Die Enten stiegen geräuschvoll auf und strichen vom Teich ab, durch unser unerwartetes Erscheinen in ihrem Reich aufgeschreckt; fast gleichzeitig krachten unsere Schüsse, und es war eine Lust zu sehen, wie sich die kurzschwänzigen Vögel in der Luft überschlugen und schwer auf das Wasser niederklatschten. Alle getroffenen Enten konnten wir allerdings nicht erlangen; die leicht angeschossenen tauchten unter; andere, die tödlich getroffen waren, fielen in so dichten Maier, daß selbst die Luchsaugen Jermolais sie nicht zu entdecken vermochten; dennoch war unser Kahn zu Mittag bis an den Rand mit Wildbret gefüllt.

Wladimir schoß zur großen Genugtuung Jermolais gar nicht gut und wunderte sich nach jedem erfolglosen Schuß, untersuchte sein Gewehr und blies den Lauf durch, tat, als verstehe er das nicht, und setzte uns schließlich die Ursache auseinander, weshalb er fehlgeschossen habe. Jermolai schoß wie immer mit überlegener Sicherheit und ich ziemlich schlecht, wie gewöhnlich. Sutschok sah uns mit den Augen eines Menschen zu, der von Jugend auf im Herrendienst gestanden hat; er rief bisweilen: „Da, da ist noch eine Ente!" und kraulte sich in einem fort den Rücken, aber nicht mit den Händen, sondern indem er die Schultern in Bewegung setzte. Das Wetter war herrlich; weiße runde Wolken zogen hoch und still über uns dahin und spiegelten sich hell im Wasser, das Schilf raschelte ringsumher, und der Teich funkelte an manchen Stellen in der Sonne wie Stahl.

Wir wollten gerade ins Dorf zurückkehren, als uns etwas recht Unangenehmes zustieß. Wir hatten schon lange bemerkt, daß sich in unserem Kahn immer mehr Wasser ansammelte. Wladimir war beauftragt worden, es mittels einer Schöpfkelle, die mein umsichtiger Jäger für alle Fälle einer unachtsamen Bäuerin entführt hatte, wieder hinauszubefördern. Solange Wladimir seine Pflicht nicht vergaß, ging auch alles gut. Aber gegen Ende der Jagd erhoben sich die Enten, wie zum Abschied, in solchen Schwärmen, daß wir kaum Zeit fanden, die Gewehre zu laden. In der Hitze der Schießerei hatten wir nicht auf den Zustand unseres Kahnes geachtet, und plötzlich, durch eine heftige Bewegung Jermolais – er mühte sich, eine erlegte Ente zu packen, und beugte sich mit dem ganzen Oberkörper über den Rand des Kahnes –, neigte sich unser gebrechliches

Fahrzeug zur Seite, lief voll Wasser und sank feierlich auf den Grund, zum Glück an keiner tiefen Stelle. Wir schrien auf, aber es war schon zu spät: Einen Augenblick danach standen wir bis an den Hals im Wasser, umringt von den wieder aufgetauchten Körpern der toten Enten. Heute kann ich mich nicht ohne Lachen an die erschrockenen, bleichen Gesichter meiner Jagdgefährten erinnern – wahrscheinlich hat sich auch mein Gesicht damals nicht durch besondere Röte ausgezeichnet –, aber in jener Minute, ich gestehe es, kam es mir nicht in den Sinn zu lachen. Jeder von uns hielt sein Gewehr über den Kopf, und Sutschok, wohl aus alter Gewohnheit, sich nach seinen Herren zu richten, hob seine Stange hoch. Als erster brach Jermolai das Schweigen.

„Pfui Teufel!" brummte er und spuckte ins Wasser. „So eine Geschichte! Und alles wegen dir, du alter Satan!" fügte er wütend hinzu, sich an Sutschok wendend. „Was hast du bloß für einen Kahn!"

„Verzeihung", stammelte der Alte.

„Und du bist auch gut", fuhr mein Jäger fort und wandte den Kopf zu Wladimir. „Warum gaffst du umher? Warum hast du nicht geschöpft? Du, du, du ..."

Aber Wladimir war gar nicht mehr nach einer Erwiderung zumute, er zitterte wie Espenlaub, seine Zähne klapperten, und er lächelte völlig sinnlos. Wo war seine Beredsamkeit hin, sein Gefühl für feines Benehmen und für den eigenen Wert!

Der verwünschte Kahn schaukelte leicht unter unseren Füßen. Im Augenblick des Schiffbruchs war uns das Wasser außerordentlich kalt vorgekommen, aber wir hatten uns bald daran gewöhnt. Als der erste Schreck vorbei war, blickte ich um mich. Ringsum, zehn Schritt von uns entfernt, stand Schilfrohr; weit dahinter war über den Schilfspitzen das Ufer zu sehen. Das ist schlecht! dachte ich.

„Was wollen wir machen?" fragte ich Jermolai.

„Werden mal sehen – übernachten können wir hier nicht", sagte er. „He, du, halte mein Gewehr", sagte er zu Wladimir.

Wladimir gehorchte ohne Widerspruch.

„Ich gehe eine Furt suchen", fuhr Jermolai fort, mit einer Zuversicht, als müsse in jedem Teich unbedingt eine Furt vorhanden sein. Er nahm Sutschoks Stange und bewegte sich aufs Ufer zu, wobei er vorsichtig den Grund abstocherte.

„Kannst du überhaupt schwimmen?" fragte ich ihn.

„Nein, kann ich nicht", erscholl seine Stimme aus dem Schilf heraus.

„Nun, dann ertrinkt er", meinte gleichmütig Sutschok, den auch zuvor nicht die Gefahr erschreckt hatte, sondern unser Zorn, und der jetzt, völlig gelassen, nur dann und wann schnaufte und anscheinend durchaus nicht das Bedürfnis verspürte, seine Lage zu verändern.

„Und ohne jeden Nutzen wird er umkommen", fügte Wladimir wehleidig hinzu.

Jermolai blieb länger als eine Stunde fort. Diese Stunde kam uns wie eine Ewigkeit vor. Anfangs riefen wir einander noch häufig zu, dann antwortete er immer seltener auf unsere Zurufe, und schließlich verstummte er ganz. Im Dorf wurde zur Vesper geläutet. Wir sprachen nicht miteinander, wir vermieden es sogar, einander anzusehen. Enten schwirrten über unsere Köpfe hinweg; manche wollten schon neben uns auf das Wasser niedergehen, stiegen aber jäh wieder auf und flogen mit Geschrei davon. Wir erstarrten allmählich vor Kälte. Sutschok blinzelte stumpfsinnig, als wolle er einschlafen.

Zu unserer unbeschreiblichen Freude kehrte Jermolai endlich zurück.

„Nun, wie ist es?"

„Ich war am Ufer und habe eine Furt gefunden. Gehen wir los!"

Wir wollten uns sofort aufmachen, aber er holte erst unter Wasser einen Strick aus der Tasche und band die erlegten Enten mit den Pfoten daran; dann nahm er die beiden Enden des Strickes zwischen die Zähne und schob sich langsam vorwärts. Wladimir hinter ihm her und ich hinter Wladimir. Sutschok beschloß den Zug. Bis zum Ufer waren es ungefähr zweihundert Schritt. Jermolai schritt kühn und unbeirrt voran – so gut hatte er sich den Weg gemerkt –, nur bisweilen rief er: „Mehr links! Rechts ist hier eine tiefe Stelle!" oder: „Mehr rechts! Links sinkt man ein." Manchmal reichte uns das Wasser bis an den Hals, und zweimal schlug über dem armen Sutschok das

Wasser zusammen, denn er war der Kleinste von uns, und es stiegen Blasen auf.

„Na, na, na!" herrschte ihn Jermolai an, und Sutschok paddelte, strampelte mit den Beinen, schnellte sich vorwärts und gelangte schließlich auf diese Art an eine seichtere Stelle, aber selbst in der äußersten Not wagte er nicht, nach den Schößen meines Überrockes zu greifen. Erschöpft, schmutzig und durchnäßt erreichten wir endlich das Ufer.

Zwei Stunden später saßen wir schon alle getrocknet, soweit das eben möglich war, in einem großen Heuschuppen und schickten uns an, Abendbrot zu essen. Der Kutscher Jegudiil, ein äußerst langsamer und schwerfälliger, nachdenklicher und verschlafener Mensch, stand am Tor und bot Sutschok ständig Tabak an. (Ich habe bemerkt, daß sich die Kutscher in Rußland sehr schnell miteinander befreunden.) Sutschok schnupfte, bis ihm übel wurde: Er spuckte, er hustete und empfand dabei augenscheinlich ein großes Wohlbehagen. Wladimir hatte eine schmachtende Miene aufgesetzt und den Kopf auf die Seite gelegt, er sprach wenig. Jermolai putzte unsere Flinten. Die Hunde wedelten übertrieben schnell mit den Schwänzen in Erwartung ihres Haferbreies; unter dem Vordach stampften und wieherten die Pferde.

Die Sonne ging unter; ihre letzten Strahlen breiteten sich zu purpurroten Streifen aus; goldene Wölkchen überzogen den Himmel und wurden immer feiner und zarter – wie eine auslaufende, verebbende Welle ... Im Dorf erklangen Lieder.

Die Beshinwiese

Es war ein herrlicher Julitag, einer von jenen Tagen, die sich nur einstellen, wenn das Wetter lange Zeit beständig gewesen ist. Vom frühesten Morgen an ist der Himmel klar; die Morgenröte flammt nicht wie ein Brand auf, sie breitet sich als sanftes Rosenrot aus. Die Sonne – nicht feurig, nicht glühend wie zur Zeit schwüler Trockenheit, nicht glanzlos purpurn wie vor einem Unwetter, sondern hell und freundlich scheinend – kommt friedlich unter einer schmalen, langen Wolke hervor, erstrahlt in frischem Glanz und taucht wieder in einen lilafarbenen Wolkenschleier. Der schmale obere Saum der langgestreckten Wolke, der sich wie eine Schlange dahinwindet, funkelt und glänzt wie geschmiedetes Silber. Doch schon brechen wieder die spielenden Strahlen hervor, und heiter und erhaben, gleichsam emporschwebend, steigt das mächtige Gestirn auf. Um die Mittagszeit zeigt sich gewöhnlich eine Menge runder hoher Wölkchen, golden-grau mit zarten weißen Rändern. Gleich Inseln, die über einen endlos dahinflutenden Strom verstreut sind, der sie mit durchsichtigen Armen von gleichmäßigem Blau umschlingt, bewegen sie sich kaum von der Stelle; zum Horizont hin rücken sie näher aneinander, drängen sich zusammen; zwischen ihnen ist kein Blau mehr zu sehen, aber sie sind nun selbst, ganz mit Licht und Wärme durchtränkt, so azurblau wie der Himmel. Die Farbe des Himmelsrandes, zart und blaßlila, verändert sich während des ganzen Tages nicht und ist überall gleich; nirgendwo wird sie dunkler, nirgends braut sich ein Gewitter zusammen; vielleicht ziehen sich hier und da bläuliche Streifen von oben nach unten – dann geht dort ein kaum bemerkbarer Regen nieder. Gegen Abend verschwinden diese Wölkchen; die letzten von ihnen, schwärzlich und unbestimmt wie Rauch, liegen als rosige Ballen der untergehenden Sonne gegenüber; an der Stelle, wo sie ebenso still versunken ist, wie sie am Himmel aufgestiegen war, steht noch kurze Zeit ein scharlachrotes Leuchten über der verdunkelten Erde, und still flimmernd, wie eine behutsam getragene Kerze, glimmt darüber der Abendstern auf. An solchen Tagen sind alle Farben gemildert; sie sind hell, aber nicht grell; über allem liegt der Hauch einer zu Herzen gehenden Sanftmut. An solchen Tagen kann die Hitze bisweilen sehr groß sein, manchmal brütet sie geradezu über den Hängen der Felder, aber der Wind vertreibt die angesammelte Sonnenglut, und Wirbelwinde, das untrügliche Anzeichen beständigen Wetters, ziehen als hohe weiße Säulen die Feldwege entlang. Die trockene, reine Luft riecht nach Wermut, gemähtem Roggen und Buchweizen; sogar kurz bevor die Nacht anbricht, ist keine Feuchtigkeit zu spüren. Solches Wetter wünscht sich der Landwirt zur Getreideernte.

An ebenso einem Tag war ich einmal im Gouvernement Tula, im Tschernsker Kreis, auf der Birkhahnjagd. Ich hatte ziemlich viel Wildbret aufgestöbert und geschossen; die volle Jagdtasche schnitt mir unbarmherzig in die Schulter: Das Abendrot erlosch bereits, und in der noch hellen, jedoch nicht mehr von den Strahlen der untergehenden Sonne erleuchteten Luft begannen sich schon kalte Schatten zu verdichten und auszubreiten, als ich mich endlich entschloß, den Heimweg anzutreten. Mit schnellen Schritten durchquerte ich einen langen Buschwald, erstieg einen Hügel und erblickte anstatt der erwarteten bekannten Ebene mit dem Eichenwäldchen rechts und der niedrigen weißen Kirche in der Ferne eine ganz andere, mir völlig unbekannte Gegend. Zu meinen Füßen zog sich ein schmales Tal hin; mir gegenüber ragte wie eine steile Wand dichter Espenwald auf. Ich blieb überrascht stehen und schaute mich um. Nanu, dachte ich, da bin ich ja ganz woanders hingeraten, ich habe mich zu weit rechts gehalten. Ich wunderte mich über meinen Irrtum und stieg eilig den Hügel hinunter. Sogleich umgab mich eine unangenehme regungslose Feuchtigkeit, als wäre ich in einen Keller getreten. Das dichte hohe Gras auf der Talsohle war ganz naß und schimmerte weiß wie ein Tischtuch; es war mir etwas unbehaglich, da hindurchzugehen. Ich strebte, so schnell ich konnte, auf die andere Seite und schritt, mich links haltend, längs des Espenwaldes dahin. Fledermäuse huschten schon über seine schlafenden Wipfel; geheimnisvoll kreisten und zitterten sie am dunkelnden Abendhimmel; geschwind und pfeilgerade flog hoch oben ein verspäteter Habicht vorüber, seinem Horst zueilend. Wenn ich erst jene Ecke dort erreicht habe, dachte ich bei mir, werde ich auch die Landstraße sehen, ich habe einen Umweg von ungefähr einer Werst gemacht!

Ich gelangte endlich an die Waldecke, aber da war keine Landstraße; irgendwelches niedrige Gebüsch breitete sich vor mir aus, und weit, weit dahinter war kahles Feld sichtbar. Ich blieb wieder stehen. Was soll das heißen? Wo bin ich denn nur? Ich rief mir ins Gedächtnis zurück, wie und wohin ich im Laufe des Tages gegangen war. „Aha, das sind die Gebüsche von Parachino!" rief ich endlich aus. „Richtig! Und das dort muß der Sindejewer Hain sein. Aber wie bin ich denn bloß hierhergeraten? So weit ab! Sonderbar! Jetzt muß ich mich wieder rechts halten."

Ich bog nach rechts ab, ging durch die Büsche. Die Nacht kam immer näher und wuchs wie eine Gewitterwand; die Dunkelheit schien mit den Abendnebeln zusammen von überallher aufzusteigen und sogar aus der Höhe herniederzusinken. Ich stieß auf einen kaum begangenen, verwachsenen Pfad; ich schlug ihn ein und blickte aufmerksam geradeaus. Ringsum wurde es immer schwärzer und stiller, nur die Wachteln riefen dann und wann. Ein kleiner Nachtvogel, der mit seinen weichen Schwingen lautlos und niedrig dahinglitt, prallte beinahe gegen mich und tauchte erschreckt seitwärts unter. Ich erreichte den Rand des Buchenwaldes und ging auf einem Rain über das Feld. Nur mit Mühe unterschied ich noch entferntere Gegenstände; undeutlich schimmerte das Feld um mich herum; dahinter stieg als ungeheure geballte Masse die düstere Finsternis auf und rückte mit jedem Augenblick näher. Dumpf hallten meine Schritte in der erstarrenden Luft. Der erblaßte Himmel wurde wieder blau, aber es war nun das dunkle Blau der Nacht. Die Sterne flimmerten darin auf und schienen sich zu bewegen.

Was ich für einen Hain gehalten hatte, erwies sich als eine dunkle runde Kuppe. „Wo bin ich denn bloß?" wiederholte ich laut, blieb zum drittenmal stehen und sah fragend meinen gelbgefleckten englischen Hund Diana an, der entschieden das gescheiteste Geschöpf unter allen Vierbeinern war. Aber dieser gescheiteste aller Vierbeiner wedelte nur mit dem Schwanz und blinzelte traurig mit den müden Augen, ohne mir einen nützlichen Rat zu geben. Ich schämte mich vor ihm und strebte nunmehr verzweifelt vorwärts, als wäre mir plötzlich klargeworden, wohin ich gehen müsse; ich umging die Kuppel und geriet in eine nicht sehr tiefe, ringsum aufgepflügte Talsenke. Sogleich überkam mich ein sonderbares Gefühl. Die Senke sah wie ein nahezu runder Kessel mit schrägen Seitenwänden aus; auf ihrem Grunde ragten mehrere große, aufrecht stehende Steine empor – es schien, als wären sie zu einer geheimen Beratung dort hinuntergekrochen. Es war so still und finster in dieser Talsenke, so flach, so trostlos hing der Himmel darüber, daß sich mir das Herz zusammenzog. Irgendein Tierchen piepste schwach und kläglich zwischen den Steinen. Ich kehrte eilends um und wandte mich der Kuppe zu. Bis jetzt hatte ich noch nicht die Hoffnung verloren, nach Hause zurückzufinden, aber nun gelangte ich zu der Überzeugung, daß ich mich völlig verirrt hatte. Ich bemühte mich gar nicht mehr, die umliegende Gegend wiederzuerkennen, die fast ganz im Dunkel versunken war, sondern ging auf gut Glück geradeaus weiter, den Sternen nach.

Ungefähr eine halbe Stunde ging ich so und setzte dabei nur mit Mühe einen Fuß vor den andern. Ich hatte das Gefühl, als sei ich noch nie in meinem Leben in einer so verlassenen Gegend gewesen: Nirgendwo schimmerte ein Licht, nirgends hörte man einen Laut. Ein Hügel folgte dem andern, endlos reihte sich Feld an Feld, und die Büsche schienen unmittelbar vor meiner Nase aus der Erde emporzuwachsen. Ich lief und lief und war schon drauf und dran, mich bis zum Morgen irgendwo hinzulegen, als ich plötzlich vor einem jähen Abgrund stand.

Schnell zog ich den schon erhobenen Fuß zurück und gewahrte in der fast undurchdringlichen Finsternis der Nacht weit unter mir eine ungeheure Ebene. Ein breiter Fluß umströmte sie in einem zu mir hin offenen Halbkreis; das stählerne Blinken des Wassers, das zuweilen aufglitzerte, bezeichnete seinen Lauf. Der Hügel, auf dem ich stand, endete mit einer fast senkrechten Steilwand; seine mächtigen Umrisse zeichneten sich in der tiefblauen Leere schwärzlich ab; gerade unter mir aber, in dem Winkel, den die Steilwand mit der Ebene bildete, ganz nah am Fluß, der an dieser Stelle unbeweglich wie ein dunkler Spiegel dalag, unmittelbar am Hang des Hügels, brannten und qualmten dicht beieinander zwei rote Feuerchen. Um sie herum bewegten sich Menschen, schwankten Schatten; ab und zu leuchtete die vordere Hälfte eines kleinen Lockenkopfes hell auf.

Endlich wurde mir klar, wohin ich geraten war. Diese Wiese ist in unserer Gegend unter dem Namen Beshinwiese bekannt. Nach Hause zurückzukehren, das war jedoch ganz unmöglich, besonders zur Nachtzeit; vor Müdigkeit knickten mir schon die Beine ein. Ich beschloß, zu den Feuern hinunterzugehen und in Gesellschaft jener Leute, die ich für Viehhändler hielt, das Morgenrot abzuwarten. Ich gelangte glücklich hinab, hatte aber noch nicht den letzten Zweig, den ich ergriffen hatte, losgelassen, als mir plötzlich zwei große weiße, zottige Hunde mit wütendem Gebell entgegenstürzten. Helle Kinderstimmen erschollen um die Feuer, und zwei, drei Jungen erhoben sich schnell vom Erdboden. Ich antwortete auf ihre fragenden Rufe. Sie kamen auf mich zugelaufen, riefen sofort die Hunde zurück, die besonders das Erscheinen meiner Diana aufgeregt hatte, und ich näherte mich ihnen.

Ich hatte mich geirrt, als ich die Menschen, die um die Feuer saßen, für Viehhändler hielt. Es waren einfach Bauernkinder aus einem nahen Dorf, die eine Pferdeherde hüteten. In der heißen Sommerszeit werden bei uns die Pferde über Nacht zur Weide aufs freie Feld getrieben, am Tage würden ihnen die Fliegen und Bremsen keine Ruhe lassen. Die Herde am Abend hinaus- und beim Morgenrot wieder heimzutreiben ist für die Bauernjungen ein großes Fest. Ohne Mützen und in alten

Halbpelzen sitzen sie auf den muntersten Kleppern, jagen mit fröhlichem Geschrei und Gejohle dahin, schlenkern mit Armen und Beinen, lassen sich hochschnellen und lachen schallend. Eine feine gelbe Staubsäule steigt auf und zieht über die Landstraße hin; weit hallt das Getrappel der vielen Hufe – die Pferde laufen und spitzen die Ohren, und allen voran galoppiert mit erhobenem Schweif und in ständig wechselnder Gangart ein struppiger Fuchs mit Kletten in der zerzausten Mähne.

Ich sagte den Jungen, daß ich mich verirrt hätte, und setzte mich zu ihnen. Sie fragten mich, woher ich sei, verstummten dann und rückten zur Seite. Wir sprachen nur wenig miteinander. Ich legte mich unter einen abgeweideten Strauch und blickte um mich. Mir bot sich ein wundervolles Bild: Um die Feuer zitterte wie ersterbend und sich gegen das Dunkel wehrend ein runder rötlicher Widerschein; eine auflodernde Flamme leuchtete bisweilen für einen Augenblick über die Grenze jenes Kreises hinaus; eine schmale Lichtzunge leckte an den kahlen Zweigen des Weidengebüsches und verschwand sofort wieder; spitze, lange Schatten brachen für Augenblicke herein und schoben sich bis dicht an das Feuer heran – die Finsternis kämpfte mit dem Licht. Manchmal, wenn die Flammen schwächer brannten und der Lichtkreis sich verengte, tauchte plötzlich aus der herandrängenden Dunkelheit ein Pferdekopf auf, braun mit geflammter Blesse oder ganz weiß, sah uns aufmerksam und doch stumpfsinnig an und mahlte dabei eifrig das lange Gras; dann senkte er sich wieder und war sogleich verschwunden. Man hörte nur, wie er weiterkaute und schnaubte. Von einer beleuchteten Stelle aus kann man schwer erkennen, was in der Dunkelheit vorgeht, und darum schien alles, was sich in nächster Nähe befand, mit einem beinahe schwarzen Vorhang verhängt; weiter zum Horizont hin zeichneten sich indessen als langgestreckte Flecken undeutlich Hügel und Wälder ab. Der dunkle, klare Himmel stand in all seiner geheimnisvollen Pracht feierlich und unermeßlich hoch über uns. Ein wundersames Gefühl beengte die Brust, die jenen eigentümlichen, ermüdenden und doch frischen Duft in sich einsog – den Duft einer russischen Sommernacht. Ringsum war fast kein Geräusch zu hören ... Nur hin und wieder plätscherte laut ein großer Fisch im nahen Fluß und raschelte leicht das Schilf am Ufer, wenn es unter einer heranlaufenden Welle sacht schwankte. Allein das leise Knistern der Feuer unterbrach ständig die Stille.

Die Jungen saßen im Kreis um die Feuer herum, und neben ihnen hockten auch die beiden Hunde, die so große Lust verspürt hatten, mich zu fressen. Sie konnten sich noch lange nicht über meine Anwesenheit beruhigen und knurrten zuweilen, schläfrig blinzelnd und ins Feuer schielend, im außerordentlichen Bewußtsein ihrer eigenen Würde; erst knurrten sie, dann winselten sie nur noch leise, als bedauerten sie die Unmöglichkeit, sich ihren Wunsch zu erfüllen. Im ganzen waren es fünf Jungen: Fedja, Pawluscha, Iljuscha, Kostja und Wanja. Aus ihren Gesprächen hatte ich ihre Namen erfahren und möchte nun den Leser mit ihnen bekannt machen.

Dem ältesten von ihnen, Fedja, konnte man vierzehn Jahre geben. Es war ein schlanker Junge mit hübschen, feinen, ein wenig zu zarten Zügen, lockigem Blondhaar, hellen Augen und mit einem ständigen halb fröhlichen, halb zerstreuten Lächeln. Er gehörte anscheinend einer reichen Familie an und war nicht aufs Feld geritten, weil er mußte, sondern nur so, zu seinem Vergnügen. Er trug ein buntes Baumwollhemd mit gelben Säumen; der an sich nicht große Bauernrock, den er sich übergeworfen hatte, hielt sich kaum auf seinen schmalen Schultern; an dem blauen Gürtel hing ein Kamm. Die Stiefel mit den niedrigen Schäften waren wirklich seine Stiefel, nicht die seines Vaters. Der zweite Junge, Pawluscha, hatte struwweliges schwarzes Haar, graue Augen und breite Backenknochen; sein Gesicht war blaß und blatternarbig, der Mund groß, aber regelmäßig, der ganze Kopf viel zu massig – wie ein Bierkessel, pflegt man zu sagen –, sein Körper untersetzt und plump. Der Junge war häßlich, gewiß, und trotzdem gefiel er mir. Er blickte sehr klug und offen drein, und aus seiner Stimme sprach Kraft. Mit seiner Kleidung konnte er keinen Staat machen, sie bestand nur aus einem schlichten Hanfhemd und geflickten Hosen. Das Gesicht des dritten, Iljuschas, war ziemlich nichtssagend; hakennasig, langgezogen und kurzsichtig, drückte es eine stumpfe, krankhafte Besorgtheit aus; seine zusammengepreßten Lippen bewegten sich nicht, die gerunzelten Augenbrauen glätteten sich nicht – es sah aus, als kneife er fortwährend des Feuers wegen die Lider zusammen. Seine gelben, fast weißen Haare standen in spitzen Strähnen unter einem flachen Filzkäppchen hervor, das er sich mit beiden Händen immer wieder auf die Ohren drückte. Er trug neue Bastschuhe und Fußlappen; ein dicker Strick, der dreimal um seinen Leib geschlungen war, hielt seinen sauberen schwarzen Kittel sorgfältig zusammen. Er war, wie auch Pawluscha, dem Aussehen nach nicht älter als zwölf Jahre. Der vierte, Kostja, ein Junge von etwa zehn Jahren, erregte meine Neugier durch seinen nachdenklichen und traurigen Blick. Sein Gesicht war klein, mager und voller Sommersprossen, nach unten lief es spitz zu wie bei einem Eichhörnchen; seine Lippen waren kaum zu erkennen; einen seltsamen Eindruck machten jedoch seine großen schwarzen, in mattem Glanz leuchtenden Augen; sie schienen etwas ausdrücken zu wollen, wofür die Sprache – oder wenigstens seine Sprache – keine Worte hatte. Er war klein von Wuchs, dazu von schwächlichem Körperbau und ziemlich ärmlich gekleidet. Den letzten, Wanja, hatte ich zunächst gar nicht bemerkt; er lag auf der Erde, friedlich unter eine steife Bastmatte gekuschelt, und streckte nur dann und wann seinen hellbraunen Lockenkopf darunter hervor. Dieser Junge war nicht älter als sieben Jahre.

Ich lag also etwas abseits unter dem Strauch und betrachtete mir die Jungen. In einem kleinen Kessel, der über einem der Feuer hing, kochten Kartoffeln. Pawluscha gab auf sie acht und stach kniend mit einem Span in das aufwallende Wasser. Fedja lag, auf einen Ellbogen gestützt, da und hatte die Schöße seines Bauernrockes ausgebreitet. Iljuscha saß neben Kostja und blinzelte fortwährend angestrengt. Kostja hielt den Kopf ein wenig gesenkt und blickte in die Ferne. Wanja rührte sich nicht unter seiner Matte. Ich stellte mich schlafend. Allmählich begannen sich die Jungen wieder zu unterhalten.

Anfangs plauderten sie von diesem und jenem, von den Arbeiten des morgigen Tages, von den Pferden; doch plötzlich wandte sich Fedja an Iljuscha, und als nehme er ein unterbrochenes Gespräch wieder auf, fragte er ihn:

„Nun, wie war das, du hast also den Hausgeist gesehen?"

„Nein, gesehen habe ich ihn nicht, man kann ihn ja nicht sehen", antwortete Iljuscha mit einer heiseren, schwachen Stimme, deren Klang mit seinem Gesichtsausdruck wunderbar übereinstimmte, „aber gehört habe ich ihn – und nicht nur ich allein."

„Wo erscheint er denn bei euch?" fragte Pawluscha.

„In der alten Lumpenmühle*."

„Geht ihr etwa in die Fabrik?"

„Freilich gehen wir. Mein Bruder Awdjuschka und ich, wir arbeiten als Papierglätter."

„Sieh man an – Fabrikarbeiter!"

„Na, und wie hast du ihn denn gehört?" fragte Fedja.

„Das kam so. Ich mußte mit meinem Bruder Awdjuschka und mit Fjodor Michejewski und mit Iwaschka Kossoi und mit dem anderen Iwaschka, dem von den Roten Hügeln, und dann noch mit Iwaschka Suchorukow, und es waren auch noch andere Jungen dort, im ganzen waren wir ungefähr zehn Mann, eben die ganze Schicht, wir mußten also in der Lumpenmühle übernachten, das heißt, nicht so, daß wir unbedingt mußten, aber Nasarow, der Aufseher, hatte uns nicht gehen lassen, er sagte: ,Wozu wollt ihr erst nach Hause gehen, Kinder; morgen gibt's viel Arbeit, darum geht nur nicht erst nach Hause, Kinder.' Wir blieben also da und lagen alle beisammen, und auf einmal fing Awdjuschka an und sagte: ,Wenn aber nun der Hausgeist kommt, Jungens?' Und er hatte kaum ausgesprochen, der Awdej, da fing es über unseren Köpfen an zu trapsen; wir lagen unten, und oben, beim Rad, da trapste einer. Wir hören richtig, wie er geht, wie sich die Dielenbretter unter ihm biegen, wie sie knarren; jetzt ist er über unsere Köpfe hinweggegangen. Auf einmal rauscht das Wasser übers Rad, rauscht und rauscht; das Rad fängt an zu klappern und sich zu drehen; die Staubretter am Wasserschloß** waren aber heruntergelassen. Wir wunderten uns: Wer hat sie denn hochgezo-

---

* „Lumpenmühle" und „Schöpfmühle" nennt man in den Papierfabriken das Gebäude, in dem aus großen Bottichen die Papiermasse geschöpft wird. Es befindet sich unmittelbar am Wehr, unter dem Mühlrad.

** „Wasserschloß" wird bei uns die Stelle genannt, an der das Wasser auf das Rad läuft.

gen, daß das Wasser laufen kann? Aber das Rad drehte sich und drehte sich, und dann stand es. Der dort oben ging wieder zur Tür. Dann fing er an, die Stiege hinunterzusteigen, und er stieg so hinunter, als ob er sich gar nicht beeilte, die Stufen ächzten sogar unter ihm. Na, und dann kam er an unsere Tür und wartete, wartete ... Und mit einemmal flog die Tür ganz weit auf. Wir fuhren zusammen, guckten – nichts. Aber plötzlich, hast du nicht gesehen, bewegt sich an dem einen Bottich das Schöpfsieb, hebt sich, taucht ein und bewegt sich, bewegt sich so durch die Luft, als ob es jemand schwinge, dann fällt es wieder auf seinen alten Platz zurück. Danach wird an einem anderen Bottich eine Haspe vom Nagel genommen und wieder hingehängt; dann war es, als ginge jemand zur Tür, und plötzlich klang es, als huste oder räuspere sich einer, aber ganz laut, als ob ein Schaf blökte. Wir hatten uns alle zu einem Haufen zusammengedrängt und krochen einer unter den andern ... Wie waren wir damals erschrocken!"

„So was!" sagte Pawel. „Weshalb hat er denn gehustet?"

„Weiß nicht; vielleicht wegen der Feuchtigkeit."

Alle schwiegen.

„Sag mal", fragte Fedja, „sind die Kartoffeln gar?"

Pawluscha befühlte sie.

„Nein, sie sind noch roh ... Horch, da hat etwas geplätschert", setzte er hinzu und wandte das Gesicht zum Fluß hin, „wahrscheinlich ein Hecht ... Dort ist eine Sternschnuppe gefallen."

„Nein, ich werde euch etwas erzählen, Jungens", fing Kostja mit seiner dünnen Stimme an, „hört mal zu, was mein Vater dieser Tage erzählt hat, als ich dabei war."

„Nun, wir hören schon", sagte Fedja mit Gönnermiene.

„Ihr kennt doch Gawrila, den Dorfzimmermann?"

„Na ja, kennen wir."

„Aber wißt ihr auch, warum er immer so mürrisch und so schweigsam ist, wißt ihr das? Darum ist er nämlich so mürrisch: Er ging einmal, so hat mein Vater erzählt, er ging einmal in den Wald nach Nüssen, Jungens. Er ging also in den Wald nach Nüssen, und da verirrte er sich; er hatte sich verlaufen, Gott weiß, wohin er sich verlaufen hatte. Er ging und ging,

Jungens – aber nein, er konnte den Weg nicht finden, und dabei wurde es schon Nacht da draußen. Da setzte er sich unter einen Baum; also gut, dachte er, ich werde den Morgen abwarten, setzte sich hin und nickte ein. Und wie er so einnickt, hört er auf einmal, wie ihn jemand ruft. Er fährt auf – niemand da. Er nickt wieder ein – und wieder ruft es. Er fährt wieder auf und guckt: Da sitzt vor ihm auf einem Zweig eine Nixe, schaukelt sich und ruft ihn zu sich, und dabei stirbt sie fast vor Lachen, so lacht sie ... Und der Mond, der schien ganz hell, so hell und klar schien der Mond, daß man alles sehen konnte, Jungens. Sie ruft ihn also, und selber sitzt sie ganz hell und weiß auf dem Zweig, so wie eine Plötze oder ein Gründling, auch die Karausche ist so weiß, so silbern ... Gawrila, der Zimmermann, der war ganz starr, Jungens, aber sie lacht in einem fort und winkt ihn immerzu mit der Hand zu sich. Gawrila wollte schon aufstehen und der Nixe gehorchen, Jungens, aber da hat ihm wohl der liebe Gott einen guten Gedanken eingegeben, und er hat erst ein Kreuz geschlagen. Aber wie schwer es ihm geworden ist, das Kreuz zu schlagen, Jungens; er hat gesagt, die Hand war wie aus Stein, sie bewegte sich einfach nicht ... Also so was, nein! Und sowie er das Kreuz geschlagen hatte, Jungens, da hörte die Nixe auf zu lachen und fing an zu weinen. Sie weinte, Jungens, und trocknete sich die Augen mit den Haaren, sie hatte ganz grüne Haare, wie Hanf. Und Gawrila sah sie an, immerfort sah er sie an und fragte sie dann: ‚Warum weinst du denn, du Teufelsweib?' Und die Nixe, die sprach zu ihm: ‚Hättest du dich doch nicht bekreuzigt, Menschlein', sagte sie, ‚du hättest mit mir bis ans Ende deiner Tage in Freuden leben können; aber nun weine ich und gräme mich, weil du dich bekreuzigt hast; und nicht ich allein werde mich grämen, auch du gräme dich bis ans Ende deiner Tage.' Dann verschwand sie, Jungens. Dem Gawrila aber wurde auf einmal ganz klar, wie er aus dem Walde herauskommen konnte ... Erst seit dieser Zeit geht er immer so mürrisch umher."

„So was!" meinte Fedja nach kurzem Schweigen. „Aber wie kann denn so ein unreiner Waldgeist eine Christenseele verderben, er hat ihr doch gar nicht gehorcht?"

„Was du denkst!" sagte Kostja. „Und Gawrila hat gesagt, sie hätte ein so dünnes, klägliches Stimmchen gehabt wie eine Kröte."

„Dein Vater hat das selbst erzählt?" fragte Fedja weiter.

„Er selbst. Ich lag oben auf meiner Schlafpritsche unter der Stubendecke und habe alles gehört."

„Eine sonderbare Sache! Weshalb muß er denn aber so traurig sein? Er hat ihr sicher gefallen, daß sie ihn gerufen hat."

„Ja, gefallen!" fiel Iljuscha ein. „Freilich! Zu Tode kitzeln wollte sie ihn, das hat sie gewollt. So machen sie es nämlich, die Nixen."

„Hier müssen doch eigentlich auch Nixen sein", bemerkte Fedja.

„Nein", entgegnete Kostja, „das hier ist ein reiner Ort, ein freier. Allerdings – der Fluß ist in der Nähe."

Alle verstummten. Plötzlich erscholl irgendwo in der Ferne ein langgezogener, klingender, fast stöhnender Laut, einer jener unerklärlichen nächtlichen Laute, die manchmal mitten in der tiefsten Stille entstehen, sich erheben, eine Weile in der Luft stehen und dann endlich langsam verhallen, gleichsam ersterben. Man horcht hin – es ist, als sei gar nichts da, und doch tönt es. Es schien, als schreie jemand lange, ganz lange fern am Horizont, als antworte ihm ein anderer im Walde mit einem feinen, spitzen Lachen und als gleite ein schwaches zischendes Pfeifen über den Fluß hin. Die Jungen erschauerten und blickten einander an...

„Mit uns ist des Kreuzes Kraft!" flüsterte Ilja.

„Ach, ihr Raben!" rief Pawel. „Was hat euch denn so erschreckt? Da, seht her, die Kartoffeln sind gar."

Alle rückten an den Kessel heran und begannen die dampfenden Kartoffeln zu essen; nur Wanja regte sich nicht.

„Na, und du?" sagte Pawel.

Aber er kroch nicht unter seiner Matte hervor. Der Kessel leerte sich rasch.

„Habt ihr schon gehört, Kinder", begann Iljuscha, „was sich neulich bei uns in Warnawizy zugetragen hat?"

„Auf dem Damm?" fragte Fedja.

„Ja, ja, auf dem Damm, auf dem gebrochenen. Das ist auch

so ein unreiner Ort, gar nicht geheuer ist es dort und so einsam. Ringsherum sind lauter solche Erdspalten und Schluchten, und in den Schluchten gibt es lauter Schlangen."

„Na, und was war denn dort los? Erzähl schon."

„Ihr werdet gleich hören, was da los war. Du weißt es vielleicht nicht, Fedja, dort bei uns liegt nämlich ein Ertrunkener begraben; er hat sich vor langer, langer Zeit ertränkt, als der Teich noch tief war. Nur sein Grab ist noch zu sehen, aber auch das ist kaum noch zu erkennen, es ist nur so ein kleiner Hügel. Da ruft dieser Tage der Verwalter den Hundewärter Jermil zu sich. ‚Jermil‘, sagt er, ‚geh und hol die Post.‘ Jermil reitet bei uns immer auf die Post. Seine Hunde, die hat er alle eingehen lassen; sie bleiben bei ihm nicht am Leben, wer weiß warum, nie sind sie bei ihm am Leben geblieben, dabei ist er ein guter Hundewärter, er kann alles. Jermil ritt also nach der Post, aber er hielt sich in der Stadt zu lange auf, und als er zurückritt, war er schon betrunken. Es war Nacht, eine helle Nacht, der Mond schien. Jermil ritt also über den Damm, sein Weg führte darüber ... Er reitet also dahin, der Hundewärter Jermil, und sieht: Auf dem Grabe des Ertrunkenen läuft ein Lämmchen auf und ab, so ein hübsches weißes, lockiges. Da denkt Jermil: Das nehme ich mir mit, was soll es hier umkommen! und steigt ab und nimmt es auf den Arm. Das Lämmchen läßt sich das gefallen. Nun geht Jermil zu seinem Pferd, doch das Pferd scheut vor ihm zurück, schnaubt, schüttelt den Kopf. Aber er beruhigt es, setzt sich darauf und reitet wieder los, das Lämmchen hält er vor sich. Er sieht es an – und das Lämmchen blickt ihm gerade in die Augen. Da wird dem Jermil, dem Hundewärter, unheimlich zumute. Was hat das zu bedeuten, denkt er, ich kann mich nicht erinnern, daß Lämmer einem so in die Augen sehen. Aber weiter geschieht nichts; er fängt an, ihm das Fell zu streicheln, und sagt: ‚Mäh, mäh!‘ Da fletscht das Lamm auf einmal die Zähne und macht zu ihm auch: ‚Mäh, mäh ...‘"

Der Erzähler hatte das letzte Wort noch nicht zu Ende gesprochen, als plötzlich beide Hunde zugleich aufsprangen, mit wildem Gebell vom Feuer fortstürmten und in der Dunkelheit verschwanden. Die Jungen waren sämtlich erschrocken. Wanja sprang unter seiner Matte hervor. Pawluscha rannte schreiend den Hunden nach. Ihr Bellen entfernte sich rasch. Man hörte die aufgescheuchte Pferdeherde aufgeregt durcheinanderlaufen. Pawluscha rief laut die Hunde: „Grauer! Shutschka!" Nach einigen Augenblicken verstummte das Gebell; Pawels Stimme drang schon von weit her. Es verging einige Zeit; die Jungen sahen einander unschlüssig an, als warteten sie ab, was da noch kommen werde ... Plötzlich erscholl der Hufschlag eines galoppierenden Pferdes; dicht am Feuer hielt es jäh an, und sich an der Mähne festhaltend, sprang Pawluscha gewandt herab. Auch die beiden Hunde kamen in den Lichtkreis gelaufen, legten sich wieder hin und ließen die roten Zungen heraushängen.

„Was war es? Was war dort los?" fragten die Jungen.

„Nichts", erwiderte Pawel und machte eine Handbewegung zu dem Pferd hin, „die Hunde haben wohl etwas gewittert. – Ich dachte, es sei ein Wolf", fügte er in gleichgültigem Ton hinzu, wobei sich seine Brust heftig hob und senkte.

Es machte mir Freude, Pawluscha zu betrachten. Er sah sehr gut aus in diesem Augenblick. Sein unschönes Gesicht, belebt von dem schnellen Ritt, glühte vor Mut und fester Entschlossenheit. Ohne eine Gerte in der Hand, hatte er keinen Augenblick gezaudert und war mitten in der Nacht ganz allein auf den Wolf losgaloppiert. Was für ein prächtiger Junge! dachte ich, während ich ihn ansah.

„Und habt ihr sie denn gesehen, die Wölfe?" fragte der ängstliche Kostja.

„Hier sind immer viel", antwortete Pawel, „aber unruhig werden sie nur im Winter."

Er ließ sich wieder vor dem Feuer nieder, setzte sich auf die Erde und legte eine Hand auf den zottigen Nacken eines der Hunde; lange hielt das erfreute Tier den Kopf still, mit dankbarem Stolz blickte es Pawluscha von der Seite an.

Wanja kroch wieder unter die Matte.

„Was hast du uns da für Gespenstergeschichten erzählt, Iljuschka", begann Fedja von neuem, der als Sohn eines reichen Bauern den Ton angab (er selber sprach wenig, als fürchte er, seiner Würde etwas zu vergeben). „Auch die Hunde hier hat der Teufel zum Bellen gereizt. Wirklich, ich habe gehört, in eurer Gegend ist es nicht geheuer."

„In Warnawizy? Und wie! Gar nicht geheuer ist es da! Es heißt, sie hätten dort schon mehrmals den alten Herrn gesehen, den verstorbenen Herrn. Er geht in einem langschößigen Kaftan umher, sagt man, und ächzt und stöhnt immerzu und sucht etwas auf der Erde. Großvater Trofimytsch ist ihm einmal begegnet und hat zu ihm gesagt: ,Was suchst du denn da auf der Erde, Väterchen Iwan Iwanytsch?'"

„Er hat ihn gefragt?" unterbrach der erstaunte Fedja den Erzähler.

„Ja, gefragt."

„Dann ist euer Trofimytsch aber ein mutiger Kerl. Nun, und was hat jener gesagt?"

„,Sprengwurz suche ich', hat er gesagt. Aber so dumpf hat er gesprochen, ganz dumpf: ,Sprengwurz.' – ,Wozu brauchst du denn die Sprengwurz, Väterchen Iwan Iwanytsch?' – ,Es drückt mich', hat er gesagt, ,das Grab drückt mich, Trofimytsch, hinaus will ich, hinaus.'"

„Sieh mal an, so einer ist das!" bemerkte Fedja. „Er hat wohl noch zu wenig gelebt!"

„Das ist aber seltsam", meinte Kostja. „Ich dachte, die Verstorbenen könnte man nur am Totensonnabend sehen."

„Die Verstorbenen kann man zu jeder Stunde sehen", warf Iljuscha überzeugt ein, der, soviel ich bemerken konnte, den ganzen Aberglauben im Dorf besser kannte als die anderen. „Aber am Totensonnabend kannst du auch die Lebenden sehen, das heißt die, die noch in demselben Jahr sterben müssen. Man braucht sich nur nachts auf die Kirchentreppe zu setzen und immer auf die Straße zu gucken. Dann kommen sie auf der Straße an einem vorbei, eben die, die noch im selben Jahr an der Reihe sind. Im vorigen Jahr, da ist bei uns die alte Uljana auf die Kirchentreppe gegangen."

„Nun, und hat sie jemanden gesehen?" fragte Kostja neugierig.

„Freilich. Zuallererst hat sie lange, lange dagesessen und niemanden gesehen und keinen gehört. Es war nur immer, als würde irgendwo in der Ferne dauernd ein Hund bellen. Auf einmal sieht sie auf dem Weg einen Jungen kommen, der hatte nur ein Hemd an. Sie guckt genauer hin – es war Iwaschka Fedossejew ..."

„Der im Frühling gestorben ist?" unterbrach Fedja.

„Derselbe. Er ging dahin und hob den Kopf nicht. Aber Uljana hat ihn doch erkannt. Und dann sieht sie eine alte Bäuerin kommen. Sie sieht hin, sieht ganz genau hin – ach, du lieber Gott! Da geht sie ja selber die Straße entlang, die Uljana!"

„Wirklich sie selbst?" fragte Fedja.

„Bei Gott, sie war es selbst."

„Wie denn, sie ist ja noch gar nicht gestorben?"

„Das Jahr ist auch noch nicht zu Ende. Sieh sie dir doch an: Sie ist schon ganz klapprig."

Wieder waren alle still. Pawel warf eine Handvoll dürrer Zweige ins Feuer. Scharf und schwarz hoben sie sich von der jäh auflodernden Flamme ab, knisterten und qualmten, krümmten sich dann und drehten die verbrannten Enden nach oben. Der heftig flackernde Lichtschein sprang nach allen Seiten, besonders aber zum Himmel hinauf. Plötzlich kam, wer weiß woher, eine weiße Taube angeflogen, gerade in den Lichtschein hinein, drehte sich, von dem heißen Glanz übergossen, furchtsam an einer Stelle und verschwand wieder mit lautem Flügelschlag.

„Die hat sich wohl verflogen", bemerkte Pawel, „jetzt wird sie fliegen, bis sie auf etwas stößt, und worauf sie stößt, dort bleibt sie über Nacht, bis zum Morgenrot."

„Was meinst du, Pawluscha", fragte Kostja, „könnte das nicht eine reine Seele sein, die in den Himmel fliegt, wie?"

Pawel warf noch eine Handvoll Zweige ins Feuer.

„Kann sein", erwiderte er schließlich.

„Aber sag mal, Pawluscha", begann Fedja, „war bei euch in Schalamowo auch das himmlische Vorzeichen* zu sehen?"

„Als die Sonne unsichtbar wurde? Freilich!"

„Ihr seid sicher auch erschrocken?"

„Nicht nur wir allein. Unser Herr, der ist schon vorher gekommen und hat uns gesagt, daß wir ein Vorzeichen kriegen, aber als es dann dunkel wurde, da soll er selber solche Angst

---

* So nennen die Bauern bei uns eine Sonnenfinsternis.

gehabt haben, daß er am liebsten davongelaufen wäre. Und im Gesindehaus hat die alte Köchin, sowie es dunkel wurde, die Ofengabel genommen und alle Töpfe im Ofen zerschlagen. ‚Jetzt braucht niemand mehr zu essen', hat sie gesagt, ‚der Weltuntergang ist da!' Und so ist die ganze Kohlsuppe weggeflossen. Dann gingen bei uns im Dorf auch solche Gerüchte um, daß auf der Erde weiße Wölfe herumliefen und die Menschen fressen würden, daß ein Raubvogel geflogen käme und man sogar den Trischka* sehen könnte."

„Was ist das für einer, der Trischka?" fragte Kostja.

„Das weißt du nicht?" mischte sich Iljuscha eifrig ein. „Na, sag mal, wo bist du denn her, daß du den Trischka nicht kennst? Bei euch im Dorf sitzen wohl lauter Stubenhocker, lauter richtige Stubenhocker! Der Trischka – das wird so ein Wundermann sein, der einmal kommen wird; und er wird als so ein Wundermann kommen, daß man ihn nicht wird greifen können und ihm nichts wird tun können, so ein Wundermann wird er sein. Die Christenmenschen zum Beispiel werden ihn greifen wollen, sie werden mit Knüppeln auf ihn losgehen und ihn umzingeln, aber er wird ihre Augen von sich ablenken – so wird er ihre Augen ablenken, daß sie sich selber gegenseitig totschlagen. Und wenn sie ihn zum Beispiel ins Gefängnis sperren, dann wird er um eine Schöpfkelle voll Wasser bitten – zum Trinken, sie werden ihm auch eine Schöpfkelle voll bringen, aber er wird darin untertauchen und weg sein, spurlos verschwunden sein. In Ketten wird man ihn legen, aber er wird in die Hände klatschen – und schon fallen die Ketten von ihm ab. Und durch die Dörfer und die Städte wird der Trischka gehen, und das Christenvolk wird er verführen, der Trischka, der hinterlistige Mann. Ja, aber sie werden ihm nichts anhaben können ... So ein hinterlistiger Wundermann wird er sein."

„Na ja", fuhr Pawel mit seiner ruhigen Stimme fort, „so wird er sein. Bei uns hatten sie ihn auch erwartet. Die alten Männer sagten: ‚Sobald das himmlische Vorzeichen da ist, wird auch der Trischka kommen.' Das Vorzeichen war da. Die Leute strömten alle auf die Straße und aufs Feld und warteten, was

---

* Im Aberglauben an den „Trischka" wirkt wahrscheinlich die Legende vom Antichrist fort.

nun werden würde. Und unser Ort liegt doch so frei, wißt ihr, so weithin sichtbar. Da sehen sie auf einmal vom Dorf her einen Mann den Berg hinunterkommen, der sieht ganz seltsam aus, er hat einen ganz sonderbaren Kopf. Da schreit alles: ‚O weh, o weh, der Trischka kommt! Der Trischka kommt!' Und jeder rennt irgendwohin. Unser Dorfältester kroch in einen Graben, seine Frau wollte unterm Hoftor durchschlüpfen und blieb stecken; sie schrie wie am Spieß und erschreckte ihren eigenen Hofhund so, daß er sich von der Kette losriß und über den Zaun sprang, in den Wald. Kuskas Vater aber, Dorofejitsch, der rannte in den Hafer, setzte sich hin und fing an wie eine Wachtel zu rufen. Einen Vogel, dachte er, wird er vielleicht verschonen, der böse Feind, der Seelenverderber. So durcheinander waren alle! Aber der Mann, der da kam, war unser Böttcher Wawila; er hatte sich einen neuen Kübel gekauft, und den leeren Kübel hatte er sich über den Kopf gestülpt."

Die Jungen brachen in Gelächter aus und verstummten dann wieder einen Augenblick lang, wie das oft bei Menschen vorkommt, die sich im Freien unterhalten. Ich blickte um mich: Feierlich und majestätisch stand ringsum die Nacht; die feuchte Frische des späten Abends hatte sich in eine mitternächtliche trockene Wärme verwandelt, die noch lange wie eine weiche Decke auf den schlafenden Feldern liegen würde. Noch viel Zeit verblieb bis zum ersten Raunen und Rascheln und Wispern des Morgens, bis zu den ersten Tautropfen der Frühe. Kein Mond schien vom Himmel, er ging um diese Zeit spät auf. Unzählige goldene Sterne flimmerten um die Wette und schienen still neben der Milchstraße einherzuziehen, und wirklich, wenn man sie anschaute, glaubte man den ungestümen, unaufhaltsamen Lauf der Erde dunkel zu verspüren ... Ein eigentümlicher, scharfer und weher Schrei erscholl plötzlich zweimal hintereinander über dem Fluß und wiederholte sich wenige Augenblicke später schon etwas weiter entfernt.

Kostja erschauerte.

„Was war das?"

„Da schreit ein Reiher", entgegnete Pawel ruhig.

„Ein Reiher", wiederholte Kostja. „Aber was kann das sein,

was ich gestern abend gehört habe, Pawluscha?" fügte er hinzu, nachdem er ein Weilchen geschwiegen hatte. „Du weißt es vielleicht..."

„Was hast du denn gehört?"

„Also das habe ich gehört: Ich ging von Kamennaja Grjada nach Schaschkino. Zuerst ging ich die ganze Zeit durch unsere Haselbüsche, und dann bin ich über die Wiese gegangen, weißt du, dort, wo sie die scharfe Biegung macht. Dort ist doch eine Wassergrube*, sie ist ganz mit Schilf zugewachsen, weißt du. An dieser Wassergrube ging ich also vorbei, Jungens, und plötzlich stöhnte dort in der Wassergrube etwas, und so kläglich und herzzerreißend: ‚Uh – uh – uh!' Da packte mich so eine Furcht, Jungens, es war doch schon spät, und die Stimme klang so jämmerlich. Also, es fehlte nicht viel, da hätte ich selbst losgeheult... Was mag das bloß gewesen sein?"

„In dieser Wassergrube haben im vorvorigen Sommer Diebe den Waldhüter Akim ertränkt", bemerkte Pawluscha, „vielleicht ist es seine Seele, die dort jammert."

„Das könnte sein, Jungens", erwiderte Kostja und riß seine ohnehin übergroßen Augen noch weiter auf. „Ich habe gar nicht gewußt, daß sie den Akim in der Wassergrube ertränkt haben; da hätte ich mich ja noch viel mehr gefürchtet."

„Es soll aber auch solche kleinen Frösche geben, die so kläglich schreien", fuhr Pawel fort.

„Frösche? Nein, das waren keine Frösche, was für..." Der Reiher schrie wieder über dem Fluß. „Wie das klingt!" stieß Kostja unwillkürlich hervor. „Wie der Waldgeist schreit es."

„Der Waldgeist schreit nicht, der ist stumm", warf Iljuscha ein, „der klatscht nur in die Hände, daß es kracht."

„Du hast ihn wohl gesehen, den Waldgeist, wie?" unterbrach ihn Fedja spöttisch.

„Nein, ich habe ihn nicht gesehen, und Gott behüte mich davor, daß ich ihn je zu sehen bekomme, aber andere haben ihn gesehen. Gerade vor ein paar Tagen hat er bei uns einen Bauern in die Irre geführt, durch den Wald hat er ihn geführt, lange, lange, und dabei immer nur im Kreis um eine Lichtung

---

* Gemeint ist eine tiefe Grube mit Frühjahrswasser, das von der Schneeschmelze zurückgeblieben ist und auch im Sommer nicht austrocknet.

herum. Erst als es hell wurde, hat er sich nach Hause gefunden."

„Nun, und hat er ihn gesehen?"

„Er hat ihn gesehen. Er sagt, groß, ganz groß hat er dagestanden, dunkel, vermummt, so halb hinter einem Baum, genau hätte man ihn nicht erkennen können, als ob er sich vor dem Mond verstecken wollte, und hat geguckt und geguckt mit seinen großen Augen und mit ihnen geblinzelt, geblinzelt..."

„Ach du!" rief Fedja, leicht erschauernd und die Schultern hochziehend. „Pfui!"

„Und warum macht sich dieser scheußliche Spuk auf der Welt so breit?" fragte Pawel. „Wahrhaftig!"

„Schimpf nicht! Nimm dich in acht, er hört es", bemerkte Ilja.

Wieder trat Schweigen ein.

„Seht mal, seht mal, Kinder", ertönte plötzlich die kindliche Stimme Wanjas. „Seht mal Gottes Sternlein an, wie Bienen schwärmen sie!"

Er streckte sein frisches Gesichtchen unter der Matte hervor, stützte sich auf seine kleine Faust und hob langsam seine großen stillen Augen empor. Alle Jungen hoben nun die Augen zum Himmel auf und ließen sie erst nach einer ganzen Weile wieder sinken.

„Sag mal, Wanja", begann Fedja freundlich, „ist deine Schwester Anjutka gesund?"

„Ja, freilich", antwortete Wanja, wobei er das „r" nicht ganz richtig aussprach.

„Sag ihr doch – weshalb kommt sie eigentlich gar nicht mehr zu uns?"

„Ich weiß nicht."

„Sag ihr doch, daß sie kommen soll."

„Ich werd's ihr sagen."

„Sag ihr, ich würde ihr auch was schenken."

„Gibst du mir auch was?"

„Dir gebe ich auch etwas."

Wanja seufzte.

„Nein, laß nur, ich brauche nichts. Gib lieber ihr alles, sie ist so gut zu uns."

Und Wanja legte seinen Kopf wieder auf die Erde. Pawel stand auf und ergriff den leeren Kessel.

„Wo willst du hin?" fragte ihn Fedja.

„Zum Fluß, Wasser holen; ich möchte einen Schluck Wasser trinken."

Die Hunde erhoben sich und folgten ihm.

„Paß auf, daß du nicht in den Fluß fällst!" rief ihm Iljuscha nach.

„Weshalb sollte er hineinfallen?" sagte Fedja. „Er wird sich schon vorsehen."

„Ja, vorsehen wird er sich schon. Aber es kommt so allerhand vor. Er bückt sich, will gerade Wasser schöpfen, da packt ihn der Wassermann an der Hand und zieht ihn zu sich hinunter. Nachher wird es heißen: Er ist ins Wasser gefallen, der arme Kerl. Ja, von wegen gefallen! – Horcht, jetzt ist er im Schilf", setzte er hinzu und lauschte.

Wirklich raschelte das auseinandergebogene Schilf.

„Ist es wahr", fragte Kostja, „daß die närrische Akulina erst den Verstand verloren hat, seit sie im Wasser war?"

„Ja, erst seit der Zeit. Wie sie jetzt aussieht! Und vorher soll sie so schön gewesen sein. Der Wassermann hat sie so schlimm zugerichtet. Er hat wohl nicht erwartet, daß man sie so bald wieder herausziehen würde. Da hat er sie bei sich unten auf dem Grund so zugerichtet."

Ich selbst war dieser Akulina mehrmals begegnet. In Lumpen gehüllt, entsetzlich mager, mit einem kohlschwarzen Gesicht, irrem Blick und ewig gefletschten Zähnen, trampelte sie irgendwo am Wege stundenlang auf einem Fleck herum, die knochigen Hände fest an die Brust gepreßt und langsam von einem Fuß auf den andern tretend, wie ein wildes Tier im Käfig. Was man auch zu ihr sagte, sie verstand nichts und lachte nur zuweilen krampfhaft auf.

„Es heißt doch", fuhr Kostja fort, „Akulina habe sich deswegen in den Fluß gestürzt, weil ihr Liebster sie betrogen hat."

„Ja, deswegen."

„Erinnerst du dich an Wasja?" fragte Kostja traurig.

„An welchen Wasja?" fragte Fedja.

„An den, der ertrunken ist", antwortete Kostja, „hier in diesem Fluß. Was das für ein Junge war! Ja, das war ein Junge! Und seine Mutter, die Feklista, wie die ihn geliebt hat, den Wasja! Und es war, als ob sie geahnt hätte, die Feklista, daß ihm das Wasser Unheil bringen würde. Manchmal im Sommer, wenn Wasja mit uns andern Kindern in den Fluß baden ging, da zitterte sie am ganzen Leibe. Die anderen Frauen kümmerten sich nicht um uns, sie gingen mit ihren Waschtrögen schwankend an uns vorbei, aber die Feklista setzte ihren Trog auf die Erde und rief ihn: ‚Komm zurück, komm zurück, mein Sonnenschein! Ach, komm nur zurück, mein kleiner Falke!' Aber wie er dann ertrunken ist, das weiß Gott allein. Er spielte am Ufer, seine Mutter war dabei, sie harkte Heu zusammen; plötzlich hört sie es im Wasser glucksen, wie wenn Blasen aufsteigen, sie blickt hin – da schwimmt nur noch Wasjas Mütze auf dem Wasser. Seit der Zeit ist auch die Feklista nicht mehr ganz bei Verstand, sie kommt und legt sich an der Stelle nieder, wo er ertrunken ist; sie legt sich nieder, Jungens, und singt ein Lied – wißt ihr noch: Wasja, der sang doch immer so ein Lied – und das Lied, das singt sie und weint und weint und klagt Gott bitterlich ihr Leid."

„Da kommt Pawluscha", sagte Fedja.

Pawel trat ans Feuer, den vollen Kessel in der Hand.

„Ich sage euch, Jungens", begann er nach kurzem Schweigen, „die Sache ist nicht geheuer."

„Was war denn?" fragte Kostja hastig.

„Ich habe Wasjas Stimme gehört."

Alle fuhren zusammen.

„Was sagst du? Was sagst du?" stammelte Kostja.

„Bei Gott. Ich beugte mich gerade zum Wasser nieder, da höre ich auf einmal, wie es mich ruft, genau mit Wasjas Stimme und wie aus dem Wasser heraus: ‚Pawluscha, he, Pawluscha, komm doch her!' Ich ging fort. Aber Wasser habe ich doch geschöpft."

„Ach, du lieber Gott! Ach, du lieber Gott!" riefen die Jungen und bekreuzigten sich.

„Da hat dich der Wassermann gerufen, Pawel", fügte Fedja hinzu. „Wir haben soeben von ihm gesprochen, von Wasja."

„Oh, das ist ein schlimmes Vorzeichen", meinte Iljuscha bedächtig.

„Nun, laß nur, das hat nichts zu sagen", sagte Pawel entschieden und setzte sich wieder hin. „Seinem Schicksal kann keiner entgehen."

Die Jungen verstummten. Man sah, daß Pawels Worte einen tiefen Eindruck auf sie gemacht hatten. Sie streckten sich am Feuer aus, als wollten sie nun schlafen.

„Was war das?" fragte plötzlich Kostja und hob den Kopf.

Pawel lauschte.

„Da fliegen Schnepfen, die pfeifen so."

„Wohin fliegen sie denn?"

„Dahin, wo es keinen Winter geben soll."

„Gibt es denn so ein Land?"

„Ja, das gibt es."

„Ist es weit weg?"

„Weit, sehr weit, hinter den warmen Meeren."

Kostja seufzte und schloß die Augen.

Schon mehr als drei Stunden waren verflossen, seit ich mich zu den Jungen gesellt hatte. Der Mond war endlich aufgegangen; ich hatte ihn nicht gleich bemerkt, so klein und schmal war er. Diese mondlose Nacht erschien ebenso erhaben wie zuvor. Aber schon neigten sich viele Sterne, die vor gar nicht langer Zeit noch hoch am Himmel gestanden hatten, dem dunklen Rand der Erde zu. Ringsum war es vollkommen still geworden, so still, wie es gewöhnlich erst gegen Morgen wird; alles schlief den festen, regungslosen Schlaf vor dem Morgengrauen. In der Luft duftete es nicht mehr so stark, es war, als ergieße sich von neuem Feuchtigkeit in sie. Die Sommernächte sind nicht lang! Das Gespräch der Jungen war zugleich mit den Feuern erloschen. Sogar die Hunde schlummerten, und auch die Pferde lagen, soviel ich bei dem glimmenden, schwachen Licht der Sterne wahrnehmen konnte, mit gesenkten Köpfen da. Ich dämmerte vor mich hin und fiel schließlich in einen leichten Schlaf ...

Ein frischer Hauch glitt über mein Gesicht. Ich öffnete die Augen – der Morgen brach an. Noch rötete sich nirgends der Horizont, doch im Osten begann es bereits zu dämmern. Alles rundum wurde sichtbar, wenn auch noch undeutlich. Der blaßgraue Himmel hellte sich auf, wurde kälter und blauer; die Sterne flimmerten nur noch schwach und verschwanden bald ganz; die Erde wurde feucht, die Blätter bedeckten sich mit feinen Tröpfchen; ein leichter Morgenwind erhob sich und strich flatternd über die Erde. Mein Körper antwortete ihm mit einem leisen wohligen Schauer. Ich stand rasch auf und ging zu den Jungen. Sie schliefen alle noch wie tot rings um die schwelende Feuerstätte; nur Pawel richtete sich halb auf und sah mich aufmerksam an.

Ich nickte ihm zu und ging längs des dampfenden Flusses nach Hause. Ich hatte noch keine zwei Werst zurückgelegt, als sich bereits rings um mich – über die weite nasse Wiese, über die grünen Hügel vor mir, von Wald zu Wald, über die lange staubige Straße, die hinter mir lag, über die blitzenden, blutroten Büsche und über den Fluß, dessen Bläue schamhaft unter dem schwindenden Nebel hervortrat – die erst purpurnen, dann hochroten und goldenen Ströme des jungen, warmen Tageslichtes ergossen. Alles regte sich und erwachte, begann zu singen, zu lärmen, zu reden. Überall funkelten, wie strahlende Diamanten, große Tautropfen; rein und klar, als sei auch er von der Morgenkühle gewaschen, tönte mir Glockenklang entgegen, und plötzlich jagte, angetrieben von den Jungen, die ich nun kannte, die ausgeruhte Pferdeherde an mir vorüber.

Leider muß ich hinzufügen, daß Pawel noch im selben Jahr ums Leben kam. Er ist nicht ertrunken, er verunglückte tödlich, als er von einem Pferd stürzte. Schade, er war ein prächtiger Bursche!

Kasjan aus Krassiwaja Metsch

Ich kehrte in einem rüttelnden kleinen Wagen von der Jagd zurück. Niedergedrückt von der schwülen Hitze des bewölkten Sommertages – bekanntlich ist an solchen Tagen die Hitze manchmal noch unerträglicher als an klaren, zumal wenn kein Wind geht –, wurde ich im Halbschlaf durchgeschüttelt und ergab mich mit verdrießlicher Geduld darein, dem feinen weißen Staub, der unter den ausgetrockneten, knarrenden Rädern unablässig von dem ausgefahrenen Wege aufstieg, wehrlos ausgeliefert zu sein, als meine Aufmerksamkeit plötzlich durch die ungewöhnliche Unruhe und die aufgeregten Bewegungen meines Kutschers geweckt wurde, der bis zu diesem Augenblick noch fester geschlummert hatte als ich. Er zerrte an den Zügeln, rutschte auf seinem Sitz hin und her und schrie die Pferde an, während er in einem fort irgendwohin zur Seite blickte. Ich schaute um mich. Wir fuhren durch eine weite aufgepflügte Ebene; in ungewöhnlich sanft abfallenden, wellenförmigen Hängen liefen in ihr niedrige, ebenfalls aufgepflügte Hügel aus; der Blick umfaßte im ganzen etwa fünf Werst menschenleeren Raumes. Nur in der Ferne unterbrachen kleine Birkenhaine mit ihren rundgezackten Wipfeln die fast gerade Linie des Horizonts. Schmale Pfade zogen sich durch die Felder, verschwanden in den Senken, schlängelten sich über die Hügel, und auf einem von ihnen, der etwa fünfhundert Schritt weiter vorn unsere Straße kreuzen mußte, gewahrte ich einen kleinen Menschenzug. Zu ihm blickte mein Kutscher hin.

Es war ein Leichenbegängnis. Voran fuhr im Schritt ein einspänniger Wagen, in dem der Geistliche Platz genommen hatte; neben ihm saß der Küster und lenkte. Hinter dem Wagen trugen vier Männer mit entblößten Köpfen den Sarg, der mit einem weißen Leinentuch bedeckt war; zwei Frauen folgten dem Sarg. Die dünne, jammernde Stimme der einen drang plötzlich an mein Ohr; ich lauschte und hörte sie wehklagen. Trostlos klang inmitten der leeren Felder dieser wimmernde, einförmige, hoffnungslos traurige Klagegesang. Der Kutscher trieb die Pferde an, er wollte dem Zug zuvorkommen. Unterwegs einer Leiche zu begegnen ist ein schlechtes Vorzeichen. Es gelang ihm auch wirklich, an dem Pfade vorbeizutraben, ehe der Tote die Straße erreicht hatte; wir waren jedoch noch keine hundert Schritt weitergefahren, als unser Wagen plötzlich einen heftigen Stoß erhielt und sich so zur Seite neigte, daß er beinahe umgestürzt wäre. Der Kutscher brachte die trabenden Pferde zum Stehen, winkte ab und spuckte aus.

„Was ist denn?" fragte ich.

Mein Kutscher stieg schweigend ab, ohne sich zu beeilen.

„Was ist denn los?"

„Die Achse ist gebrochen ... durchgeschmort", antwortete er finster und rückte das Hintergeschirr an einem der Seitenpferde plötzlich mit solchem Unwillen zurecht, daß das Pferd zur Seite taumelte; dann fand es aber das Gleichgewicht wieder, schnaubte, schüttelte sich und kratzte sich hierauf seelenruhig mit den Zähnen am Vorderbein unterhalb des Knies.

Ich stieg aus, blieb einige Zeit auf der Straße stehen und überließ mich etwas verwirrt dem Gefühl einer unangenehmen Ratlosigkeit. Das rechte Rad hatte sich fast ganz unter den Wagen geschoben und seine Nabe, gleichsam in stummer Verzweiflung, nach oben gerichtet.

„Was ist jetzt zu machen?" fragte ich endlich.

„Der dort ist schuld!" sagte mein Kutscher und zeigte mit der Peitsche auf den Leichenzug, der bereits auf die Landstraße eingebogen war und sich uns näherte. „Das habe ich schon immer bemerkt", fuhr er fort, „das ist ein sicheres Vorzeichen – einer Leiche begegnen. Jawohl."

Und abermals begann er das Seitenpferd zu drangsalieren, das, als es seinen Mißmut und seine Rauheit spürte, unbeweglich auszuharren beschloß und nur bisweilen bescheiden mit dem Schweif wedelte. Ich ging ein Weilchen auf und ab und blieb dann wieder vor dem Rad stehen.

Unterdessen hatte uns der Tote eingeholt. Still bog der Trauerzug von der Straße auf das Gras ab und zog so an unserem Wagen vorüber. Der Kutscher und ich nahmen die Mützen ab, grüßten den Geistlichen und wechselten Blicke mit den Trägern. Sie schritten mit Anstrengung und schwer atmend dahin. Von den beiden Frauen, die hinter dem Sarge gingen, war die eine sehr alt und bleich; ihre unbeweglichen Züge waren vom Gram stark entstellt, bewahrten jedoch den Ausdruck einer strengen, feierlichen Würde. Schweigend folgte sie dem Sarg, nur hin und wieder führte sie die magere Hand an die dünnen, eingefallenen Lippen. Die andere, eine junge Frau von ungefähr zwanzig Jahren, hatte rote und feuchte Augen, ihr ganzes Gesicht war vom Weinen verschwollen; als sie an uns vorüberkam, hörte sie auf zu wehklagen und bedeckte ihr Gesicht mit dem Ärmel. Aber als der Leichenzug uns hinter sich gelassen hatte und wieder auf die Straße eingeschwenkt war, erscholl von neuem ihr jammerndes, herzzerreißendes Singen. Nachdem mein Kutscher dem sacht schwankenden Sarg wortlos mit den Augen gefolgt war, wandte er sich an mich.

„Das ist der Zimmermann Martyn, den sie begraben", sagte er, „der aus Rjabaja."

„Woher weißt du das?"

„Ich habe es an den Weibern erkannt. Die Alte ist seine Mutter und die Junge seine Frau."

„Er war wohl krank?"

„Ja, er hatte das Fieber ... Vorgestern hat der Verwalter nach dem Dochtor geschickt, aber der Dochtor war nicht zu Hause. Er war ein guter Zimmermann; er trank ein bißchen, aber ein guter Zimmermann war er. Man sieht's ja, seine Frau bringt sich bald um ... Na ja, das kennt man ja, Weibertränen braucht man nicht zu kaufen. Weibertränen sind wie Wasser ... jawohl."

Und er bückte sich, kroch unter dem Zügel des Seitenpferdes durch und packte mit beiden Händen das Krummholz.

„Aber was machen wir denn nun?" fragte ich.

Mein Kutscher stemmte sich zunächst mit dem Knie gegen die Schulter des Mittelpferdes, rüttelte ein paarmal an dem Krummholz, rückte das Kissen unter dem Rückenriemen zurecht, kroch wieder unter dem Zügel des Seitenpferdes durch, gab ihm im Vorbeigehen eins aufs Maul und trat an das Rad heran – trat heran und holte, ohne es aus den Augen zu lassen, unter dem Schoß seines langen Rockes langsam die Schnupftabaksdose hervor, zog langsam an einem kleinen Riemen den Deckel hoch, steckte langsam zwei seiner dicken Finger in die Dose – und sogar diese zwei hatten kaum Platz darin –, rieb und drückte den Tabak, zog schon im voraus die Nase schief, schnupfte in kurzen Abständen, wobei er jede Prise mit einem anhaltenden Räuspern begleitete, und versank dann, mit den tränenden Augen heftig blinzelnd und zwinkernd, in tiefes Nachdenken.

„Was wird denn nun?" fragte ich schließlich.

Mein Kutscher steckte seine Tabaksdose behutsam in die Tasche, schob sich, ohne die Hände zu Hilfe zu nehmen, nur mit einer Bewegung des Kopfes, die Mütze tief in die Stirn und kletterte nachdenklich auf den Kutscherbock.

„Wohin willst du denn?" fragte ich ihn nicht ohne Verwunderung.

„Belieben Sie Platz zu nehmen", antwortete er ruhig und ergriff die Zügel.

„Ja, können wir denn fahren?"

„Wir werden schon fahren."

„Aber die Achse …"

„Belieben Sie Platz zu nehmen."

„Aber die Achse ist doch gebrochen …"

„Freilich ist sie gebrochen, aber bis zur Siedlung werden wir schon kommen, im Schritt allerdings. Dort rechts hinter dem Wäldchen ist eine Siedlung, Judiny heißt sie."

„Und du denkst, wir kommen bis dahin?"

Mein Kutscher würdigte mich keiner Antwort.

„Ich will lieber zu Fuß gehen", sagte ich.

„Wie Sie wünschen."

Und er schwang die Peitsche. Die Pferde zogen an.

Tatsächlich erreichten wir die Siedlung, obgleich das rechte

Vorderrad kaum noch hielt und sich ganz sonderbar drehte. Auf einer Anhöhe wäre es um ein Haar abgeflogen, aber mein Kutscher schrie mit erboster Stimme los, und wir kamen wohlbehalten hinunter.

Die Siedlung Judiny bestand aus sechs niedrigen und kleinen Hütten, die sich schon auf die Seite neigten, obwohl sie anscheinend erst vor kurzem errichtet worden waren; die Höfe waren nicht bei allen umzäunt. Als wir in die Siedlung einfuhren, begegneten wir keiner lebenden Seele; nicht einmal Hühner waren auf der Straße zu sehen, nicht einmal Hunde; nur ein einziger schwarzer Köter mit gestutztem Schwanz sprang bei unserem Kommen eilig aus einem gänzlich ausgetrockneten Trog, in den ihn vermutlich der Durst getrieben hatte, und lief sofort, ohne zu bellen, Hals über Kopf auf ein Hoftor zu. Ich trat an die erste Hütte heran, öffnete die Tür zum Hausflur und rief nach den Bewohnern – niemand antwortete mir. Ich rief noch einmal; das hungrige Miauen einer Katze ertönte hinter der zweiten Tür. Ich stieß die Tür mit dem Fuße auf: Eine magere Katze huschte an mir vorbei und funkelte mich im Dunkeln mit ihren grünen Augen an. Ich steckte den Kopf in die Stube und sah hinein: Sie war dunkel, verraucht und leer. Ich begab mich auf den Hof – auch dort war niemand. In einem Verschlag blökte ein Kalb; eine lahme graue Gans watschelte mir aus dem Wege. Ich ging hinüber in die zweite Hütte. Auch in der zweiten Hütte war keine Menschenseele. Ich trat auf den Hof ...

Mitten auf dem von der Sonne hell beschienenen Hof, in der prallsten Sonnenglut, lag mit dem Gesicht zur Erde, den Kopf mit einem Bauernrock zugedeckt, ein Knabe, wie mir schien. Einige Schritte von ihm entfernt stand unter einem strohgedeckten Schutzdach, neben einem gebrechlichen Wägelchen, ein magerer Gaul in zerrissenem Geschirr. Das Sonnenlicht, das in Strahlenbündeln durch die Ritzen des baufälligen Wetterdaches fiel, malte kleine helle Tupfen auf sein struppiges rotbraunes Fell. In einem hohen Starkasten schwatzten die Stare und blickten mit ruhiger Neugier aus ihrem luftigen Häuschen hernieder. Ich trat an den Schläfer heran und weckte ihn.

Er hob den Kopf, erblickte mich und sprang sofort auf die Beine.

„Was, was brauchen Sie? Was ist?" murmelte er schlaftrunken.

Ich antwortete ihm nicht gleich, so sehr überraschte mich sein Äußeres. Stellen Sie sich einen Zwerg von etwa fünfzig Jahren vor mit einem kleinen, braungebrannten und runzligen Gesicht, spitzer Nase, kastanienbraunen, kaum bemerkbaren Äuglein und krausem, dichtem, schwarzem Haar, das, wie der Hut auf einem Pilz, breit auf dem winzigen Kopfe saß. Sein ganzer Körper war außerordentlich schwächlich und mager; und wie ungewöhnlich und seltsam sein Blick war, läßt sich mit Worten gar nicht wiedergeben.

„Was brauchen Sie?" fragte er mich abermals.

Ich erklärte ihm, worum es sich handelte; er hörte mir zu, ohne seine langsam zwinkernden Augen von mir zu lassen.

„Ist hier keine neue Achse für uns aufzutreiben?" fragte ich schließlich. „Ich würde gern dafür bezahlen."

„Wer seid ihr denn? Etwa Jäger?" fragte er und musterte mich mit einem Blick von Kopf bis Fuß.

„Ja, Jäger."

„Und schießt die Vöglein unter dem Himmel, nicht wahr? Die Tiere im Walde? Und haltet es nicht für eine Sünde, Gottes Vöglein zu töten, unschuldiges Blut zu vergießen?"

Das sonderbare alte Männchen sprach sehr gedehnt. Auch der Klang seiner Stimme setzte mich in Erstaunen. Es war nicht nur keine Spur von Altersschwäche darin – die Stimme klang überraschend angenehm, jugendlich und fast weiblich zart.

„Ich habe keine Achse", fügte er nach kurzem Schweigen hinzu, „diese hier geht nicht." Er zeigte auf sein Wägelchen. „Sie haben ja wohl einen großen Wagen."

„Und kann man im Dorf keine finden?"

„Was ist das schon für ein Dorf! Hier hat niemand eine. Und es ist auch niemand zu Hause, alle sind bei der Arbeit. Gehen Sie", sagte er plötzlich und legte sich wieder auf die Erde.

Diesen Ausgang hatte ich keineswegs erwartet.

„Höre, Alter", begann ich von neuem und berührte seine Schulter, „tu mir den Gefallen und hilf mir."

„Gehen Sie mit Gott! Ich bin müde, ich war in der Stadt", sagte er zu mir und zog sich den Rock über den Kopf.

„So tu mir doch den Gefallen", fuhr ich fort, „ich ... ich werde auch bezahlen."

„Ich brauch deine Bezahlung nicht."

„Aber ich bitte dich, Alter ..."

Er richtete sich halb auf, setzte sich hin und kreuzte die dünnen Beine.

„Ich könnte dich vielleicht auf den Kahlschlag führen. Dort haben Kaufleute Wald gekauft – Gott ist ihr Richter, sie holzen den ganzen Wald ab, auch ein Kontor haben sie hingebaut, Gott ist ihr Richter. Dort, bei denen, könntest du eine Achse bestellen oder eine fertige kaufen."

„Wunderbar!" rief ich erfreut. „Wunderbar! Gehen wir."

„Eine gute Achse aus Eichenholz", fuhr er fort, ohne sich von seinem Platz zu erheben.

„Ist es weit bis zu diesem Kahlschlag?"

„Drei Werst."

„Na also, da können wir mit deinem Wagen hinfahren."

„Aber nein ..."

„Nun, dann gehen wir eben zu Fuß", sagte ich, „komm mit, Alter! Auf der Straße wartet der Kutscher auf uns."

Der Alte stand widerwillig auf und folgte mir auf die Straße. Mein Kutscher befand sich in einer gereizten Gemütsverfassung. Er hatte die Pferde tränken wollen, aber in dem Brunnen war nur ganz wenig Wasser gewesen, das außerdem einen üblen Geschmack hatte; das Wasser aber ist, wie die Kutscher sagen, die Hauptsache. Beim Anblick des Alten grinste er jedoch, nickte mit dem Kopf und rief:

„Ah, Kasjanuschka, grüß dich!"

„Grüß dich, Jerofej, du gerechter Mann!" antwortete Kasjan mit trauriger Stimme.

Ich teilte seinen Vorschlag sogleich dem Kutscher mit: Jerofej erklärte sich damit einverstanden und fuhr auf den Hof. Während er mit bedächtiger Geschäftigkeit die Pferde ausspannte, stand der Alte da, lehnte sich mit der Schulter an das

Tor und blickte unlustig bald auf ihn, bald auf mich. Er schien immer noch unschlüssig zu sein; soviel ich bemerken konnte, freute ihn unser unerwarteter Besuch nicht übermäßig.

„Haben sie dich etwa auch umgesiedelt?" fragte ihn auf einmal Jerofej, das Krummholz abnehmend.

„Ja, mich auch."

„Soso!" brummte mein Kutscher durch die Zähne. „Weißt du schon, Martyn, der Zimmermann – du kennst doch den Martyn aus Rjabaja?"

„Ja, den kenne ich."

„Nun, er ist gestorben. Wir sind eben seinem Sarg begegnet."

Kasjan fuhr zusammen.

„Der ist gestorben?" fragte er und senkte den Kopf.

„Jawohl, gestorben. Warum hast du ihn denn nicht geheilt, he? Man sagt doch, daß du heilst, daß du ein Arzt bist." Mein Kutscher machte sich offenbar über den Alten lustig und verhöhnte ihn. „Das da ist wohl dein Wagen, wie?" fügte er hinzu und wies mit der Schulter dahin.

„Ja."

„Hm, ein Wagen ... ein Wagen!" wiederholte Jerofej, packte das Fahrzeug an den Deichselstangen und kippte es beinahe mit dem Boden nach oben. „Ein Wagen! Und womit wollt ihr auf den Kahlschlag fahren? In diese Deichsel kann man unser Pferd nicht einspannen, unsere Pferde sind zu groß; und was ist das hier schon?"

„Ich weiß nicht, womit ihr fahren wollt", erwiderte Kasjan, „vielleicht mit diesem Tierchen da", fügte er mit einem Seufzer hinzu.

„Mit dem da?" warf Jerofej ein, trat an Kasjans Klepper heran und tippte ihm mit dem Mittelfinger der rechten Hand verächtlich an den Hals. „Sieh mal an", setzte er tadelnd hinzu, „eingeschlafen ist sie, die alte Krähe!"

Ich bat Jerofej, das Pferd so schnell wie möglich anzuschirren. Ich hatte selbst Lust bekommen, mit Kasjan auf den Kahlschlag zu fahren, an solchen Stellen finden sich oft Birkhähne. Als das Wägelchen schon fahrbereit war und ich mit meinem Hund schon recht und schlecht auf seinem verzogenen Bastholzboden Platz genommen hatte, während Kasjan zusammengekauert und mit dem gleichen traurigen Gesichtsausdruck wie vorher auf dem vorderen Wagenrand saß, trat Jerofej an mich heran und flüsterte mit geheimnisvoller Miene:

„Sie tun gut daran, Väterchen, daß Sie mit ihm fahren. Er ist doch so einer, er ist doch so ein heiliger Narr, und er hat den Spitznamen Floh. Ich weiß nicht, wie Sie ihn überhaupt haben verstehen können."

Ich wollte Jerofej eigentlich entgegnen, daß mir Kasjan bis jetzt als ein sehr vernünftiger Mensch erschienen sei, aber mein Kutscher fuhr alsbald mit der gleichen Stimme fort:

„Passen Sie nur auf, daß er Sie richtig dorthin bringt. Aber die Achse, die wählen Sie bitte selbst aus; nehmen Sie nur eine recht starke. Wie ist das, Floh", fügte er laut hinzu, „kann man bei euch ein Stück Brot ergattern?"

„Such nur, vielleicht findet sich etwas", antwortete Kasjan und zog an den Zügeln. Wir rollten davon. Sein Pferdchen lief zu meinem ehrlichen Erstaunen gar nicht schlecht. Während der ganzen Fahrt wahrte Kasjan ein hartnäckiges Schweigen und antwortete auf meine Fragen abgerissen und unwillig. Wir hatten den Kahlschlag bald erreicht und gelangten dort auch zu dem Kontor, einem hohen Bauernhaus, das einsam über einer kleinen Schlucht stand, die man in aller Eile durch einen Damm abgeriegelt und in einen Teich umgewandelt hatte. Ich fand in dem Kontor zwei junge kaufmännische Angestellte vor mit schneeweißen Zähnen, süßlichen Augen, süßlicher und gewandter Redeweise und einem süßlich-spitzbübischen Lächeln. Ich erhandelte von ihnen eine Achse und begab mich dann auf den Kahlschlag. Ich hatte gedacht, Kasjan würde bei dem Pferd bleiben und auf mich warten, aber er kam plötzlich auf mich zu.

„Du gehst wohl Vögelchen schießen?" begann er. „Nicht wahr?"

„Ja, wenn ich welche finde."

„Ich werde mit dir gehen. Darf ich?"

„Natürlich darfst du."

Und so gingen wir denn. Die in den Wald geschlagene Lichtung war ungefähr eine Werst lang. Ich blickte, offen gestanden, mehr auf Kasjan als auf meinen Hund. Nicht umsonst hatte man ihm den Spitznamen „Floh" gegeben. Sein unbedecktes schwarzes Köpfchen – übrigens konnten seine Haare jede Mütze ersetzen – tauchte fortwährend zwischen den Büschen auf. Er bewegte sich ungemein flink vorwärts und so, als hüpfe er ständig beim Gehen; unaufhörlich bückte er sich, pflückte irgendwelche Kräuter, steckte sie in seinen Rockausschnitt und murmelte etwas vor sich hin; dabei sah er immerzu nach mir und meinem Hund hin, und zwar mit einem sonderbaren, forschenden Blick. In den niedrigen Büschen, im „Unterholz", und auf Lichtungen halten sich häufig kleine graue Vögel auf, die fortwährend von Strauch zu Strauch flattern, leise zwitschern und sich im Flug plötzlich fallen lassen. Kasjan neckte sich mit ihnen, indem er ihre Rufe nachahmte; eine junge Wachtel flog schilpend dicht vor seinen Füßen auf – er schilpte ihr hinterher; eine Lerche ließ sich mit schnellem Flügelschlag und hell tönendem Gesang über ihm herniedergleiten – Kasjan stimmte in ihr Liedchen ein. Mit mir fing er die ganze Zeit über kein Gespräch an.

Das Wetter war herrlich, noch herrlicher als vorher; aber die Hitze hatte immer noch nicht nachgelassen. Über den klaren Himmel schwebten ganz langsam hohe und spärliche Wolken, gelblichweiß wie verspäteter Frühlingsschnee, flach und länglich wie eingezogene Segel. Ihre zierlich geformten Ränder, flaumig und leicht wie Baumwollflocken, veränderten sich mit jedem Augenblick, langsam, aber zusehends: Sie tauten weg, diese Wolken, und warfen keinen Schatten. Lange streifte ich mit Kasjan über den Kahlschlag. Junge Schößlinge, noch nicht höher als ein Arschin, umringten mit ihren dünnen, glatten Stengeln die schwarzgewordenen niedrigen Baumstümpfe; runde schwammige Wucherungen mit grauen Rändern, dieselben Wucherungen, aus denen man Zunder kocht, klebten an diesen Stümpfen; Walderdbeeren spannten ihre rosigen Ranken darüber; Pilze standen hier in ganzen Familien dicht beisammen. Die Füße verhedderten und verfingen sich unaufhörlich in dem langen Gras, das mit Sonnenhitze vollgesogen war; überall flimmerte es vor den Augen von dem grellen metallischen Glanz der jungen, rötlichen Blätter an den Bäumen; überall leuchteten blaue Blüten der Kichererbse, goldene Kelche des Hahnenfußes, halb lila, halb gelbe Stiefmütterchen. An den verwilderten Wegen, auf denen Streifen kurzen rötlichen Grases noch die Spuren von Rädern bezeichneten, ragten hier und da Holzstapel auf, zu Klaftern geschichtet und von Wind und Regen geschwärzt; die schwachen Schatten, die sie warfen, hatten die Form schiefer Vierecke – sonst gab es nirgends Schatten. Der leichte Wind, der zuweilen erwachte, legte sich sofort wieder; er wehte einem plötzlich gerade ins Gesicht und schien auffrischen zu wollen – alles rundum fängt fröhlich an zu rauschen, zu nicken, sich zu bewegen, graziös schwanken die biegsamen Enden der Farnwedel, man freut sich über den Wind –, aber da ist er schon wieder erstorben, und alles ist wieder still geworden. Nur die Grashüpfer zirpen einmütig und gleichsam erbost – ermüdend wirkt dieser ununterbrochene scharfe, trockene Ton. Er paßt zu der nicht nachlassenden Mittagshitze; er ist wie von ihr geboren, wie von ihr aus der glutheißen Erde hervorgerufen.

Ohne auch nur auf ein einziges Gesperre Hühner zu stoßen, gelangten wir schließlich auf einen neuen Kahlschlag. Hier lagen kürzlich gefällte Espen traurig auf der Erde, mit ihrer Last zerdrückten sie das Gras und das niedrige Gesträuch; an manchen hingen die noch grünen, aber schon toten Blätter welk von den regungslosen Zweigen herab, an anderen waren sie schon verdorrt und zusammengeschrumpft. Die frischen, goldweißen Späne, die haufenweise um die hellen, feuchten Stümpfe lagen, strömten einen eigentümlichen, überaus angenehmen bitteren Duft aus. In der Ferne, näher zum Walde hin, hallten dumpfe Axtschläge, und von Zeit zu Zeit sank feierlich und still, gleichsam sich tief verneigend und die Arme ausbreitend, ein dichtbelaubter Baum zu Boden.

Lange fand ich keinerlei Wild; endlich flog aus einem breiten Eichengebüsch, das ganz von Wermut durchwachsen war, ein Wachtelkönig auf. Ich schoß; er überschlug sich in der Luft und stürzte herab. Als Kasjan den Schuß hörte, bedeckte er schnell die Augen mit der Hand und rührte sich nicht, bis ich das Gewehr wieder geladen und den Wachtelkönig aufgehoben hatte. Als ich bereits weiterging, trat er an die Stelle heran, auf die der getötete Vogel gefallen war, bückte sich zu dem

Gras nieder, auf das einige Blutstropfen gespritzt waren, schüttelte den Kopf und blickte mich furchtsam an. Ich hörte nachher, wie er murmelte: „Eine Sünde! Ach, ist das eine Sünde!"

Die Hitze zwang uns schließlich, in den Wald hineinzugehen. Ich warf mich unter einen hohen Haselnußstrauch, über dem ein junger, schlanker Ahorn wunderschön seine leichten Zweige ausbreitete. Kasjan setzte sich auf das dicke Ende einer gefällten Birke. Ich betrachtete ihn. Hoch oben wiegten sich sanft die Blätter, und ihre zartgrünen Schatten glitten leise über seine schwächliche, nachlässig in den dunklen Bauernrock gehüllte Gestalt und sein kleines Gesicht. Er hob den Kopf nicht. Sein Schweigen langweilte mich, und so legte ich mich auf den Rücken und genoß das friedliche Spiel des Blattgewirrs an dem fernen, lichten Himmel. Es ist eine ungemein angenehme Beschäftigung, im Wald auf dem Rücken zu liegen und nach oben zu schauen! Es kommt dir vor, als blicktest du in ein grundloses Meer, das sich unendlich weit *unter* dir ausdehnt, als ragten die Bäume nicht von der Erde auf, sondern hingen herab wie die Wurzeln riesenhafter Gewächse, als fielen sie senkrecht in die glasklaren Wellen; die Blätter an den Bäumen sind bald durchscheinend wie Smaragde, bald wieder nehmen sie ein golden schimmerndes, fast schwarzes Grün an. Irgendwo weiter weg, am äußersten Ende eines dünnen Zweiges, steht unbeweglich ein einzelnes Blatt vor einem blauen Stück des durchsichtigen Himmels, und neben ihm wiegt sich ein anderes, dessen Bewegungen an das Spiel einer Fischflosse erinnern, es hat den Anschein, als seien sie willkürlich und nicht vom Wind hervorgerufen. Wie unterseeische Zauberinseln schwimmen runde weiße Wolken still heran und ziehen still vorüber – und mit einemmal beginnt all das, dieses Meer, diese leuchtende, strahlende Luft, diese sonnenübergossenen Zweige und Blätter, zu strömen und in flüchtigem Glanz zu erzittern, ein munteres, bebendes Rauschen erhebt sich, das dem endlosen leisen Plätschern heranlaufender Kräuselwellen gleicht. Du bewegst dich nicht – du schaust nur; und es ist mit Worten nicht auszudrücken, wie froh und still und herrlich wohl dir ums Herz wird. Du schaust – und dieses tiefe, reine Blau lockt ein Lächeln auf deine Lippen, das so unschuldig ist wie das Blau selbst, wie die Wolken am Himmel, und mit ihnen wandern langsam glückliche Erinnerungen durch die Seele; es scheint dir, als dringe dein Blick in immer weitere Fernen und ziehe dich selber mit sich hinab in diesen ruhevollen, leuchtenden Abgrund und als könntest du dich nicht losreißen von dieser Höhe, von dieser Tiefe ...

„Herr! ... Herr!" sagte plötzlich Kasjan mit seiner klangvollen Stimme.

Ich richtete mich verwundert auf; bis jetzt hatte er kaum auf meine Fragen geantwortet, und nun fing er mit einemmal selbst an zu sprechen.

„Was willst du?" fragte ich.

„Wozu hast du das Vögelchen getötet?" begann er, mir gerade ins Gesicht blickend.

„Was heißt: Wozu? Der Wachtelkönig gilt als Wild, man kann ihn essen."

„Nicht deshalb hast du ihn getötet, Herr. Essen willst du ihn? Zu deinem Vergnügen hast du ihn getötet!"

„Aber du ißt doch sicherlich selber Gänse oder Hühner, beispielsweise."

„Diese Vögel sind von Gott für den Menschen bestimmt, der Wachtelkönig aber ist ein freier Vogel des Waldes. Und nicht er allein – viele solcher Geschöpfe gibt es, in Wald und Feld, in Fluß und Sumpf und Wiese, in Berg und Tal; es ist Sünde, sie zu töten; laß sie doch leben auf der Erde bis ans Ende ihrer Tage. Dem Menschen ist eine andere Speise bestimmt, eine andere Speise und ein anderes Getränk: das Brot, die Gottesgabe, und die Wasser des Himmels und das zahme Getier von den Urvätern her."

Erstaunt sah ich Kasjan an. Die Worte flossen ihm frei von der Zunge; er suchte sie nicht; er sprach mit stiller Begeisterung, mit sanftem Ernst; bisweilen schloß er dabei die Augen.

„Also ist es nach deiner Ansicht auch Sünde, einen Fisch zu töten?" fragte ich.

„Der Fisch hat kaltes Blut", entgegnete er überzeugt, „der Fisch ist ein stummes Geschöpf. Er fürchtet sich nicht, er freut sich nicht; der Fisch ist ein Geschöpf ohne Worte. Der Fisch fühlt nichts, sein Blut ist nicht lebendig ... Das Blut ...", fuhr er fort, nachdem er eine Weile geschwiegen hatte, „etwas Heiliges ist das Blut. Das Blut sieht Gottes Sonne nicht, das Blut verbirgt sich vor dem Licht. Es ist eine große Sünde, dem Licht das Blut zu zeigen, eine große Sünde und ein großer Frevel – o wie groß!"

Er seufzte und senkte den Kopf. Ich muß gestehen, ich blickte mit dem größten Erstaunen auf den sonderbaren Alten. Seine Rede klang nicht wie Bauernrede, so sprechen einfache Menschen nicht, und auch Schwätzer sprechen nicht so. Diese wohldurchdachte, feierliche und seltsame Sprache – ich hatte noch nie etwas Ähnliches gehört.

„Sag mal, Kasjan", begann ich, ohne die Augen von seinem leicht geröteten Gesicht abzuwenden, „was ist eigentlich dein Gewerbe?"

Er beantwortete meine Frage nicht sofort. Sein Blick irrte eine Sekunde lang unruhig umher.

„Ich lebe, wie mir's Gott der Herr befiehlt", sagte er schließlich, „aber ein Gewerbe zu treiben – nein, ein Gewerbe habe ich nicht. Ich bin ein ganz unverständiger Mensch, von klein auf; ich arbeite, so lange ich kann, ich bin ein schlechter Arbeiter. Wie sollte ich auch! Ich bin nicht sehr gesund, und meine Hände sind dumm. Nun ja, im Frühling fange ich Nachtigallen."

„Nachtigallen fängst du? Aber wie kannst du dann sagen, daß man kein Getier in Wald und Feld, und wo sonst noch immer, anrühren darf?"

„Töten soll man es nicht, das ist wahr; der Tod nimmt sich ohnehin das Seine. So war es auch bei dem Zimmermann Martyn. Der Zimmermann Martyn hat gelebt, aber er hat nicht lange gelebt und ist gestorben. Jetzt grämt sich seine Frau um ihren Mann und um ihre kleinen Kinder. Den Tod kann weder der Mensch noch das Tier überlisten. Der Tod eilt nicht, und doch kann man nicht vor ihm davonlaufen, aber helfen soll man ihm auf keinen Fall ... Ich töte ja die Nachtigallen nicht, Gott behüte! Ich fange sie ja nicht zu ihrer Qual, nicht zum Verderb ihres Lebens, sondern den Menschen zur Freude, zum Trost und zur Erheiterung."

„Du gehst nach Kursk, um sie zu fangen?"

„Ich gehe nach Kursk und gehe auch noch weiter, wie es

sich gerade trifft. In den Mooren übernachte ich und hinter den Wäldern, auf dem Feld übernachte ich allein und im Dickicht. Da pfeifen die Schnepfen, da schreien die Hasen, da schnattern die Erpel. An den Abenden kundschafte ich, in aller Frühe lausche ich, im Morgenrot werfe ich das Netz über die Sträucher. Manche Nachtigall singt so herzergreifend, so süß ... richtig herzergreifend."

„Und verkaufst du sie?"

„Ich gebe sie an gute Menschen ab."

„Und was machst du sonst noch?"

„Was ich noch mache?"

„Womit befaßt du dich noch?"

Der Alte schwieg ein Weilchen.

„Mit gar nichts befasse ich mich. Ich bin ein schlechter Arbeiter. Allerdings lesen und schreiben kann ich."

„Du kannst lesen und schreiben?"

„Ja, das kann ich. Gott der Herr hat mir geholfen und gute Menschen."

„Sag, hast du Familie?"

„Nein, ich habe keine."

„Wie kommt das? Sind alle gestorben, oder wie?"

„Nein, das nicht – es ist mir in meinem Leben nicht beschieden gewesen. Das steht alles in Gottes Hand, wir alle stehen unter Gottes Hand. Doch gerecht soll der Mensch sein, darauf kommt es an! Nach Gottes Willen soll er leben, meine ich."

„Und Verwandte hast du auch nicht?"

„Die habe ich ... nur ... das heißt ..."

Der Alte stockte verwirrt.

„Sag mir bitte", begann ich wieder, „ich habe gehört, wie mein Kutscher dich fragte, weshalb du den Martyn nicht geheilt hättest. Verstehst du denn Kranke zu heilen?"

„Dein Kutscher ist ein gerechter Mann", entgegnete mir Kasjan nachdenklich, „aber auch nicht ohne Sünde. Man nennt mich einen Heilkundigen. Was bin ich denn für ein Heilkundiger! Und wer kann schon Kranke heilen? Das macht alles Gott. Aber es gibt ... es gibt Kräuter, auch Blumen gibt es, die helfen wirklich. Da ist zum Beispiel der Zweizahn, ein gutes Kraut für den Menschen, und da ist auch der Wegerich – von ihnen zu sprechen ist keine Schande, es sind reine Kräuter, sie kommen von Gott. Aber andere sind nicht so, sie helfen wohl, aber es ist Sünde ... Auch von ihnen zu sprechen ist Sünde. Vielleicht noch mit einem Gebet ... Nun, natürlich, es gibt auch solche Worte ... Denn wer glaubt, der wird errettet", fügte er mit gesenkter Stimme hinzu.

„Du hast dem Martyn nichts gegeben?" fragte ich.

„Ich habe es zu spät erfahren", antwortete der Alte. „Und wenn auch! Jedem ist sein Schicksal bestimmt. Dem Zimmermann Martyn war kein langes Leben bestimmt, kein langes Leben auf Erden, das ist schon so. Nein, wenn es einem Menschen nicht beschieden ist, auf Erden zu leben, so wärmt ihn die Sonne nicht wie einen andern, auch das Brot bekommt ihm nicht – es ist, als ob ihn etwas abriefe ... Ja, Gott schenke seiner Seele die ewige Ruhe."

„Hat man euch schon lange zu uns umgesiedelt?" fragte ich nach einer kurzen Pause.

Kasjan zuckte zusammen.

„Nein, noch nicht lange, seit vier Jahren etwa. Unter dem alten Herrn wohnten wir die ganze Zeit in unseren früheren Dörfern, aber die Vormundschaft hat uns dann umgesiedelt. Unser alter Herr war eine sanfte Seele, ein demütiger Mensch – das Himmelreich sei ihm beschieden! Nun, die Vormundschaft hat natürlich gerecht entschieden; offenbar mußte es so kommen."

„Und wo habt ihr vorher gewohnt?"

„Wir sind aus Krassiwaja Metsch."

„Ist das weit von hier?"

„An die hundert Werst."

„Dort war es wohl besser?"

„Ja, viel besser. Unser altes Nest lag in einer freien Gegend, an einem Fluß, hier dagegen ist es eng und trocken. Hier sind wir verwaist. Steigt man dort, bei uns in Krassiwaja Metsch, steigt man dort auf einen Hügel – ach, Herr mein Gott, was gibt es da alles zu sehen! Den Fluß und die Wiesen und den Wald und dort eine Kirche und da wieder Wiesen. – Weit konnte man sehen, weit. Ach, wie weit man da sehen konnte ... Du schaust und schaust, wahr und wahrhaftig! Nun ja, der Boden ist hier freilich besser, es ist Lehmboden, mit Sand vermischt, guter Mischboden, sagen die Bauern; aber für mich wächst überall Brot genug."

„Nun, sag mal ganz offen, Alter, du möchtest wohl gern wieder in der Heimat sein?"

„Ja, ich würde sie gern wiedersehen. Doch es ist überall gut. Ich bin ja ein Mensch ohne Familie, ein unruhiger Geist. Was kommt auch schon dabei heraus, wenn man immer nur zu Hause herumsitzt? Aber wenn man wandert, wenn man wandert", fuhr er mit erhobener Stimme fort, „da wird einem leichter, wahrhaftig! Da scheint dir die Sonne, und Gott sieht dich besser, und es singt sich viel schöner. Du schaust dich um – hier wächst ein Kraut; nun, du prägst es dir ein und pflückst es. Da rinnt ein Wasser, zum Beispiel ein Quell, heiliges Wasser; nun, du trinkst dich satt und prägst es dir auch ein. Die Vögel unter dem Himmel singen ... Und hinter Kursk fangen dann die Steppen an, eine richtige Steppengegend ist das, erstaunlich, erfreulich für den Menschen – eine Weite ist das, eine Wohltat Gottes! Und sie reichen, so sagen die Leute, bis hin an die warmen Meere, wo der Vogel Gamajun lebt mit seiner süßen Stimme, wo weder im Winter noch im Herbst die Blätter von den Bäumen fallen und goldene Äpfel an silbernen Zweigen wachsen und wo jeder Mensch in Zufriedenheit und Gerechtigkeit lebt. Dorthin möchte ich gern einmal gehen. Ich bin zwar schon wer weiß wohin gewandert! Nach Romjon bin ich gewandert und nach Simbirsk, der berühmten Stadt, und sogar nach Moskau mit seinen goldenen Kuppeln; an die Oka, die Amme, bin ich gewandert und zur Zna, der Liebsten, und zu Mütterchen Wolga, und viele Menschen habe ich gesehen, gute Christen, und in vielen ehrlichen Städten bin ich gewesen ... Ja, dorthin möchte ich gern einmal gehen ... und ich ... und doch ... und nicht nur ich Sünder allein – auch viele andere Christenmenschen gehen in Bastschuhen, wandern durch die Welt, suchen die Wahrheit. Jawohl! Was hat man schon zu Hause? Es ist keine Gerechtigkeit im Menschen, das ist es."

Die letzten Worte hatte Kasjan hastig und fast unverständlich gesprochen; danach sagte er noch etwas, das ich überhaupt nicht mehr verstehen konnte, und sein Gesicht nahm einen so sonderbaren Ausdruck an, daß ich unwillkürlich an die Bezeichnung „heiliger Narr" denken mußte. Darauf senkte er den Kopf, räusperte sich und schien wieder zu sich zu kommen.

„Die liebe Sonne!" sagte er halblaut. „So eine Wohltat, mein Gott! So eine Wärme im Walde!"

Er bewegte die Schultern, schwieg und blickte zerstreut vor sich hin; dann begann er leise zu singen. Ich konnte nicht alle Worte seines langgezogenen Gesangs erhaschen; die folgenden habe ich verstanden:

„Und so heiße ich Kasjan denn
Und mit Beinamen der Floh ..."

Nanu, dachte ich, er dichtet ja. Plötzlich fuhr er zusammen, verstummte und blickte unverwandt in das Waldesdickicht. Ich drehte mich um und gewahrte ein kleines Bauernmädchen von ungefähr acht Jahren in einem blauen Sarafan, ein gewürfeltes Tuch um den Kopf und ein geflochtenes Körbchen an dem braungebrannten bloßen Arm. Sie hatte anscheinend nicht erwartet, uns hier zu begegnen; sie war, wie man so sagt, auf uns gestoßen und stand nun in der grünen Wildnis der Haselbüsche regungslos auf einer schattigen kleinen Waldwiese und sah mich mit ihren schwarzen Augen erschrocken an. Ehe ich sie mir genauer betrachten konnte, war sie schon hinter einen Baum gehuscht.

„Annuschka! Annuschka! Komm her, fürchte dich nicht", rief der Alte freundlich.

„Ich fürchte mich", ertönte ein feines Stimmchen.

„Nein, du brauchst dich nicht zu fürchten, komm nur her."

Schweigend verließ Annuschka ihr Versteck, machte leise einen Bogen um uns – ihre Kinderfüße verursachten in dem dichten Gras kaum ein Geräusch – und trat dann unmittelbar neben dem Alten aus dem Gebüsch. Es war kein Mädchen von acht Jahren, wie ich ihrer kleinen Gestalt wegen anfangs gemeint hatte, sondern von dreizehn oder vierzehn Jahren. Ihr ganzer Körper war klein und mager, aber sehr ebenmäßig und biegsam, ihr hübsches Gesichtchen hatte eine auffallende Ähnlichkeit mit dem Gesicht Kasjans, obwohl Kasjan keineswegs schön war. Die gleichen scharfgeschnittenen Züge, der gleiche seltsame Blick, verschmitzt und zutraulich, nachdenklich und durchdringend, die gleichen Bewegungen ... Kasjan musterte sie; er sah sie von der Seite an.

„Du hast wohl Pilze gesucht?" fragte er.
„Ja, Pilze", antwortete sie mit schüchternem Lächeln.
„Viel gefunden?"
„Ja."
Sie warf rasch einen Blick auf ihn und lächelte wieder.
„Sind auch Steinpilze darunter?"
„Ja, auch Steinpilze."
„Zeig mal, zeig."
Sie ließ den Korb vom Arm gleiten und hob ein breites Klettenblatt zur Hälfte auf, mit dem die Pilze bedeckt waren.
„Ei", sagte Kasjan, indem er sich über den Korb beugte, „und was für schöne! Na sieh mal, Annuschka!"
„Ist das etwa deine Tochter, Kasjan?" fragte ich. Annuschka errötete leicht.
„Nein, nur so eine Verwandte", erwiderte Kasjan mit gespielter Lässigkeit. „Nun geh, Annuschka", fügte er sogleich hinzu, „geh mit Gott. Und gib acht ..."
„Warum soll sie denn zu Fuß gehen?" unterbrach ich ihn. „Wir könnten sie doch mitnehmen."
Annuschka erglühte wie eine Mohnblume, ergriff mit beiden Händen die Schnur ihres Körbchens und blickte unruhig zu dem Alten hin.
„Nein, sie kommt schon heim", entgegnete er mit derselben gleichgültig-trägen Stimme. „Was soll sie ... Sie kommt auch so heim. Geh nur."
Annuschka ging flink in den Wald hinein. Kasjan sah ihr nach, senkte dann den Kopf und lächelte. In diesem langen Lächeln, in den wenigen Worten, die er zu Annuschka gesagt hatte, selbst im Ton seiner Stimme, als er mit ihr sprach, lag eine unbegreifliche leidenschaftliche Liebe und Zärtlichkeit. Er blickte abermals nach der Richtung, in der sie gegangen war, lächelte wieder, rieb sich das Gesicht und schüttelte ein paarmal den Kopf.
„Warum hast du sie so schnell fortgeschickt?" fragte ich ihn.
„Ich hätte ihr die Pilze abgekauft."

„Die können Sie ebensogut zu Hause kaufen, wenn Sie das wollen", gab er mir zur Antwort, wobei er mich zum erstenmal mit „Sie" anredete.

„Du hast da ein sehr hübsches Mädelchen."

„Nein ... wieso denn ... na ja", antwortete er anscheinend widerwillig und versank von diesem Augenblick an von neuem in seine frühere Schweigsamkeit.

Als ich sah, daß all meine Bemühungen, ihn wieder zum Sprechen zu bringen, vergeblich waren, begab ich mich nochmals auf den Kahlschlag. Außerdem hatte auch die Hitze etwas nachgelassen. Mein Jagdpech dauerte jedoch an, und so kehrte ich mit dem einen Wachtelkönig und der neuen Achse in die Siedlung zurück. Wir hatten den Hof schon fast erreicht, da wandte sich Kasjan plötzlich zu mir um.

„Herr", begann er, „Herr, ich bin schuldig vor dir; denn ich habe dir alles Wild verscheucht."

„Wieso denn?"

„Oh, das verstehe ich ganz gut. Du hast zwar einen gut abgerichteten und tüchtigen Hund, aber er konnte nichts ausrichten. Du denkst, ein Mensch ist wie der andere, ja? Das ist nun ein Tier, aber was hat man aus ihm gemacht?"

Vergebens hätte ich mich bemüht, Kasjan von der Unmöglichkeit zu überzeugen, das Wild zu „besprechen", darum gab ich ihm keine Antwort. Außerdem bogen wir gleich darauf in das Hoftor ein.

Annuschka war nicht in der Hütte; sie war aber schon dagewesen und hatte den Korb mit den Pilzen hingestellt. Jerofej setzte die neue Achse ein, nachdem er sie zuvor einer strengen und nicht gerechtfertigten Prüfung unterzogen hatte, und eine Stunde später fuhr ich ab. Kasjan ließ ich etwas Geld da, das er anfangs nicht annehmen wollte, aber dann, nachdem er nachgedacht und es eine Weile auf dem Handteller gehalten hatte, in seinen Rockausschnitt steckte. Im Verlauf der letzten Stunde hatte er fast kein Wort gesprochen; er stand wie vordem ans Tor gelehnt, ohne auf die Vorwürfe meines Kutschers zu antworten, und verabschiedete sich äußerst kühl von mir.

Gleich nach meiner Rückkehr hatte ich bemerkt, daß sich mein Jerofej erneut in düsterer Stimmung befand. Er hatte im

Dorf tatsächlich nichts Eßbares gefunden, und die Tränke für die Pferde war schlecht gewesen. Wir fuhren davon. Äußerst mißmutig, was sich sogar an seinem Nacken zeigte, saß er auf dem Bock und hätte schrecklich gern ein Gespräch mit mir angefangen, beschränkte sich aber in Erwartung meiner ersten Frage darauf, halblaut vor sich hin zu brummen und belehrende, bisweilen auch gehässige Reden an die Pferde zu richten.

„Ein Dorf!" murmelte er. „Das soll ein Dorf sein! Nach Kwaß habe ich gefragt – nicht einmal Kwaß gab es. Ach, du lieber Gott! Und das Wasser – einfach pfui!" Er spuckte hörbar aus. „Keine Gurken, keinen Kwaß – nichts. He, du", fügte er, sich an das rechte Seitenpferd wendend, laut hinzu, „ich kenne dich schon, ein Faulpelz bist du! Du machst dir's gern bequem, nicht wahr..." Und er versetzte ihm einen Peitschenhieb. „Ganz hinterlistig ist das Pferd geworden, und was war es früher für ein folgsames Tier. Ja, ja, guck dich nur um!"

„Sag mal, Jerofej", fing ich an, „was ist dieser Kasjan eigentlich für ein Mensch?"

Jerofej antwortete mir nicht sogleich, er war überhaupt ein bedächtiger und aller Eile abgeneigter Mensch, aber ich bemerkte sofort, daß ihn meine Frage aufheiterte und beruhigte.

„Der Floh?" sagte er schließlich, während er die Zügel abwechselnd anzog. „Ein sonderbarer Kauz ist das, eben ein richtiger heiliger Narr. So einen sonderbaren Kauz findet man so bald nicht wieder. Ja, wirklich, er ist zum Beispiel haargenau wie unser Rehbrauner dort, er drückt sich auch gern – von der Arbeit nämlich. Na, freilich, was ist er auch schon für ein Arbeiter, er sieht ja zum Umblasen aus – na ja, aber trotzdem... So ist er aber schon von Kindheit an. Zuerst unterhielt er mit seinen Onkeln zusammen ein Fuhrunternehmen, sie hatten Troikas, aber dann ist es ihm wahrscheinlich zu langweilig geworden, und er hat damit aufgehört und ist zu Hause geblieben. Aber zu Hause hat er's auch nicht lange ausgehalten, dazu war er zu unruhig – ein richtiger Floh eben. Zu seinem Glück hatte er einen gutmütigen Herrn, der zwang ihn zu nichts. Und seitdem treibt er sich nun herum wie ein verlorenes Schaf. Er ist ja so wunderlich, weiß Gott. Bald ist er stumm wie ein Klotz, bald fängt er plötzlich an zu reden – aber was er redet, das mag der liebe Gott wissen. Ist das eine Art und Weise? Das ist keine Art und Weise. Er ist ein ganz unvernünftiger Mensch, das ist er. Allerdings, singen tut er schön. So ernst – nicht schlecht, gar nicht schlecht."

„Und heilt er wirklich Krankheiten?"

„Was heißt heilt! Wie soll er das denn? So ein Mensch, wie er ist. Mich hat er allerdings von den Skrofeln geheilt ... Wie soll er denn! Ein dummer Kerl ist er, weiter nichts", setzte er nach einer kurzen Pause hinzu.

„Kennst du ihn schon lange?"

„Ja, schon lange. Wir waren Nachbarn in Sytschowka, dort bei Krassiwaja Metsch."

„Und wer ist das – wir sind im Walde zufällig einem Mädchen begegnet, Annuschka, ist sie mit ihm verwandt?"

Jerofej sah mich über die Schulter an und grinste über das ganze Gesicht.

„Hehe, ja, verwandt. Sie ist eine Waise, sie hat keine Mutter mehr, und es ist auch unbekannt, wer ihre Mutter war. Nun, wahrscheinlich ist sie eine Verwandte von ihm, sie sieht ihm gar zu ähnlich. Sie lebt auch bei ihm. Ein flinkes Mädel, nichts dagegen zu sagen; ein gutes Mädel, und er, der Alte, ist ganz vernarrt in sie. Das Mädel ist gut. Er soll ja doch, Sie werden's gar nicht glauben, aber er soll sich ja in den Kopf gesetzt haben, seiner Annuschka das Schreiben und Lesen beizubringen. Ja, ja, das ist ihm zuzutrauen, so ein außergewöhnlicher Mensch ist er. So ein unbeständiger, ganz unberechenbarer ... Eh – eh – eh!" unterbrach sich auf einmal mein Kutscher und hielt die Pferde an, beugte sich zur Seite und schnupperte. „Riecht es nicht brandig? Ja freilich! O diese neuen Achsen! Und ich denke doch, ich hab sie genug geschmiert ... Ich muß gehen und Wasser holen, hier ist gerade ein kleiner Teich."

Und Jerofej kletterte langsam vom Bock hinunter, band das Eimerchen los und ging zu dem Teich. Nachdem er wieder zurück war, hörte er befriedigt, wie die Radbuchse zischte, als sie plötzlich mit Wasser in Berührung kam. An die sechsmal mußte er auf einer Fahrt von einigen zehn Werst die heißgelaufene Achse begießen, und es war schon völlig dunkel geworden, als wir daheim anlangten.

Der Gutsvogt

Etwa fünfzehn Werst von meinem Gut entfernt lebt ein Bekannter von mir, ein junger Gutsbesitzer und ehemaliger Gardeoffizier, Arkadi Pawlytsch Penotschkin. Auf seiner Besitzung gibt es viel Wild, sein Haus ist nach dem Plan eines französischen Architekten erbaut, seine Leute sind nach englischer Mode gekleidet, er gibt vorzügliche Diners, nimmt seine Gäste sehr liebenswürdig auf, und doch fährt man nicht gern zu ihm. Er ist ein besonnener und tüchtiger Mann, hat eine ausgezeichnete Erziehung genossen, wie das so Sitte ist, hat gedient und in den höchsten Kreisen verkehrt und widmet sich jetzt mit großem Erfolg der Landwirtschaft. Arkadi Pawlytsch ist, um mit seinen eigenen Worten zu sprechen, streng, aber gerecht, er ist um das Wohl seiner Untertanen besorgt und straft sie zu ihrem eigenen Besten. „Man muß sie behandeln wie Kinder", sagt er in solchen Fällen, „es ist nur Unwissenheit, mon cher; il faut prendre cela en considération." Er selbst vermeidet im Falle einer sogenannten betrüblichen Notwendigkeit alle jähen und heftigen Bewegungen und liebt es nicht, die Stimme zu erheben, sondern streckt meist die Hand aus und sagt dazu ruhig: „Aber ich hatte dich doch gebeten, mein Lieber!" oder: „Was ist mit dir, mein Freund, besinne dich", wobei er nur leicht die Zähne zusammenbeißt und den Mund verzieht. Er ist kaum mittelgroß, gut gebaut und von sehr anziehendem Äußeren; seine Hände und Nägel hält er sehr sauber; seine roten Lippen und Wangen strotzen vor Gesundheit. Er lacht laut und sorglos und blinzelt freundlich mit seinen hellen braunen Augen. Er kleidet sich sehr gut und mit Geschmack; er läßt sich französische Bücher, Zeichnungen und Zeitungen kommen, ist aber kein großer Freund vom Lesen, den „Ewigen Juden" hat er kaum bewältigt. Karten spielt er meisterhaft. Alles in allem gilt Arkadi Pawlytsch als einer der gebildetsten Adligen und der begehrenswertesten Freier unseres Gouvernements; die Damen sind ganz hingerissen von ihm und loben besonders seine Manieren. Er bewahrt in bewundernswerter Weise Haltung, ist vorsichtig wie eine Katze und war nie in seinem Leben in irgendeine Affäre verwickelt, obwohl er es gelegentlich liebt, zu zeigen, wer er ist, und schüchterne Menschen in Verlegenheit zu bringen und zurechtzuweisen. Schlechte Gesellschaft verabscheut er entschieden – er fürchtet, sich zu kompromittieren; dafür erklärt er in fröhlichen Stunden, ein Anhänger Epikurs zu sein, obwohl er sich im allgemeinen abfällig über die Philosophie äußert und sie die nebelhafte Speise germanischer Köpfe und manchmal sogar einfach Unsinn nennt. Auch die Musik liebt er; beim Kartenspiel singt er durch die Zähne, aber mit Gefühl; aus „Lucia" und „Die Nachtwandlerin" hat er manches behalten, doch stimmt er stets etwas zu hoch an. Im Winter fährt er nach Petersburg. In seinem Hause herrscht eine ungewöhnliche Ordnung; selbst die Kutscher haben sich seinem Einfluß unterworfen, sie putzen nicht nur jeden Tag die Kumte und reinigen ihre Röcke, sondern waschen sich auch das Gesicht. Das Gutsgesinde Arkadi Pawlytschs blickt allerdings etwas mürrisch drein, aber bei uns in Rußland kann man Mißmut von Verschlafenheit nicht unterscheiden. Arkadi Pawlytsch spricht mit sanfter und angenehmer Stimme und macht beim Sprechen kurze Pausen; es ist, als lasse er jedes Wort mit Vergnügen durch seinen schönen, parfümierten Schnurrbart sikkern; auch gebraucht er viel französische Ausdrücke wie: „Mais c'est impayable!" – „Mais comment donc!" und andere.

Bei alledem besuche wenigstens ich ihn nicht allzugern, und wären nicht die Birkhähne und Rebhühner, so hätte ich wahrscheinlich den Umgang mit ihm ganz aufgegeben. Eine sonderbare Unruhe überkommt mich in seinem Hause; sogar der Komfort macht mir keine Freude, und jedesmal, wenn abends der geschniegelte Kammerdiener in blauer Livree mit Wappenknöpfen vor mich hintritt und mir unterwürfig die Stiefel auszieht, habe ich das Gefühl, daß ich mich unsagbar freuen würde, erblickte ich statt seiner bleichen, hageren Gestalt plötzlich die erstaunlich breiten Backenknochen und die unwahrscheinlich stumpfe Nase eines jungen, stämmigen Burschen, den sein Herr soeben vom Pflug weggeholt hat, dem aber die Nähte des Nankingkaftans, den er erst kürzlich geschenkt bekommen hat, schon an zehn Stellen geplatzt sind, und daß ich mich gern der Gefahr aussetzen würde, mitsamt dem Stiefel auch mein eigenes Bein bis zum Hüftgelenk zu verlieren.

Trotz meiner Abneigung gegen Arkadi Pawlytsch war ich einmal genötigt, eine Nacht bei ihm zu verbringen. Am nächsten Tag ließ ich frühmorgens meine Kalesche anspannen, aber er wollte mich nicht ohne ein Frühstück nach englischer Art fortlassen und führte mich in sein Kabinett. Mit dem Tee wurden uns Koteletts, weichgekochte Eier, Butter, Honig, Käse und anderes gebracht. Zwei Kammerdiener in sauberen weißen Handschuhen kamen schnell und schweigend unseren kleinsten Wünschen zuvor. Wir saßen auf einem persischen Diwan. Arkadi Pawlytsch trug weite seidene Pluderhosen, eine schwarze Samtjacke, einen hübschen Fes mit blauer Quaste und gelbe chinesische Pantoffeln. Er trank Tee, lachte, besah sich seine Fingernägel, rauchte, stopfte sich Kissen in die Seite und war überhaupt in ausgezeichneter Stimmung. Nachdem er reichlich und mit sichtlichem Behagen gefrühstückt hatte, schenkte sich Arkadi Pawlytsch ein Glas Rotwein ein, hob es an die Lippen und runzelte plötzlich die Stirn.

„Weshalb ist der Wein nicht angewärmt?" fragte er einen der Kammerdiener in ziemlich scharfem Ton.

Der Kammerdiener geriet in Verwirrung, blieb wie angewurzelt stehen und erblaßte.

„Ich frage dich doch etwas, mein Lieber?" fuhr Arkadi Pawlytsch ruhig fort, ohne ihn aus den Augen zu lassen.

Der unglückliche Kammerdiener stand ratlos an seinem Platz, drehte die Serviette in den Händen und brachte kein Wort heraus. Arkadi Pawlytsch senkte den Kopf und betrachtete ihn eine Weile nachdenklich mit gerunzelten Brauen.

„Pardon, mon cher", sagte er dann mit verbindlichem Lächeln zu mir, wobei er mit der Hand freundschaftlich mein

Knie berührte, und richtete den Blick von neuem auf den Kammerdiener.

„Nun, geh", fügte er nach kurzem Schweigen hinzu, zog die Brauen hoch und läutete.

Ein dicker, dunkelhäutiger, schwarzhaariger Mann mit niedriger Stirn und ganz in Fettpolster gebetteten Augen trat ein.

„In bezug auf Fjodor ... Anordnungen treffen", sagte Arkadi Pawlytsch halblaut und vollkommen beherrscht.

„Ich höre", antwortete der Dicke und ging hinaus.

„Voilà, mon cher, les désagréments de la campagne", bemerkte Arkadi Pawlytsch heiter. „Aber wohin wollen Sie denn? Bleiben Sie doch, behalten Sie noch ein wenig Platz."

„Nein", entgegnete ich, „es ist Zeit für mich."

„Immer auf die Jagd! Ach, diese Jäger! Und wohin fahren Sie jetzt?"

„Vierzig Werst weit, nach Rjabowo."

„Nach Rjabowo? Ach, mein Gott, in diesem Fall fahre ich ja mit Ihnen. Rjabowo liegt nur fünf Werst von meinem Schipilowka entfernt, und ich bin schon so lange nicht mehr in Schipilowka gewesen: Ich konnte immer keine Zeit dafür finden. Das kommt mir sehr gelegen: Sie werden heute in Rjabowo jagen, und abends kommen Sie zu mir. Ce sera charmant. Wir werden zusammen zu Abend essen – wir werden meinen Koch mitnehmen –, und Sie werden bei mir übernachten. Wunderbar! Wunderbar!" fügte er hinzu, ohne meine Antwort abzuwarten. „C'est arrangé. – He, wer ist dort? Laßt die Kalesche anspannen, aber ein bißchen schnell! Sie sind noch nie in Schipilowka gewesen? Ich hätte mich nicht getraut, Ihnen vorzuschlagen, die Nacht im Hause meines Gutsvogtes zu verbringen, aber ich weiß, Sie sind nicht anspruchsvoll und hätten in Rjabowo in einer Heuscheune übernachtet. Also fahren wir, fahren wir!" Und Arkadi Pawlytsch stimmte irgendeine französische Romanze an. „Sie wissen vielleicht nicht", fuhr er fort und wiegte sich dabei auf den Beinen, „ich habe die Bauern dort auf Zins gesetzt. Es ist die Konstitution – was soll man machen? Aber sie zahlen mir den Zins pünktlich. Ich hätte sie, offen gestanden, längst in Frondienst genommen, aber es ist zuwenig Land da! Ich wundere mich ohnehin, wie sie damit zurechtkommen. Im übrigen, c'est leur affaire. Mein Gutsvogt dort ist ein tüchtiger Kerl, une forte tête, ein wahrer Staatsmann! Sie werden es sehen ... Wie gut sich das trifft, wahrhaftig!"

Da war nichts zu machen. Statt um neun Uhr morgens fuhren wir um zwei ab. Jäger werden meine Ungeduld verstehen. Arkadi Pawlytsch liebte es, sich gelegentlich etwas zu verwöhnen, wie er sich ausdrückte, und nahm eine solche Unmenge von Wäsche, Lebensmitteln, Kleidung, Parfümen, Kissen und verschiedenen Reisebestecks mit, daß mancher sparsame und haushälterische Deutsche mit diesem Überfluß ein ganzes Jahr gereicht hätte. Jedesmal, wenn es bergab ging, hielt Arkadi Pawlytsch dem Kutscher eine kurze, aber wirkungsvolle Rede, woraus ich schließen konnte, daß mein Bekannter ein rechter Feigling war. Übrigens lief die Reise durchaus zufriedenstellend ab; nur schlug auf einer kürzlich ausgebesserten kleinen Brücke der Wagen mit dem Koch um und quetschte ihm mit dem Hinterrad den Magen.

Als Arkadi Pawlytsch seinen selbstgezüchteten Carême stürzen sah, erschrak er ernstlich und ließ sofort nachfragen, ob seine Hände heil geblieben seien. Als er eine bejahende Antwort erhielt, beruhigte er sich gleich wieder. Durch all das dauerte unsere Fahrt ziemlich lange; ich saß mit Arkadi Pawlytsch in einer Kalesche und empfand gegen Ende der Reise eine tödliche Langeweile, um so mehr, als mein Bekannter sich im Verlaufe einiger Stunden völlig ausgegeben hatte und schon anfing, liberale Reden zu halten. Endlich kamen wir an, allerdings nicht in Rjabowo, sondern in Schipilowka; irgendwie war es so gekommen. An diesem Tag hätte ich ohnehin nicht mehr auf die Jagd gehen können und ergab mich daher schweren Herzens in mein Schicksal.

Der Koch war einige Minuten vor uns angekommen und hatte augenscheinlich schon Zeit gefunden, Vorbereitungen zu treffen und die zuständigen Leute zu benachrichtigen, denn als wir ins Dorf einfuhren, empfing uns bereits der Dorfälteste, der Sohn des Gutsvogts, ein stämmiger, rothaariger, großer und breitschultriger Bauer, der in einem neuen, nicht zugeknöpften Rock und ohne Mütze zu Pferde saß.

„Wo ist Sofron?" fragte ihn Arkadi Pawlytsch.

Der Dorfälteste sprang zuerst gewandt vom Pferde, verneigte sich tief vor seinem Herrn und sprach:

„Seien Sie gegrüßt, Väterchen Arkadi Pawlytsch."

Dann hob er den Kopf, schüttelte sich und meldete, daß Sofron nach Perow gefahren sei, daß man aber schon nach ihm geschickt habe.

„Nun, dann folge uns", sagte Arkadi Pawlytsch.

Der Dorfälteste führte aus Höflichkeit sein Pferd etwas zur Seite, stieg schwerfällig auf und ritt im Trab hinter der Kalesche her, die Mütze in der Hand haltend. Wir fuhren durch das Dorf. Unterwegs begegneten uns einige Bauern in leeren Wagen; sie kamen von der Tenne und sangen Lieder, ihre Körper wurden durchgerüttelt, und die Beine ließen sie baumeln; beim Anblick unserer Kalesche und des Dorfältesten verstummten sie jedoch plötzlich, nahmen ihre Wintermützen ab – es war Sommer – und richteten sich auf, als erwarteten sie Befehle. Arkadi Pawlytsch grüßte sie leutselig. Im Dorf machte sich offensichtlich eine unruhige Erregung breit. Weiber in karierten Röcken warfen mit Holzscheiten nach begriffsstutzigen oder allzu eifrigen Hunden; ein lahmer Greis mit einem Bart, der unmittelbar unter den Augen ansetzte, riß ein noch nicht sattgetränktes Pferd vom Brunnen fort und gab ihm ohne erkennbaren Anlaß einen Stoß in die Flanke, erst dann verneigte er sich. Kleine Jungen in langen Hemden rannten heulend zu den Häusern, legten sich bäuchlings auf die hohe Schwelle, zogen den Kopf ein, warfen die Beine hoch und wälzten sich auf diese Weise äußerst geschickt zur Tür hinein, in den dunklen Hausflur, aus dem sie sich nicht mehr herauswagten. Sogar die Hühner strebten in beschleunigtem Trab dem Spalt unter dem Hoftor zu; ein beherzter Hahn mit schwarzer Brust, die einer Atlasweste glich, und einem roten Schweif, der sich fast bis zum Kamm krümmte, blieb anfangs auf der Straße stehen und schickte sich gerade an zu krähen, als plötzlich auch er in Verwirrung geriet und davonlief.

Das Haus des Gutsvogtes stand abseits von den anderen inmitten eines dichten grünen Hanffeldes. Wir hielten vor dem Hoftor an. Herr Penotschkin stand auf, warf malerisch den Mantel von sich und stieg aus der Kalesche, wobei er freundlich um sich blickte. Die Frau des Gutsvogtes kam uns mit tiefen Verbeugungen entgegen und trat zum Handkuß an den Gutsherrn heran. Arkadi Pawlytsch ließ sie nach Herzenslust küssen und stieg dann die Stufen zum Haus hinauf. Im Hausflur stand in einem dunklen Winkel die Frau des Dorfältesten und verneigte sich ebenfalls, wagte aber nicht, zum Handkuß näherzutreten. In der sogenannten „kalten" Stube, rechts vom Hausflur, machten sich bereits zwei andere Weiber zu schaffen; sie trugen allerlei Plunder heraus, leere Deckelkannen, hartgewordene Schafpelze, Buttertöpfe, eine Wiege mit einem Haufen Lumpen und einer bunten Puppe, und fegten mit Rutenbesen den Kehricht zusammen. Arkadi Pawlytsch schickte sie hinaus und nahm auf der Bank unter den Heiligenbildern Platz. Die Kutscher begannen Truhen, Schatullen und sonstige zur Bequemlichkeit dienenden Dinge hereinzutragen, wobei sie sich in jeder Weise bemühten, das Stampfen ihrer schweren Stiefel zu dämpfen.

Unterdessen befragte Arkadi Pawlytsch den Dorfältesten nach der Ernte, der Aussaat und anderen Wirtschaftsangelegenheiten. Der Dorfälteste antwortete zufriedenstellend, aber irgendwie träge und ungeschickt, so, als müsse er sich mit steifgefrorenen Fingern den Kaftan zuknöpfen. Er stand an der Tür, und um dem flinken Kammerdiener den Weg nicht zu versperren, war er ständig auf der Hut und sah sich fortwährend um. Hinter seinen mächtigen Schultern konnte ich sehen, wie die Frau des Gutsvogtes im Hausflur heimlich ein anderes Weib prügelte. Plötzlich hörte man einen Wagen heranrattern und vor der Außentreppe halten; der Gutsvogt trat ein.

Dieser Staatsmann, wie ihn Arkadi Pawlytsch genannt hatte, war von mittelgroßem Wuchs, breitschultrig, grauhaarig und stämmig, er hatte eine rote Nase, kleine blaue Augen und einen fächerförmigen Bart. Nebenbei bemerkt hat es, seitdem Rußland besteht, daselbst noch nie einen dick und reich gewordenen Mann ohne einen dichten Vollbart gegeben; mancher hat sein ganzes Leben lang ein dünnes Spitzbärtchen getragen – plötzlich, hast du nicht gesehen, hat er sich rundum wie mit einem Heiligenschein umgeben; woher nimmt er nur all das Haar! Der Gutsvogt hatte vermutlich in Perow etwas über den Durst getrunken: Sein Gesicht war ordentlich aufgedunsen, auch strömte er einen starken Branntweingeruch aus.

„Ach ihr, unsere Väter, unsere Wohltäter", begann er in singendem Tonfall und mit solcher Rührung auf dem Gesicht, daß es schien, als würden jeden Augenblick Tränen hervorströmen. „Endlich geruht ihr einmal, uns zu besuchen! Die Hand, Väterchen, die Hand", fügte er hinzu und streckte schon im voraus die Lippen vor.

Arkadi Pawlytsch erfüllte seinen Wunsch.

„Nun, wie steht's, Bruder Sofron, wie gehen bei dir die Geschäfte?" fragte er in freundlichem Ton.

„Ach ihr, unsere Väter!" rief Sofron aus. „Wie sollten sie denn schlecht gehen, die Geschäfte! Ihr, unsere Väter, unsere Wohltäter, habt ja doch geruht, unser Dörfchen mit eurer Ankunft zu erleuchten, habt uns beglückt bis ans Ende unserer Tage. Gott sei Lob und Dank, Arkadi Pawlytsch, Gott sei Lob und Dank! Alles steht gut durch Ihre Gnade."

Hier verstummte Sofron, blickte seinen Herrn an, und wie erneut von einem Gefühlsausbruch überwältigt – wobei auch der Rausch das Seine tat –, erbat er sich ein zweitesmal die Hand zum Kuß und begann noch ärger als vorher zu singen:

„Ach ihr, unsere Väter und Wohltäter ... und ... was denn! Bei Gott, ganz närrisch bin ich vor Freude. Bei Gott, ich sehe und traue meinen Augen nicht ... Ach ihr, unsere Väter!"

Arkadi Pawlytsch warf mir einen Blick zu, lächelte und fragte: „N'est-ce pas que c'est touchant?"

„Ja, Väterchen Arkadi Pawlytsch", fuhr der unermüdliche Gutsvogt fort, „wie konnten Sie nur? Sie machen mir großen Kummer, Väterchen; Sie haben nicht geruht, mich von Ihrer Ankunft zu benachrichtigen. Wo werden Sie denn die Nacht zubringen? Hier ist doch alles unsauber, schmutzig."

„Tut nichts, Sofron, tut nichts", antwortete Arkadi Pawlytsch mit einem Lächeln, „es ist gut hier."

„Ja, ihr, unsere Väter, für wen ist es denn gut? Für unsereinen, für einen Bauern ist es gut, aber ihr ... Ach ihr, meine Väter und Wohltäter, ach ihr, meine Väter! Verzeihen Sie mir Dummkopf, ich habe den Verstand verloren, bei Gott, ich bin ganz närrisch geworden."

Inzwischen war das Abendessen aufgetragen worden; Arkadi Pawlytsch begann zu speisen. Seinen Sohn hatte der Alte hinausgeschickt, er verderbe die Luft.

„Nun, wie ist es, Alter, hast du die Grenzen festgesetzt?" fragte Herr Penotschkin, der offenbar die bäuerliche Redeweise nachzuahmen trachtete und mir dabei zublinzelte.

„Wir haben uns abgegrenzt, Väterchen, alles durch deine Gnade. Vorgestern haben wir das Protokoll unterschrieben. Die aus Chlynowo haben anfangs Sperenzien gemacht – wirklich, Väterchen, Sperenzien. Sie forderten und forderten ... Gott weiß, was sie alles forderten, aber es sind doch Dummköpfe, Väterchen, dummes Volk. Aber wir, Väterchen, haben durch deine Gnade unsere Dankbarkeit bezeugt und den Schiedsmann Mikolai Mikolajitsch zufriedengestellt; wir haben in allem nach deinem Befehl gehandelt, Väterchen; wie du geruht hattest zu befehlen, so haben wir auch gehandelt, und mit Wissen von Jegor Dmitritsch haben wir in allem gehandelt."

„Jegor hat mir Bericht erstattet", bemerkte Arkadi Pawlytsch ernst.

„Freilich, Väterchen, Jegor Dmitritsch, freilich."

„Nun, und so seid ihr jetzt zufrieden?"

Darauf hatte Sofron nur gewartet.

„Ach ihr, unsere Väter, unsere Wohltäter!" fing er wieder an zu singen. „Haben Sie die Gnade, mich anzuhören ... Wir beten ja doch für euch, unsere Väter, Tag und Nacht zu Gott dem Herrn ... Land haben wir freilich wenig ..."

Penotschkin unterbrach ihn:

„Schon gut, schon gut, Sofron, ich weiß, du bist mir ein eifriger Diener. Aber wie steht es denn mit dem Ausdrusch?"

Sofron seufzte.

„Ach ihr, unsere Väter, mit dem Ausdrusch, mit dem steht es nicht allzugut. Doch nun, Väterchen Arkadi Pawlytsch, erlauben Sie mir, Ihnen zu berichten, was für eine Geschichte sich da bei uns zugetragen hat." Hierbei näherte er sich mit ausgebreiteten Armen Herrn Penotschkin, beugte sich zu ihm hinab und kniff ein Auge zu. „Ein Leichnam ist auf unserem Land gefunden worden."

„Wie kam denn das?"

„Ich begreife es selbst nicht, Väterchen, ihr, unsere Väter, offenbar war da der Feind im Spiel. Aber zum Glück lag er an der fremden Flurgrenze, nur eben – es wäre Sünde, das zu verschweigen – auf unserem Land. Ich befahl sofort, ihn auf den fremden Flurkeil hinüberzuziehen, solange das noch möglich war, stellte auch eine Wache hin und gebot den Unsrigen zu schweigen. Dem Polizeihauptmann aber habe ich es für alle Fälle erklärt: ‚So ist das geregelt', habe ich gesagt; auch mit Tee habe ich ihn bewirtet und ihm auch unsere Dankbarkeit bewiesen... Was denken Sie denn, Väterchen? Nun haben doch die Fremden die Sache auf dem Hals; so ein Leichnam ist doch seine zweihundert Rubel wert – ein fetter Bissen für die Behörden."

Herr Penotschkin lachte ausgiebig über den Kniff seines Gutsvogtes und sagte mehrmals zu mir, indem er mit dem Kopf auf ihn deutete: „Quel gaillard, ah?"

Mittlerweile war es draußen völlig dunkel geworden; Arkadi Pawlytsch ließ den Tisch abräumen und Heu hereinbringen. Ein Kammerdiener breitete Bettlaken für uns aus und ordnete die Kissen für das Nachtlager; wir legten uns nieder. Sofron ging in seine Stube, nachdem er Befehle für den nächsten Tag erhalten hatte. Vorm Einschlafen redete Arkadi Pawlytsch noch ein Weilchen über die vortrefflichen Eigenschaften des russischen Bauern und bemerkte dazu, daß die Bauern von Schipilowka, seit Sofron die Verwaltung übernommen hatte, nicht einen Groschen Rückstand hätten... Der Nachtwächter schlug auf sein Brett; ein Kind, das offenbar noch nicht von dem Gefühl der schuldigen Selbstverleugnung durchdrungen war, fing irgendwo in einem Hause an zu quieken. Wir schliefen ein.

Am nächsten Morgen standen wir ziemlich früh auf. Ich wollte eigentlich nach Rjabowo fahren, doch Arkadi Pawlytsch wünschte mir seine Besitzung zu zeigen und bat mich zu bleiben. Ich war auch selbst nicht abgeneigt, mich aus eigener Anschauung von den vortrefflichen Eigenschaften des Staatsmanns Sofron zu überzeugen. Der Gutsvogt erschien. Er hatte einen dunkelblauen Rock an, um seine Hüften war ein roter Stoffgürtel geschlungen. Er sprach erheblich weniger als gestern, blickte seinem Herrn fest und aufmerksam in die Augen und antwortete gewandt und sachlich. Wir begaben uns zusammen mit ihm auf die Tenne. Sofrons Sohn, der drei Arschin lange Dorfälteste, allem Anschein nach ein sehr dummer Mensch, ging ebenfalls mit, und außerdem schloß sich uns noch der Gemeindeschreiber Fedossejitsch an, ein verabschiedeter Soldat mit mächtigem Schnauzbart und höchst merkwürdigem Gesichtsausdruck: Als sei er vor sehr, sehr langer Zeit über irgend etwas maßlos in Staunen geraten und seitdem nicht wieder zu sich gekommen. Wir besichtigten die Tenne, die Getreidedarre, die Korn- und die Heuscheunen, die Windmühle, den Viehhof, die Wintersaaten und die Hanffelder; alles war wirklich in musterhafter Ordnung; nur die bedrückten Gesichter der Bauern riefen ein gewisses Befremden in mir wach. Außer für das Nützliche sorgte Sofron auch für das Angenehme: Alle Gräben hatte er mit Weiden bepflanzt, zwischen den Kornschobern auf der Tenne waren Wege gezogen und mit Sand bestreut, auf der Windmühle hatte er eine Wetterfahne in Gestalt eines Bären mit aufgerissenem Rachen und roter Zunge angebracht, an den Ziegelbau des Viehstalles hatte er etwas in der Art eines griechischen Giebels angemauert und unter den Giebel mit weißer Farbe geschrieben: „Erbaud imdorf Schipilofka imjar tausent acht Hundert firzig. Dieser Viestal." Arkadi Pawlytsch geriet in eine ganz weiche Stimmung, er begann mir auf französisch die Vorteile des Zinsbauernverhältnisses darzulegen, wobei er allerdings bemerkte, daß der Frondienst für die Gutsbesitzer vorteilhafter sei – aber man könne ja nicht alles zugleich haben! Er fing an, dem Gutsvogt Ratschläge zu erteilen, wie man Kartoffeln legen müsse, wie das Futter für das Vieh zu bereiten sei und dergleichen mehr. Sofron hörte sich die Reden seines Herrn aufmerksam an, manchmal widersprach er auch, rühmte ihn aber nicht mehr als Vater und Wohltäter, sondern betonte immer wieder, daß sie recht wenig Land hätten und daß es nichts schaden könnte, etwas dazuzukaufen. „Na, dann kauft doch", sagte Arkadi Pawlytsch, „auf meinen Namen, ich habe nichts dagegen." Auf diese Worte antwortete Sofron nichts, er strich sich nur den Bart.

„Jetzt indessen könnte es nichts schaden, in den Wald zu reiten", bemerkte Herr Penotschkin. Sogleich wurden Reitpferde für uns herbeigeführt; wir ritten in den Wald oder, wie man bei uns sagt, in die „Bestellung". In dieser „Bestellung" fanden wir eine fürchterliche Wildnis vor, wofür Arkadi Pawlytsch Sofron lobte und ihm auf die Schulter klopfte. Herr Penotschkin hielt, was die Forstwirtschaft betraf, an echt russischen Anschauungen fest und erzählte mir gleich eine, nach seinen Worten, höchst ergötzliche Begebenheit, wie ein Spaßvogel von Gutsbesitzer seinen Förster belehrt habe, indem er ihm als Beweis, daß der Wald vom Durchforsten nicht dichter werde, fast die Hälfte seines Bartes ausriß. In anderer Hinsicht scheuten übrigens beide, sowohl Sofron wie Arkadi Pawlytsch, die Einführung von Neuerungen nicht.

Nachdem wir ins Dorf zurückgekehrt waren, führte uns der Gutsvogt eine Kornschwinge vor, die er kürzlich aus Moskau hatte kommen lassen. Die Maschine arbeitete wirklich gut, aber wenn Sofron gewußt hätte, welche Unannehmlichkeit ihn und seinen Herrn auf diesem letzten Spaziergang erwartete, wäre er wahrscheinlich mit uns zu Hause geblieben.

Es trug sich Folgendes zu. Als wir aus der Scheune traten, bot sich uns dieses Bild: Einige Schritte von der Tür entfernt, neben einer schlammigen Pfütze, in der drei Enten sorglos plätscherten, standen zwei Bauern, der eine ein alter Mann von etwa sechzig Jahren, der andere ein Bursche von zwanzig Jahren, beide in geflickten Hanfhemden, barfuß und mit Stricken gegürtet. Der Gemeindeschreiber Fedossejitsch gab sich eifrig mit ihnen ab und hätte sie wahrscheinlich am Ende auch überredet, sich zu entfernen, wenn wir in der Scheune länger verweilt hätten, aber als er uns erblickte, stand er stramm und blieb wie angewurzelt stehen. Auch der Dorfälteste stand dabei, mit aufgesperrtem Mund und unschlüssig geballten Fäusten. Arkadi Pawlytschs Gesicht verfinsterte sich, er biß sich auf die Lippen und trat zu den Bittstellern. Beide fielen stumm vor ihm auf die Knie und verneigten sich bis zur Erde.

„Was wollt ihr? Worum bittet ihr?" fragte er streng und ein wenig durch die Nase.

Die Bauern blickten einander an, brachten aber kein Wort

heraus; sie blinzelten nur, als blende sie die Sonne, und atmeten schneller.

„Nun, was ist denn?" fuhr Arkadi Pawlytsch fort und wandte sich gleich darauf an Sofron: „Aus welcher Familie?"

„Aus der Familie Tobolejew", antwortete der Gutsvogt langsam.

„Nun, was wollt ihr denn?" begann Herr Penotschkin wieder. „Habt ihr keine Zungen, wie? Sag du, was brauchst du?" fügte er hinzu, indem er dem Alten zunickte. „Fürchte dich doch nicht, Dummkopf!"

Der Alte reckte seinen dunkelbraunen, runzligen Hals, öffnete schief die blau angelaufenen Lippen und sprach mit heiserer Stimme: „Hilf uns, Herr!" Dann schlug er wieder mit der Stirn auf den Erdboden. Der junge Bauer verneigte sich gleichfalls. Arkadi Pawlytsch blickte mit Würde auf ihre Nacken, warf den Kopf zurück und spreizte ein wenig die Beine.

„Was heißt das? Über wen hast du dich zu beklagen?"

„Erbarme dich, Herr! Laß uns leben ... Wir sind fast zu Tode gequält."

Der Alte konnte nur mit Mühe sprechen.

„Wer hat dich gequält?"

„Sofron Jakowlitsch, Väterchen."

Arkadi Pawlytsch schwieg eine Weile.

„Wie heißt du?"

„Antip, Väterchen."

„Und wer ist das?"

„Mein Sohn, Väterchen."

Arkadi Pawlytsch schwieg wieder und strich sich den Schnurrbart.

„Nun, womit hat er dich denn gequält?" begann er von neuem und blickte durch seinen Schnurrbart auf den Alten.

„Väterchen, er hat uns ganz zugrunde gerichtet. Zwei Söhne, Väterchen, hat er außer der Reihe zu den Rekruten geschickt, und jetzt nimmt er auch noch den dritten weg. Gestern, Väterchen, hat er mir die letzte Kuh vom Hof geholt und meine Frau durchgeprügelt – Seine Gnaden dort." Er zeigte auf den Dorfältesten.

„Hm!" machte Arkadi Pawlytsch.

„Laß nicht zu, daß wir ganz zugrunde gerichtet werden, Nährvater!"

Herr Penotschkin runzelte die Stirn.

„Was bedeutet das eigentlich?" fragte er den Gutsvogt halblaut und mit unzufriedener Miene.

„Ein Betrunkener, gnädiger Herr", antwortete der Gutsvogt, das erste Mal diese Anrede gebrauchend, „einer, der nicht arbeiten will. Es ist nun schon das fünfte Jahr, daß er aus dem Zinsrückstand nicht herauskommt."

„Sofron Jakowlitsch hat den Rückstand für mich bezahlt, Väterchen", fuhr der Greis fort. „Es ist jetzt das fünfte Jahr, daß er ihn bezahlt hat, und dafür, daß er bezahlt hat – geknechtet hat er mich dafür, Väterchen, und nun ..."

„Weshalb bist du denn in Rückstand geraten?" fragte Herr Penotschkin streng. Der Alte senkte den Kopf. „Wahrscheinlich liebst du es zu saufen, dich in den Schenken herumzutreiben?" Der Alte wollte den Mund auftun. „Ich kenne euch", fuhr Arkadi Pawlytsch zornig fort, „ihr tut weiter nichts als trinken und auf dem Ofen liegen, und ein guter Bauer muß dann für euch geradestehen."

„Und ein Grobian ist er auch", warf der Gutsvogt in seines Herrn Rede ein.

„Nun, das versteht sich schon von selbst. Das ist immer so, das habe ich schon oft bemerkt. Das ganze Jahr führt er ein liederliches Leben, redet Grobheiten, und jetzt wälzt er sich mir zu Füßen."

„Väterchen, Arkadi Pawlytsch", begann der Alte voll Verzweiflung, „erbarme dich, hilf, was bin ich denn für ein Grobian? Wie vor Gott dem Herrn sage ich dir, es ist nicht mehr auszuhalten. Sofron Jakowlitsch kann mich nicht leiden. Warum er mich nicht leiden kann – Gott ist sein Richter! Er richtet mich ganz zugrunde, Väterchen ... Den letzten Sohn hier, auch den ..." In den gelben, von Runzeln umgebenen Augen des Alten glitzerten Tränen. „Erbarme dich, Herr, hilf uns ..."

„Und nicht nur uns allein ...", begann der junge Bauer.

Arkadi Pawlytsch brauste plötzlich auf:

„Wer hat dich gefragt, he? Du bist nicht gefragt, also

schweig! Was soll das heißen? Schweig, sagt man dir, schweig! – Ach, mein Gott, das ist ja regelrechter Aufruhr. Nein, Freundchen, bei mir zu rebellieren, das rate ich dir nicht, bei mir..." Arkadi Pawlytsch trat einen Schritt vor, doch fiel ihm wahrscheinlich meine Anwesenheit ein, er wandte sich ab und steckte die Hände in die Taschen. „Je vous demande bien pardon, mon cher", sagte er mit gezwungenem Lächeln, wobei er die Stimme beträchtlich senkte. „C'est le mauvais côté de la médaille ... Nun gut, gut", fuhr er fort, ohne die Bauern anzusehen, „ich werde befehlen ... Es ist gut, geht." Die Bauern erhoben sich nicht. „Nun, ich habe euch doch gesagt ... es ist gut. Geht schon, ich werde befehlen, habe ich euch gesagt."

Arkadi Pawlytsch kehrte ihnen den Rücken. „Ewig Unannehmlichkeiten", preßte er durch die Zähne und ging mit großen Schritten dem Hause zu. Sofron folgte ihm. Der Gemeindeschreiber riß die Augen auf, als wolle er im nächsten Augenblick wer weiß wie weit springen. Der Dorfälteste scheuchte die Enten aus der Pfütze. Die Bittsteller blieben noch eine Weile an derselben Stelle stehen, sahen einander an und trotteten dann langsam heim, ohne sich umzublicken.

Zwei Stunden später war ich bereits in Rjabowo und machte mich zusammen mit Anpadist, einem mir bekannten Bauern, für die Jagd fertig. Bis zu meiner Abfahrt hatte Penotschkin Sofron gezürnt. Ich knüpfte mit Anpadist ein Gespräch über die Bauern von Schipilowka und über Herrn Penotschkin an und fragte ihn, ob er den dortigen Gutsvogt kenne.

„Den Sofron Jakowlitsch? Freilich!"

„Was ist das für ein Mensch?"

„Ein Hund ist das, kein Mensch; so einen Hund findet man bis Kursk nicht noch einmal."

„Wieso?"

„Schipilowka ist zwar auf den Namen dieses ... wie heißt er doch, dieses Penkin eingetragen, aber nicht er ist dort der Herr: Sofron ist der Herr."

„Wirklich?"

„Er herrscht dort, als wäre es sein Eigentum. Die Bauern sind ihm völlig verschuldet; sie arbeiten für ihn wie Knechte:

Den einen schickt er mit einer Fuhre fort, den andern woandershin – er läßt ihnen überhaupt keine Ruhe mehr."

„Land scheinen sie nicht viel zu haben?"

„Nicht viel? Allein von den Chlynowschen hat er achtzig Deßjatinen gepachtet und von den Unsrigen noch hundertzwanzig; und selber haben sie auch anderthalb hundert Deßjatinen. Er zieht aber nicht nur aus dem Boden Gewinn, er handelt auch mit Pferden, mit Vieh, mit Teer, mit Öl, mit Hanf, mit allem möglichen ... Gescheit ist er, sehr gescheit, und reich dazu, die Bestie! Und was noch schlimmer ist – er schlägt die Leute. Ein wildes Tier – kein Mensch. Wie gesagt: ein Hund, ein Hund, wie er im Buche steht."

„Aber warum beschweren sie sich denn nicht über ihn?"

„Das wäre das Rechte! Was macht sich der Herr schon daraus? Zinsrückstände gibt es nicht, was will er noch mehr? – Versuch's doch mal", fügte er nach einer kurzen Pause hinzu, „beschwer dich. Nein, er wird dich ... Versuch's doch mal ... Nein, nein, er würde dich derartig ..."

Ich mußte an Antip denken und erzählte ihm, was ich erlebt hatte.

„Nun", meinte Anpadist, „jetzt wird er ihn auffressen; jetzt wird er den Mann mit Haut und Haar auffressen. Der Dorfälteste wird ihn jetzt zu Tode prügeln. So ein unglückseliger armer Teufel, wenn man das bedenkt! Und wofür muß er leiden ... Auf der Dorfversammlung hat er mit ihm Streit gehabt, mit dem Gutsvogt, die Geduld war ihm gerissen ... Als wäre das eine große Sache! Aber seit der Zeit hat er angefangen, auf ihm herumzuhacken, auf dem Antip. Und jetzt wird er ihn ganz auffressen. Er ist ja so ein Hund, so ein Hund, vergib mir, Herr, meine Sünde – er weiß schon, auf wen er sich stürzen kann. Die Alten, die reich sind und viel Familie haben, die rührt er nicht an, der kahlköpfige Teufel, aber hier konnte er sich austoben! Er hat doch Antips Söhne außer der Reihe zu den Rekruten geschickt, der erbarmungslose Schurke, der Hund, der Herr verzeih mir meine Sünde!"

Wir begaben uns auf die Jagd.

Salzbrunn in Schlesien, Juli 1847

Das Kontor

Es war im Herbst. Schon mehrere Stunden streifte ich mit der Flinte durch die Felder und wäre wahrscheinlich nicht vor dem Abend in den Gasthof an der großen Kursker Landstraße zurückgekehrt, wo mich mein Dreigespann erwartete, wenn mich nicht ein ungemein feiner und kalter Regen, der mir seit dem frühen Morgen pausenlos und unbarmherzig wie eine alte Jungfer zusetzte, schließlich gezwungen hätte, irgendwo in der Nähe einen wenigstens zeitweiligen Zufluchtsort zu suchen. Während ich noch überlegte, nach welcher Seite ich mich wenden sollte, fiel mein Blick plötzlich auf eine niedrige Hütte neben einem Erbsenfeld. Ich trat an die Hütte heran, guckte unter das Schutzdach aus Stroh und erblickte einen Greis, der so hinfällig war, daß mir sofort jener sterbende Ziegenbock einfiel, den Robinson in einer Höhle auf seiner Insel fand. Der Alte hockte auf dem Erdboden, kniff seine trübe gewordenen Äuglein zusammen und kaute geschwind, aber vorsichtig, ganz wie ein Hase (der Ärmste hatte keinen einzigen Zahn mehr), eine trockene, harte Erbse, die er unaufhörlich von einer Seite auf die andere schob. Er war so vertieft in seine Beschäftigung, daß er mein Kommen nicht bemerkt hatte.

„Großvater! Großvater!" redete ich ihn an.

Er hörte auf zu kauen, zog die Brauen hoch und öffnete mit Anstrengung die Augen.

„Was?" brummelte er mit heiserer Stimme.

„Wo ist hier in der Nähe ein Dorf?" fragte ich.

Der Alte fing wieder an zu kauen. Er hatte mich nicht verstanden. Ich wiederholte meine Frage lauter.

„Ein Dorf? Was willst du denn da?"

„Vorm Regen Schutz suchen."

„Was?"

„Vorm Regen Schutz suchen."

„Ja!" Er kratzte sich den sonnverbrannten Nacken. „Na, geh du nur", fing er plötzlich an zu sprechen, wobei er mit den Händen herumfuchtelte, „da ... wenn du an dem Wäldchen vorbeigehst, wenn du da gehst, da kommt dann die Straße; die läßt du liegen, die Straße, du hältst dich immer rechts, immer rechts, immer rechts ... nun, dort kommt dann Ananjewo. Sonst kannst du auch nach Sitowka weitergehen."

Ich konnte den Alten nur mit Mühe verstehen. Sein Bart behinderte ihn, und auch die Zunge gehorchte ihm schlecht.

„Woher bist du denn?" fragte ich ihn.

„Was?"

„Woher du bist?"

„Aus Ananjewo."

„Und was machst du hier?"

„Was?"

„Was du hier machst?"

„Als Wächter sitze ich hier."

„Was bewachst du denn?"

„Die Erbsen."

Ich mußte lachen.

„Was du nicht sagst! Wie alt bist du denn?"

„Gott weiß es."

„Du siehst wohl schlecht?"

„Was?"

„Du siehst schlecht, nicht wahr?"

„Schlecht. Es kommt auch vor, daß ich gar nichts höre."

„Wie kannst du denn da Wächter sein, ich bitte dich?"

„Das bestimmen ältere als ich."

Ältere? dachte ich und blickte nicht ohne Mitleid auf den armen Greis. Er tastete an sich herum, holte aus dem Brustausschnitt ein Stück hartes Brot hervor und begann daran zu saugen wie ein Kind; dabei zog er angestrengt die ohnehin eingefallenen Wangen ein.

Ich ging auf das Wäldchen zu, bog nach rechts ab, hielt mich wieder rechts, immer rechts, wie mir der Alte geraten hatte, und gelangte endlich zu einem großen Dorf mit einer steinernen Kirche im neuen Stil, das heißt mit Säulen, und einem geräumigen Herrenhaus, ebenfalls mit Säulen. Schon von weitem hatte ich durch das dichte Netz des Regens ein Bauernhaus mit Schindeldach und zwei Schornsteinen bemerkt, das höher war als die anderen, aller Wahrscheinlichkeit nach die Wohnung des Dorfältesten; dorthin lenkte ich nun meine Schritte, in der Hoffnung, bei ihm einen Samowar, Tee, Zucker und noch nicht ganz sauer gewordene Sahne zu finden. In Begleitung meines vor Kälte zitternden Hundes stieg ich die Treppenstufen hinauf, trat in den Hausflur und öffnete die Tür, aber statt des üblichen Zubehörs einer Bauernstube erblickte ich mehrere mit Papieren bedeckte Tische, zwei rote Schränke, bekleckste Tintenfässer, zinnerne Streusandbüchsen, jede wohl ein Pud schwer, ausnehmend lange Gänsefedern und anderes mehr. Auf einem der Tische saß ein junger Bursche von etwa zwanzig Jahren mit aufgedunsenem und kränklichem Gesicht, winzigen Äuglein, fettiger Stirn und endlos langen Schläfenhaaren. Er trug, wie es sich gehört, einen grauen Nankingkaftan, der am Kragen und am Bauch speckig glänzte.

„Was wollen Sie?" fragte er mich und hob dabei ruckartig den Kopf, wie ein Pferd, das nicht erwartet hat, am Maul angefaßt zu werden.

„Wohnt hier der Verwalter, oder ..."

„Hier ist das herrschaftliche Hauptkontor", unterbrach er mich. „Ich sitze als Diensthabender hier. Haben Sie denn das Schild nicht gelesen? Dazu ist doch das Schild angebracht."

„Wo könnte man hier seine Sachen trocknen? Und hat jemand im Dorf einen Samowar?"

„Wie sollte es hier keine Samoware geben!" erwiderte der junge Mann in dem grauen Kaftan mit Würde. „Gehen Sie zu Vater Timofej oder ins Gesindehaus oder zu Nasar Tarassytsch oder zu der Geflügelpflegerin Agrafena."

„Mit wem sprichst du da, du Dummkopf du? Läßt einen nicht schlafen, Dummkopf!" erscholl eine Stimme aus dem Nebenzimmer.

„Hier ist so ein Herr gekommen, der fragt, wo er seine Sachen trocknen könnte."

„Was für ein Herr?"

„Ich weiß nicht. Mit einem Hund und einer Flinte."

Im Nebenzimmer knarrte eine Bettstelle. Die Tür öffnete sich, und herein trat ein Mann von ungefähr fünfzig Jahren, dick, von kleiner Gestalt, mit einem Stiernacken, hervorquellenden Augen, ungewöhnlich runden Backen und einem Fettglanz über dem ganzen Gesicht.

„Was wünschen Sie?" fragte er mich.

„Meine Sachen trocknen."

„Dazu ist hier nicht der Ort."

„Ich wußte nicht, daß hier ein Kontor ist; übrigens bin ich bereit, dafür zu zahlen."

„Es geht vielleicht auch hier", erwiderte der Dicke, „wäre es Ihnen da drüben angenehm?" Er führte mich in ein anderes Zimmer, jedoch nicht in das, aus dem er gekommen war. „Ist es Ihnen hier recht?"

„Es ist mir recht. Und könnte ich nicht Tee mit Sahne haben?"

„Bitte schön, sofort. Wollen Sie bitte inzwischen ablegen und sich ausruhen, der Tee wird noch diese Minute fertig sein."

„Wem gehört dieses Gut?"

„Der Frau Losnjakowa, Jelena Nikolajewna."

Er ging hinaus. Ich sah mich um: An der Zwischenwand, die mein Zimmer vom Kontor abtrennte, stand ein ungeheurer Lederdiwan; zu beiden Seiten des einzigen Fensters, das auf die Straße hinausging, ragten zwei Stühle mit sehr hohen Rückenlehnen auf, sie waren gleichfalls mit Leder bezogen. An den Wänden, die mit grünen, rosa gemusterten Tapeten beklebt waren, hingen drei riesige Ölgemälde. Auf dem einen war ein Hühnerhund dargestellt, der ein blaues Halsband mit der Aufschrift „Meine ganze Freude" trug; zu Füßen des Hundes strömte ein Fluß, und auf dem gegenüberliegenden Flußufer saß unter einer Fichte ein unverhältnismäßig großer Hase mit gespitztem Löffel. Auf dem zweiten Bild aßen zwei Greise eine Wassermelone; hinter der Melone sah man in der Ferne eine griechische Säulenhalle mit der Aufschrift „Tempel der Zufriedenheit". Das dritte Bild zeigte eine halbnackte Frau in liegender Stellung en raccourci, mit roten Knien und sehr dikken Fersen. Mein Hund kroch, ohne zu zaudern, mit übernatürlicher Anstrengung unter den Diwan, fand aber dort anscheinend viel Staub vor, denn er mußte wiederholt entsetzlich niesen. Ich trat ans Fenster. Vom Herrenhaus bis zum Kontor waren Bretter schräg über die Straße gelegt – eine äußerst nützliche Vorsichtsmaßnahme, denn ringsum war es dank unserer Schwarzerde und dem anhaltenden Regen entsetzlich schlammig. Vor dem Herrenhaus, das mit der Rückseite zur Straße stand, ging es so zu, wie es gewöhnlich vor Herrenhäusern zugeht: Mägde in verschossenen Kattunkleidern liefen geschäftig hin und her, Leute vom Hofgesinde stapften durch den Schmutz, blieben ab und zu stehen und kratzten sich nachdenklich den Rücken; das angebundene Pferd des Dorfpolizisten schwenkte träge den Schweif und benagte mit hochgerecktem Maul den Zaun; Hühner gackerten; schwindsüchtige Truthühner kollerten unaufhörlich. Auf der Vortreppe eines dunklen, morschen Gebäudes, vermutlich der Badestube, saß ein kräftiger Bursche mit einer Gitarre und sang recht verwegen die bekannte Romanze:

„Ach, in die Wü-üste gehe ich fort
Von diesem wu-underschönen Ort ..."

Der Dicke trat zu mir ins Zimmer. „Da bringt man Ihnen den Tee", sagte er mit verbindlichem Lächeln.

Der junge Mann im grauen Kaftan, der im Kontor Dienst tat, ordnete auf einem alten L'hombre-Tisch den Samowar, die Teekanne, ein Glas mit einer angeschlagenen Untertasse, ein Töpfchen Sahne und Bolchower Kringel, hart wie Feuerstein. Der Dicke ging hinaus.

„Wer ist das?" fragte ich den Diensthabenden. „Der Gutsverwalter?"

„Nein, mein Herr, er war Hauptkassierer, ist aber jetzt zum Hauptkontoristen befördert worden."

„Da habt ihr wohl gar keinen Verwalter?"

„Nein, mein Herr. Wir haben einen Gutsvogt, Michaila Wikulow, aber einen Verwalter haben wir nicht."

„Aber einen Wirtschaftsleiter habt ihr doch?"

„Freilich, den haben wir: einen Deutschen, Lindamandol, Karlo Karlytsch, aber er hat nicht zu bestimmen."
„Wer bestimmt denn bei euch?"
„Die gnädige Frau selbst."
„So ist das! Bei euch im Kontor sitzen wohl viel Leute?"
Der junge Mann dachte nach.
„Sechs Mann sitzen hier."
„Wer denn alles?" fragte ich.
„Also: Zuerst kommt Wassili Nikolajewitsch, der Hauptkassierer; dann der Kontorist Pjotr; dann Pjotrs Bruder, der Kontorist Iwan, und der andere Kontorist Iwan; dann Koskenkin Narkisow, ebenfalls ein Kontorist; und dann ich – alle kann man gar nicht aufzählen."
„Eure gnädige Frau hat wohl viel Gesinde?"
„Nein, nicht gerade viel."
„Wieviel denn immerhin?"
„Anderthalb hundert Menschen werden schon zusammenkommen."
Wir schwiegen beide.
„Nun, sag mal, du schreibst wohl recht schön?" begann ich wieder.
Der junge Mann lächelte übers ganze Gesicht und nickte, dann ging er ins Kontor hinüber und brachte mir ein beschriebenes Blatt Papier.
„Das ist meine Schrift", sagte er und lächelte immer noch.
Ich sah hin. Auf einem Viertelbogen grauweißen Papiers stand mit schöner und großer Handschrift folgender

Befehl
von dem herrschaftlichen Haupthauskontor zu Ananjewo
an den Gutsvogt Michailo Wikulow, Nr. 209.

Es wird dir befohlen, unverzüglich nach Empfang dieses zu ermitteln: Wer ist in der vorigen Nacht in betrunkenem Zustand und mit unanständigen Liedern durch den Englischen Garten gegangen und hat die französische Gouvernante Madame Eugénie geweckt und beunruhigt? Und wo haben die Wächter ihre Augen gehabt, und wer hat als Wächter im Garten gesessen und solchen Unfug zugelassen? Über alles Obenerwähnte wird dir befohlen, eingehende Erkundigungen einzuziehen und unverzüglich dem Kontor Bericht zu erstatten.

Der Hauptkontorist Nikolai Chwostow

Dem Befehl war ein riesiges Wappensiegel mit der Inschrift „Siegel des herrschaftlichen Hauptkontors zu Ananjewo" aufgedrückt, und darunter stand die Nachschrift: Genau auszuführen. Jelena Losnjakowa.

„Das hat wohl die gnädige Frau selbst dazugeschrieben?" fragte ich.

„Freilich, sie selbst; das macht sie immer selbst. Sonst kann der Befehl nicht in Kraft treten."

„Und ihr schickt diesen Befehl nun dem Gutsvogt?"

„Nein, er kommt selbst und liest ihn. Das heißt, er wird ihm vorgelesen, denn er kann ja nicht lesen und schreiben." Der Diensthabende schwieg wieder ein Weilchen. „Aber nicht wahr", fügte er selbstgefällig lächelnd hinzu, „es ist doch schön geschrieben?"

„Sehr schön."

„Aufgesetzt habe ich es nicht, offen gestanden. Darin ist Koskenkin Meister."

„Wie? Werden denn die Befehle bei euch zuerst aufgesetzt?"

„Wie denn sonst? Man kann sie doch nicht gleich ins reine schreiben."

„Und wieviel Gehalt bekommst du?" fragte ich.

„Fünfunddreißig Rubel und fünf Rubel zu Stiefeln."

„Und bist du zufrieden?"

„O ja, ich bin zufrieden. Ins Kontor kommt bei uns nicht jeder. Mir hat, offen gesagt, Gott selbst dazu verholfen: Ein Onkel von mir ist hier Haushofmeister."

„Und hast du es gut?"

„Ja, ich habe es gut. Um die Wahrheit zu sagen", fuhr er mit einem Seufzer fort, „bei den Kaufleuten, zum Beispiel, hat es unsereiner allerdings besser. Bei den Kaufleuten hat es unsereiner sehr gut. Da war gestern abend ein Kaufmann aus Wenjowo bei uns, ein Arbeiter von ihm hat mir so einiges erzählt ... Die haben's gut, da kann man nichts sagen, sehr gut."

„Wieso denn, zahlen die Kaufleute mehr Gehalt?"

„Gott bewahre! Hinausschmeißen wird er dich, wenn du ein Gehalt von ihm verlangst. Nein, bei einem Kaufmann muß man auf Treu und Glauben leben und auf sein eigenes Risiko. Er gibt einem Essen und Trinken und Kleidung – das ist alles. Stellt man ihn zufrieden, so wird er noch mehr geben. Was braucht man da ein Gehalt! Man hat es gar nicht nötig ... Ein Kaufmann, der lebt einfach und schlicht, nach russischer Art, nach unserer Art. Gehst du mit ihm auf die Reise und trinkt er Tee, so trinkst du auch Tee; was er ißt, das ißt du auch. Ein Kaufmann ... wie soll ich sagen; ein Kaufmann ist nicht so wie ein Gutsherr. Der Kaufmann hat keine Launen; freilich, ist er zornig, so schlägt er dich, aber damit ist die Sache auch erledigt. Er piesackt einen nicht immerzu, er stichelt nicht ... Aber mit einem Gutsherrn ist es schlimm! Nichts ist ihm recht: Dies ist nicht gut, und das paßt ihm nicht. Bringst du ihm ein Glas Wasser oder etwas zu essen ... ,Ach, das Wasser stinkt! Ach, das Essen stinkt!' Du trägst es hinaus, bleibst ein Weilchen vor der Tür stehen und bringst es wieder hinein. ,Na also, jetzt ist es gut, na also, jetzt stinkt es nicht mehr.' Und erst die gnädigen Frauen, sage ich Ihnen, die gnädigen Frauen erst! Oder gar die gnädigen Fräulein!"

„Fedjuschka!" erscholl die Stimme des Dicken aus dem Kontor.

Der Diensthabende ging eilig hinaus. Ich trank das Glas Tee aus, legte mich auf den Diwan und schlief ein. Ich schlief zwei Stunden.

Als ich erwachte, wollte ich mich eigentlich erheben, doch die Trägheit war stärker; ich schloß die Augen, schlief aber nicht wieder ein. Hinter der Zwischenwand, im Kontor, wurde leise gesprochen. Unwillkürlich lauschte ich.

„Tja, tja, Nikolai Jeremejitsch", sprach eine Stimme, „tja. Das muß man in Betracht ziehen, das muß man, wirklich ... Hm!" Der Sprechende räusperte sich.

„So glauben Sie mir doch, Gawrila Antonytsch", entgegnete die Stimme des Dicken, „sollte ich den Gang der Dinge hier nicht kennen, urteilen Sie selbst!"

„Wer sollte ihn kennen, wenn nicht Sie, Nikolai Jeremejitsch. Sie sind doch hier, kann man sagen, die Hauptperson. Nun, wie ist es also", fuhr die mir unbekannte Stimme fort, „wie verbleiben wir also, Nikolai Jeremejitsch? Gestatten Sie die neugierige Frage."

„Wie wir verbleiben, Gawrila Antonytsch? Von Ihnen hängt doch sozusagen die ganze Sache ab. Sie scheinen keine große Lust zu haben."

„Aber ich bitte Sie, Nikolai Jeremejitsch, was denken Sie? Unser Geschäft ist der Handel, wir sind Kaufleute; unser Geschäft ist es, zu kaufen. Wir sind darauf angewiesen, Nikolai Jeremejitsch, kann man sagen."

„Acht Rubel", sagte der Dicke langsam.

Man hörte einen Seufzer.

„Nikolai Jeremejitsch, Sie belieben viel zu fordern."

„Es geht nicht anders, Gawrila Antonytsch; wie vor Gott dem Herrn sage ich das, es geht nicht."

Es trat Schweigen ein.

Ich richtete mich leise auf und blickte durch einen Spalt in der Zwischenwand. Der Dicke saß mit dem Rücken zu mir. Das Gesicht ihm zugewandt, saß ein Kaufmann von etwa vierzig Jahren, hager und blaß, wie mit Fastenöl eingeschmiert. Er kraute sich unablässig den Bart und zwinkerte geschwind mit den Augen, seine Lippen zuckten.

„Erstaunlich gut, kann man sagen, steht die Wintersaat in diesem Jahr", begann er wieder, „die ganze Zeit bin ich gefahren und habe meine Freude daran gehabt. Gleich von Woronesh an steht sie erstaunlich gut, erste Sorte, kann man sagen."

„Das stimmt, die Wintersaat steht nicht schlecht", antwortete der Hauptkontorist, „aber Sie wissen ja, Gawrila Antonytsch, der Herbst läßt's steigen, doch erst der Frühling wird's zeigen."

„Wirklich, so ist es, Nikolai Jeremejitsch: Alles steht in Gottes Hand; da haben Sie vollkommen die Wahrheit gesagt... Aber vielleicht ist Ihr Gast inzwischen aufgewacht."

Der Dicke wandte sich um und horchte.

„Nein, er schläft. Übrigens kann man ja..." Er ging zur Tür. „Nein, er schläft", wiederholte er und kehrte an seinen Platz zurück.

„Nun, wie ist es also, Nikolai Jeremejitsch", fing der Kaufmann wieder an, „wir müssen das Geschäft doch zum Abschluß bringen ... Mag es denn so sein, Nikolai Jeremejitsch, mag's denn so sein", fuhr er, unaufhörlich zwinkernd, fort, „zwei graue Scheine und einen weißen für Euer Gnaden, und dort" (er nickte mit dem Kopf nach dem Herrenhof) „sechseinhalb. Hand darauf, ja?"

„Vier graue", antwortete der Kontorbeamte.

„Na, also drei."

„Vier graue ohne den weißen."

„Drei, Nikolai Jeremejitsch."

„Dreieinhalb und keine Kopeke weniger."

„Drei, Nikolai Jeremejitsch."

„Sie brauchen nicht weiterzureden, Gawrila Antonytsch."

„So ein Starrkopf", murmelte der Kaufmann. „Dann werde ich lieber mit der gnädigen Frau selbst abschließen."

„Wie Sie wollen", erwiderte der Dicke. „Das hätten Sie längst tun können. Wahrhaftig, warum sollen Sie sich solche Ungelegenheiten machen? Das wäre viel besser!"

„Nun, genug, genug, Nikolai Jeremejitsch. Gleich ist er böse geworden! Ich habe das doch nur so gesagt."

„Nein, wahrhaftig, wozu denn ..."

„Genug, sage ich. Ich sage ja, es war nur Spaß. Also nimm deine dreieinhalb, was soll man mit dir machen."

„Vier hätte ich nehmen sollen, aber ich Dummkopf war zu voreilig", knurrte der Dicke.

„Und im Hause dort also sechseinhalb, Nikolai Jeremejitsch; für sechseinhalb wird das Getreide abgegeben?"

„Sechseinhalb, wie schon gesagt."

„Nun, alsdann die Hand darauf, Nikolai Jeremejitsch." Der Kaufmann schlug mit gespreizten Fingern auf die Handfläche des Kontoristen. „Und mit Gott!" Der Kaufmann stand auf. „Ich gehe also jetzt zur gnädigen Frau, Väterchen Nikolai Jeremejitsch, und lasse mich bei ihr melden und werde ihr sagen: Nikolai Jeremejitsch hat für sechseinhalb abgeschlossen."

„Das können Sie sagen, Gawrila Antonytsch."

„Und jetzt empfangen Sie bitte das Geld."

Der Kaufmann händigte dem Kontorbeamten ein kleines

Päckchen Banknoten ein, verbeugte sich, schüttelte den Kopf, ergriff mit zwei Fingern seinen Hut, zuckte die Achseln, setzte seine Gestalt in wellenförmige Bewegung und ging hinaus, wobei er geziemend mit den Stiefeln knarrte. Nikolai Jeremejitsch trat zur Wand und begann sich, soviel ich bemerken konnte, die Banknoten, die ihm der Kaufmann eingehändigt hatte, genau zu besehen. Ein rothaariger Kopf mit dichtem Backenbart streckte sich zur Tür herein.

„Nun, wie steht's?" fragte der Kopf. „Alles in Ordnung?"

„Alles in Ordnung."

„Wieviel?"

Der Dicke winkte ärgerlich ab und zeigte auf mein Zimmer.

„Schon gut!" erwiderte der Kopf und verschwand.

Der Dicke trat an den Tisch, setzte sich, schlug ein Buch auf, zog das Rechenbrett heran und schob die Kugeln hin und her, wobei er nicht den Zeigefinger, sondern den Mittelfinger der rechten Hand gebrauchte: Das wirkt vornehmer.

Der Diensthabende trat ein.

„Was willst du?"

„Sidor aus Golopljoki ist gekommen."

„Ah! Nun, ruf ihn herein. Warte, warte ... Geh erst und sieh nach, ob der fremde Herr da immer noch schläft oder ob er aufgewacht ist."

Der Diensthabende trat vorsichtig zu mir ins Zimmer. Ich hatte den Kopf auf die Jagdtasche gelegt, die mir das Kissen ersetzte, und hielt die Augen geschlossen.

„Er schläft", flüsterte der Diensthabende, nachdem er ins Kontor zurückgekehrt war.

Der Dicke brummte etwas durch die Zähne.

„Na, dann ruf Sidor herein", sagte er schließlich.

Ich richtete mich abermals auf. Ein Bauer von riesigem Wuchs trat ein; er war vielleicht dreißig Jahre alt, sah gesund und rotbäckig aus und hatte blondes Haar und einen kurzen krausen Bart. Er betete vor dem Heiligenbild, verneigte sich vor dem Hauptkontoristen, nahm seinen Hut in beide Hände und richtete sich dann hoch auf.

„Guten Tag, Sidor", sagte der Dicke und klapperte mit dem Rechenbrett.

„Guten Tag, Nikolai Jeremejitsch."
„Nun, wie war der Weg?"
„Gut, Nikolai Jeremejitsch. Ein bißchen dreckig." Der Bauer sprach nicht schnell und nicht laut.
„Ist deine Frau gesund?"
„Was soll ihr schon fehlen?"
Der Bauer seufzte und stellte einen Fuß vor. Nikolai Jeremejitsch schob die Feder hinters Ohr und schneuzte sich.
„Und weswegen bist du hergekommen?" fragte er weiter und steckte sein gewürfeltes Schnupftuch wieder in die Tasche.
„Ja, hör mal, Nikolai Jeremejitsch, man will Zimmerleute von uns."
„Na und? Habt ihr etwa keine?"
„Wie sollten wir keine haben, Nikolai Jeremejitsch: Es ist ja ein Waldgebiet. Aber jetzt ist gerade die beste Arbeitszeit."
„Arbeitszeit! Das ist es ja! Für Fremde zu arbeiten, dazu habt ihr immer Lust, aber für die eigene Herrin arbeitet ihr nicht gern ... Es ist immer das gleiche!"
„Die Arbeit, die ist immer die gleiche, das stimmt, Nikolai Jeremejitsch ... nur ..."
„Was denn?"
„Die Bezahlung ist sehr ... mäßig ..."
„Was ihr nicht alles wollt! Sieh mal an, wie verwöhnt ihr seid! Was du nicht sagst!"
„Und auch das muß gesagt werden, Nikolai Jeremejitsch, Arbeit wird es nur für eine Woche geben, aber dabehalten wird man uns einen Monat. Bald wird das Material nicht reichen, bald wird man uns in den Garten schicken – die Wege reinigen."
„Was ihr nicht alles zu bemängeln habt! Die gnädige Frau selbst hat geruht zu befehlen, also hat es gar keinen Zweck, wenn ich mit dir darüber verhandle."
Sidor schwieg und trat von einem Fuß auf den andern.
Nikolai Jeremejitsch drehte den Kopf zur Seite und begann eifrig mit den Kugeln zu klappern.
„Unsere ... Bauern ... Nikolai Jeremejitsch ...", fing Sidor endlich wieder an, stockte aber bei jedem Wort, „haben mir aufgetragen, Euer Gnaden ... dies hier ... es wird ..."

Er versenkte seine mächtige Hand in den Rockausschnitt und zog umständlich ein zusammengerolltes Handtuch mit rotem Muster heraus.

„Was tust du, was tust du, Dummkopf, bist du verrückt geworden, wie?" unterbrach ihn hastig der Dicke. „Geh, geh zu mir ins Haus", fuhr er fort, wobei er den verdutzten Bauern fast hinausstieß, „frag dort nach meiner Frau, sie wird dir Tee geben, ich komme gleich, geh nur. Hörst du nicht, ich sage, geh!"

Sidor ging hinaus.

„So ein ... Bär!" brummte der Hauptkontorist hinter ihm her, schüttelte den Kopf und nahm wieder das Rechenbrett vor.

Plötzlich ertönten auf der Straße und der Vortreppe laute Rufe: „Kuprja! Kuprja! Den Kuprja wirft keiner um!" Und gleich darauf trat in das Kontor ein Mann von kleiner Gestalt und schwindsüchtigem Aussehen, mit einer ungewöhnlich langen Nase, großen, unbeweglichen Augen und sehr hochmütiger Haltung. Gekleidet war er in einen alten, ganz zerschlissenen, adelaide- oder, wie man bei uns sagt, odelloidefarbenen Gehrock mit Plüschkragen und winzigen Knöpfen. Er trug ein Bündel Holz auf den Schultern. Um ihn drängten sich etwa fünf Mann vom Hofgesinde, und alle schrien: „Kuprja! Kuprja wirft keiner um! Zum Heizer haben sie Kuprja ernannt, zum Heizer!" Der Mann in dem Gehrock mit dem Plüschkragen schenkte dem Toben seiner Kameraden nicht die geringste Beachtung und verzog keine Miene. Gemessenen Schrittes ging er zum Ofen, warf seine Bürde ab, richtete sich auf, holte aus der hinteren Tasche eine Tabakdose hervor, riß die Augen auf und begann sich eine Mischung von zerriebenem Steinklee und Asche in die Nase zu stopfen.

Als der lärmende Haufen eintrat, wollte der Dicke schon die Brauen runzeln und sich von seinem Platz erheben; sobald er aber sah, worum es sich handelte, lächelte er und gebot nur, nicht so zu schreien: Im Nebenzimmer schlafe nämlich ein Jäger.

„Was für ein Jäger?" fragten zwei Mann gleichzeitig.

„Ein Gutsbesitzer."

„Ah!"

„Mögen sie lärmen", begann der Mann mit dem Plüschkragen und spreizte die Finger, „was geht es mich an! Wenn sie mich nur nicht anrühren. Zum Heizer bin ich ernannt worden."

„Zum Heizer! Zum Heizer!" fiel die Schar fröhlich ein.

„Die gnädige Frau hat es befohlen", fuhr er achselzuckend fort. „Ihr aber wartet nur! Euch wird man noch zu Schweinehirten ernennen. Aber daß ich ein Schneider bin, und ein guter Schneider, daß ich bei den ersten Meistern in Moskau in die Lehre gegangen bin und für Generale geschneidert habe, das kann mir keiner nehmen. Womit brüstet ihr euch? Womit? Seid ihr etwa der Gewalt der Obrigkeit entronnen? Schmarotzer seid ihr, Müßiggänger, weiter nichts. Wenn man mich freiläßt – ich werde nicht verhungern, ich werde nicht umkommen; gebt mir einen Paß, und ich werde einen guten Zins zahlen und die Herrschaft zufriedenstellen. Aber ihr? Umkommen würdet ihr, umkommen wie die Fliegen, das ist alles!"

„Das lügst du", unterbrach ihn ein blatternarbiger, weißblonder Bursche mit rotem Halstuch und zerrissenen Ellenbogen, „du hast ja schon mal einen Paß gehabt, aber nicht eine Kopeke Zins hat die Herrschaft von dir zu sehen gekriegt, und auch dir selbst hast du keinen Groschen verdient: Mit Müh und Not hast du dich wieder nach Hause geschleppt, und seit der Zeit läufst du immer in dem einen Fräckchen herum."

„Was soll man machen, Konstantin Narkisytsch", entgegnete Kuprijan, „wenn der Mensch sich verliebt, dann ist er verloren, dann geht der Mensch zugrunde. Lebe du erst mal so lange wie ich, Konstantin Narkisytsch, dann kannst du über mich richten."

„Und wen er sich zum Verlieben ausgesucht hat! Ein wahres Scheusal!"

„Nein, das darfst du nicht sagen, Konstantin Narkisytsch."

„Willst du das etwa bestreiten? Ich habe sie ja gesehen; voriges Jahr in Moskau habe ich sie mit eigenen Augen gesehen."

„Voriges Jahr sah sie wirklich etwas schlechter aus", gab Kuprijan zu.

„Nein, Herrschaften, hört mal", begann in verächtlichem und lässigem Ton ein großer, hagerer Mensch mit einem von Pickeln übersäten Gesicht und gewelltem und geöltem Haar, vermutlich ein Kammerdiener, „Kuprijan Afanasjitsch soll uns mal sein Liedchen vorsingen. Also los, fangen Sie an, Kuprijan Afanasjitsch!"

„Ja! Ja!" fielen die anderen ein. „Großartig, Alexandra! Du hast den Kuprja schön hereingelegt, da kann man nichts sagen. Sing, Kuprja! Du bist ein feiner Kerl, Alexandra!" (Wenn sich die Leute vom Hofgesinde besonders liebevoll ansprechen wollen, hängen sie den Männernamen oft weibliche Endungen an.) „Sing!"

„Hier ist nicht der Ort zu singen", entgegnete Kuprijan mit Entschiedenheit, „hier ist das herrschaftliche Kontor."

„Was geht das dich an? Du willst wohl selber Kontorist werden?" antwortete Konstantin mit grobem Lachen. „Offenbar!"

„Das steht alles in der Macht der Herrschaft", bemerkte der arme Teufel.

„Seht ihr, seht ihr, wonach er strebt, seht ihr, was das für einer ist? Hu, hu! Ha!"

Und alle brachen in lautes Gelächter aus, manche hüpften vor Vergnügen. Am lautesten von allen lachte ein Bürschchen von etwa fünfzehn Jahren, wahrscheinlich der Sohn eines Aristokraten unter dem Gesinde: Er trug eine Weste mit Bronzeknöpfen, dazu ein lilafarbenes Halstuch, und hatte sich bereits ein ganz ansehnliches Bäuchlein wachsen lassen.

„Hör mal zu, Kuprja, gesteh es nur ein", begann Nikolai Jeremejitsch selbstgefällig und anscheinend belustigt und milde gestimmt, „als Heizer hat man es doch schlecht? Das ist sicherlich eine ganz öde Tätigkeit?"

„Das schon, Nikolai Jeremejitsch", versetzte Kuprijan, „Sie sind nun bei uns jetzt der Hauptkontorist, das ist richtig; darüber gibt es keinen Streit, das stimmt, aber auch Sie sind ja einmal in Ungnade gefallen und haben in einem Bauernhaus wohnen müssen."

„Paß auf, du, und vergiß dich nicht", unterbrach ihn der Dicke aufbrausend, „man scherzt mit dir, du Dummkopf; das müßtest du doch merken, Dummkopf, und dankbar sein, daß man sich mit dir Dummkopf überhaupt abgibt."

„Es ist mir so herausgefahren, Nikolai Jeremejitsch, entschuldigen Sie ..."

„Von wegen herausgefahren, paß auf, du!"

Die Tür öffnete sich, und ein Laufbursche stürzte herein.

„Nikolai Jeremejitsch, die gnädige Frau befiehlt Sie zu sich."

„Wer ist bei der gnädigen Frau?" fragte er den Laufburschen.

„Axinja Nikitischna und der Kaufmann aus Wenjowo."

„Noch diese Minute komme ich. Und ihr, Freunde", setzte er eindringlich hinzu, „geht lieber von hier fort mit eurem neuernannten Heizer: Sonst kommt gar noch der Deutsche herein und beschwert sich gleich wieder."

Der Dicke strich sich das Haar glatt, hustete in die Hand, die fast ganz vom Ärmel verdeckt wurde, knöpfte seinen Rock zu und begab sich zur gnädigen Frau; beim Gehen setzte er die Beine weit auseinander. Nach einer kurzen Zeit trottete ihm der ganze Haufen mit Kuprja nach. Nur mein alter Bekannter, der Diensthabende, blieb zurück. Er wollte gerade Federkiele anspitzen, schlief aber im Sitzen ein. Einige Fliegen benutzten sogleich die günstige Gelegenheit und setzten sich auf seinen Mund. Eine Mücke ließ sich auf die Stirn nieder, stellte ihre Beinchen zurecht und senkte ihren Stechrüssel langsam in seine weiche Haut. Der Rotkopf von vorhin, der mit dem Backenbart, erschien von neuem in der Tür, guckte eine ganze Weile herein und schob sich dann mitsamt seinem ziemlich unschönen Körper ins Kontor.

„Fedjuschka! He, Fedjuschka! Ewig schläfst du!" sprach der Kopf.

Der Diensthabende öffnete die Augen und stand vom Stuhl auf.

„Nikolai Jeremejitsch ist wohl zur gnädigen Frau gegangen?"

„Ja, er ist zur gnädigen Frau gegangen, Wassili Nikolajitsch."

Aha! dachte ich. Das ist er also, der Hauptkassierer.

Der Hauptkassierer ging im Zimmer auf und ab. Übrigens schlich er mehr, als daß er ging, überhaupt hatte er große Ähnlichkeit mit einer Katze. Um seine Schultern schlotterte ein alter schwarzer Frack mit sehr schmalen Schößen; eine Hand hielt er auf der Brust, mit der anderen griff er beständig nach seiner hohen und engen Halsbinde aus Roßhaar und drehte dabei mit Anstrengung den Kopf. Er trug Stiefel aus Ziegenleder, die nicht knarrten, und trat sehr leise auf.

„Heute hat der Gutsbesitzer Jaguschkin nach Ihnen gefragt", fügte der Diensthabende hinzu.

„Hm, gefragt? Was hat er denn so gesagt?"

„Er hat gesagt, daß er am Abend zu Tjutjurew fahren und dort auf Sie warten wird. ‚Ich muß mit Wassili Nikolajitsch über eine Sache reden', hat er gesagt, aber über was für eine Sache, das hat er nicht gesagt: ‚Wassili Nikolajitsch weiß schon', meinte er."

„Hm!" erwiderte der Hauptkassierer und trat ans Fenster.

„Ist Nikolai Jeremejitsch im Kontor?" erscholl eine laute Stimme im Flur, und ein großer, ziemlich ordentlich gekleideter Mann mit unregelmäßigen, aber ausdrucksvollen und kühnen Gesichtszügen schritt über die Schwelle; er war sichtlich aufgebracht.

„Ist er nicht hier?" fragte er und blickte sich rasch um.

„Nikolai Jeremejitsch ist bei der gnädigen Frau", antwortete der Kassierer. „Was wünschen Sie, sagen Sie es mir, Pawel Andrejitsch, Sie können es mir ruhig sagen. Was wollen Sie?"

„Was ich will? Sie wollen wissen, was ich will?" Der Kassierer nickte heftig. „Eine Lehre will ich ihm erteilen, dem nichtsnutzigen Dickwanst, dem gemeinen Verleumder. Ich werde ihm helfen, andere zu verleumden."

Er warf sich auf einen Stuhl.

„Aber, aber, Pawel Andrejitsch! Beruhigen Sie sich ... Sie sollten sich schämen! Vergessen Sie nicht, von wem Sie sprechen, Pawel Andrejitsch!" stammelte der Kassierer.

„Von wem? Was geht es mich an, daß er zum Hauptkontoristen befördert worden ist! Da hat man gerade den Richtigen befördert, ich danke! Da hat man wirklich den Bock zum Gärtner gemacht, das kann man wohl sagen!"

„Genug, genug, Pawel Andrejitsch, genug! Hören Sie auf damit ... Was sind das für Dummheiten!"

„Ja, Reineke Fuchs, du wedelst mit dem Schwanz, natürlich! Ich werde hier auf ihn warten", sprach Pawel zornig und schlug mit der Hand auf den Tisch. „Ah, da kommt er ja schon", setzte er, nachdem er einen Blick aus dem Fenster geworfen hatte, hinzu, „wenn man vom Wolf spricht, dann kommt er. Herzlich willkommen!"

Er stand auf.

Nikolai Jeremejitsch trat ins Kontor. Sein Gesicht strahlte vor Zufriedenheit, beim Anblick Pawels wurde er jedoch etwas verlegen.

„Guten Tag, Nikolai Jeremejitsch", sagte Pawel bedeutungsvoll und bewegte sich langsam auf ihn zu, „guten Tag."

Der Hauptkontorist antwortete nichts. In der Tür zeigte sich das Gesicht des Kaufmanns.

„Warum beliebt es Ihnen nicht, mir zu antworten?" fuhr Pawel fort. „Übrigens, nein... nein", fügte er hinzu, „so geht die Sache nicht; mit Schreien und Schimpfen erreicht man da nichts. Nein, sagen Sie mir lieber im guten, Nikolai Jeremejitsch, weshalb verfolgen Sie mich? Weshalb wollen Sie mich zugrunde richten? Nun, reden Sie doch, reden Sie!"

„Hier ist nicht der Ort, mich mit Ihnen auseinanderzusetzen", entgegnete der Hauptkontorist nicht ohne Erregung, „und es ist auch nicht die Zeit dazu. Nur über eines wundere ich mich, muß ich gestehen: Woraus entnehmen Sie, daß ich Sie zugrunde richten möchte oder verfolge? Und schließlich: Wie kann ich Sie denn verfolgen? Sie sind ja nicht bei mir im Kontor angestellt."

„Das wäre ja noch schöner", antwortete Pawel, „das hätte mir gerade noch gefehlt. Aber warum verstellen Sie sich so, Nikolai Jeremejitsch? Sie verstehen mich doch sehr gut."

„Nein, ich verstehe Sie nicht."

„Doch, Sie verstehen mich."

„Nein, bei Gott, ich verstehe Sie nicht."

„Nun schwören Sie gar noch bei Gott! Wenn es schon einmal so weit gekommen ist, dann sagen Sie mir: Fürchten Sie Gott gar nicht? Warum lassen Sie das arme Mädchen nicht in Frieden? Was wollen Sie eigentlich von ihr?"

„Von wem sprechen Sie, Pawel Andrejitsch?" fragte der Dicke mit geheuchelter Verwunderung.

„Ah! Er weiß es nicht, ist es nicht so? Von Tatjana spreche ich. Sie sollten Gott fürchten! Wofür rächen Sie sich? Sie sollten sich schämen: Sie sind ein verheirateter Mann, Sie haben Kinder, so groß wie ich. Bei mir ist das etwas ganz anderes... Ich will sie heiraten, ich handle ehrenhaft."

„Aber wieso bin ich da schuld, Pawel Andrejitsch? Die gnädige Frau erlaubt Ihnen nicht, zu heiraten, es ist ihr herrschaftlicher Wille! Was habe ich damit zu tun?"

„Was Sie damit zu tun haben? Stecken Sie etwa nicht mit dieser alten Hexe, mit der Beschließerin, unter einer Decke, wie? Verleumden Sie etwa niemanden? Sagen Sie, hängen Sie dem schutzlosen Mädchen nicht alle möglichen erlogenen Geschichten an? Ist sie etwa nicht durch Ihre Gnade aus einer Wäscherin zur Scheuermagd gemacht worden? Und daß sie geschlagen wird und in Lumpen gehen muß, verdankt sie das nicht Ihrer Gnade? Schämen Sie sich, schämen Sie sich, Sie alter Mann! Ehe Sie sich's versehen, kann Sie der Schlag rühren, dann werden Sie sich vor Gott verantworten müssen."

„Schimpfen Sie nur, Pawel Andrejitsch, immer schimpfen Sie. Lange werden Sie nicht mehr so schimpfen können!"

Pawel brauste auf.

„Was? Willst du mir auch noch drohen?" rief er voller Zorn. „Du denkst wohl, ich fürchte dich? Nein, Bruder, da bist du an den Falschen geraten! Wovor soll ich mich fürchten? Ich finde überall mein Brot. Du freilich – bei dir ist das etwas anderes! Du kannst nur hier so leben und verleumden und stehlen ..."

„Nun seht bloß, wie er sich aufbläht", unterbrach ihn der Kontorist, der auch die Geduld zu verlieren begann, „ein Feldscher, ein simpler Feldscher, ein hohlköpfiger Medizinmann, aber hört ihn nur mal selbst reden – alle Wetter, was für eine wichtige Person er ist!"

„Jawohl, ein Feldscher, aber ohne diesen Feldscher würden Euer Gnaden jetzt auf dem Friedhof faulen ... Der Teufel hat mich geritten, ihn zu kurieren", stieß er durch die Zähne.

„Du hast mich kuriert? Nein, vergiften wolltest du mich; Aloesaft hast du mir eingeflößt", fiel der Kontorist ein.

„Na und? Wenn dir außer Aloesaft nichts mehr helfen konnte?"

„Aloesaft ist von der Medizinalbehörde verboten", fuhr Nikolai fort, „ich werde mich noch über dich beschweren. Du wolltest mich umbringen – das hast du gewollt! Aber Gott hat es nicht zugelassen."

„Genug, genug, meine Herren", wollte der Kassierer sich einmischen.

„Laß mich!" schrie der Kontorist. „Er hat mich vergiften wollen! Begreifst du das endlich?"

„Das hatte ich gerade nötig ... Hör zu, Nikolai Jeremejew", sagte Pawel ganz verzweifelt, „zum letztenmal bitte ich dich ... du hast mich so weit gebracht – ich halte es nicht mehr aus. Laß uns in Ruhe, verstehst du? Sonst, bei Gott, nimmt es mit einem von uns beiden kein gutes Ende, das sage ich dir."

Der Dicke geriet außer sich.

„Ich fürchte mich nicht vor dir", schrie er, „hörst du, du Grünschnabel! Ich bin schon mit deinem Vater fertig geworden, ich habe schon ihm die Hörner gebrochen – laß dir das als Beispiel dienen, nimm dich in acht!"

„Erinnere mich nicht an meinen Vater, Nikolai Jeremejew, erinnere mich nicht!"

„Nun, sieh mal an! Willst du mir vielleicht Vorschriften machen?"

„Ich sage dir, erinnere mich nicht!"

„Und ich sage dir, vergiß dich nicht ... Wie nötig du der gnädigen Frau, deiner Meinung nach, auch sein magst – wenn sie zwischen uns beiden wählen müßte, dann wirst du dich nicht halten können, mein Bester! Sich aufzulehnen ist niemandem erlaubt, nimm dich in acht!" Pawel zitterte vor Wut. „Und dem Mädchen Tatjana geschieht ganz recht ... Wart nur ab, die wird noch mehr erleben!"

Pawel stürzte mit erhobenen Armen vor, und der Kontorist fiel schwer auf den Fußboden.

„In Ketten mit ihm, in Ketten", stöhnte Nikolai Jeremejew.

Das Ende dieses Auftrittes zu schildern, nehme ich nicht auf mich; ich fürchte auch so schon, die Gefühle des Lesers verletzt zu haben.

Noch am selben Tag kehrte ich nach Hause zurück. Eine Woche darauf erfuhr ich, daß Frau Losnjakowa sowohl Pawel als auch Nikolai in ihrem Dienst belassen, das Mädchen Tatjana aber verschickt hatte: Sie brauchte sie offenbar nicht mehr.

Der Birjuk

Eines Abends fuhr ich allein auf einer Reitdroschke von der Jagd heim. Bis nach Hause waren es noch acht Werst; meine gute Traberstute lief munter auf der staubigen Landstraße dahin; bisweilen schnaubte sie und bewegte die Ohren; mein müder Hund blieb um keinen Schritt hinter den Hinterrädern zurück, als sei er angebunden. Ein Gewitter zog herauf. Vor mir stieg hinter dem Wald langsam eine mächtige lilafarbene Wolkenwand empor; über mir und mir entgegen jagten lange graue Wolken; die Weiden schwankten und lispelten aufgeregt. Die schwüle Hitze wich jäh einer feuchten Kälte; die Schatten verdichteten sich rasch. Ich schlug das Pferd mit dem Zügel, fuhr in eine Schlucht hinunter, überquerte ein trockenes Bachbett, das ganz mit Weidengebüsch überwuchert war, fuhr wieder bergauf und gelangte in den Wald. Der Weg wand sich vor mir zwischen dichten Haselnußsträuchern dahin, die schon von der Dunkelheit überflutet waren; ich kam nur mühsam vorwärts. Die Droschke holperte über die harten Wurzeln hundertjähriger Eichen und Linden, die in einem fort die tiefen Längsfurchen, die Spuren von Wagenrädern, kreuzten; mein Pferd fing an zu stolpern. Plötzlich heulte hoch oben ein starker Wind los, die Bäume rauschten, große Regentropfen schlugen klatschend auf die Blätter, ein Blitz flammte auf, und das Gewitter entlud sich. Es goß in Strömen. Ich fuhr im Schritt und war bald gezwungen anzuhalten. Mein Pferd blieb im Schlamm stecken, und ich sah die Hand vor den Augen nicht mehr. Mit Müh und Not fand ich unter einem breiten Busch Schutz. Zusammengekrümmt und das Gesicht verhüllend, wartete ich geduldig auf das Ende des Unwetters, doch plötzlich glaubte ich beim Schein eines Blitzes auf dem Fahrweg eine hohe Gestalt wahrzunehmen. Ich blickte angestrengt in diese Richtung – und auf einmal stand dieselbe Gestalt wie aus dem Boden gewachsen neben meiner Droschke.

„Wer ist da?" fragte eine klangvolle Stimme.

„Wer bist du denn selber?"

„Ich bin der hiesige Waldhüter."

Ich nannte meinen Namen.

„Ah, ich weiß. Sie fahren nach Hause?"

„Ja. Aber du siehst ja, was das für ein Gewitter ist."

„Ja, das ist ein Gewitter!" antwortete die Stimme.

Ein weißer Blitz beleuchtete den Waldhüter von Kopf bis Fuß, unmittelbar danach erscholl ein kurzer, krachender Donnerschlag. Der Regen strömte mit verdoppelter Stärke hernieder.

„Das geht nicht so bald vorüber", fuhr der Waldhüter fort.

„Was soll man da machen!"

„Ich kann Sie in mein Haus führen", sagte er kurz angebunden.

„Tu mir den Gefallen."

„Bitte setzen Sie sich."

Er trat an den Kopf meines Pferdes heran, faßte es am Zaum und zog es fort. Wir setzten uns in Bewegung. Ich hielt mich am Polster des Wagens fest, der „wie ein Kahn auf dem Meer" schaukelte, und rief meinen Hund. Meine arme Stute schlappte mühselig durch den Schlamm, glitt hin und wieder aus und stolperte; der Waldhüter schwankte vor den Deichselstangen bald nach rechts, bald nach links – wie ein Gespenst. Wir fuhren ziemlich lange; endlich machte mein Führer halt.

„Wir sind da, Herr", sagte er ruhig. Eine Pforte knarrte, ein paar Welpen schlugen gleichzeitig an. Ich hob den Kopf und gewahrte beim Schein eines Blitzes inmitten eines geräumigen Hofes, den ein Flechtzaun umgab, ein kleines Bauernhaus. Aus einem Fensterchen schimmerte ein trüber Lichtschein. Der Waldhüter führte das Pferd bis an die Vortreppe und klopfte an die Tür. „Gleich, gleich!" ertönte eine dünne Stimme; das Tappen nackter Füße wurde hörbar, ein Riegel kreischte, und ein Mädchen von etwa zwölf Jahren in einem

Hemd, das mit einem Band gegürtet war, erschien mit einer Laterne in der Hand auf der Schwelle. „Leuchte dem Herrn", sagte der Waldhüter zu ihr, „ich will Ihren Wagen unter das Vordach stellen."

Das Mädchen warf einen Blick auf mich und ging ins Haus. Ich folgte ihr.

Das Haus des Waldhüters bestand aus einem einzigen verräucherten, niedrigen und leeren Raum, ohne Schlafpritschen und Zwischenwände. Ein zerrissener Schafpelz hing an der Wand. Auf einer Bank lag eine einläufige Flinte, in einer Ecke ein Haufen Lumpen; neben dem Ofen standen zwei große Töpfe. Auf dem Tisch flackerte trübselig ein Kienspan, als wollte er jeden Augenblick erlöschen. Mitten in der Stube hing eine Wiege, die am Ende einer langen Stange festgebunden war.

Das Mädchen löschte die Laterne, setzte sich auf eine winzige Bank und begann mit der rechten Hand die Wiege zu schaukeln und mit der linken den Kienspan zurechtzurücken. Ich blickte um mich – das Herz tat mir weh: Es macht keine Freude, bei Nacht in ein Bauernhaus einzutreten. Das Kind in der Wiege atmete schwer und schnell.

„Bist du etwa allein hier?" fragte ich das Mädchen.

„Ja", antwortete sie kaum vernehmlich.

„Bist du des Waldhüters Tochter?"

„Ja", lispelte sie.

Die Tür knarrte, und der Waldhüter schritt über die Schwelle. Er mußte dabei den Kopf einziehen. Er hob die Laterne vom Fußboden auf, trat an den Tisch und zündete den Docht an.

„Sie sind wahrscheinlich an den Kienspan nicht gewöhnt", sagte er und schüttelte sein lockiges Haar.

Ich schaute ihn an. Selten habe ich einen solchen Hünen gesehen. Er war groß, breitschultrig und prachtvoll gebaut. Unter dem nassen Hanfhemd traten seine mächtigen Muskeln plastisch hervor. Ein krauser schwarzer Bart bedeckte zur Hälfte sein rauhes, männliches Gesicht; unter den zusammengewachsenen buschigen Brauen blickten kühn die nicht sehr großen braunen Augen hervor. Er stemmte die Arme leicht in die Seiten und blieb vor mir stehen.

Ich bedankte mich bei ihm und fragte nach seinem Namen.

„Ich heiße Foma", antwortete er, „und mit Spitznamen der Birjuk*."

„Ah, du bist der Birjuk!"

Ich betrachtete ihn nun mit doppelter Neugier. Oft hatte ich meinen Jermolai und andere von dem Waldhüter Birjuk erzählen hören, den alle Bauern im Umkreis fürchteten wie das Feuer. Nach ihren Worten hatte es auf der Welt noch nie einen solchen Meister seines Faches gegeben.

„Nicht ein Bund Reisig läßt er fortschleppen; zu welcher Tageszeit es auch sei, sogar mitten in der Nacht – ganz unverhofft ist er da wie der Schnee auf dem Kopf; und denke ja nicht daran, Widerstand zu leisten – er ist stark und gewandt wie der Teufel ... Und mit nichts ist er herumzukriegen, weder mit Schnaps noch mit Geld, auf keinen Köder beißt er an. Mehr als einmal haben sich gute Leute schon aufgemacht, ihn unter die Erde zu bringen, aber nein – es gelingt nicht." So äußerten sich die Bauern der Umgebung über den Birjuk.

„So, du bist der Birjuk", wiederholte ich, „ja, Bruder, ich habe von dir schon gehört. Man sagt, du läßt keinem etwas durchgehen."

„Ich tue meine Pflicht", erwiderte er mürrisch, „niemand soll das Brot der Herrschaft umsonst essen."

Er zog ein Beil aus dem Gürtel, setzte sich auf den Fußboden und fing an, Kienspäne zu hacken.

„Hast du denn keine Hausfrau?" fragte ich ihn.

„Nein", antwortete er und schwang kraftvoll das Beil.

„Sie ist wohl gestorben?"

„Nein ... ja ... sie ist tot", fügte er hinzu und wandte sich ab.

Ich schwieg; er hob die Augen und sah mich an.

„Sie ist mit einem durchreisenden Kleinbürger davongelaufen", sagte er mit einem harten Lächeln. Das Mädchen schlug die Augen nieder; das Kind in der Wiege wachte auf und fing an zu schreien; das Mädchen ging zu der Wiege. „Da, gib ihm das", sagte der Birjuk und drückte ihr einen verschmutzten

---

* Birjuk nennt man im Gouvernement Orjol einen einsiedlerischen und mürrischen Menschen.

Schnuller in die Hand. „Auch das da hat sie im Stich gelassen", fuhr er halblaut fort und zeigte auf den Säugling. Er ging zur Tür, blieb stehen und drehte sich um.

„Sie werden sich aus unserem Brot nichts machen, Herr", fing er an, „und außer Brot habe ich ..."

„Ich bin nicht hungrig."

„Nun, wie Sie wollen. Ich würde Ihnen einen Samowar aufstellen, aber ich habe keinen Tee ... Ich gehe mal und sehe nach, was Ihr Pferd macht."

Er ging hinaus und schlug die Tür zu. Ich blickte abermals um mich. Der Raum erschien mir noch trauriger als zuvor. Der bittere Geruch kalten Rauches legte sich mir unangenehm auf die Brust. Das Mädchen rührte sich nicht von der Stelle und hob auch die Augen nicht; ab und zu stieß sie die Wiege an und zog sich scheu das herabgerutschte Hemd über die Schulter; ihre nackten Füße hingen regungslos hinab.

„Wie heißt du?" fragte ich.

„Ulita", sagte sie und senkte ihr trauriges Gesichtchen noch mehr.

Der Waldhüter kam wieder herein und setzte sich auf die Bank.

„Das Gewitter zieht ab", bemerkte er nach kurzem Schweigen, „wenn Sie befehlen, bringe ich Sie aus dem Wald hinaus."

Ich stand auf. Der Birjuk nahm sein Gewehr und prüfte die Zündpfanne.

„Warum tust du das?" fragte ich.

„Im Wald wird geräubert ... An der Kobylischlucht wird ein Baum gefällt", fügte er als Antwort auf meinen fragenden Blick hinzu.

„Kann man das denn von hier aus hören?"

„Vom Hof aus hört man es."

Wir gingen zusammen hinaus. Der Regen hatte aufgehört. In der Ferne ballten sich noch schwere Wolkenmassen, und zuweilen flammten lange Blitze auf, aber über unseren Köpfen war hier und da schon der dunkelblaue Himmel zu sehen, und Sterne flimmerten durch das dünne, schnell dahinfliegende Gewölk. Die Umrisse der Bäume, die vom Regen troffen und im Winde wogten, traten allmählich aus dem Dunkel hervor.

Wir lauschten. Der Waldhüter nahm die Mütze ab und senkte den Kopf.

„Da ... da", sagte er plötzlich und streckte die Hand aus, „sehen Sie, was für eine Nacht er sich ausgesucht hat."

Ich hörte nichts als das Rauschen der Blätter.

Der Birjuk führte das Pferd unter dem Wetterdach hervor.

„Aber so werde ich ihn wohl noch verpassen", fügte er, laut denkend, hinzu.

„Ich werde mit dir gehen. Willst du?"

„Gut", antwortete er und stieß das Pferd zurück, „den werden wir im Handumdrehen fangen, und dann bringe ich Sie aus dem Wald. Also, gehen wir."

Wir gingen; der Birjuk voran, ich hinter ihm her. Gott weiß, wie er den Weg erkannte, aber er blieb nur selten stehen, und auch das lediglich, um auf den Schlag der Axt zu horchen.

„Da", knurrte er durch die Zähne, „hören Sie? Hören Sie?"

„Wo denn?"

Der Birjuk zuckte die Achseln. Wir stiegen in eine Schlucht hinunter, der Wind ließ einen Augenblick nach – regelmäßige Axtschläge drangen deutlich an mein Ohr. Der Birjuk warf mir einen Blick zu und nickte mit dem Kopf. Wir gingen weiter durch nasses Farnkraut und Nesseln. Ein dumpfes, anhaltendes Krachen erscholl.

„Er hat ihn umgelegt", murmelte der Birjuk.

Unterdessen hatte sich der Himmel immer mehr aufgeklärt; im Wald war es ein wenig heller geworden. Wir gelangten endlich aus der Schlucht hinaus. „Warten Sie hier", flüsterte mir der Waldhüter zu, bückte sich und verschwand, das Gewehr über sich haltend, zwischen den Büschen. Ich lauschte angestrengt. Durch das beständige Rauschen des Windes hindurch glaubte ich unweit schwache Geräusche zu vernehmen: Eine Axt schlug vorsichtig auf Äste, Räder knarrten, ein Pferd schnaubte ... „Wohin? Halt!" dröhnte plötzlich die eiserne Stimme des Birjuk. Eine andere Stimme schrie kläglich auf, so, wie ein Hase schreit. Ein Kampf entspann sich. „Du lügst! Du lügst!" wiederholte keuchend der Birjuk. „Du entwischst mir nicht..."

Ich stürzte in die Richtung, aus der die Geräusche

zu mir drangen, und gelangte, bei jedem Schritt stolpernd, auf den Kampfplatz. Bei dem gefällten Baum sah ich den Waldhüter auf der Erde hantieren; er hielt den Dieb unter sich fest und band ihm mit einem Gürtel die Hände auf dem Rücken zusammen. Ich trat hinzu. Der Birjuk erhob sich und stellte ihn auf die Füße. Ich erblickte einen durchnäßten, zerlumpten Bauern mit langem, zerzaustem Bart. Ein armseliges Pferdchen, mit einer eckigen Bastmatte halb zugedeckt, stand vor einem Bauernwagen. Der Waldhüter sprach kein Wort; der Bauer schwieg ebenfalls und schüttelte nur ab und zu den Kopf.

„Laß ihn laufen", flüsterte ich dem Birjuk ins Ohr, „ich werde den Baum bezahlen."

Schweigend packte der Birjuk mit der linken Hand das Pferd an den Stirnhaaren, mit der rechten hielt er den Dieb am Gürtel.

„Na, dreh dich um, du Krähe", sagte er rauh.

„Nehmen Sie wenigstens die Axt mit", murmelte der Bauer.

„Wozu soll sie hier verrotten?" sagte der Waldhüter und hob die Axt auf.

Wir gingen los. Ich lief hinterher. Es tröpfelte wieder, und bald goß es in Strömen. Mit Mühe erreichten wir das Haus. Der Birjuk ließ den gefangenen Gaul mitten auf dem Hof stehen, führte den Bauern in die Stube, lockerte den Knoten des Gürtels auf seinem Rücken, schob ihn in eine Ecke und ließ ihn sich setzen. Das Mädchen, das am Ofen eingeschlafen war, sprang auf und blickte uns mit stummem Schrecken an. Ich setzte mich auf die Bank.

„Wie es wieder gießt", bemerkte der Waldhüter, „da heißt es abwarten. Wollen Sie sich nicht niederlegen?"

„Danke."

„Ich würde ihn, Euer Gnaden wegen, in das Kämmerchen sperren", fuhr er fort und deutete auf den Bauern, „aber der Riegel..."

„Laß ihn nur ruhig hier", unterbrach ich den Birjuk.

Der Bauer warf mir einen mißtrauischen Blick zu. Ich gab mir im stillen das Wort, den armen Kerl unter allen Umständen zu befreien. Er saß regungslos auf seiner Bank. Beim Schein der Laterne konnte ich sein abgezehrtes, gefurchtes Gesicht erkennen, die überhängenden gelben Brauen, die unruhigen Augen, die mageren Glieder ... Das Mädchen hatte sich dicht vor seinen Füßen auf den Fußboden gelegt und war wieder eingeschlafen. Der Birjuk saß am Tisch und stützte den Kopf auf die Hände. Ein Heimchen zirpte in der Ecke ... Der Regen trommelte auf das Dach und rann an den Fenstern herab. Wir schwiegen alle.

„Foma Kusmitsch", begann plötzlich der Bauer mit dumpfer und müder Stimme, „du, Foma Kusmitsch!"

„Was willst du?"

„Laß mich frei."

Der Birjuk gab keine Antwort.

„Laß mich frei ... Ich hab's doch aus Not ... Laß mich frei."

„Ich kenne euch", erwiderte der Waldhüter finster, „euer ganzes Dorf ist so – ein Dieb am andern."

„Laß mich frei", wiederholte der Bauer, „der Verwalter ... Wir sind so schon ruiniert ... Laß mich frei!"

„Ruiniert! ... Stehlen soll niemand."

„Laß mich frei, Foma Kusmitsch ... Richte mich nicht zugrunde. Euer Herr, das weißt du selbst, wird mich zu Tode schinden."

Der Birjuk wandte sich ab. Der Bauer schlotterte wie vom Fieber geschüttelt. Er zuckte immerfort mit dem Kopf und atmete ungleichmäßig.

„Laß mich frei", wiederholte er in trostloser Verzweiflung. „Laß mich frei, um Gottes willen, laß mich frei! Ich werde bezahlen, wirklich, bei Gott. Bei Gott, bloß aus Not habe ich ... Die Kinder schreien, du weißt es selbst. Es trifft uns hart, wirklich."

„Trotzdem sollst du nicht stehlen gehen."

„Das Pferdchen", fuhr der Bauer fort, „das Pferdchen, wenn du das wenigstens ... das einzige Tier, das ich habe ... Laß mich frei!"

„Ich sage dir, es geht nicht. Ich bin auch ein unfreier Mann: Man wird mich bestrafen. Man darf euch auch nicht verwöhnen."

„Laß mich frei! Die Not, Foma Kusmitsch, die Not, wahrhaftig ... Laß mich frei!"

„Ich kenne euch."

„Laß mich doch frei!"

„Ach, was soll ich mit dir lange hin und her reden; sitz ruhig, sonst werd ich dich ... verstehst du? Siehst du vielleicht den Herrn nicht?"

Der arme Kerl ließ den Kopf hängen ... Der Birjuk gähnte und legte den Kopf auf den Tisch. Der Regen ließ immer noch nicht nach. Ich wartete, wie es weitergehen würde.

Plötzlich reckte sich der Bauer. Seine Augen flammten auf, und sein Gesicht rötete sich.

„Nun gut, dann friß, dann ersticke dran, gut", legte er los, wobei er die Augen zusammenkniff und die Mundwinkel nach unten zog, „gut, Seelenverkäufer, verfluchter, dann saufe Christenblut, immer sauf ..." Der Waldhüter drehte sich um. „Ja, mit dir rede ich, du Asiat, du Blutsauger, mit dir!"

„Du bist wohl besoffen, daß du dir's einfallen läßt zu schimpfen?" sagte der Waldhüter ganz erstaunt. „Du bist wohl verrückt geworden?"

„Besoffen! Wohl gar von deinem Geld, Seelenverkäufer, verfluchter, du Tier, du Tier, du Tier!"

„Warte, du ... Ich werde dich!"

„Was macht mir das aus? Es ist doch ganz gleich, wie ich zugrunde gehe. Was soll ich ohne Pferd machen? Schlag mich tot, dann ist es aus. Ob vor Hunger, ob so – das ist doch ganz gleich. Mag alles umkommen: die Frau, die Kinder – mag alles verrecken ... Aber warte du nur, dich kriegen wir noch!"

Der Birjuk erhob sich.

„Schlag zu! Schlag zu!" rief der Bauer erbost. „Schlag doch, immer schlag ..." Das Mädchen sprang hastig vom Fußboden auf und starrte ihn an. „Schlag zu! Schlag zu!"

„Schweig!" donnerte der Waldhüter und trat zwei Schritte vor.

„Genug, genug, Foma", rief ich, „laß ihn ... in Gottes Namen."

„Ich denke nicht daran zu schweigen", fuhr der Unglückliche fort. „Es ist doch ganz gleich, ich verrecke so und so. Du

Seelenverkäufer, du Tier, daß es für dich keinen Tod gibt ... Aber warte, du wirst nicht mehr lange herrschen! Dir werden sie schon die Kehle zuschnüren, warte nur!"

Der Birjuk packte ihn an der Schulter. Ich eilte dem Bauern zu Hilfe.

„Rühren Sie mich nicht an, Herr!" schrie mich der Waldhüter an.

Ich hätte seine Drohung nicht gefürchtet und streckte schon die Hand aus, doch zu meinem höchsten Erstaunen riß er mit einem einzigen Ruck dem Bauern den Gürtel von den Ellenbogen, packte ihn am Kragen, stülpte ihm die Mütze über die Augen, machte die Tür auf und stieß ihn hinaus.

„Scher dich zum Teufel mit deinem Pferd!" schrie er ihm nach. „Aber nimm dich in acht, wenn ich dich ein zweitesmal ..."

Er kehrte ins Haus zurück und begann in einer Ecke herumzukramen.

„Nun, Birjuk", sagte ich schließlich, „du hast mich überrascht, ich sehe, du bist ein anständiger Kerl."

„Ach, hören Sie auf, Herr", unterbrach er mich ärgerlich, „sagen Sie bitte nichts dazu. Ich will Sie jetzt lieber durch den Wald bringen", setzte er hinzu. „Ich meine, Sie können doch nicht warten, bis der Regen aufhört."

Draußen ratterten die Räder des Bauernwagens.

„Da macht er sich fort!" brummte der Waldhüter. „Ich werde ihn schon!"

Eine halbe Stunde später verabschiedete er sich am Waldrand von mir.

Zwei Gutsbesitzer

Ich hatte bereits die Ehre, Ihnen, meine geneigten Leser, einige meiner Herren Nachbarn vorzustellen; gestatten Sie mir jetzt, bei dieser günstigen Gelegenheit (für uns Schriftsteller ist jede Gelegenheit günstig), Sie mit noch zwei Gutsbesitzern bekannt zu machen, bei denen ich oft zur Jagd war, mit höchst ehrenwerten, wohlgesinnten Leuten, die sich der allgemeinen Achtung mehrerer Landkreise erfreuen.

·Zuerst will ich Ihnen den Generalmajor im Ruhestand Wjatscheslaw Illarionowitsch Chwalynski schildern. Stellen Sie sich einen großen und einstmals schlanken Mann vor, der jetzt freilich etwas beleibt, aber keineswegs gebrechlich, nicht einmal ältlich ist, einen Mann in reifem Alter, in den besten Jahren, wie man zu sagen pflegt. Es ist wahr, seine ehemals regelmäßigen und auch jetzt noch angenehmen Gesichtszüge haben sich etwas verändert, die Backen hängen ein wenig, zahlreiche Fältchen haben sich strahlenförmig um die Augen gelegt, und einige Zähne sind nicht mehr da, wie sich Saadi, nach dem Zeugnis Puschkins, ausgedrückt hat; seine blonden Haare, wenigstens alle diejenigen, die noch vorhanden sind, haben sich in lilafarbene verwandelt, dank einer Essenz, die er auf dem Pferdemarkt von Romny bei einem Juden gekauft hat, der sich für einen Armenier ausgab; aber Wjatscheslaw Illarionowitsch schreitet flott einher, lacht schallend, klirrt mit den Sporen, zwirbelt seinen Schnurrbart und nennt sich schließlich einen alten Kavalleristen, während bekanntlich wirkliche Greise sich selbst niemals alt nennen. Gewöhlich trägt er einen bis oben zugeknöpften Gehrock, eine hohe Halsbinde mit gestärktem Kragen und graue Hosen von militärischem Schnitt mit glänzenden Tupfen; den Hut setzt er geradezu auf die Stirn und läßt den ganzen Hinterkopf frei. Er ist ein sehr guter Mensch, hat jedoch ziemlich eigenartige Ansichten und Gewohnheiten. Zum Beispiel: Er ist völlig außerstande, Edelleute ohne Vermögen oder ohne Rang als seinesgleichen zu behandeln. Wenn er mit ihnen spricht, sieht er sie meist von der Seite an und stützt sich dabei mit der Wange fest auf seinen steifen weißen Kragen, oder er bestrahlt sie plötzlich mit einem klaren, unbeweglichen Blick, schweigt eine Weile und bewegt nur die Kopfhaut; sogar die Wörter spricht er dann anders aus und sagt zum Beispiel nicht: „Ich danke Ihnen, Pawel Wassiljitsch", oder: „Bitte hierher, Michailo Iwanytsch", sondern: „Dankihn, Pall Assilitsch", oder: „Bittier, Michal Wanytsch". Mit Leuten aber, die auf den untersten Stufen der Gesellschaft stehen, geht er noch eigenartiger um: Er sieht sie überhaupt nicht an und wiederholt nur, bevor er ihnen seinen Wunsch erklärt oder einen Befehl erteilt, mehrmals hintereinander mit besorgter und träumerischer Miene: „Wie heißt du? ... Wie heißt du?", wobei er das Wort „wie" ungewöhnlich stark betont, die übrigen aber sehr schnell ausspricht, was dieser Redewendung eine große Ähnlichkeit mit dem Ruf des Wachtelhahns verleiht. Er hat immer schrecklich viel zu tun und ist ein arger Geizhals, dennoch aber ein schlechter Landwirt: Als Verwalter hat er sich einen verabschiedeten Wachtmeister, einen Kleinrussen, genommen, einen außergewöhnlich dummen Menschen. Übrigens hat in der Bewirtschaftung eines Gutes noch niemand bei uns jenen hohen Beamten aus Petersburg übertroffen, der aus den Berichten seines Verwalters ersah, daß die Getreidedarren auf seinem Gut häufig abbrannten, wodurch viel Getreide verlorenging, und der strengsten Befehl gab, künftig keine Garben mehr in der Darre zu speichern, bevor das Feuer nicht völlig erloschen sei. Derselbe Würdenträger kam auf den Gedanken, alle seine Felder mit Mohn zu besäen, und zwar auf Grund einer anscheinend höchst einfachen Berechnung: Mohn, sagte er sich, ist teurer als Roggen, folglich ist es vorteilhafter, Mohn zu säen. Er war es auch, der seinen leibeigenen Weibern befahl, einen Kopfputz nach einem aus Petersburg gesandten Muster zu tragen; und wirklich, bis heute tragen die Weiber auf seinen Gütern diesen neuen Kopfputz – allerdings über ihrem alten.

Doch kehren wir zu Wjatscheslaw Illarionowitsch zurück. Wjatscheslaw Illarionowitsch ist ein leidenschaftlicher Verehrer des schönen Geschlechtes, und sobald er in seiner Kreisstadt auf dem Boulevard eine hübsche Person erblickt, steigt er ihr unverzüglich nach, fängt aber auch sogleich an zu hinken – ein sehr merkwürdiger Umstand. Er spielt gern Karten, jedoch nur mit Leuten niedrigeren Standes; sie sagen zu ihm „Euer Exzellenz", er aber schimpft sie aus und putzt sie herunter, soviel sein Herz begehrt. Wenn er gelegentlich doch einmal mit dem Gouverneur oder mit einem anderen hohen Beamten spielen muß, dann geht eine erstaunliche Veränderung mit ihm vor: Er lächelt und nickt mit dem Kopf und sieht ihnen in die Augen – süß wie Honig duftet er dann; und er verliert sogar, ohne sich zu beklagen. Zu lesen pflegt Wjatscheslaw Illarionowitsch wenig; beim Lesen bewegt er unaufhörlich den Schnurrbart und die Augenbrauen, als ließe er über sein Gesicht eine Welle von unten nach oben laufen. Besonders auffällig ist diese wellenförmige Bewegung auf Wjatscheslaw Illarionowitschs Gesicht, wenn er gelegentlich (nur in Gegenwart von Gästen natürlich) die Spalten des „Journal des Débats" überfliegt. Bei den Wahlen spielt er eine ziemlich bedeutende Rolle, doch lehnt er den ehrenvollen Posten eines Adelsmarschalls aus Geiz stets ab. Wenn die Adligen an ihn herantreten, spricht er gewöhnlich mit einer Stimme voller Herablassung und Selbstbewußtsein: „Meine Herren, ich bin Ihnen sehr dankbar für die mir erwiesene Ehre, aber ich habe mich entschlossen, meine Mußestunden der Zurückgezogenheit zu widmen." Sobald er diese Worte gesagt hat, nickt er ein paarmal nach rechts und nach links und legt dann würdevoll Kinn und Wangen auf die Halsbinde. In jungen Jahren war er Adjutant bei irgendeiner hochgestellten Persönlichkeit, die er nie anders als mit Vor- und Vatersnamen nennt; man erzählt sich, er habe nicht nur die Obliegenheiten eines Adjutanten erfüllt, sondern habe zum Beispiel auch in voller Paradeuniform, den Waffenrock bis zum Hals zugehakt, seinen Vorgesetzten im Dampfbad mit dem Badebesen bedient – doch nicht jedem

Gerücht kann man Glauben schenken. Übrigens spricht der General Chwalynski selbst nicht gern von seiner dienstlichen Laufbahn, was eigentlich recht merkwürdig ist; im Krieg ist er, wie es scheint, auch nicht gewesen.

Der General Chwalynski lebt allein in einem kleinen Haus; das Glück der Ehe hat er in seinem Leben nicht erfahren, und er gilt darum bis heute noch als Anwärter für den Ehestand und sogar als gute Partie. Dafür geht seine Haushälterin, eine Frau von fünfunddreißig Jahren, füllig, frisch, mit schwarzen Augen und Brauen und einem Bärtchen auf der Oberlippe, werktags in gestärkten Kleidern, sonntags aber zieht sie Tüllhandschuhe an.

Gut nimmt sich Wjatscheslaw Illarionowitsch auf den großen Festessen aus, wie sie die Gutsbesitzer zu Ehren von Gouverneuren und anderen Obrigkeiten geben; da ist er, kann man sagen, ganz in seinem Element. Bei solchen Gelegenheiten sitzt er, wenn nicht gar zur Rechten des Gouverneurs, so doch nicht weit entfernt von ihm. Zu Beginn des Essens überläßt er sich mehr dem Gefühl der eigenen Würde – zurückgelehnt, doch ohne den Kopf zu drehen, blickt er aus den Augenwinkeln auf die runden Hinterköpfe und die Stehkragen der Gäste hinab –, heitert sich aber gegen Ende der Tafel auf, lächelt nach allen Seiten (in die Richtung, in der der Gouverneur sitzt, hat er seit Beginn des Essens gelächelt) und bringt manchmal sogar einen Toast zu Ehren des schönen Geschlechtes aus, der Zierde unseres Planeten, nach seinen Worten. Keine schlechte Figur macht der General Chwalynski auch bei allen öffentlichen feierlichen Handlungen wie Prüfungen, Kirchweihen, Versammlungen und Ausstellungen; ein Meister ist er auch darin, den priesterlichen Segen richtig zu empfangen.

An Ausweichstellen, Flußübergängen und anderen ähnlichen Orten lärmen und schreien Wjatscheslaw Illarionowitschs Leute nicht; im Gegenteil, wenn sie das Volk zurückdrängen oder die Kutsche ihres Herrn vorfahren lassen wollen, rufen sie mit angenehmem, kehligem Bariton: „Gestatten, gestatten, lassen Sie den General Chwalynski durch!" oder: „Die Equipage des Generals Chwalynski!" Die Equipage Chwalynskis ist allerdings von recht altmodischer Form; die Lakaien haben recht abgetragene Livreen an (daß diese grau mit roten Besätzen sind, braucht wohl kaum erwähnt zu werden); auch die Pferde sind schon recht alt und haben ihr Leben lang redlich gedient, aber auf protziges Auftreten legt Wjatscheslaw Illarionowitsch keinen Wert, ja, er hält es für seinem Rang nicht geziemend, den Menschen Sand in die Augen zu streuen. Besonders redegewandt ist Chwalynski nicht, vielleicht hat er auch keine Gelegenheit gehabt, seine Beredsamkeit zu zeigen, denn er duldet nicht nur keinen Streit, sondern überhaupt keinen Widerspruch und geht jeglichen langen Gesprächen, zumal mit jungen Leuten, sorgfältig aus dem Weg. Es ist auch richtiger so; mit dem Volk von heute hat man ja doch nur seine Not: Die Menschen lassen es ganz an Gehorsam fehlen und verlieren den Respekt. Höhergestellten Personen gegenüber schweigt Chwalynski meist, an niedrigerstehende aber, die er ganz offensichtlich verachtet, mit denen er jedoch fast ausschließlich verkehrt, richtet er abgehackte, barsche Reden, wobei er ständig Wendungen wie die folgenden gebraucht: „Das ist doch Unsinn, was Sie sagen", oder: „Ich sehe mich nunmehr gezwungen, mein Verehrtester, Ihnen vor Augen zu führen", oder: „Schließlich sollten Sie immerhin wissen, mit wem Sie es zu tun haben" und dergleichen mehr. Ganz besonders fürchten ihn die Postmeister, die ständigen Beisitzer auf den Behörden und die Stationsvorsteher. Bei sich zu Hause empfängt Chwalynski niemanden und lebt, wie man hört, als großer Geizhals. Bei alledem ist er ein vortrefflicher Gutsherr. „Ein alter Soldat, ein uneigennütziger Mensch, ein Mann mit Grundsätzen, ein vieux grognard", sagen von ihm die Nachbarn. Nur der Staatsanwalt des Gouvernements erlaubt sich zu lächeln, wenn man in seiner Gegenwart die ausgezeichneten und soliden Eigenschaften des Generals Chwalynski erwähnt – aber was tut nicht alles der Neid!

Im übrigen wollen wir uns jetzt dem anderen Gutsbesitzer zuwenden.

Mardari Apollonytsch Stegunow ähnelt Chwalynski in keiner Weise; er hat kaum jemals irgendwo gedient und nie für einen schönen Mann gegolten. Mardari Apollonytsch ist ein kleiner, rundlicher, kahlköpfiger alter Mann mit einem Doppelkinn, weichen Händen und einem ansehnlichen Bäuchlein. Er ist sehr gastfreundlich und ein großer Witzbold; er lebt, wie man so sagt, seinem Vergnügen; winters wie sommers geht er in einem gestreiften wattierten Schlafrock einher. Nur in einem gleicht er dem General Chwalynski: Er ist ebenfalls Junggeselle. Er besitzt fünfhundert Seelen. Mardari Apollonytsch kümmert sich um seine Besitzung nur ziemlich oberflächlich; um nicht hinter der Zeit zurückzubleiben, hat er vor zehn Jahren bei Butenop in Moskau eine Dreschmaschine gekauft, hat sie in eine Scheune eingeschlossen und sich damit zufriedengegeben. An einem schönen Sommertag läßt er vielleicht einmal die Reitdroschke anspannen und fährt aufs Feld, um zu sehen, wie das Getreide steht, und um Kornblumen zu pflücken. Mardari Apollonytsch lebt ganz und gar nach alter Weise. Auch sein Haus ist von altertümlicher Bauart. Im Vorzimmer riecht es, wie es sich gehört, nach Kwaß, Talgkerzen und Leder, rechts steht das Büfett mit den Pfeifen und den Geschirrtüchern; im Eßzimmer befinden sich Familienbilder, Fliegen, ein großer Geranientopf und ein verstimmtes Klavier, im Salon drei Diwane, drei Tische, zwei Spiegel und eine heisere Wanduhr mit schwarzgewordener Emaille und bronzenen, gravierten Zeigern, im Kabinett ein Tisch mit Papieren, ein Wandschirm von bläulicher Farbe mit aufgeklebten Bildern, die aus allerlei Druckwerken des vorigen Jahrhunderts ausgeschnitten sind, Schränke mit übelriechenden Büchern, Spinnen und schwarzem Staub, ein weicher Sessel, ein italienisches Fenster und eine fest verschlossene Tür, die in den Garten führt ... Mit einem Wort, alles ist so, wie es die Sitte erheischt.

Gesinde hat Mardari Apollonytsch eine ganze Menge, und alle sind nach alter Mode gekleidet: in lange, dunkelblaue Kaftane mit hohem Kragen, Hosen von unbestimmter Farbe und kurze gelbliche Westen. Zu den Gästen sagen sie „Väterchen". Die Wirtschaft leitet bei ihm ein Gutsvogt aus dem Bauernstand, mit einem Bart so lang wie sein Schafpelz, den Haushalt eine runzlige und geizige alte Frau, die stets ein braunes Kopftuch trägt. Im Pferdestall hat Mardari Apollonytsch dreißig Pferde der verschiedensten Rassen stehen; und wenn er ausfährt, tut er das in einer von seinen eigenen Leuten gebauten

Kutsche, die ein Gewicht von anderthalbhundert Pud hat. Besucher empfängt er sehr gastfreundlich und bewirtet sie aufs beste, das heißt, dank den sinnverwirrenden Eigenschaften der russischen Küche beraubt er sie bis spät in den Abend hinein jeder Möglichkeit, sich mit etwas anderem als dem Preferencespiel zu beschäftigen. Er selbst beschäftigt sich niemals mit irgend etwas und hat sogar aufgehört, im „Traumbuch" zu lesen. Aber solche Gutsherren gibt es bei uns in Rußland noch ziemlich viel; man wird fragen, aus welchem Grunde ich dann von ihm spreche und wozu. Nun, erlauben Sie mir, statt einer Antwort Ihnen von einem meiner Besuche bei Mardari Apollonytsch zu erzählen.

Ich kam einmal im Sommer zu ihm, gegen sieben Uhr abends. In seinem Haus war soeben die Abendandacht zu Ende gegangen, und der Geistliche, ein noch junger und augenscheinlich sehr schüchterner Mann, der erst vor kurzem das Priesterseminar verlassen hatte, saß im Salon neben der Tür auf dem äußersten Rand eines Stuhles. Mardari Apollonytsch empfing mich wie gewöhnlich ungemein liebenswürdig: Er freute sich aufrichtig über jeden Besuch, wie er überhaupt ein überaus gutmütiger Mensch war. Der Geistliche stand auf und griff nach seinem Hut.

„Warte, warte doch, Väterchen", sagte Mardari Apollonytsch, ohne meine Hand loszulassen, „geh noch nicht fort... Ich habe befohlen, dir Wodka zu bringen."

„Ich trinke nicht", murmelte der Geistliche verlegen und errötete bis an die Ohren.

„Dummes Zeug! Wie kann man in eurem Stand nicht trinken!" erwiderte Mardari Apollonytsch. „Mischka! Juschka! Den Wodka für Hochwürden!"

Juschka, ein langer, hagerer Greis von etwa achtzig Jahren, brachte auf einem dunkel angestrichenen, mit fleischfarbenen Flecken bedeckten Tablett ein Glas Wodka herein.

Der Geistliche lehnte ab.

„Trink, Väterchen, zier dich nicht, das ist nicht gut", bemerkte der Gutsherr vorwurfsvoll.

Der arme junge Mann fügte sich endlich.

„So, Väterchen, jetzt kannst du gehen."

Der Geistliche begann sich zu verbeugen.

„Schon gut, schon gut, geh nur ... Ein prächtiger Mensch", fuhr Mardari Apollonytsch fort, indem er ihm nachblickte, „ich bin sehr zufrieden mit ihm; nur eins – er ist noch sehr jung. Immer hält er Predigten, aber Branntwein trinkt er nicht. – Doch wie geht es Ihnen, mein Väterchen? Was tun Sie, was machen Sie? Kommen Sie doch mit auf den Balkon – es ist ja so ein herrlicher Abend."

Wir gingen auf den Balkon hinaus, setzten uns und begannen zu plaudern. Mardari Apollonytsch warf einen Blick hinunter und geriet plötzlich in eine schreckliche Erregung.

„Wem gehören die Hühner? Wem gehören die Hühner?" schrie er. „Wessen Hühner laufen da im Garten herum? Juschka! Juschka! Geh und stell sofort fest, wessen Hühner da im Garten herumlaufen! ... Wem gehören die Hühner? Wievielmal habe ich es verboten, wievielmal habe ich es gesagt!"

Juschka eilte fort.

„Was für eine Unordnung!" sagte Mardari Apollonytsch mehrmals. „Es ist schrecklich!"

Die unglückseligen Hühner, ich erinnere mich noch heute – es waren zwei gesprenkelte und ein weißes mit einem Schopf –, liefen seelenruhig weiter unter den Apfelbäumen umher und verliehen bisweilen ihren Gefühlen durch ein anhaltendes Gackern Ausdruck, als sich plötzlich Juschka, ohne Mütze und einen Stock in der Hand, mit drei anderen volljährigen Bedienten gleichzeitig auf sie stürzte. Und nun ging der Spaß los. Die Hühner schrien, schlugen mit den Flügeln, hüpften in die Höhe und gackerten ohrenbetäubend; die Hofleute rannten, stolperten, fielen hin; der Gutsherr schrie vom Balkon herab wie ein Besessener: „Fangt sie, fangt sie! Fangt sie, fangt sie! Fangt sie, fangt sie, fangt sie! ... Wem gehören die Hühner? Wem gehören die Hühner?" Endlich gelang es einem der Hofleute, das beschopfte Huhn zu erwischen, indem er es mit der Brust auf den Erdboden drückte, während zur gleichen Zeit ein ungefähr elfjähriges zerzaustes Mädchen mit einer Gerte in der Hand über den Flechtzaun von der Straße her in den Garten sprang.

„Ah, dem gehören die Hühner!" rief der Gutsbesitzer triumphierend aus. „Dem Kutscher Jermil gehören die Hühner! Da schickt er seine Natalka, sie heimzutreiben ... Die Parascha hat er freilich nicht geschickt", ergänzte er halblaut und griente bedeutungsvoll. „He, Juschka! Laß die Hühner und fang mir die Natalka!"

Aber ehe der ganz außer Atem gekommene Juschka das erschrockene Mädchen eingeholt hatte, stand, wie aus dem Boden gewachsen, die Haushälterin neben dem Kind, packte es am Arm und schlug es ein paarmal auf den Rücken.

„So ist's recht, äh, so ist's recht!" fiel der Gutsherr ein. „So, so, so! Und die Hühner, die nimmst du ihr weg, Awdotja", setzte er mit lauter Stimme hinzu und wandte sich dann mit heiterem Gesicht zu mir: „Na, wie war die Hetzjagd, Väterchen, wie? Ich bin sogar in Schweiß geraten, sehen Sie nur!"

Und Mardari Apollonytsch brach in Gelächter aus.

Wir blieben auf dem Balkon. Der Abend war in der Tat ungewöhnlich schön.

Man brachte uns Tee.

„Sagen Sie mal, Mardari Apollonytsch", begann ich, „sind das Höfe von Ihnen, die Siedlung da draußen an der Landstraße, hinter der Schlucht?"

„Ja ... Was ist damit?"

„Wie konnten Sie nur, Mardari Apollonytsch? Das ist doch eine Sünde. Man hat den Bauern ganz elende, enge Hütten zugewiesen; ringsum ist kein Baum zu sehen; nicht einmal ein Teich ist da; einen einzigen Brunnen gibt es, und der taugt nichts. Konnten Sie denn wirklich keinen anderen Ort dafür finden?... Es heißt auch, Sie hätten ihnen sogar die alten Hanffelder weggenommen?"

„Was soll man denn machen bei der Grenzfestsetzung?" gab mir Mardari Apollonytsch zur Antwort. „Diese ganze Grenzfestsetzung steht mir schon bis hier." Er zeigte auf seinen Hals. „Ich erwarte mir auch keinerlei Nutzen von dieser Grenzfestsetzung. Und daß ich ihnen die Hanffelder weggenommen habe und ihnen dort keinen Teich gegraben habe – das, Väterchen, ist meine eigene Angelegenheit. Ich bin ein einfacher Mann und verfahre nach alter Weise. Bei mir heißt es: Wenn einer Herr ist, so ist er Herr, und wenn einer Bauer ist, so ist er Bauer ... Und dabei bleibe ich."

Auf eine so klare und einleuchtende Begründung konnte man selbstverständlich nichts erwidern.

„Außerdem", fuhr er fort, „die Bauern dort sind schlecht, sie sind bei mir in Ungnade gefallen. Besonders zwei Familien sind da – schon mein verstorbener Vater, Gott schenke ihm das Himmelreich, konnte sie nicht leiden, konnte sie einfach nicht ausstehen. Und ich sage Ihnen, ich weiß da Bescheid: Wenn der Vater ein Dieb ist, dann ist auch der Sohn ein Dieb; denken Sie darüber, wie Sie wollen ... Oh, das Blut, das Blut – das ist eine große Sache! Um es Ihnen offen zu gestehen, ich habe die Söhne dieser zwei Familien zu den Soldaten gegeben, außer der Reihe übrigens, ich habe sie hierhin und dorthin gesteckt, aber sie sterben nicht aus, was soll man machen? Verfluchte Fruchtbarkeit!"

Unterdessen war die Luft ganz still geworden. Nur ab und zu wehte ein Windhauch heran, und als das letzte Lüftchen in der Nähe des Hauses erstarb, trug es den Schall gleichmäßig und schnell aufeinanderfolgender Schläge aus der Richtung des Pferdestalles an unser Ohr. Mardari Apollonytsch hatte gerade die vollgegossene Untertasse an die Lippen geführt und blähte schon die Nasenlöcher – anders schlürft bekanntlich kein echter Russe seinen Tee –, da hielt er inne, horchte, nickte mit dem Kopf, trank einen Schluck und sagte, während er die Untertasse auf den Tisch stellte, mit dem gutmütigsten Lächeln und als begleite er unwillkürlich die Schläge: „Tschuki – tschuki – tschuk! Tschuki – tschuk! Tschuki – tschuk!"

„Was ist denn das?" fragte ich ganz erstaunt.

„Dort wird auf meinen Befehl ein Tunichtgut bestraft ... Sie kennen doch den Einschenker Wasja?"

„Welchen Wasja?"

„Der uns neulich beim Mittagessen bedient hat. Der mit so einem großen Backenbart herumläuft."

Die allerheftigste Entrüstung hätte dem klaren und sanften Blick Mardari Apollonytschs nicht standgehalten.

„Was ist denn, junger Mann, was ist denn?" sagte er kopfschüttelnd. „Bin ich etwa ein Bösewicht, daß Sie mich so anstarren? Wen man lieb hat, den züchtigt man, das wissen Sie doch selbst."

Eine Viertelstunde später verabschiedete ich mich von Mardari Apollonytsch. Als ich durch das Dorf fuhr, erblickte ich den Einschenker Wasja. Er ging die Straße entlang und knabberte Nüsse. Ich befahl meinem Kutscher anzuhalten und rief ihn heran.

„Na, Bruder, du bist heute bestraft worden?" fragte ich ihn.

„Woher wissen Sie das?" entgegnete Wasja.

„Dein Herr hat es mir gesagt."

„Der Herr selber?"

„Wofür hat er dich denn bestrafen lassen?"

„Ganz mit Recht, Väterchen, ganz mit Recht. Wegen Kleinigkeiten wird man bei uns nicht bestraft; das gibt es bei uns nicht – nein, nein. So ist unser Herr nicht; unser Herr ist ... So einen Herrn findet man im ganzen Gouvernement kein zweitesmal."

„Fahr zu!" sagte ich zu meinem Kutscher.

Da haben wir es, das alte Rußland! dachte ich auf dem Heimweg.

Lebedjan

Einer der Hauptvorzüge der Jagd, meine lieben Leser, besteht darin, daß sie einen zwingt, ständig von einem Ort zum andern zu fahren, was für einen Menschen, der viel freie Zeit hat, überaus angenehm ist. Zuweilen allerdings, besonders bei regnerischem Wetter, ist es kein allzu großes Vergnügen, auf Feldwegen umherzuirren, querfeldein zu fahren, jeden Bauern, der einem begegnet, mit der Frage anzuhalten: „He, lieber Mann, wie kommen wir nach Mordowka?" und in Mordowka aus einem stumpfsinnigen Bauernweib – die Männer arbeiten alle auf dem Feld – herauszukriegen, ob es bis zu den Gasthöfen an der großen Landstraße noch weit ist und wie man dahin gelangen kann, sich dann aber, nachdem man zehn Werst zurückgelegt hat, statt vor einem Gasthof unversehens in dem arg verkommenen Gutsweiler Chudobubnowo zu befinden, zum höchsten Erstaunen einer ganzen Herde von Schweinen, die mitten auf der Straße bis an die Ohren im dunkelbraunen Schlamm versunken sind und durchaus nicht erwartet haben, von jemandem in ihrer Ruhe gestört zu werden. Es ist auch kein Vergnügen, über gefährlich schwankende Brücken zu setzen, in Schluchten hinabzufahren, an seichten Stellen sumpfige Bäche zu durchqueren; es ist kein Vergnügen, immerfort zu fahren, einen ganzen Tag und eine ganze Nacht durch das grüne Meer der großen Landstraßen zu fahren oder, was Gott verhüten möge, ein paar Stunden vor einem bunt angestrichenen Werstpfahl mit den Ziffern 22 auf der einen Seite und 23 auf der anderen im Schlamm steckenzubleiben; es ist kein Vergnügen, sich wochenlang von Eiern, Milch und dem vielgerühmten Roggenbrot zu nähren ... Aber alle diese Unbequemlichkeiten und Mißlichkeiten werden durch Vorzüge und Freuden anderer Art aufgewogen. Indessen, kommen wir zur eigentlichen Erzählung.

Nach allem Obengesagten brauche ich dem Leser nicht auseinanderzusetzen, wie ich vor ungefähr fünf Jahren nach Lebedjan geriet, mitten in den Trubel des Pferdemarktes hinein. Unsereiner als Jäger kann eines schönen Morgens von seinem mehr oder weniger angestammten Gut mit dem Vorsatz fortfahren, schon am Abend des nächsten Tages zurückzukehren, und ganz allmählich, ununterbrochen auf Bekassinen schießend, schließlich die gesegneten Ufer der Petschora erreichen; außerdem ist jeder Liebhaber von Flinte und Hund immer zugleich ein leidenschaftlicher Verehrer des edelsten Tieres auf der Welt: des Pferdes.

Ich kam also in Lebedjan an, stieg im Gasthof ab, kleidete mich um und begab mich auf den Markt. Der Hausknecht, ein langer, dürrer Jüngling von etwa zwanzig Jahren, hatte sich beeilt, mir mit süßlicher, näselnder Tenorstimme mitzuteilen, daß Seine Durchlaucht, der Fürst N., Remontenoffizier des ***schen Regimentes, in demselben Gasthof abgestiegen sei, daß schon viele andere Herren hergereist seien, daß an den Abenden Zigeuner sängen und im Theater „Pan Twardowski" gegeben werde, daß die Pferde angeblich hoch im Preis ständen – übrigens würden gute Pferde angeboten.

Auf dem Marktplatz standen endlose Reihen von Wagen und hinter den Wagen Pferde aller Art: Traber, Zuchtpferde, Bitjuks, Zugpferde, Kutschpferde und einfache Bauernpferde. Manche sahen wohlgenährt und glatt aus, sie waren nach Farben geordnet, mit bunten Pferdedecken bedeckt und an die hohen Wagen kurz angebunden; sie blickten sich ängstlich nach den ihnen nur allzu bekannten Peitschen ihrer Besitzer, der Pferdehändler, um; die Gutsbesitzerpferde, die von den Steppenadligen unter der Aufsicht eines altersschwachen Kutschers und zweier oder dreier dickköpfiger Pferdeknechte aus Entfernungen von hundert, zweihundert Werst hergeschickt worden waren, schwenkten ihre langen Hälse, stampften mit den Hufen und benagten vor Langeweile die in die Erde gerammten Pfosten; hellbraune Wjatkapferde mit schwarzem

Schweif und schwarzer Mähne schmiegten sich eng aneinander; in erhabener Unbeweglichkeit, wie Löwen, standen die Traber da, mit breitem Hinterteil, gewelltem Schweif und zottigen Füßen, Apfelschimmel, Rappen und Braune. Die Kenner blieben achtungsvoll vor ihnen stehen. Auf den Gassen, die von den Wagen gebildet wurden, drängten sich Menschen jeden Standes, Alters und Aussehens: Pferdehändler in blauen Kaftanen und hohen Mützen spähten verschlagen und erwartungsvoll nach Käufern aus; glotzäugige, kraushaarige Zigeuner rannten wie verrückt hin und her, sahen den Pferden ins Maul, hoben die Hufe und den Schwanz in die Höhe, schrien, schimpften, vermittelten, warfen das Los oder umschwänzelten irgendeinen Remonteoffizier in Dienstmütze und Militärmantel mit Biberkragen. Ein stämmiger Kosak saß hoch zu Roß auf einem mageren Wallach mit Hirschhals, den er „im ganzen", das heißt mit Sattel und Zaumzeug, verkaufen wollte. Bauern in unter den Armen zerrissenen Schafpelzen zwängten sich rücksichtslos durch die Menge, quetschten sich zu zehnt auf einem Wagen zusammen, der mit einem Pferd bespannt war, das „ausprobiert" werden sollte, oder feilschten irgendwo abseits bis zum Umfallen, wobei sie die Hilfe eines wendigen Zigeuners in Anspruch nahmen, gaben einander hundertmal hintereinander den Handschlag, bestanden aber jeder auf seinem Preis, während der Gegenstand ihres Streites, ein armseliger, mit einer verbeulten Bastmatte bedeckter Klepper, teilnahmslos mit den Augen blinzelte, als handle es sich gar nicht um ihn – und in der Tat, ihm konnte es ja auch ganz gleichgültig sein, wer ihn künftig schlagen würde! Breitstirnige Gutsbesitzer mit gefärbtem Schnurrbart und würdiger Miene, mit polnischen Nationalmützen und langen wollenen Tuchröcken, in die sie nur mit einem Arm gefahren waren, sprachen herablassend mit dickbäuchigen Kaufleuten in daunengefütterten Hüten und grünen Handschuhen. Auch Offiziere verschiedener Regimenter schlenderten umher; ein baumlanger Kürassier deutscher Abstammung fragte kaltblütig einen lahmen Pferdehändler: „Wieviel will er erhalten für dieses rothaarige Pferd?" Ein kleiner blonder Husar von etwa neunzehn Jahren wählte ein passendes Beipferd für einen engbäuchigen Paßgänger aus;

ein Mietkutscher, der einen flachen, mit einer Pfauenfeder umwundenen Hut und einen braunen Bauernrock trug, während er die ledernen Fausthandschuhe in seinen schmalen, grünen Stoffgürtel gesteckt hatte, suchte ein Mittelpferd. Andere Kutscher flochten ihren Pferden die Schweife, feuchteten ihnen die Mähnen an und erteilten ihren Herren ehrerbietig Ratschläge. Wer seinen Handel abgeschlossen hatte, eilte ins Gasthaus oder in die Schenke, je nach seiner Vermögenslage ... Und all das wogte und wimmelte durcheinander, schrie, zankte und versöhnte sich, schimpfte und lachte – im Schmutz stehend bis an die Knie.

Ich wollte ein Dreigespann leidlich guter Pferde für meinen Jagdwagen kaufen: Die meinen fingen an nachzulassen. Zwei fand ich, aber das dritte konnte ich nicht auftreiben. Nach dem Mittagessen, das zu beschreiben ich mir versage – schon Äneas wußte, wie unangenehm es ist, sich an vergangenes Leid zu erinnern –, begab ich mich in die sogenannte Kaffeestube, wo jeden Abend die Remonteneinkäufer, die Pferdezüchter und andere Zugereiste zusammenkamen. Im Billardzimmer, das in bleigraue Wolken von Tabaksqualm gehüllt war, befanden sich etwa zwanzig Personen. Da waren dreiste junge Gutsbesitzer in Husarenjacken mit aufgenähten Schnüren und grauen Hosen, mit langen Schläfenhaaren und pomadisiertem Schnurrbärtchen – vornehm und keck blickten sie um sich; andere Edelleute in Kosakenröcken, mit ungewöhnlich kurzen Hälsen und in Fett gepolsterten Augen, schnauften qualvoll; junge Kaufleute saßen abseits, „auf der Lauer", wie man sagt; die Offiziere unterhielten sich ungezwungen miteinander. Am Billard spielte gerade der Fürst N., ein junger Mann von etwa zweiundzwanzig Jahren, mit einem heiteren, etwas hochmütigen Gesicht, in offenstehendem Gehrock, rotem Seidenhemd und weiten Samthosen; er spielte mit dem abgedankten Oberleutnant Wiktor Chlopakow.

Der Oberleutnant a. D. Wiktor Chlopakow, ein kleiner, dunkelhäutiger, magerer Mann von ungefähr dreißig Jahren, mit kurzem schwarzem Haar, braunen Augen und Stupsnase, besucht fleißig alle Wahlen und Märkte. Er tänzelt beim Gehen, gestikuliert verwegen mit den rundlichen Händen, trägt die

Mütze auf einem Ohr und pflegt die Ärmel seines mit blaugrauem Kaliko gefütterten Waffenrockes aufzukrempeln. Herr Chlopakow besitzt die Fähigkeit, sich an die reichen Petersburger Brauseköpfe heranzumachen, er raucht und trinkt mit ihnen, er spielt mit ihnen Karten und redet sie mit „du" an. Weshalb sie sich mit ihm einlassen, ist schwer zu verstehen. Er ist nicht klug, er ist nicht einmal witzig, aber auch zum Narren taugt er nicht. Allerdings verkehrt man mit ihm nur freundschaftlich-herablassend, wie mit einem gutmütigen, aber unbedeutenden Menschen; man gibt sich zwei, drei Wochen mit ihm ab, dann grüßt man ihn plötzlich nicht mehr, und er grüßt auch nicht mehr. Die Eigenheit des Oberleutnants Chlopakow besteht darin, daß er ein Jahr, manchmal auch zwei Jahre hindurch beständig ein und dieselbe Redensart gebraucht, ob sie paßt oder nicht, eine Redensart, die keineswegs witzig ist, die aber, Gott weiß warum, alle zum Lachen bringt. Vor acht Jahren sagte er auf Schritt und Tritt: „Meine Hochachtung, ich danke ergebenst", und jedesmal lachten sich seine damaligen Gönner halbtot und nötigten ihn, „meine Hochachtung" zu wiederholen; dann fing er an, die ziemlich komplizierte Redensart zu gebrauchen: „Nein, da sollten Sie doch, qu'est-ce que c'est – das kam, wie es kommt", und zwar mit dem gleichen glänzenden Erfolg; zwei Jahre später hatte er sich eine neue spaßige Wendung ausgedacht: „Ne vous aufregez pas, du ins Schaffell genähter Mann Gottes", und so weiter. Und was meinen Sie! Diese, wie Sie sehen, durchaus nicht witzigen Aussprüche verschaffen ihm Speise, Trank und Kleidung. (Seinen Grundbesitz hat er schon vor langer Zeit vergeudet und lebt nun einzig und allein auf Kosten seiner Freunde.) Beachten Sie, daß er wirklich keine anderen liebenswerten Züge aufzuweisen hat; freilich, er raucht seine hundert Pfeifen „Shukow" am Tag, und wenn er Billard spielt, hebt er den rechten Fuß bis über den Kopf und zielt, indem er das Queue in der hohlen Hand heftig hin und her schiebt – aber solche Vorzüge weiß nicht jeder zu würdigen. Auch im Trinken leistet er viel – aber in Rußland ist es nicht leicht, sich dadurch auszuzeichnen. Mit einem Wort, seine Erfolge sind mir völlig rätselhaft ... Eins vielleicht noch: Er ist vorsichtig, verbreitet keinen Klatsch und sagt niemandem Schlechtes nach ...

Nun, dachte ich beim Anblick Chlopakows, was wird er wohl jetzt für eine Redensart haben?

Der Fürst stieß den weißen Ball ins Loch.

„Dreißig und keinen", schrie der schwindsüchtige Marqueur mit dem dunklen Gesicht und den bleiernen Schatten unter den Augen.

Mit knallendem Stoß schickte der Fürst den Gelben in den äußersten Beutel.

„Hei!" krächzte mit dem ganzen Bauch beifällig ein dicker Kaufmann, der in einem Winkel an einem wackligen Tischchen saß, das nur ein Bein hatte, und erschrak über seine eigene Kühnheit. Doch zum Glück hatte ihn niemand bemerkt. Er erholte sich von seinem Schreck und strich sich den Bart.

„Sechsunddreißig und sehr wenig!" schrie der Marqueur durch die Nase.

„Na, wie ist es, mein Freund?" wandte sich der Fürst an Chlopakow.

„Wie es ist? Ein Rrrakaliooon natürlich, ein richtiger Rrrakaliooon."

Der Fürst prustete vor Lachen.

„Wie? Wie? Noch einmal!"

„Ein Rrrakaliooon!" wiederholte der abgedankte Oberleutnant selbstgefällig.

Das also ist das Wort! dachte ich.

Der Fürst schickte den Roten in den Beutel.

„Ach! Nicht so, Fürst, nicht so", stammelte plötzlich ein kleiner hellblonder Offizier mit geröteten Augen, einem winzigen Näschen und kindlich verschlafenem Gesicht. „So dürfen Sie nicht spielen ... Sie hätten müssen ... nicht so!"

„Wie denn?" fragte der Fürst über die Schulter.

„Sie hätten müssen ... eben ... mit einem Triplé ..."

„Meinen Sie wirklich?" murmelte der Fürst durch die Zähne.

„Wie ist es, Fürst, wollen Sie heute abend zu den Zigeunern?" knüpfte der verwirrte junge Mann hastig an. „Stjoschka wird singen ... Iljuschka ..."

Der Fürst gab ihm keine Antwort.

„Rrrakaliooon, Freundchen", sagte Chlopakow und kniff pfiffig das linke Auge zu.

Der Fürst lachte laut auf.

„Neununddreißig und keinen", verkündete der Marqueur.

„Keinen ... Sieh dir mal an, wie ich den Gelben hier ..."

Chlopakow schob das Queue in der hohlen Hand hin und her, zielte und kickste.

„Äh, Rrakalioon", rief er ärgerlich.

Der Fürst lachte wieder.

„Wie, wie, wie?"

Aber Chlopakow wollte sein Wort nicht wiederholen: Man muß sich auch mal ein wenig rar machen.

„Sie haben einen Kicks zu machen beliebt", bemerkte der Marqueur, „gestatten Sie anzukreiden ... Vierzig und sehr wenig!"

„Ja, meine Herren", begann der Fürst, indem er sich an die ganze Versammlung wandte, ohne übrigens jemand Besonderen ins Auge zu fassen, „Sie wissen doch, heute muß im Theater die Wershembitzkaja vor den Vorhang gerufen werden."

„Natürlich, natürlich, unbedingt", riefen um die Wette einige Herren, die sich durch die Möglichkeit, auf eine Rede des Fürsten antworten zu können, erstaunlich geschmeichelt fühlten, „die Wershembitzkaja."

„Die Wershembitzkaja ist eine hervorragende Schauspielerin, bedeutend besser als die Sopnjakowa", krähte aus einer Ecke ein schmächtiger Mensch mit Schnurrbärtchen und Brille. Der Unglückliche! Er schwärmte heimlich für die Sopnjakowa; doch der Fürst würdigte ihn nicht einmal eines Blickes.

„Kellner, he, eine Pfeife!" rief in seine Halsbinde hinein ein hochgewachsener Herr mit regelmäßigen Gesichtszügen und überaus vornehmer Haltung, allen Anzeichen nach ein Falschspieler.

Der Kellner lief nach der Pfeife und meldete, als er wiederkam, Seiner Durchlaucht, daß der Mietkutscher Baklaga nach ihm gefragt habe.

„Aha! Nun, sage ihm, er soll warten, und bring ihm Wodka."

„Zu Befehl."

Baklaga war, wie man mir später erzählt hat, der Spitzname eines jungen, hübschen und äußerst verwöhnten Mietkutschers; der Fürst liebte ihn, schenkte ihm Pferde, fuhr mit ihm um die Wette, verbrachte ganze Nächte mit ihm ... Diesen selben Fürsten, den Tollkopf und Verschwender von damals, würden Sie heute nicht wiedererkennen ... Wie parfümiert, wie zugeknöpft, wie stolz ist er jetzt! Wie sehr vom Dienst in Anspruch genommen – und vor allem, wie vernünftig!

Indes, der Tabaksqualm begann mir die Augen zu beizen. Noch ein letztes Mal hörte ich mir den Ausruf Chlopakows und das Gelächter des Fürsten an, dann begab ich mich in mein Zimmer, wo mir mein Diener auf dem schmalen, durchgesessenen Sofa mit Roßhaarfüllung und hoher, gebogener Rückenlehne schon das Nachtlager bereitet hatte.

Am nächsten Tag ging ich durch die Höfe, um mir Pferde anzusehen, und begann damit bei dem bekannten Pferdehändler Sitnikow. Durch eine Pforte betrat ich den mit Sand bestreuten Hof. Vor der weit offenen Tür des Pferdestalles stand der Besitzer selbst, ein nicht mehr junger, großer und dicker Mann, in einem Hasenpelz mit hochgeklapptem und etwas umgebogenem Kragen. Als er mich erblickte, bewegte er sich langsam auf mich zu, lüftete mit beiden Händen ein wenig die Mütze und sagte in singendem Tonfall:

„Ah, unsere Hochachtung! Möchten sich wohl Pferdchen ansehen?"

„Ja, ich komme mir Pferdchen ansehen."

„Und zwar was für welche, wenn ich fragen darf?"

„Zeigen Sie mir, was Sie haben!"

„Mit Vergnügen."

Wir traten in den Pferdestall. Ein paar weiße, struppige Hunde erhoben sich vom Heu und liefen uns schwanzwedelnd entgegen; ein langbärtiger alter Ziegenbock wich unwillig zur Seite; drei Stallknechte in ganzen, aber schmierigen Schafpelzen verneigten sich schweigend vor uns. Rechts und links standen in künstlich erhöhten Boxen an die dreißig Pferde, die aufs beste gepflegt und gestriegelt waren. Über den Querbalken flatterten Tauben hin und her und gurrten.

„Und wozu brauchen Sie das Pferdchen: zum Fahren oder zur Zucht?" fragte mich Sitnikow.

„Sowohl zum Fahren als auch zur Zucht."

„Verstehe, verstehe, verstehe", sagte der Pferdehändler bedächtig, „Petja, zeig dem Herrn den Hermelin!"

Wir gingen auf den Hof hinaus.

„Soll ich nicht eine Bank aus dem Haus bringen lassen?... Nicht nötig?... Wie Sie wünschen."

Hufschlag dröhnte auf Brettern, eine Peitsche knallte, und Petja, ein Kerl von vierzig Jahren, blatternarbig und dunkelhäutig, kam mit einem recht stattlichen grauen Hengst aus dem Stall gelaufen; er ließ ihn sich bäumen, rannte zweimal mit ihm rund um den Hof und brachte ihn geschickt auf dem Vorführplatz zum Stehen. Hermelin reckte sich, schnaubte pfeifend, hob den Schweif, mahlte und schielte zu uns herüber.

Ein abgerichteter Vogel! dachte ich.

„Laß locker, laß locker", sagte Sitnikow und heftete seinen Blick auf mich. „Wie ist er, was ist Ihre Meinung?" fragte er schließlich.

„Das Pferd ist nicht übel – auf den Vorderfüßen ist es nicht ganz sicher."

„Die Füße sind tadellos!" entgegnete Sitnikow mit Überzeugung. „Und die Kruppe, wollen Sie bitte hinschauen – wie ein Ofen, darauf können Sie schlafen."

„Die Fesseln sind zu lang."

„Wieso zu lang – ich bitte Sie! Lauf noch mal, Petja, lauf, aber im Trab, im Trab, im Trab ... Laß ihn nicht in Galopp fallen!"

Petja lief mit Hermelin nochmals über den Hof. Wir schwiegen alle.

„So, stell ihn an seinen Platz", sagte Sitnikow, „und führ uns den Falken vor."

Falke, ein Hengst holländischer Rasse, schwarz wie ein Käfer, engbäuchig und mit abfallender Kruppe, schien etwas besser zu sein als Hermelin. Er gehörte zu den Pferden, von denen Kenner sagen, daß sie „schlagen und hauen und gefangennehmen", das heißt, sie drehen und werfen im Laufen die Vorderfüße nach rechts und links auswärts und kommen dabei nicht recht voran. Kaufleute in mittleren Jahren haben eine Vorliebe für solche Pferde: Ihre Gangart erinnert an den flotten Schritt eines gewandten Kellners. Sie sind gut als Einspänner, für eine Spazierfahrt nach dem Mittagessen: Mit gebogenem Hals schreiten sie tänzelnd dahin und ziehen eifrig die plumpe Kutsche, die mit dem bis zur Unbeweglichkeit vollgefressenen Kutscher, dem eingepferchten Kaufmann, der an Sodbrennen leidet, und der schwammigen Kaufmannsfrau im weiten himmelblauen Seidenmantel und lila Kopftuch beladen ist. Ich lehnte auch den Falken ab. Sitnikow zeigte mir noch einige Pferde ... Eines, ein Apfelschimmelhengst aus der Wojejkowschen Zucht, gefiel mir endlich. Ich konnte mich nicht enthalten, ihm mit Vergnügen auf den Hals zu klopfen. Sitnikow spielte sofort den Gleichgültigen.

„Wie ist es, fährt er gut?" fragte ich. Von einem Traber sagt man nicht: Er läuft.

„Er fährt", antwortete der Händler ruhig.

„Kann man es nicht mal sehen?"

„Warum nicht, das können Sie. He, Kusja, spann Dogonjai vor die Droschke."

Kusja, der Zureiter, ein Meister seines Faches, fuhr dreimal auf der Straße an uns vorüber. Das Pferd lief gut, es fiel nicht aus der Gangart, warf die Kruppe nicht hoch, schritt frei und leicht aus und hielt den Schweif richtig.

„Und was verlangen Sie für ihn?"

Sitnikow nannte einen unerhörten Preis. Wir fingen gleich auf der Straße an zu handeln, doch plötzlich donnerte in scharfer Fahrt ein meisterhaft zusammengestelltes Dreigespann um die Ecke und hielt jäh vor dem Tor von Sitnikows Haus. In dem übereleganten Jagdwagen saß der Fürst N. – und neben ihm Chlopakow. Baklaga lenkte die Pferde ... Und wie er sie lenkte! Durch einen Ohrring wäre er mit ihnen gefahren, der Räuber! Die braunen Seitenpferde, klein, lebhaft, schwarzäugig und schwarzfüßig, sprühten nur so von verhaltenem Feuer; ein Pfiff – und fort sind sie! Das dunkelbraune, gesprenkelte Mittelpferd stand da, den Hals zurückgeworfen wie ein Schwan, die Brust vorgewölbt, die Füße wie Pfeile, es schwenkte nur ab und zu den Kopf und blinzelte stolz ... Wundervoll! Mit diesem Gespann wäre selbst Zar Iwan Wassiljewitsch am Osterfeiertag ausgefahren!

„Euer Durchlaucht! Seien Sie willkommen!" rief Sitnikow.

Der Fürst sprang vom Wagen. Chlopakow stieg langsam auf der anderen Seite ab.

„Guten Tag, mein Freund ... Sind Pferde da?"

„Wie sollten für Euer Durchlaucht keine dasein! Bitte sehr, treten Sie ein ... Petja, führ den Pfau vor! Und daß Lobesam bereitgestellt wird! – Und mit Ihnen, Väterchen", fuhr er, zu mir gewandt, fort, „bringen wir das Geschäft ein andermal zu Ende ... Fomka, eine Bank für Seine Durchlaucht!"

Aus einem besonderen Stall, den ich anfangs nicht bemerkt hatte, wurde Pfau herausgeführt. Das mächtige dunkelbraune Roß stieg sofort mit den Beinen in die Luft. Sogar Sitnikow wandte den Kopf ab und kniff die Augen zusammen.

„Hu, Rrakalioon!" rief Chlopakow aus. „J'aime ça."

Der Fürst lachte.

Nicht ohne Mühe wurde Pfau zum Stehen gebracht. Er schleifte den Stallknecht nur so über den Hof, doch endlich gelang es, den Hengst an die Wand zu drängen. Er schnaubte, zitterte und zog den Schweif ein; Sitnikow aber reizte ihn noch, indem er die Peitsche über ihm schwang.

„Wohin guckst du? Ich werde dir ...! Hu!" sagte der Pferdehändler zärtlich drohend – er bewunderte sein Pferd unwillkürlich selber.

„Wieviel?" fragte der Fürst.

„Für Euer Durchlaucht fünftausend."

„Drei."

„Unmöglich, Euer Durchlaucht, ich bitte Sie ..."

„Man sagt dir: drei. Rrakalion!" fiel Chlopakow ein.

Ich wartete den Abschluß des Geschäftes nicht ab und ging. Am Ende der Straße bemerkte ich am Tor eines kleinen grauen Hauses einen angeklebten großen Bogen Papier. Darauf war oben mit der Feder ein Roß mit trompetenförmigem Schweif und endlos langem Hals gezeichnet, unter den Hufen des Rosses aber standen, mit altmodischer Handschrift geschrieben, folgende Worte:

„Hier werden Pferde aller Farben verkauft, die aus dem bekannten Steppengestüt des Tambower Gutsbesitzers Anastassi Iwanytsch Tschernobai auf den Lebedjaner Markt gebracht worden sind. Selbige Pferde besitzen ausgezeichnete Eigenschaften; sie sind vollkommen eingefahren und lammfromm. Die Herren Käufer werden höflich gebeten, nach Anastassi Iwanytsch selbst zu fragen, im Falle der Abwesenheit von Anastassi Iwanytsch jedoch nach dem Kutscher Nasar Kubyschkin. Die Herren Käufer werden freundlichst eingeladen, einen Greis mit ihrem Besuch zu beehren!"

Ich blieb stehen. Gut, dachte ich, ich will mir die Pferde des bekannten Züchters aus der Steppe, des Herrn Tschernobai, einmal ansehen. Ich wollte durch die Pforte treten, fand sie aber wider Erwarten verschlossen. Ich klopfte.

„Wer ist da? ... Ein Käufer?" piepste eine Frauenstimme hinter der Tür.

„Ja, ein Käufer."

„Gleich, Väterchen, gleich."

Die Pforte öffnete sich. Ich erblickte ein Weib von ungefähr fünfzig Jahren, mit unbedecktem Haar, in Stiefeln und einem offenstehenden Schafpelz.

„Belieben Sie einzutreten, werter Herr, ich gehe gleich und melde Sie Anastassi Iwanytsch ... Nasar! He, Nasar!"

„Was ist?" brummelte aus dem Pferdestall die Stimme eines siebzigjährigen Alten.

„Mach die Pferde bereit, ein Käufer ist gekommen."

Die Frau rannte ins Haus.

„Ein Käufer, ein Käufer", brummte Nasar als Antwort. „Ich habe noch gar nicht allen die Schweife gewaschen."

Oh, Arkadien! dachte ich.

„Guten Tag, Väterchen, sei mir willkommen", ertönte hinter meinem Rücken langsam eine klangvolle, angenehme Stimme.

Ich blickte mich um: Vor mir stand in einem dunkelblauen langschößigen Mantel ein Greis von mittlerem Wuchs, mit weißen Haaren, einem liebenswürdigen Lächeln und wunderschönen blauen Augen.

„Pferde möchtest du? Bitte, Väterchen, bitte ... Aber willst du nicht erst zu mir hereinkommen und Tee trinken?"

Ich lehnte dankend ab.

„Nun, wie du wünschst. Du mußt mich entschuldigen, Väterchen, ich halte es nämlich nach alter Sitte." Herr Tschernobai ließ sich beim Sprechen Zeit. „Bei mir geht es schlicht und einfach zu, weißt du ... Nasar, he, Nasar!" fügte er gedehnt hinzu und ohne die Stimme zu heben.

Nasar, ein verrunzeltes altes Männchen mit einer Habichtsnase und einem keilförmigen Bärtchen, erschien auf der Schwelle des Pferdestalles.

„Was für Pferde brauchst du denn, Väterchen?" fuhr Herr Tschernobai fort.

„Nicht zu teure Fahrpferde für den Reisewagen."

„Bitte schön ... Auch solche habe ich, bitte schön ... Nasar, Nasar, zeig dem Herrn den grauen Wallach, weißt du, der ganz am Ende steht, und den Braunen mit der Blesse, und wenn der nicht gefällt, den anderen Braunen, der von Krassotka ist, weißt du?"

Nasar kehrte in den Pferdestall zurück.

„Führ sie nur einfach so an der Halfter heraus!" rief ihm Herr Tschernobai nach. „Bei mir, Väterchen", fuhr er fort und sah mir ruhig und sanft ins Gesicht, „ist es nicht so wie bei den Pferdehändlern – der Kuckuck soll sie holen! Die wenden allerlei Mittelchen an, Salz und Treber*, Gott verzeih ihnen! Bei mir, wirst du sehen, liegt alles offen auf der Hand, ohne Hinterlist.

Die Pferde wurden herausgeführt. Sie gefielen mir nicht.

„Nun, bring sie in Gottes Namen wieder an ihren Platz", sagte Anastassi Iwanytsch. „Zeig uns andere."

Es wurden andere gezeigt. Ich wählte endlich eins, das ziemlich billig war. Wir begannen zu handeln. Herr Tschernobai ereiferte sich nicht, er sprach so besonnen, rief mit solcher Würde Gott den Herrn zum Zeugen an, daß ich nicht anders konnte als „das Alter ehren": Ich gab ein Handgeld.

„Nun, und jetzt", sprach Anastassi Iwanytsch, „erlaube mir, daß ich dir nach alter Sitte das Pferdchen von Schoß zu Schoß übergebe ... Du wirst mir für das Pferd dankbar sein ... Es ist

---
* Von Trebern und Salz wird ein Pferd schnell dick.

ja taufrisch! Wie eine Nuß in der Schale ... unberührt ... ein Steppenpferdchen! In jedem Geschirr geht es."

Er bekreuzigte sich, legte sich den Schoß seines Mantels auf die Hand, ergriff die Halfter und übergab mir das Pferd.

„Sei nun in Gottes Namen sein Besitzer ... Willst du immer noch keinen Tee?"

„Nein, ich danke Ihnen ergebenst, ich muß nach Hause."

„Wie du wünschst ... Soll dir mein Kutscher das Pferd jetzt gleich nachführen?"

„Ja, jetzt gleich, wenn Sie erlauben."

„Bitte, mein Lieber, bitte ... Wassili, he, Wassili, geh mit dem Herrn; führe das Pferd, und nimm das Geld in Empfang. Nun, leb wohl, Väterchen, Gott sei mit dir."

„Leben Sie wohl, Anastassi Iwanytsch."

Das Pferd wurde mir ins Haus gebracht. Schon am nächsten Tag erwies es sich als herzschlächtig und lahm. Ich wollte es gerade anspannen – da ging mein Pferd rückwärts, und als ich ihm einen Schlag mit der Peitsche gab, wurde es störrisch, schlug mit den Hinterbeinen aus und legte sich hin. Ich begab mich sofort zu Herrn Tschernobai. Ich fragte:

„Ist er zu Hause?"

„Ja, er ist zu Hause."

„Wie konnten Sie", sagte ich, „Sie haben mir ja ein herzschlächtiges Pferd verkauft."

„Ein herzschlächtiges? Gott behüte!"

„Ja, außerdem ist es lahm, und Mucken hat es auch."

„Lahm? Davon weiß ich nichts, sicher hat es dein Kutscher irgendwie verdorben ... Aber ich, nein, bei Gott ..."

„Eigentlich müssen Sie es zurücknehmen, Anastassi Iwanytsch."

„Nein, Väterchen, werd nicht böse, aber wenn es aus dem Hof hinaus ist, dann ist Schluß. Vorher hättest du dir's ansehen sollen."

Ich begriff, woran ich war, ergab mich in mein Schicksal, lachte und ging fort. Zum Glück hatte ich die Lehre nicht allzu teuer bezahlt.

Zwei Tage darauf reiste ich ab, kam jedoch eine Woche später auf dem Rückweg wieder nach Lebedjan. In der Kaffeestube fand ich fast dieselben Personen vor und traf auch den Fürsten N. wieder am Billard. Aber im Schicksal des Herrn Chlopakow war bereits die übliche Wendung eingetreten. Der kleine hellblonde Offizier hatte ihn in der Gunst des Fürsten abgelöst. Der arme Oberleutnant a. D. versuchte in meiner Gegenwart noch einmal, seine Redensart anzubringen – vielleicht, mochte er denken, findet sie Anklang wie früher –, aber der Fürst hatte nicht nur kein Lächeln dafür übrig, er zog sogar ein finsteres Gesicht und zuckte mit den Schultern. Herr Chlopakow ließ den Kopf hängen, sank in sich zusammen, schlich in einen Winkel und begann sich heimlich ein Pfeifchen zu stopfen ...

Tatjana Borissowna
und ihr Neffe

Geben Sie mir die Hand, lieber Leser, und machen Sie eine Ausfahrt mit mir. Das Wetter ist herrlich; sanft blaut der Maihimmel; die glatten jungen Blätter der Weiden glänzen wie frisch gewaschen; der breite ebene Fahrweg ist ganz von jenem zarten Gras mit den rötlichen Stengeln bedeckt, das die Schafe so gern rupfen; rechts und links auf den langgestreckten Hängen der sanft ansteigenden Hügel wogt leise der grüne Roggen; als durchsichtige Flecken gleiten die Schatten kleiner Wölkchen darüber hin. In der Ferne dunkeln Wälder, blinken Teiche, leuchten Dörfer; Lerchen steigen zu Hunderten auf, singen, fallen jäh hernieder und sitzen mit hochgerecktem Hals auf den Erdschollen; die Saatkrähen auf dem Weg bleiben stehen, sehen uns an, ducken sich nieder, lassen uns vorbeifahren, hüpfen ein paarmal in die Höhe und fliegen schwerfällig seitwärts davon. Auf einer Anhöhe jenseits der Schlucht pflügt ein Bauer; ein scheckiges Fohlen mit gestutztem Schweif und zerzauster Mähne läuft auf unsicheren Beinen hinter seiner Mutter her; man hört sein dünnes Wiehern. Wir fahren in einen Birkenhain; ein starker, frischer Duft benimmt uns angenehm den Atem. Da ist ein Gatter. Der Kutscher steigt ab, die Pferde schnauben, die Beipferde blicken sich um, das Mittelpferd schlägt mit dem Schweif und lehnt den Kopf an das Krummholz ... Knarrend öffnet sich das große Tor. Der Kutscher setzt sich wieder auf den Bock ... Hü!

Vor uns liegt ein Dorf. Nachdem wir an fünf Höfen vorbeigekommen sind, biegen wir nach rechts ab, fahren in eine Senke hinunter und dann auf einen Damm. Jenseits eines kleinen Teiches wird hinter den runden Wipfeln von Apfelbäumen und Fliederbüschen ein Schindeldach sichtbar, das einmal rot war und zwei Schornsteine hat; der Kutscher hält an einem Zaun entlang nach links und fährt unter dem gellenden, heiseren Gekläff von drei bejahrten kleinen Kötern durch das sperrangelweit offene Tor, jagt flott rund um den weiten Hof herum, am Pferdestall und an der Scheune vorbei, verbeugt sich verwegen vor der alten Wirtschafterin, die über die hohe Schwelle seitwärts durch die offene Tür der Vorratskammer schreitet, und hält endlich vor der Freitreppe eines dunklen Häuschens mit hellen Fenstern ... Wir sind bei Tatjana Borissowna. Da öffnet sie auch schon selbst das Klappfenster und nickt uns zu ... „Guten Tag, Mütterchen!"

Tatjana Borissowna ist eine Frau von etwa fünfzig Jahren, mit großen grauen, ein wenig hervorstehenden Augen, einer etwas stumpfen Nase, roten Wangen und einem Doppelkinn. Ihr Gesicht atmet Freundlichkeit und Güte. Sie war einst verheiratet, wurde aber bald Witwe. Tatjana Borissowna ist eine höchst bemerkenswerte Frau. Sie lebt ganz zurückgezogen auf ihrem kleinen Gut, verkehrt wenig mit den Nachbarn, empfängt und liebt nur junge Leute. Sie stammt aus einer sehr armen Gutsbesitzerfamilie und hat keinerlei Erziehung genossen, das heißt, sie spricht nicht Französisch; nicht einmal in Moskau ist sie je gewesen – und trotz all dieser Mängel hat sie ein so schlichtes und gutes Wesen, fühlt und denkt sie so frei, ist sie so wenig mit den üblichen Untugenden der kleineren Gutsbesitzerinnen behaftet, daß man sich wirklich über sie wundern muß ... In der Tat: Eine Frau lebt das ganze Jahr hindurch auf dem Lande, in der Einöde, und klatscht nicht, jammert nicht, läßt sich nicht unterkriegen, lehnt sich nicht auf, erstickt nicht, zittert nicht vor Neugier ... ein wahres Wunder! Sie geht meistens in einem grauen Taftkleid und einer weißen Haube mit hängenden lila Bändern; sie ißt gern, ohne unmäßig zu sein; das Einkochen, Dörren und Einsalzen überläßt sie ihrer Wirtschafterin.

Womit beschäftigt sie sich wohl den ganzen Tag? werden Sie fragen. Liest sie? Nein, sie liest nicht; und um die Wahrheit zu sagen, für sie brauchten keine Bücher gedruckt zu werden ... Wenn sie nicht gerade Besuch hat, sitzt meine Tatjana Borissowna am Fenster und strickt einen Strumpf – im Winter; im Sommer geht sie in den Garten, pflanzt Blumen und begießt sie, spielt stundenlang mit den jungen Kätzchen, füttert die Tauben ... Um die Wirtschaft kümmert sie sich wenig. Aber wenn ein Gast zu ihr kommt, irgendein junger Nachbar, den sie gut leiden kann, dann lebt Tatjana Borissowna auf; sie läßt ihn Platz nehmen, schenkt ihm Tee ein, hört sich seine Geschichten an, lacht, tätschelt ihm bisweilen ein wenig die Wange, spricht aber selbst wenig; ist er in Not, hat er Kummer, so tröstet sie ihn und gibt ihm einen guten Rat. Wieviel Menschen haben ihr schon ihre häuslichen, innersten Geheimnisse anvertraut und sich in ihren Armen ausgeweint! Manchmal setzt sie sich einem Gast gegenüber, stützt sich leicht auf den Ellenbogen und schaut ihm mit solcher Teilnahme in die Augen, lächelt ihn so freundlich an, daß dem Gast unwillkürlich der Gedanke kommt: Was bist du doch für eine prächtige Frau, Tatjana Borissowna! Laß mich dir erzählen, was ich auf dem Herzen habe. In ihren kleinen, gemütlichen Zimmern wird es einem wohl und warm; in ihrem Haus ist immer schönes Wetter, wenn man sich so ausdrücken darf. Eine wunderbare Frau ist Tatjana Borissowna, und doch wundert sich niemand über sie: Ihr gesunder Menschenverstand, ihre Standhaftigkeit und Freimütigkeit, ihr warmes Mitgefühl für fremde Leiden und Freuden, mit einem Wort, all ihre guten Eigenschaften sind ihr angeboren und haben sie keinerlei Mühe und Anstrengungen gekostet ... Anders kann man sie sich gar nicht vorstellen; daher hat man auch keinen Grund, ihr dankbar zu sein.

Besonders liebt sie es, den Spielen und lustigen Streichen der Jugend zuzusehen; sie verschränkt die Arme unter der Brust, legt den Kopf zurück, blinzelt mit den Augen und sitzt lächelnd da, seufzt dann plötzlich und sagt: „Ach, ihr Kinderchen, meine Kinderchen! ..." Man möchte manchmal zu ihr hintreten, sie bei der Hand nehmen und sagen: Hören Sie, Tatjana Borissowna, Sie kennen Ihren eigenen Wert nicht, bei all Ihrer Schlichtheit und Ungelehrtheit sind Sie doch ein außergewöhnliches Wesen! – Schon ihr bloßer Name hat einen anheimelnden, einladenden Klang, man spricht ihn gern aus, er erweckt ein freundliches Lächeln. Wie oft ist es zum Beispiel vorgekommen, daß ich einen mir begegnenden Bauern fragte:

„Lieber Freund, wie kommt man hier – sagen wir – nach Gratschowka?"

„Da fahren Sie erst nach Wjasowoje, Väterchen, und von dort auf das Haus Tatjana Borissownas zu, und von Tatjana Borissowna an zeigt Ihnen jeder den Weg."

Und bei dem Namen Tatjana Borissowna nickt der Bauer auf eine besondere Art mit dem Kopf.

Dienerschaft hält sie, ihren Verhältnissen entsprechend, nur wenig. Das Haus, die Waschküche, die Vorratskammer und die Küche verwaltet ihre Wirtschafterin Agafja, ihr einstiges Kindermädchen, ein überaus gutmütiges, weinerliches, zahnloses Geschöpf; zwei kräftige Mägde mit Wangen so prall und rot wie Antonowkaäpfel sind ihr unterstellt. Das Amt des Kammerdieners, Haushofmeisters und Einschenkers versieht der siebzigjährige Diener Polikarp, ein sonderbarer Kauz, sehr belesen, ein früherer Geiger und Verehrer Viottis, ein persönlicher Feind Napoleons oder, wie er zu sagen pflegt, des kleinen Bonaparte und ein leidenschaftlicher Liebhaber von Nachtigallen. Er hält immer fünf oder sechs bei sich im Zimmer; im zeitigen Frühjahr sitzt er ganze Tage vor den Käfigen und wartet auf den ersten „Schlag"; wenn er ihn endlich hört, bedeckt er das Gesicht mit den Händen und stöhnt: „Ach, wie ergreifend, wie ergreifend!" und fängt hemmungslos an zu schluchzen. Als Gehilfe ist Polikarp sein Enkel Wasja beigegeben, ein zwölfjähriger krausköpfiger Junge mit flinken Augen. Er liebt ihn abgöttisch und knurrt ihn vom Morgen bis zum Abend an. Er befaßt sich auch mit seiner Erziehung.

„Wasja", spricht er, „sage: Der kleine Bonaparte ist ein Räuber."

„Und was gibst du mir, Opa?"

„Was ich dir gebe? Nichts gebe ich dir ... Was bist du denn? Bist du ein Russe?"

„Ich bin ein Amtschaner, Opa: Bin in Amtschensk* geboren."

---

* Der Volksmund nennt die Stadt Mzensk „Amtschensk" und ihre Bewohner „Amtschaner". Die Amtschaner sind aufgeweckte und beherzte Burschen; nicht umsonst wünscht man bei uns seinem Feind „einen Amtschaner auf den Hals".

„Oh, der Dummkopf! Und wo liegt dieses Amtschensk?"
„Woher soll ich das wissen?"
„In Rußland liegt Amtschensk, du Dummer!"
„Und wenn es schon in Rußland liegt?"
„Was heißt: wenn schon? Den kleinen Bonaparte hat Seine Erlaucht, der verstorbene Fürst Michailo Illarionowitsch Golenistschew-Kutusow von Smolensk, mit Gottes Hilfe aus Rußlands Grenzen hinauszujagen geruht. Bei diesem Anlaß wurde auch das Lied gedichtet: Bonaparte mag nicht tanzen, seine Hosen gehn in Fransen ... Verstehst du: Dein Vaterland hat er befreit."
„Was geht mich das an?"
„Ach, du dummer Junge, du dummer! Wenn der durchlauchtigste Fürst Michailo Illarionowitsch den kleinen Bonaparte nicht davongejagt hätte, dann würde dich nämlich jetzt irgendein Musjö mit dem Stock auf den Scheitel hauen. Er würde einfach so an dich herantreten und sagen: Kommang wu porteh wu? und dazu immer poch, poch machen."
„Und ich würde ihn dann mit der Faust in den Bauch stoßen."
„Und er würde dich: Bongschur, bongschur, weneh issi! gleich am Schopf packen, am Schopf."
„Und ich würde ihm eins in die Beine geben, immer in die Beine, in seine Storchbeine."
„Das stimmt, Beine haben sie wie die Störche ... Nun, wenn er aber anfangen würde, dir die Hände zu binden?"
„Das ließe ich mir nicht gefallen; ich würde Michej, den Kutscher, zu Hilfe rufen."
„Aber, Wasja, meinst du denn, der Franzose würde mit dem Michej nicht fertig?"
„Mit dem fertig werden? Wo Michej so stark ist!"
„Na, und was würdet ihr mit ihm machen?"
„Wir würden ihn auf den Rücken hauen, immer feste auf den Rücken."
„Und er würde pardong schreien: Pardong, pardong, siwupläh!"
„Da würden wir zu ihm sagen: Du kriegst kein siwupläh, du elender Franzose!"

„Du bist ein braver Junge, Wasja! Also, dann ruf mal: Ein Räuber ist der kleine Bonaparte!"

„Aber du mußt mir ein Stück Zucker geben!"

„So ein ...!"

Mit den Gutsbesitzerfrauen hat Tatjana Borissowna wenig Umgang; sie kommen nicht gern zu ihr, und sie versteht es nicht, sie zu unterhalten, sie schläft beim Geplätscher ihrer Reden ein, schreckt auf, gibt sich alle Mühe, die Augen offenzuhalten, und schläft von neuem ein. Tatjana Borissowna liebt überhaupt die Frauen nicht. Einer ihrer Freunde, ein netter und friedlicher junger Mann, hatte eine Schwester, eine alte Jungfer von achtunddreißigeinhalb Jahren, ein ungemein gutherziges Geschöpf, aber verschroben, unnatürlich und überspannt. Ihr Bruder hatte ihr oft von seiner Nachbarin erzählt. Eines schönen Morgens ließ sich die alte Jungfer, ohne jemandem ein Wort zu sagen, ein Pferd satteln und ritt zu Tatjana Borissowna. In ihrem langen Kleid, den Hut auf dem Kopf, mit einem grünen Schleier und gelösten Locken betrat sie das Vorzimmer und eilte an dem verdutzten Wasja, der sie für eine Nixe hielt, vorbei in den Salon. Tatjana Borissowna erschrak, sie wollte sich erheben, doch die Beine versagten ihr den Dienst.

„Tatjana Borissowna", begann der Besuch in flehendem Ton, „entschuldigen Sie meine Kühnheit; ich bin die Schwester Ihres Freundes Alexej Nikolajewitsch K***, ich habe durch ihn so viel von Ihnen gehört, daß ich beschlossen habe, Ihre Bekanntschaft zu machen."

„Eine große Ehre", murmelte die bestürzte Hausherrin.

Der Besuch warf den Hut von sich, schüttelte die Locken, setzte sich neben Tatjana Borissowna und ergriff ihre Hand ...

„Also, das ist sie", hob sie gedankenvoll und gerührt an, „das ist dieses gütige, klare, edle, heilige Wesen! Das ist sie, diese einfache und zugleich so innige Frau! Wie bin ich froh! Wie bin ich froh! Wie werden wir einander lieben! Endlich werde ich Ruhe finden ... Gerade so habe ich sie mir vorgestellt", fügte sie flüsternd hinzu und senkte ihre Augen in die Augen Tatjana Borissownas. „Nicht wahr, Sie sind mir nicht böse, meine Liebe, meine Gute?"

„Aber ich bitte Sie, ich freue mich sehr ... Wollen Sie nicht Tee?"

Der Besuch lächelte nachsichtig.

„Wie wahr, wie unreflectirt" *, flüsterte sie gleichsam für sich.

„Lassen Sie sich umarmen, meine Liebe!"

Die alte Jungfer saß volle drei Stunden bei Tatjana Borissowna, ohne auch nur für einen Augenblick zu verstummen. Sie bemühte sich, ihrer neuen Bekannten deren eigene Bedeutung klarzumachen. Nachdem der ungebetene Gast weggegangen war, begab sich die arme Gutsbesitzerin sofort in die Badestube, trank gehörig Lindenblütentee und legte sich ins Bett. Doch schon am nächsten Tag kam die alte Jungfer wieder, saß vier Stunden da und entfernte sich mit dem Versprechen, Tatjana Borissowna täglich zu besuchen. Sie hatte sich in den Kopf gesetzt, sehen Sie, diese, wie sie sich ausdrückte, „reiche Natur" bis zu ihrer Vollendung zu entwickeln und zu formen, und hätte sie wahrscheinlich vollkommen zugrunde gerichtet, wenn sie nicht erstens nach zwei Wochen von der Freundin ihres Bruders „ganz und gar" enttäuscht gewesen wäre und wenn sie sich zweitens nicht in einen durchreisenden jungen Studenten verliebt hätte, mit dem sie sogleich in einen eifrigen und leidenschaftlichen Briefwechsel trat. In ihren Ergüssen erteilte sie ihm, wie das so Brauch ist, den Segen für ein gottgefälliges und schönes Leben, brachte ihm ihr „ganzes Ich" als Opfer dar, verlangte für sich nur den Namen einer Schwester, erging sich in Naturschilderungen, erwähnte Goethe, Schiller, Bettina und die deutsche Philosophie und stürzte den armen Jüngling endlich in düstere Verzweiflung. Doch die Jugend nahm sich ihr Recht: Eines schönen Morgens erwachte er mit einem so grimmigen Haß gegen seine „Schwester und beste Freundin", daß er im aufwallenden Zorn beinahe seinen Kammerdiener verprügelt hätte und noch lange danach bei der geringsten Anspielung auf eine erhabene und uneigennützige Liebe in Wut geriet ... Seit jener Zeit aber vermied Tatjana Borissowna noch mehr als zuvor jede Annäherung an ihre Nachbarn.

---

* Die mit einem Sternchen versehenen Kursivstellen sind auch im Original deutsch. (Anm. des Verlages)

Doch leider ist auf der Welt nichts von Bestand. Alles, was ich Ihnen vom Leben und Treiben meiner guten Gutsbesitzerin erzählt habe, gehört der Vergangenheit an; die Stille, die in ihrem Haus herrschte, ist für immer dahin. Bei ihr wohnt jetzt, und zwar schon über ein Jahr, ein Neffe, ein Künstler aus Petersburg. Und das ist so gekommen.

Vor ungefähr acht Jahren lebte bei Tatjana Borissowna ein Knabe von zwölf Jahren, Andrjuscha, eine Vollwaise, der Sohn ihres verstorbenen Bruders. Andrjuscha hatte große, helle, feuchte Augen, ein kleines Mündchen, eine regelmäßige Nase und eine wunderschöne hohe Stirn. Er sprach leise und angenehm, hielt sich sauber und sittsam, war zärtlich und zuvorkommend zu den Gästen und küßte mit der Empfindsamkeit, die Waisenkindern eigen ist, dem Tantchen die Hand. Manchmal hatte man sich noch kaum richtig gezeigt, da schleppte er schon einen Sessel herbei. Unarten hatte er überhaupt keine, nie kam es vor, daß er lärmte; er saß mit einem Büchlein in seiner Ecke, ganz bescheiden und still, er lehnte sich nicht einmal mit dem Rücken an die Stuhllehne. Trat ein Gast ein, so erhob sich mein Andrjuscha, lächelte artig und errötete; ging der Gast, so setzte er sich wieder, holte aus seiner Tasche eine kleine Bürste mit einem Spiegelchen und kämmte sich. Von frühester Kindheit an hatte er Freude am Zeichnen. Bekam er ein Stück Papier in die Hände, so erbat er sich alsbald von der Wirtschafterin Agafja eine Schere und schnitt aus dem Papier sorgfältig ein regelmäßiges Viereck aus, umzog es mit einem Käntchen und machte sich an die Arbeit: Er zeichnete ein Auge mit einer riesigen Pupille oder eine griechische Nase oder ein Haus mit einem Schornstein und schraubenförmigem Rauch, einen Hund „en face", der einer Bank ähnelte, ein Bäumchen mit zwei Täubchen und schrieb darunter: „Gezeichnet von Andrej Belowsorow an dem und dem Tag in dem und dem Jahr, Dorf Malyje Bryki." Besonders mühte er sich zwei Wochen vor dem Namenstag Tatjana Borissownas ab: Er erschien als erster mit seinem Glückwunsch und überreichte eine Papierrolle, die mit einem rosa Bändchen umwickelt war. Tatjana Borissowna küßte ihren Neffen auf die Stirn und löste die Schleife; die Rolle öffnete sich, und dem neugierigen Blick des Betrachters bot sich ein geschickt hingetuschter Rundtempel mit Säulen und einem Altar in der Mitte; auf dem Altar flammte ein Herz und lag ein Kranz, und darüber, auf einem gewundenen Schriftband, stand in deutlichen Buchstaben: „Seiner Tante und Wohltäterin Tatjana Borissowna Bogdanowa von ihrem sie verehrenden und liebenden Neffen als Zeichen seiner tiefsten Anhänglichkeit." Tatjana Borissowna küßte ihn nochmals und schenkte ihm einen Silberrubel. Große Zuneigung empfand sie jedoch nicht für ihn: Andrejs Unterwürfigkeit gefiel ihr nicht recht. Unterdessen wuchs Andrjuscha heran; Tatjana Borissowna begann sich um seine Zukunft Sorgen zu machen. Ein unverhoffter Zufall half ihr aus dieser Verlegenheit.

Das geschah so: Vor etwa acht Jahren besuchte sie eines Tages ein gewisser Herr Benewolenski, Pjotr Michailytsch, Kollegienrat und Ordensträger. Herr Benewolenski hatte einst in der nächstgelegenen Kreisstadt im Staatsdienst gestanden und damals Tatjana Borissowna fleißig besucht; später war er nach Petersburg übergesiedelt und hatte in einem Ministerium einen ziemlich hohen Posten erlangt. Auf einer seiner häufigen Dienstreisen erinnerte er sich seiner alten Bekannten und machte einen Abstecher zu ihr, mit der Absicht, sich ein paar Tage „im Schoße der ländlichen Stille" von den dienstlichen Sorgen zu erholen. Tatjana Borissowna nahm ihn mit der ihr eigenen Gastfreundlichkeit auf, und Herr Benewolenski ... Doch bevor wir in unserer Erzählung fortfahren, gestatten Sie, lieber Leser, Sie mit dieser neuen Person bekannt zu machen.

Herr Benewolenski war ein dicklicher, mittelgroßer Mann von weichlichem Äußeren, mit kurzen Beinen und rundlichen, weichen Händen; er trug einen weiten, untadelig sauberen Frack, eine hohe und breite Halsbinde, schneeweiße Wäsche, eine goldene Uhrkette auf der seidenen Weste, einen Ring mit einem Stein am Zeigefinger und eine blonde Perücke; er sprach eindringlich und sanft und trat geräuschlos auf, er lächelte angenehm, blickte angenehm, versenkte angenehm das Kinn in die Halsbinde; er war überhaupt ein angenehmer Mensch. Auch hatte ihn der Herrgott mit einem überaus guten

Herzen bedacht: Er weinte leicht und geriet leicht in Begeisterung; außerdem glühte er vor uneigennütziger Leidenschaft für die Kunst, und diese Uneigennützigkeit war echt, denn gerade von Kunst verstand Herr Benewolenski, um die Wahrheit zu sagen, nicht das geringste. Man mußte sich sogar wundern, wie, kraft welcher geheimnisvollen und unbegreiflichen Gesetze, diese Leidenschaft über ihn gekommen war. Er war doch allem Anschein nach ein nüchterner Mensch, ja, sogar ein Dutzendmensch ... Übrigens gibt es bei uns in Rußland solcher Menschen ziemlich viele.

Die Liebe zur Kunst und zu den Künstlern verleiht diesen Leuten eine unerklärliche Süßlichkeit; mit ihnen zu verkehren, sich mit ihnen zu unterhalten, ist eine Qual: Es sind richtige Knüppel, mit Honig bestrichen. Sie nennen zum Beispiel Raffael niemals Raffael, Correggio niemals Correggio – „der göttliche Sanzio, der unnachahmliche Allegri" sagen sie. Jedes hausbackene, ehrgeizige, mittelmäßige Talent erheben sie zu einem Genie oder richtiger zu einem „Chenie"; den blauen Himmel Italiens, die südländische Limone, die duftigen Nebel an den Ufern der Brenta führen sie ständig im Munde. „Ach, Wanja, Wanja" oder „ach, Sascha, Sascha", sagen sie gefühlvoll zueinander, „nach dem Süden müßten wir, nach dem Süden ... denn der Seele nach sind wir doch Griechen, du und ich, alte Griechen!" Man kann sie in Ausstellungen beobachten, vor gewissen Werken gewisser russischer Maler. (Ich muß bemerken, daß diese Herren meistens gewaltige Patrioten sind.) Bald treten sie zwei Schritt zurück und werfen den Kopf nach hinten, bald nähern sie sich dem Bild wieder – ihre Augen überziehen sich mit einer öligen Feuchtigkeit ... „Nein also, mein Gott", sagen sie schließlich mit vor Erregung brüchiger Stimme, „die Seele, so etwas von Seele! Und Herz, Herz! Wieviel Seele er hineingelegt hat! Welche Fülle von Seele! ... Und wie durchdacht! Meisterhaft durchdacht!" Und was haben sie selbst für Bilder in ihren Salons! Was für Künstler kommen abends zu ihnen, trinken bei ihnen Tee, hören sich ihre Gespräche an! Was für perspektivische Ansichten der eigenen Zimmer überreichen ihnen diese Künstler – mit einem Besen rechts im Vordergrund, einem Häufchen Kehricht auf dem gebohnerten

Fußboden, einem gelben Samowar auf dem Tisch am Fenster und dem Hausherrn selber in Schlafrock und Käppchen, mit einem Lichtfleck auf der Wange! Von was für langhaarigen Musensöhnen mit krankhaft-verächtlichem Lächeln lassen sie sich besuchen! Was für grünlichbleiche Jungfrauen winseln bei ihnen am Klavier! Denn bei uns in Rußland ist das nun einmal so eingeführt: Einer Kunst allein darf der Mensch sich nicht hingeben – er muß alle haben. Daher ist es keineswegs verwunderlich, daß diese Herren Liebhaber auch der russischen Literatur, besonders der dramatischen, eine starke Förderung angedeihen lassen; Stücke wie „Jacopo Sannazar" sind für sie geschrieben: Der tausendmal dargestellte Kampf des verkannten Genies mit den Menschen, mit der ganzen Welt erschüttert sie bis auf den Grund der Seele ...

Am Tag nach der Ankunft des Herrn Benewolenski forderte Tatjana Borissowna beim Tee ihren Neffen auf, dem Gast seine Zeichnungen zu zeigen.

„Ach, er zeichnet?" fragte Herr Benewolenski nicht ohne Verwunderung und wandte sich interessiert Andrjuscha zu.

„Ja, gewiß, er zeichnet", sagte Tatjana Borissowna, „und mit solcher Lust und Liebe! Und ganz allein, ohne Lehrer."

„Ach, zeigen Sie, zeigen Sie mal", fiel Herr Benewolenski ein.

Errötend und lächelnd überreichte Andrjuscha dem Gast sein Heft. Herr Benewolenski begann mit Kennermiene darin zu blättern.

„Gut, junger Mann", meinte er schließlich, „gut, sehr gut." Und er strich Andrjuscha über den Kopf. Andrjuscha gelang es, ihm dabei die Hand zu küssen. „Nein, sagen Sie, welch ein Talent! Ich beglückwünsche Sie, Tatjana Borissowna, ich beglückwünsche Sie."

„Ja, Pjotr Michailytsch, aber hier kann ich keinen Lehrer für ihn finden. Aus der Stadt – das ist zu teuer; meine Nachbarn, die Artamonows, haben einen Maler, und er soll ganz ausgezeichnet sein, aber die Gutsherrin verbietet ihm, fremden Leuten Stunden zu geben. Sie meint, er würde sich dadurch den Geschmack verderben."

„Hm", machte Herr Benewolenski, versank in Nachdenken

und sah Andrjuscha prüfend an. „Nun, wir reden noch darüber", fügte er plötzlich hinzu und rieb sich die Hände.
Noch am selben Tag bat er Tatjana Borissowna um eine Unterredung unter vier Augen. Sie schlossen sich ein. Nach einer halben Stunde wurde Andrjuscha gerufen. Andrjuscha trat ein. Herr Benewolenski stand am Fenster, mit leicht gerötetem Gesicht und strahlenden Augen. Tatjana Borissowna saß in einer Ecke und wischte sich die Tränen ab.

„Nun, Andrjuscha", begann sie schließlich, „bedanke dich bei Pjotr Michailytsch: Er nimmt dich in seine Obhut, er bringt dich nach Petersburg."

Andrjuscha stand wie versteinert.

„Sagen Sie mir offen", begann Herr Benewolenski voller Würde und Herablassung, „haben Sie den Wunsch, Künstler zu werden, junger Mann, fühlen Sie in sich die heilige Berufung zur Kunst?"

„Ich habe den Wunsch, Künstler zu werden, Pjotr Michailytsch", bestätigte Andrjuscha bebend.

„Wenn das so ist, bin ich sehr froh", fuhr Herr Benewolenski fort, „es wird Ihnen natürlich schwer werden, sich von Ihrer verehrungswürdigen Tante zu trennen; Sie müssen ja für sie die lebhafteste Dankbarkeit empfinden."

„Ich vergöttere meine Tante", unterbrach ihn Andrjuscha und zwinkerte mit den Augen.

„Natürlich, natürlich, das ist durchaus verständlich und gereicht Ihnen zur Ehre; aber stellen Sie sich vor, welche Freude dafür mit der Zeit ... Ihre Erfolge ..."

„Umarme mich, Andrjuscha", murmelte die gutherzige Gutsbesitzerin. Andrjuscha fiel ihr um den Hals. „Nun, und jetzt bedanke dich bei deinem Wohltäter ..."

Andrjuscha umarmte Herrn Benewolenskis Bauch, erhob sich auf die Zehenspitzen und erhaschte so seine Hand, die ihm der Wohltäter auch überließ, ohne sich jedoch dabei zu übereilen ... Man muß doch dem Kind die Freude lassen, muß ihm den Wunsch erfüllen, nun, und auch sich selber kann man wohl ein bißchen verwöhnen lassen. Nach zwei Tagen reiste Herr Benewolenski ab und nahm seinen neuen Schützling mit.

In den ersten drei Jahren der Trennung schrieb Andrjuscha ziemlich oft, und manchmal legte er seinen Briefen Zeichnungen bei. Herr Benewolenski fügte hin und wieder auch einige Worte an, die meistens anerkennend klangen; dann wurden die Briefe seltener und seltener und hörten endlich ganz auf. Ein ganzes Jahr hüllte sich der Neffe in Schweigen. Tatjana Borissowna begann sich schon zu beunruhigen, als sie plötzlich ein Briefchen folgenden Inhalts erhielt:

Liebes Tantchen!
Seit vier Tagen ist Pjotr Michailytsch, mein Gönner, nicht mehr. Ein grausamer Schlaganfall hat mich dieser letzten Stütze beraubt. Allerdings stehe ich jetzt schon im zwanzigsten Lebensjahr; im Laufe der sieben Jahre habe ich bedeutende Fortschritte gemacht; ich setze große Hoffnungen auf mein Talent und kann davon leben; ich lasse den Mut nicht sinken, schicken Sie mir aber trotzdem, wenn Sie können, fürs erste zweihundertfünfzig Rubel in Banknoten. Ich küsse Ihre Hand und verbleibe ... und so weiter.

Tatjana Borissowna schickte ihrem Neffen die zweihundertfünfzig Rubel. Nach zwei Monaten verlangte er wieder Geld; sie kratzte ihr letztes zusammen und schickte es ihm. Noch waren nach der zweiten Sendung keine sechs Wochen vergangen, da bat er zum drittenmal um Geld, angeblich für Farben zu einem Porträt, das die Fürstin Tertereschonowa bei ihm bestellt habe. Tatjana Borissowna schlug es ihm ab.

„In diesem Fall", schrieb er ihr, „habe ich die Absicht, zu Ihnen aufs Land zu kommen, um meine Gesundheit wiederherzustellen." Und wirklich, im Mai desselben Jahres kehrte Andrjuscha nach Malyje Bryki zurück.

Tatjana Borissowna erkannte ihn zuerst gar nicht. Nach seinem Brief hatte sie einen kränklichen, mageren Menschen erwartet und sah nun einen breitschultrigen, dicken Burschen vor sich, mit einem vollen, roten Gesicht und gekräuselten, fettigen Haaren. Der zarte, blasse Andrjuscha hatte sich in den kräftigen Andrej Iwanow Belowsorow verwandelt. Aber nicht nur sein Äußeres hatte sich verändert. Die pedantische

Schüchternheit, Vorsicht und Ordentlichkeit der früheren Jahre war einer nachlässigen Großspurigkeit und unerträglichen Schlampigkeit gewichen; er wiegte sich beim Gehen in den Hüften, warf sich in die Sessel, lümmelte sich auf den Tisch, rekelte sich und gähnte aus vollem Halse; der Tante und den Leuten gegenüber schlug er einen frechen Ton an. „Ich bin ein Künstler", pflegte er zu sagen, „ein freier Kosak! Ihr müßt mich schon nehmen, wie ich bin!" Es gab Zeiten, da nahm er ganze Tage lang den Pinsel nicht in die Hand; kam aber die sogenannte Inspiration über ihn, dann benahm er sich wie nach einem Rausch, plump, ungeschickt und laut; eine grobe Röte brannte auf seinen Wangen, seine Augen trübten sich; er fing an, von seinem Talent zu reden, von seinen Erfolgen und wie er sich entwickle, wie er vorwärtskomme... In Wirklichkeit stellte sich jedoch heraus, daß seine Fähigkeiten kaum für leidliche kleine Porträts ausreichten. Er war völlig ungebildet und unwissend, er las nie etwas – wozu braucht ein Künstler auch zu lesen! Natur, Freiheit, Poesie – das ist sein Element. Er braucht nur die Locken zu schütteln, seiner Beredsamkeit die Zügel schießen zu lassen und dazu ohne Unterlaß Shukowtabak zu rauchen! Schön ist die russische Ungezwungenheit, doch nur wenigen steht sie zu Gesicht; bei den talentlosen Poleshajews zweiter Garnitur ist sie unerträglich.

Lange blieb unser Andrej Iwanytsch bei seinem Tantchen: Das geschenkte Brot war offenbar ganz nach seinem Geschmack.

Den Gästen flößt er eine tödliche Langeweile ein. Manchmal setzt er sich ans Klavier (Tatjana Borissowna hat auch ein Klavier) und beginnt mit einem Finger die Melodie zur „Flotten Troika" zusammenzusuchen; er greift ein paar Akkorde, er hämmert auf die Tasten; stundenlang heult er, allen zur Qual, Warlamows Romanzen „Die einsame Fichte" oder „Nein, Doktor, nein, komm nicht zu mir"; dabei schwimmen seine Augen in Fett, und seine Backen glänzen wie eine Trommel... Dann schmettert er plötzlich: „Haltet ein, Wogen der Leidenschaft", so daß Tatjana Borissowna erschrocken zusammenfährt.

„Es ist merkwürdig", meinte sie einmal zu mir, „was heutzutage für Lieder gedichtet werden, immer nur solche verzweifelte; zu meiner Zeit wurde anders gedichtet; es gab auch traurige Lieder, aber es war doch angenehm, sie zu hören ... Zum Beispiel:

> Komm auf die Wiese, komm zu mir,
> Wo ich vergebens warte;
> Komm auf die Wiese, komm zu mir,
> Wo ich in Tränen warte ...
> Kommst auf die Wiese du zu mir,
> Ach, wird's zu spät sein, liebster Freund!"

Tatjana Borissowna lächelte verschmitzt.

„Ich lei-de, ich lei-de", heulte im Nebenzimmer der Neffe.

„Genug, Andrjuscha, hör nun auf."

„Meine Seele schmachtet, von dir getrennt", fuhr der unermüdliche Sänger fort.

Tatjana Borissowna schüttelte den Kopf.

„Ach, diese Künstler!"

Seitdem ist ein Jahr vergangen. Belowsorow lebt noch heute bei seinem Tantchen und will immer nach Petersburg fahren. Er ist auf dem Lande so dick wie lang geworden. Die Tante – wer hätte das gedacht – ist ganz vernarrt in ihn, und die Mädchen der Umgegend verlieben sich in ihn ...

Viele Bekannte von früher aber besuchen Tatjana Borissowna nicht mehr.

Der Tod

Ich habe einen Nachbarn, er ist ein junger Landwirt und ein junger Jäger. An einem schönen Julimorgen ritt ich zu ihm und machte ihm den Vorschlag, gemeinsam auf die Birkhahnjagd zu gehen. Er willigte ein.

„Ich möchte nur", sagte er, „daß wir durch meinen Niederwald an die Suscha reiten; ich will bei der Gelegenheit nachsehen, wie es in Tschaplygino steht; Sie kennen doch meinen Eichenwald? Er wird jetzt geschlagen."

„Gut, reiten wir."

Er ließ sein Pferd satteln, zog einen grünen Rock mit Bronzeknöpfen an, auf denen Eberköpfe dargestellt waren, hängte sich eine mit Wollgarn bestickte Jagdtasche und eine silberne Feldflasche um, warf sich ein nagelneues französisches Gewehr über die Schulter, drehte sich zufrieden ein paarmal vor dem Spiegel und rief seinen Hund Espérance, den ihm eine Kusine geschenkt hatte, eine alte Jungfer mit goldenem Herzen, aber ohne Haare. Wir brachen auf. Mein Nachbar nahm noch den Dorfpolizisten Archip mit, einen dicken, untersetzten Bauern mit viereckigem Gesicht und vorsintflutlich entwickelten Backenknochen, sowie den erst kürzlich angestellten Verwalter aus den Ostseeprovinzen, einen neunzehnjährigen mageren, hellblonden, kurzsichtigen Jüngling mit hängenden Schultern und langem Hals, Herrn Gottlieb von der Kock.

Mein Nachbar selbst war erst vor kurzem in den Besitz des Gutes gelangt. Er hatte es von einer Tante geerbt, der Staatsrätin Kardon-Katajewa, einer ungewöhnlich dicken Frau, die sogar, wenn sie im Bett lag, in einem fort kläglich ächzte.

Wir ritten in den „Niederwald" hinein.

„Ihr erwartet mich hier auf der Lichtung", sagte Ardalion Michailytsch, mein Nachbar, zu seinen Begleitern.

Der Deutsche verbeugte sich, stieg vom Pferd, zog ein Buch aus der Tasche, anscheinend einen Roman von Johanna Schopenhauer, und setzte sich unter einen Strauch; Archip blieb in der Sonne im Sattel sitzen und rührte sich eine ganze Stunde lang nicht. Ich streifte mit meinem Nachbarn durch die Büsche, doch wir fanden nicht ein einziges Gesperre. Ardalion Michailytsch erklärte, er wolle sich jetzt in den Wald begeben. Ich selbst hatte an diesem Tag kein rechtes Zutrauen zu meinem Jagdglück, und so schlenderte ich hinter ihm her. Wir kehrten auf die Lichtung zurück. Der Deutsche merkte die Seite an, stand auf, steckte das Buch in die Tasche und setzte sich nicht ohne Mühe auf seine kurzschwänzige, ausgemusterte Stute, die bei der leisesten Berührung winselte und ausschlug; Archip wurde wieder lebendig, zerrte an beiden Zügeln zugleich, baumelte mit den Beinen und brachte schließlich seinen verdutzten, schwerbeladenen Gaul in Gang. Wir ritten weiter.

Der Wald Ardalion Michailytschs war mir von Kindheit an bekannt. Mit meinem französischen Hauslehrer, Monsieur Désiré Fleury, einem herzensguten Mann (der übrigens beinahe meine Gesundheit für immer untergraben hätte, indem er mich zwang, jeden Abend Leroysche Tropfen einzunehmen), war ich oft nach Tschaplygino gegangen. Dieser ganze Wald bestand aus zwei- oder dreihundert riesigen Eichen und Eschen. Das Schwarz ihrer stattlichen, mächtigen Stämme erhob sich prachtvoll über dem goldig-durchsichtigen Grün der Haselnußbüsche und Ebereschen, und hoch oben zeichneten sie sich wunderschön vor dem klaren Blau des Himmels ab und breiteten dort wie ein Zelt ihre weit ausladenden knorrigen Äste aus; Habichte, Abendfalken, Turmfalken flogen mit schrillem Schrei unter den regungslosen Wipfeln umher; Buntspechte klopften laut auf die dicke Rinde; der wohlklingende Gesang der Schwarzdrossel ertönte unvermutet im dichten Laub nach dem melodischen Ruf des Pirols; unten im Gebüsch zwitscherten und sangen Rotkehlchen, Zeisige und Laubsänger; Buchfinken hüpften eilig über die Wege; ein Schneehase stahl sich, vorsichtig hoppelnd, am Waldrand entlang; ein rotbraunes Eichhörnchen sprang flink von Baum zu Baum und setzte sich plötzlich, wobei es den Schwanz bis über den Kopf hob. Im Grase, neben hohen Ameisenhaufen, im zarten Schatten feingezackter Farnwedel, blühten Veilchen und Maiglöckchen, wuchsen Täublinge, Pfifferlinge, Reizker, Eichpilze und rote Fliegenpilze; auf kleinen Wiesenstücken zwischen breiten Büschen schimmerten purpurne Walderdbeeren ... Und wie schattig war es im Wald! In der größten Hitze, um die Mittagszeit, war hier wirklich Nacht: eine Stille, ein Duft, eine Frische ... Froh hatte ich immer die Zeit in Tschaplygino verbracht, daher ritt ich jetzt, ich gestehe es, nicht ohne ein wehmütiges Gefühl in den mir so wohlbekannten Wald. Der mörderische schneelose Winter des Jahres 1840 hatte auch meine alten Freunde, die Eichen und Eschen, nicht verschont. Verdorrt und kahl, nur hier und da ein schwindsüchtiges Grün tragend, stiegen sie traurig aus dem Jungwuchs empor, der sie ablöste, ohne sie zu ersetzen*. Manche, die unten noch belaubt waren, streckten gleichsam vorwurfsvoll und verzweifelt ihre leblosen, gebrochenen Zweige in die Höhe; bei anderen ragten aus dem Laub, das noch ziemlich dicht war, aber längst nicht mehr so reich und üppig wie früher, dicke, trockene, tote Äste heraus – von einigen war schon die Rinde abgefallen; manche endlich waren bereits umgestürzt und faulten – wie Leichname – auf der Erde. Wer hätte das voraussehen können – nirgends war mehr Schatten zu finden, in Tschaplygino nirgends Schatten! Ja, dachte ich, als ich so auf die sterbenden Bäume blickte: Gewiß schämt ihr euch, ist euch schmerzlich zumute! Mir fielen die Verse Kolzows ein:

> Wohin schwanden sie,
> Dein erhabnes Wort,
> Deine stolze Kraft
> Und dein Herrschermut?
> Wo ist jetzt deine
> Grüne Macht nun hin? ...

---

* 1840 fiel bei strengstem Frost bis Ende Dezember kein Schnee; alle Wintersaaten erfroren, und viele herrliche Eichenwälder vernichtete dieser grausame Winter. Sie sind schwer zu ersetzen: Die Fruchtbarkeit des Bodens nimmt offen-

„Wie ist das, Ardalion Michailytsch", begann ich, „weshalb sind denn diese Bäume nicht gleich im nächsten Jahr gefällt worden? Jetzt gibt doch niemand mehr auch nur den zehnten Teil von dem, was sie damals wert waren."

Er zuckte nur die Achseln.

„Da hätten Sie meine Tante fragen müssen; Händler sind genug gekommen, haben ihr bares Geld geboten, haben ihr ständig in den Ohren gelegen."

„Mein Gott! Mein Gott!" rief von der Kock bei jedem Schritt. „Wellch ein Unfug! Wellch ein Unfug!"

„Wieso Unfug?" fragte mein Nachbar lächelnd.

„Das heißt, wellch ein Ungllück, wolllte ich sagen." (Bekanntlich sprechen alle Deutschen, wenn sie endlich unser russisches „l" bewältigt haben, diesen Buchstaben übertrieben deutlich aus.)

Besonders erregten sein Mitleid die am Boden liegenden Eichen – und in der Tat, mancher Müller hätte ein schönes Stück Geld dafür bezahlt. Der Dorfpolizist hingegen bewahrte seine unerschütterliche Ruhe und grämte sich nicht im geringsten; im Gegenteil, er ließ sogar vergnügt sein Pferd über die Stämme springen und schlug mit der Peitsche nach ihnen.

Wir näherten uns schon der Stelle, wo gerade gefällt wurde, als plötzlich unmittelbar nach dem Geräusch eines stürzenden Baumes ein Schrei und dann Stimmengewirr erscholl. Und wenige Augenblicke danach kam aus dem Dickicht ein junger Bauer auf uns zugelaufen, bleich und verstört.

„Was ist los? Wohin läufst du?" fragte ihn Ardalion Michailytsch.

Er blieb sofort stehen.

„Ach, Väterchen Ardalion Michailytsch, ein Unglück!"

„Was ist denn geschehen?"

„Den Maxim, Väterchen, hat ein Baum getroffen."

„Wie ist das zugegangen? ... Den Unternehmer Maxim?"

„Ja, den Unternehmer, Väterchen. Wir waren gerade dabei, eine Esche zu fällen, und er steht da und sieht zu ... Er stand

---

bar ab; auf den „bestellten" (mit Heiligenbildern umschrittenen) Kahlflächen wachsen statt der früheren edlen Bäume von selbst nur Birken und Espen nach; und auf andere Weise versteht man bei uns nicht aufzuforsten.

eine ganze Weile da, dann ging er zum Brunnen nach Wasser, er hatte wohl Durst. Mit einemmal kracht die Esche um und gerade auf ihn drauf. Wir rufen ihm noch zu: ‚Lauf, lauf, lauf ...' Er hätte nach der Seite rennen müssen, aber er rannte immer geradeaus weiter ... vor Angst wahrscheinlich. Und da hat ihn die Esche mit den oberen Ästen zugedeckt. Warum sie so schnell umgestürzt ist – das weiß der Herrgott ... Vielleicht war sie kernfaul."

„Und da hat es den Maxim erschlagen?"

„Ja, Väterchen."

„Ist er schon tot?"

„Nein, Väterchen, er lebt noch – aber die Beine und Arme hat es ihm zerschmettert. Ich wollte gerade Seliwerstytsch holen, den Arzt."

Ardalion Michailytsch befahl dem Dorfpolizisten, im Galopp ins Dorf zu reiten und Seliwerstytsch zu holen, er selbst aber ritt in scharfem Trab voraus auf den Kahlschlag. Ich folgte.

Wir fanden den armen Maxim auf dem Erdboden liegend. Etwa zehn Bauern standen um ihn herum. Wir stiegen von den Pferden. Er stöhnte fast gar nicht, öffnete nur von Zeit zu Zeit die Augen ganz weit, blickte wie erstaunt um sich und biß sich auf die blau werdenden Kippen ... Sein Kinn zitterte, die Haare klebten ihm an der Stirn, die Brust hob sich unregelmäßig: Er lag im Sterben. Der leichte Schatten einer jungen Linde glitt still über sein Gesicht.

Wir beugten uns zu ihm nieder. Er erkannte Ardalion Michailytsch.

„Väterchen", begann er kaum hörbar, „befehlen Sie ... nach dem Popen ... schicken ... der Herrgott ... hat mich gestraft ... Beine, Arme, alles zerschlagen ... heute ... ist Sonntag ... aber ich ... aber ich ... habe die Leute nicht ... gehen lassen." Er schwieg eine Weile. Das Atmen fiel ihm schwer. „Mein Geld ... der Frau ... gebt der Frau ... nach Abzug ... Onissim weiß schon ... wem ich ... was schuldig bin ..."

„Wir haben nach dem Arzt geschickt, Maxim", sagte mein Nachbar, „vielleicht mußt du noch nicht sterben."

Er wollte die Augen öffnen und hob mit Anstrengung die Brauen und die Lider.

„Nein, ich sterbe. Da ... da kommt er heran, da ist er, da ... Vergebt mir, Kinder, wenn ich euch jemals ..."

„Gott wird dir vergeben, Maxim Andrejitsch", sprachen die Bauern dumpf wie aus einem Mund und nahmen die Mützen ab, „vergib du uns."

Er schüttelte plötzlich verzweifelt den Kopf, dehnte, wie von einem quälenden Verlangen getrieben, die Brust und sank wieder zusammen.

„Man kann ihn doch nicht hier sterben lassen", rief Ardalion Michailytsch, „Kinder, gebt mal dort vom Wagen die Bastmatte her, wir wollen ihn ins Krankenhaus bringen."

Zwei Männer rannten zum Wagen.

„Ich habe von Jefim ... aus Sytschowka ...", lallte der Sterbende, „gestern ein Pferd gekauft ... Anzahlung gegeben ... also ist ... das Pferd mein ... es meiner Frau ... auch ..."

Man legte ihn sacht auf die Matte. Er fing am ganzen Körper an zu zittern wie ein tödlich getroffener Vogel und streckte sich.

„Er ist tot", murmelten die Bauern.

Schweigend bestiegen wir unsere Pferde und ritten davon.

Der Tod des armen Maxim hatte mich nachdenklich gestimmt. Es ist erstaunlich, wie der russische Bauer stirbt! Seinen Zustand vor dem Ende kann man weder Gleichgültigkeit noch Stumpfheit nennen; er stirbt, als vollziehe er einen heiligen Brauch: ruhig und einfach.

Einige Jahre vorher hatte bei einem anderen Nachbarn von mir ein Bauer im Dorf beim Brand einer Getreidedarre schwere Verbrennungen erlitten. (Er wäre sogar in der brennenden Darre liegengeblieben, wenn ihn nicht ein vorbeifahrender Kleinbürger halbtot herausgezogen hätte: Er tauchte erst in einem Kübel voll Wasser unter, nahm dann Anlauf und rannte die Tür unter dem Vordach ein, das schon in Flammen stand.) Ich suchte den Bauern in seinem Hause auf. In der Stube war es dunkel, schwül und rauchig.

Ich fragte, wo der Kranke sei.

„Dort, Väterchen, auf dem Ofen", antwortete mir in singendem Tonfall die abgehärmte Bäuerin.

Ich trete heran – da liegt der Bauer, mit einem Schafpelz zugedeckt, und atmet schwer.

„Nun, wie fühlst du dich?" Der Kranke auf dem Ofen bewegt sich, will sich erheben, aber er ist voller Brandwunden und dem Tode nah. „Bleib liegen, bleib liegen, bleib liegen ... Nun, wie geht es?"

„Schlecht natürlich", sagt er.

„Hast du Schmerzen?"

Er schweigt.

„Brauchst du vielleicht etwas?"

Er schweigt.

„Soll ich dir vielleicht Tee schicken?"

„Nicht nötig."

Ich trete zurück und setze mich auf eine Bank. Ich sitze eine Viertelstunde, ich sitze eine halbe Stunde – in der Stube herrscht Totenstille. In der Ecke hinter dem Tisch, unter den Heiligenbildern, versteckt sich ein fünfjähriges Mädchen und ißt ein Stück Brot. Die Mutter droht ihr ab und zu mit dem Finger. Im Hausflur hört man Leute gehen, lärmen, sprechen; die Frau des Bruders hackt Kohl.

„He, Axinja", sagt der Kranke endlich.

„Was willst du?"

„Gib mir Kwaß."

Axinja gibt ihm Kwaß. Wieder herrscht Schweigen.

Ich frage im Flüsterton:

„Hat er das Abendmahl erhalten?"

„Ja, er hat es erhalten."

Nun, dann ist ja alles in Ordnung, er wartet nur noch auf den Tod. Ich hielt es nicht länger aus und ging ...

Ein andermal, fällt mir ein, machte ich einen Abstecher nach dem Dorfkrankenhaus in Krasnogorje, ich besuchte einen Bekannten, den Feldscher Kapiton, einen leidenschaftlichen Jäger.

Dieses Krankenhaus war in einem ehemaligen herrschaftlichen Seitengebäude untergebracht; die Gutsherrin selbst hatte es eingerichtet, das heißt, sie hatte über der Tür ein blaues Brett anbringen lassen, das in weißen Buchstaben die Aufschrift trug: „Krankenhaus Krasnogorje", und Kapiton persönlich ein hübsches Album eingehändigt, in das er die Namen der Kranken eintragen sollte. Auf das erste Blatt dieses Albums hatte einer der Tellerlecker und Schmeichler der wohltätigen Gutsbesitzerin folgendes Verschen gemalt:

> Dans ces beaux lieux, où règne l'allégresse,
> Ce temple fut ouvert par la beauté;
> De vos seigneurs admirez la tendresse,
> Bons habitants de Krasnogorié!

Ein anderer Herr hatte daruntergeschrieben:

> Et moi aussi j'aime la nature!
>
> *Jean Kobyliatnikoff*

Der Feldscher hatte für sein eigenes Geld sechs Betten gekauft und angefangen, mit Gottes Segen das Volk zu heilen. Außerdem waren in dem Krankenhaus noch zwei Leute angestellt: der geisteskranke Holzschnitzer Pawel und Melikitrissa, ein Weib mit einer verkrüppelten Hand, das das Amt der Köchin versah. Die beiden bereiteten die Arzneien, trockneten Kräuter und setzten Aufgüsse an; sie besänftigten auch die Fieberkranken. Der verrückte Holzschnitzer war mürrisch und wortkarg. Nachts sang er das Lied von der „schönen Venus", und an jeden Durchreisenden trat er mit der Bitte heran, ihm die Heirat mit irgendeiner Magd Malanja zu genehmigen, die schon längst gestorben war. Das Weib mit der verkrüppelten Hand schlug ihn und zwang ihn, die Truthühner zu hüten.

Ich saß also bei dem Feldscher Kapiton. Wir plauderten gerade von unserer letzten Jagd, als plötzlich ein Wagen in den Hof einfuhr, der mit einem ungewöhnlich feisten grauen Pferd bespannt war, wie es nur die Müller haben. In dem Wagen saß ein stämmiger Bauer in einem neuen Rock und mit graumeliertem Bart.

„Ah, Wassili Dmitritsch", rief Kapiton zum Fenster hinaus, „schön willkommen ... Der Müller von Lybowschino", flüsterte er mir zu.

Der Mann kletterte ächzend vom Wagen, trat in das Zimmer des Feldschers, suchte mit den Augen die Heiligenbilder und bekreuzigte sich.

„Nun, wie geht's, Wassili Dmitritsch, was gibt es Neues? ... Aber Sie sind wahrscheinlich nicht ganz gesund: Ihr Gesicht sieht nicht wohl aus."

„Ja, etwas ist bei mir nicht in Ordnung."

„Was fehlt Ihnen denn?"

„Das ist so, Kapiton Timofejitsch. Ich habe neulich in der Stadt Mühlsteine gekauft; nun, ich habe sie nach Hause geschafft, aber als ich sie vom Wagen ablud, da habe ich mich vielleicht überanstrengt, wissen Sie. Im Bauch, da gab es mir so einen Ruck, als wäre da etwas zerrissen ... Und seit der Zeit bin ich nicht mehr richtig gesund. Heute geht mir's ganz schlecht."

„Hm", meinte Kapiton und schnupfte Tabak, „ein Bruch also. Ist Ihnen das schon vor längerer Zeit zugestoßen?"

„Es ist heute der zehnte Tag."

„Der zehnte?" Der Feldscher zog die Luft durch die Zähne ein und wiegte den Kopf. „Gestatte mal, laß dich mal abtasten ... Nun, Wassili Dmitritsch", sagte er schließlich, „du Ärmster tust mir leid, aber es steht wirklich nicht gut um dich; mit deiner Krankheit ist nicht zu spaßen. Bleib mal gleich hier bei mir. Ich werde meinerseits alles tun, was in meinen Kräften steht, aber im übrigen bürge ich für nichts."

„So schlimm wird es doch nicht sein?" murmelte der Müller bestürzt.

„Ja, Wassili Dmitritsch, es steht schlimm. Wären Sie bloß zwei Tage eher zu mir gekommen – da war es nichts weiter, da hätten wir die Sache im Handumdrehen beseitigt, aber jetzt haben Sie eine Entzündung, das ist es; daraus kann jeden Augenblick der Brand entstehen."

„Das kann doch nicht sein, Kapiton Timofejitsch."

„Wenn ich es Ihnen sage!"

„Ja, wieso denn!" Der Feldscher zuckte die Achseln. „Und wegen so einer Kleinigkeit soll ich sterben?"

„Das sage ich nicht ... Aber bleiben Sie nur hier."

Der Mann überlegte und überlegte und starrte zu Boden, dann warf er einen Blick auf uns, kratzte sich im Nacken und griff nach seiner Mütze.

„Wohin wollen Sie denn, Wassili Dmitritsch?"

„Wohin? Das ist doch klar! Wohin? Nach Hause natürlich, wenn es so schlecht steht. Man hat doch noch allerhand zu regeln, wenn es so ist."

„Aber Sie schaden sich selber, Wassili Dmitritsch, glauben Sie mir doch. Ich wundere mich so schon, daß Sie die Fahrt überstanden haben. Bleiben Sie doch!"

„Nein, Bruder Kapiton Timofejitsch, wenn ich schon sterben muß, dann will ich zu Hause sterben; denn wenn ich hier sterbe – dann wird doch zu Hause Gott weiß was alles geschehen."

„Man weiß ja noch gar nicht, Wassili Dmitritsch, wie die Sache ausgehen wird ... Natürlich ist es gefährlich, sehr gefährlich, ohne jeden Zweifel ... Aber gerade deswegen sollten Sie hierbleiben."

Der Müller schüttelte den Kopf.

„Nein, Kapiton Timofejitsch, ich bleibe nicht ... Aber eine Arznei könnten Sie mir vielleicht verschreiben."

„Die Arznei allein hilft nicht."

„Ich bleibe nicht, wie gesagt."

„Nun, wie du willst. Aber daß mir hernach niemand Vorwürfe macht!"

Der Feldscher riß aus dem Album ein Blatt heraus, schrieb ein Rezept auf und gab danach einige Ratschläge, was noch getan werden könnte. Der Müller nahm den Zettel, gab Kapiton einen halben Rubel, verließ das Zimmer und setzte sich auf seinen Wagen.

„Also, leben Sie wohl, Kapiton Timofejitsch, behalten Sie mich nicht in schlechtem Andenken, und vergessen Sie meine Waisen nicht, wenn etwas ..."

„So bleib doch, Wassili!"

Der Müller schüttelte nur kurz den Kopf, schlug mit dem Zügel auf das Pferd und fuhr vom Hof. Ich ging auf die Straße hinaus und sah ihm nach. Die Straße war schmutzig und holperig; der Müller fuhr vorsichtig und ohne sich zu beeilen, geschickt lenkte er sein Pferd und wechselte Grüße mit den Leuten, die ihm begegneten ... Nach vier Tagen war er tot.

Es ist überhaupt bewundernswert, wie die russischen Menschen sterben. Viele Verstorbene kommen mir jetzt in den Sinn. Ich gedenke deiner, mein alter Freund und ewiger Student Awenir Sorokoumow, du prächtiger, edler Mensch! Ich sehe wieder dein schwindsüchtiges, grünlichblasses Gesicht

vor mir, dein spärliches blondes Haar, dein sanftes Lächeln, deinen begeisterten Blick, deine langen Glieder; ich höre wieder deine schwache, freundliche Stimme. Du lebtest bei einem großrussischen Gutsbesitzer, bei Gur Krupjanikow, du lehrtest seine Kinder Fofa und Sjosja russisch lesen und schreiben, du lehrtest sie Geographie und Geschichte, ertrugst geduldig die derben Späße des Herrn Gur, die plumpen Vertraulichkeiten des Haushofmeisters, die gemeinen Streiche der bösen Rangen; nicht ohne ein bitteres Lächeln, doch ohne Murren kamst du den launenhaften Wünschen der gelangweilten Gutsherrin nach. Wie ruhtest du dich aber dann aus, wie glücklich warst du abends nach dem Essen, wenn du dich, endlich frei von allen Pflichten und Aufgaben, ans Fenster setztest, nachdenklich ein Pfeifchen rauchtest oder gierig die zerlesene und fettfleckige Nummer einer dicken Zeitschrift durchblättertest, die dir der Feldmesser aus der Stadt mitgebracht hatte, ein ebenso heimatloser, armer Schlucker wie du! Wie gefielen dir damals allerlei Gedichte, allerlei Erzählungen, wie leicht traten dir die Tränen in die Augen, mit welcher Freude lachtest du, von welch aufrichtiger Liebe zu den Menschen, welch edler Anteilnahme an allem Guten und Schönen war deine kindlich reine Seele durchdrungen! Man soll bei der Wahrheit bleiben: Du zeichnetest dich nicht durch übermäßigen Scharfsinn aus; die Natur hatte dich weder mit einem guten Gedächtnis noch mit Strebsamkeit bedacht; auf der Universität galtest du als einer der schlechtesten Studenten; in den Vorlesungen schliefst du, im Examen schwiegst du feierlich, aber wem leuchteten die Augen vor Freude, wem benahm es den Atem, wenn ein Kamerad Glück und Erfolg hatte? Dir, Awenir ... Wer glaubte blind an die hohe Berufung seiner Freunde, wer rühmte sie voller Stolz, wer verteidigte sie erbittert? Wer kannte weder Neid noch Eigenliebe, wer opferte sich selbstlos auf, wer ordnete sich bereitwillig Menschen unter, die nicht wert waren, ihm die Schuhriemen zu lösen? Immer du, immer du, unser guter Awenir! Ich erinnere mich noch, wie du betrübten Herzens von den Kameraden Abschied nahmst, als du wegfuhrst, um eine Stelle anzutreten; böse Vorahnungen quälten dich ...
Und so kam es dann auch: Du hattest es auf dem Land schlecht

getroffen; auf dem Land hattest du niemanden, dem du andächtig lauschen konntest, niemanden, den du bewundern konntest, niemanden, den du lieben konntest ... Sowohl die Steppenmenschen wie die gebildeten Gutsbesitzer sprangen mit dir um – nun, eben wie mit einem Hauslehrer: Die einen behandelten dich grob, die anderen geringschätzig. Zudem nahm dein Äußeres wenig für dich ein: Du warst schüchtern, du wurdest rot, du schwitztest, stottertest ... Nicht einmal deine Gesundheit besserte sich durch die Landluft: Du schwandest hin wie eine Kerze, du Ärmster! Zwar ging dein Stübchen auf den Garten hinaus; die Faulbeerbäume, die Apfelbäume, die Linden streuten dir ihre leichten Blüten auf den Tisch, auf das Tintenfaß, auf die Bücher; an der Wand hing das kleine himmelblaue Seidenkissen für deine Uhr, das dir eine gutherzige, empfindsame deutsche Gouvernante mit blonden Locken und blauen Augen in der Abschiedsstunde geschenkt hatte. Manchmal besuchte dich ein alter Freund aus Moskau und versetzte dich mit fremden oder gar mit eigenen Gedichten in Begeisterung; aber die Einsamkeit, die unerträgliche Sklaverei des Hauslehrerberufes, die Unmöglichkeit, ihr zu entrinnen, die endlosen Herbste und Winter, die hartnäckige Krankheit ... Armer, armer Awenir!

Ich besuchte Sorokoumow kurz vor seinem Tod. Er konnte schon kaum noch gehen. Der Gutsbesitzer Gur Krupjanikow jagte ihn zwar nicht aus dem Haus, zahlte ihm aber kein Gehalt mehr und hatte für Sjosja einen anderen Lehrer angestellt. Fofa hatte man ins Kadettenkorps gegeben. Awenir saß am Fenster, in einem alten Voltairesessel. Das Wetter war wundervoll. Der helle Herbsthimmel blaute heiter über der dunkelbraunen Reihe entlaubter Linden, an deren Zweigen sich hier und da flüsternd die letzten leuchtend-goldenen Blätter bewegten. Die schon vom Frost durchdrungene Erde taute in der Sonne auf und wurde feucht; die schrägen roten Sonnenstrahlen zitterten auf dem fahlen Gras; in der Luft schien ein leises Knistern zu schweben; klar und deutlich tönten aus dem Garten die Stimmen der arbeitenden Leute ins Zimmer. Awenir hatte einen alten bucharischen Schlafrock an; ein grünes Halstuch gab seinem furchtbar abgezehrten Gesicht eine totenähnliche Färbung. Er freute sich sehr über mein Kommen, streckte mir die Hand hin, fing an zu sprechen und mußte husten. Ich ließ ihm Zeit, sich zu beruhigen, und setzte mich zu ihm ... Auf Awenirs Knien lag ein Heftchen mit Gedichten von Kolzow, sorgfältig abgeschrieben; lächelnd klopfte er darauf.

„Das ist ein Dichter", flüsterte er, mit Mühe den Husten unterdrückend, und begann mit kaum hörbarer Stimme zu deklamieren:
„Sind dem Falken die
Schwingen gebunden?
Ist die Freiheit ihm
Gänzlich entschwunden?"

Ich bat ihn aufzuhören: Der Arzt hatte ihm das Sprechen verboten. Ich wußte, womit ich ihm eine Freude machen konnte. Sorokoumow hatte niemals die Fortschritte der Wissenschaft verfolgt, wie man so sagt, aber er war stets begierig zu erfahren, wie weit die großen Geister gekommen waren. Früher hatte er oft einen Kameraden irgendwo in einem Winkel festgehalten und ihn ausgefragt. Er hörte dann zu, staunte, glaubte dem andern aufs Wort und wiederholte später genau, was dieser ihm gesagt hatte. Besonders die deutsche Philosophie beschäftigte ihn stark. Daher fing ich an, ihm Hegel zu erklären. (Es handelt sich um längst vergangene Tage, wie Sie sehen.) Awenir nickte zustimmend, zog die Brauen hoch, lächelte und flüsterte: „Ich verstehe, ich verstehe! ... Ah, das ist gut, sehr gut! ..." Die kindliche Wißbegier des sterbenden, heimatlosen und verlassenen armen Menschen rührte mich, ich gestehe es, bis zu Tränen. Ich muß bemerken, daß sich Awenir, im Gegensatz zu anderen Schwindsüchtigen, keinerlei Selbsttäuschung über seine Krankheit hingab ... Und dennoch – er seufzte nicht, er jammerte nicht, ja er spielte sogar nicht ein einziges Mal auf seinen Zustand an.

Nachdem er wieder ein wenig Kräfte gesammelt hatte, sprach er von Moskau, von den Kameraden, von Puschkin, vom Theater, von der russischen Literatur; er gedachte unserer kleinen Festlichkeiten, der hitzigen Wortgefechte unseres Kreises und nannte mit Bedauern die Namen von zwei, drei Freunden, die schon gestorben waren.

„Erinnerst du dich an Dascha?" fügte er schließlich hinzu. „Das war eine goldene Seele! Das war ein Herz! Und wie sie mich liebte! ... Wie mag es ihr jetzt gehen? Sicherlich ist sie ganz vertrocknet und verwelkt, die Ärmste."

Ich getraute mich nicht, den Kranken zu enttäuschen – und in der Tat, wozu brauchte er auch zu erfahren, daß seine Dascha jetzt fürchterlich in die Breite gegangen war, daß sie mit Kaufleuten Umgang pflegte, und zwar mit den Brüdern Kondatschkow, daß sie sich puderte und schminkte, daß sie kreischte und schimpfte?

Während ich sein eingefallenes Gesicht betrachtete, überlegte ich, ob man ihn nicht von hier fortschaffen könnte. Vielleicht gab es noch eine Möglichkeit, ihn zu heilen ... Aber Awenir ließ mich meinen Vorschlag nicht zu Ende aussprechen.

„Nein, Bruder, ich danke dir", sagte er, „es ist doch ganz gleich, wo ich sterbe. Den Winter werde ich ja doch nicht an das Haus hier gewöhnt. Freilich, die hiesige Herrschaft ..." schaft ..."

„Ist bösartig, nicht wahr?" ergänzte ich.

„Nein, bösartig nicht. Holzklötze sind es. Übrigens kann ich mich über sie nicht beklagen. Und es sind auch Nachbarn da: Der Gutsbesitzer Kassatkin hat eine Tochter, ein gebildetes, liebenswürdiges, herzensgutes Mädchen ... und nicht stolz ...

Sorokoumow mußte wieder husten.

„Alles wäre halb so schlimm", fuhr er fort, nachdem er sich wieder erholt hatte, „wenn man mir erlauben würde, ein Pfeifchen zu rauchen ... Aber ehe ich sterbe, werde ich noch ein Pfeifchen rauchen", fügte er hinzu und blinzelte verschmitzt mit einem Auge. „Gott sei Dank, ich habe lange genug gelebt, habe mit guten Menschen verkehrt ..."

„Du solltest wenigstens deinen Verwandten schreiben", unterbrach ich ihn.

„Warum soll ich an meine Verwandten schreiben? Helfen – helfen können sie mir nicht; wenn ich sterbe, werden sie es schon erfahren. Aber wozu darüber sprechen ... Erzähl mir lieber, was du im Ausland erlebt hast!"

Ich erzählte. Er verschlang mich förmlich mit den Augen. Am Abend fuhr ich fort, und nach etwa zehn Tagen erhielt ich folgenden Brief von Herrn Krupjanikow:

Hiermit habe ich die Ehre, Ihnen, mein sehr geehrter Herr, mitzuteilen, daß Ihr Freund, der bei mir im Hause wohnhaft gewesene Student Herr Awenir Sorokoumow, vor vier Tagen um zwei Uhr nachmittags verstorben ist und heute auf meine Kosten in meiner Pfarrkirche beigesetzt wurde. Er hat mich gebeten, Ihnen die diesem Schreiben beigefügten Bücher und Hefte zu übersenden. An Geld fanden sich bei ihm zweiundzwanzig und ein halber Rubel, welche mit seinen übrigen Sachen zusammen ordnungsgemäß seinen Verwandten zugestellt werden. Ihr Freund ist bei vollem Bewußtsein verschieden und, so kann man wohl sagen, völlig gleichgültig, denn er äußerte sogar, als meine ganze Familie von ihm Abschied nahm, keinerlei Zeichen des Bedauerns. Meine Gattin Kleopatra Alexandrowna läßt Sie grüßen. Der Tod Ihres Freundes hat ihre Nerven sehr angegriffen. Was mich betrifft, so bin ich, Gott sei Dank, gesund und habe die Ehre zu verbleiben als
Ihr ergebenster Diener G. Krupjanikow

Noch viele andere Beispiele kommen mir in den Sinn – aber alle kann ich nicht anführen. Ich will mich auf eins beschränken.

Eine alte Gutsbesitzerin starb in meiner Gegenwart. Der Geistliche hatte gerade angefangen, das Sterbegebet für sie zu lesen, als er plötzlich bemerkte, daß die Kranke schon in den letzten Zügen lag. Er reichte ihr schnell das Kreuz. Die Gutsbesitzerin wandte sich unwillig ab. „Weshalb so eilig, Väterchen", sprach sie mit versagender Stimme, „du kommst schon noch zurecht..." Sie küßte das Kreuz, schob die Hand unter das Kopfkissen und tat ihren letzten Seufzer. Unter dem Kopfkissen lag ein Silberrubel: Sie hatte den Geistlichen für ihr eigenes Sterbegebet bezahlen wollen...

Ja, bewunderungswürdig sterben die russischen Menschen!

Die Sänger

Das kleine Dorf Kolotowka, das einstmals einer Gutsbesitzerin gehörte, die wegen ihres verwegenen, forschen Wesens in der ganzen Gegend „die Draufgängerin" genannt wurde – ihr wirklicher Name ist unbekannt geblieben –, und das jetzt Besitz eines Petersburger Deutschen ist, liegt am Abhang eines kahlen Hügels, den eine schreckliche Schlucht von oben bis unten teilt. Diese Schlucht zieht sich wie ein gähnender, tief eingefressener und ausgewaschener Abgrund mitten durch die Dorfstraße und trennt die beiden Hälften des Dörfchens schlimmer voneinander, als ein Fluß das täte, denn über einen Fluß kann man wenigstens eine Brücke schlagen. Ein paar kümmerliche Weiden steigen ängstlich ihre sandigen Hänge hinab, und auf ihrem trockenen, messinggelben Grund liegen riesige Tonschieferplatten. Ein unerfreulicher Anblick, das kann man wohl sagen – und doch ist allen Bewohnern der Umgegend der Weg nach Kolotowka wohlbekannt: Sie fahren gern und oft dorthin.

Am oberen Ende der Schlucht, wenige Schritte von der Stelle entfernt, wo sie als schmale Spalte beginnt, steht ein kleines, viereckiges Haus, abgesondert von den anderen, für sich allein. Es ist mit Stroh gedeckt und hat einen Schornstein; ein Fenster ist wie ein spähendes Auge auf die Schlucht gerichtet; an Winterabenden, wenn es von innen erleuchtet ist, kann man es im trüben Nebel des Frostes weithin sehen; es schimmert so manchem vorüberfahrenden Bauern als wegweisender Stern. Über der Tür des Häuschens ist ein blaues Brett angenagelt. Dieses Häuschen ist eine Schenke, genannt „Zur Bleibe". In dieser Schenke wird der Branntwein wahrscheinlich nicht unter dem vorgeschriebenen Preis verkauft, dennoch wird sie viel fleißiger besucht als alle anderen Wirtshäuser im Umkreis. Die Ursache hiervon ist der Schankwirt Nikolai Iwanytsch.

Nikolai Iwanytsch, einstmals ein schlanker, lockiger, rotwangiger Bursche, jetzt aber ein ungewöhnlich dicker, schon ergrauter Mann mit aufgeschwemmtem Gesicht, listig-gutmütigen Äuglein und einer fetten Stirn, die von Runzeln wie von Fäden durchzogen ist, lebt schon mehr als zwanzig Jahre in Kolotowka. Nikolai Iwanytsch ist praktisch und findig wie die meisten Schankwirte. Er zeichnet sich weder durch besondere Liebenswürdigkeit noch durch Gesprächigkeit aus, besitzt aber die Gabe, Gäste anzuziehen und bei sich festzuhalten – sie sitzen gern vor seinem Schanktisch, unter dem ruhigen und freundlichen, wenn auch wachsamen Blick des phlegmatischen Hausherrn. Er hat viel gesunden Menschenverstand; er kennt sowohl die Lebensweise der Gutsbesitzer als auch die der Bauern und Kleinbürger sehr gut; in schwierigen Fällen könnte er manchen klugen Rat geben, zieht es jedoch als vorsichtiger Mann und Egoist vor, aus dem Spiel zu bleiben, und führt höchstens durch entfernte, scheinbar ohne jede Absicht vorgebrachte Anspielungen seine Besucher – und auch nur die Besucher, die ihm lieb und wert sind – auf den Weg der Wahrheit. Er weiß über alles Bescheid, was für den russischen Menschen wichtig und interessant ist: über Pferde und über Vieh, über Holz, Ziegelsteine und Geschirr, über Web- und Lederwaren, über Lieder und Tänze. Wenn er keine Gäste hat, hockt er gewöhnlich, die dünnen Beine untergeschlagen, wie ein Sack vor der Tür seines Hauses und wechselt mit allen Vorübergehenden ein paar freundliche Worte. Viel hat er in seinem Leben gesehen; mehr als ein Dutzend der kleinen Edelleute, die ihren „Gereinigten" bei ihm holten, hat er überlebt; er weiß alles, was sich auf hundert Werst im Umkreis tut, aber er plaudert nie etwas aus und verrät mit keiner Miene, daß ihm auch das bekannt ist, was selbst der scharfsinnigste Polizeikommissar nicht ahnt. Unbeirrt schweigt er und lacht in sich hinein und schwenkt seine Gläschen. Seine Nachbarn halten große Stücke auf ihn: Der Zivilgeneral Stscherepetenko, der ranghöchste Gutsbesitzer im Landkreis, grüßt ihn jedesmal gnädigst, wenn er an seinem Haus vorüberfährt. Nikolai Iwanytsch ist ein einflußreicher Mann: Er hat einen berüchtigten Pferdedieb veranlaßt, ein Pferd zurückzugeben, das dieser vom Hof eines Bekannten gestohlen hatte; er hat die Bauern eines Nachbardorfes zur Vernunft gebracht, als sie den neuen Verwalter nicht anerkennen wollten, und dergleichen mehr. Übrigens darf man nicht glauben, daß er das aus Liebe zur Gerechtigkeit, aus Eifer für seinen Nächsten tut – nein, er bemüht sich lediglich, alles zu verhüten, was irgendwie seine Ruhe stören könnte. Nikolai Iwanytsch ist verheiratet und hat auch Kinder. Seine Frau, eine lebhafte, spitznasige, flinkäugige Kleinbürgerin, ist in letzter Zeit auch etwas schwerleibig geworden, ebenso wie ihr Mann. Er verläßt sich in allem auf sie, und das Geld hält sie unter Verschluß. Die Krakeeler unter den Trinkern fürchten sich vor ihr; sie kann sie nicht leiden: Sie bringen wenig ein und machen Lärm; die schweigsamen, mürrischen sind eher nach ihrem Herzen. Die Kinder Nikolai Iwanytschs sind noch klein; die erstgeborenen sind gestorben, die übriggebliebenen aber ganz nach den Eltern geraten: Es ist ein Vergnügen, in die klugen Gesichtchen dieser gesunden Kinder zu schauen.

Es war ein unerträglich heißer Julitag, als ich, langsam einen Fuß vor den andern setzend, mit meinem Hund längs der Schlucht von Kolotowka nach der Schenke „Zur Bleibe" hinaufstieg. Die Sonne brannte wie wütend vom Himmel hernieder, sie stach und sengte unablässig; die Luft war voll heißem Staub. Die glänzendschwarzen Saatkrähen und die Nebelkrähen blickten mit aufgesperrten Schnäbeln kläglich die Vorübergehenden an, als bäten sie um Mitgefühl; nur den Spatzen machte die Hitze nichts aus, sie plusterten ihr Gefieder auf, schilpten noch zorniger als sonst und balgten sich auf den Zäunen, flogen scharenweise von der staubigen Landstraße auf und schwärmten in grauen Wolken über den grünen Hanffeldern. Der Durst quälte mich. Wasser gab es in der Nähe nicht: In Kolotowka, wie auch in vielen anderen Steppdörfern, trinken die Bauern in Ermangelung von Quellen und Brunnen so etwas Ähnliches wie flüssigen Schlamm aus dem Teich – aber wer wird dieses abscheuliche Gesöff Wasser nennen? Ich wollte bei Nikolai Iwanytsch nach einem Glas Bier oder Kwaß fragen.

Ich muß zugeben, zu keiner Jahreszeit bietet Kolotowka einen erfreulichen Anblick, aber ein besonders bedrückendes Gefühl erweckt es, wenn die grelle Julisonne mit ihren unbarmherzigen Strahlen alles überflutet: die braunen, halbzerfallenen Dächer der Häuser, die tiefe Schlucht, die versengte, staubbedeckte Viehweide, auf der magere, langbeinige Hühner hoffnungslos umherirren, das graue Balkenwerk aus Espenholz mit seinen Löchern statt der Fenster – das von Brennesseln, Gras und Wermut umwucherte Überbleibsel des einstigen Herrenhauses – und den von Gänsedaunen bedeckten, schwarzen, scheinbar glühenden Teich mit seinem Saum von halbvertrocknetem Schlamm und dem seitwärts weggedrückten Damm, neben dem sich auf zu Staub zertrampeltem, ascheartigem Erdboden Schafe traurig aneinanderdrängen, die kaum atmen, vor Hitze niesen und in stumpfsinniger Ergebenheit die Köpfe so tief wie möglich senken, als warteten sie darauf, daß diese unerträgliche Schwüle endlich vorübergehe. Mit müden Schritten näherte ich mich der Behausung Nikolai Iwanytschs und erregte, wie üblich, bei den Kindern ein Erstaunen, das sich bis zu angestrengt-gedankenlosem Anstarren steigerte, und bei den Hunden eine Entrüstung, die sich in einem so heiseren und wütenden Gebell äußerte, daß es schien, als lösten sich all ihre Eingeweide, so daß sie nachher husten mußten und nach Luft schnappten. Da erschien plötzlich in der Tür der Schenke ein großer Mann ohne Mütze, in einem Friesmantel, um den ein hellblauer Gurt geschlungen war. Dem Aussehen nach konnte er zum Gesinde eines Gutes gehören; sein dichtes graues Haar starrte über dem dürren, faltigen Gesicht unordentlich in die Höhe. Er rief jemanden und gestikulierte heftig mit den Armen, die dabei offenbar viel weiter ausschwangen, als er selber wollte. Man merkte, daß er schon einiges getrunken hatte.

„Komm, komm doch!" lallte er und zog mit Anstrengung die dichten Brauen hoch. „Komm, Blinzler, komm! Was ist denn, Bruder, du kriechst ja, wahrhaftig. Das ist nicht schön. Hier wartet man auf dich, und du kommst angekrochen ... Komm!"

„Ich komme, ich komme ja schon", schepperte eine Stimme, und rechts hinter dem Haus kam ein kleiner, dicker, lahmer Mann hervor. Er trug einen ziemlich sauberen langen Tuchrock, in den er mit nur einem Arm gefahren war; eine hohe, spitze Mütze, die er sich bis an die Augenbrauen auf den Kopf gestülpt hatte, verlieh seinem runden, aufgequollenen Gesicht einen verschlagenen und spöttischen Ausdruck. Seine kleinen gelben Augen liefen unausgesetzt hin und her, auf den dünnen Lippen war ein verhaltenes, angespanntes Lächeln erstarrt, und die spitze, lange Nase ragte frech vor wie ein Bugspriet. „Ich komme, mein Lieber", fuhr er fort und humpelte auf das Wirtshaus zu, „weshalb rufst du mich? Wer wartet auf mich?"

„Weshalb ich dich rufe?" erwiderte vorwurfsvoll der Mann in dem Friesmantel. „Du bist mir ein komischer Kauz, Blinzler: Man ruft dich in die Schenke, Bruder, und da fragst du noch: ‚Weshalb?' Lauter gute Leute erwarten dich: der Türkenjaschka und der wilde Junker und der Arbeitsvermittler aus Shisdra. Der Jaschka hat mit dem Arbeitsvermittler um ein Achtelfaß Bier gewettet – wer den anderen besiegt, das heißt, wer besser singen kann ... Verstehst du?"

„Jaschka wird singen?" fragte lebhaft der Mann, der Blinzler genannt wurde. „Und du lügst nicht, Wirrkopf?"

„Ich lüge nicht", antwortete Wirrkopf mit Würde, „aber du quatschst. Natürlich wird er singen, wenn er gewettet hat, du Herrgottsschäfchen, Blinzler, du alter Spitzbube!"

„Also gehen wir, Einfaltspinsel", erwiderte der Blinzler.

„Na, gib mir wenigstens einen Kuß, du meine Seele", lallte Wirrkopf und breitete die Arme aus.

„Sieh mal einer an, so ein zärtlicher Äsop", antwortete der Blinzler verächtlich, indem er ihn mit dem Ellenbogen von sich stieß, dann traten beide gebückt durch die niedrige Tür.

Dieses Gespräch hatte meine Neugier stark erregt. Schon mehrmals war das Gerücht an mein Ohr gedrungen, daß der Türkenjaschka der beste Sänger in der Umgebung sei, und nun bot sich mir plötzlich eine Gelegenheit, ihn im Wettstreit mit einem anderen Meister zu hören. Ich beschleunigte meinen Schritt und trat in das Wirtshaus.

Wahrscheinlich haben nicht viele meiner Leser Gelegenheit gehabt, einen Blick in eine Dorfschenke zu werfen, aber wo kommt unsereiner als Jäger nicht überall hin! Die Einrichtung ist außerordentlich einfach. Diese Schenken bestehen gewöhnlich aus einem dunklen Flur und einer heizbaren Stube, die durch eine Scheidewand in zwei Teile geteilt ist; kein Gast hat das Recht, hinter diese Scheidewand zu gehen, in die über einem breiten Eichentisch eine große, längliche Öffnung eingelassen ist. Auf diesem Tisch, dem Schanktisch, wird der Branntwein verkauft. Der Öffnung gerade gegenüber stehen auf Regalen reihenweise versiegelte Flaschen von verschiedener Größe. Im vorderen Teil der Stube, der den Gästen eingeräumt ist, befinden sich Bänke, zwei, drei leere Fässer und ein Ecktisch. Die Dorfschenken sind meistens ziemlich dunkel, und fast niemals sieht man an ihren Balkenwänden jene grell ausgemalten Holzschnitte, die sonst selten in einem Bauernhaus fehlen.

Als ich die Schenke „Zur Bleibe" betrat, war darin bereits eine ziemlich zahlreiche Gesellschaft versammelt.

Hinter dem Schanktisch stand wie gewöhnlich Nikolai Iwanytsch in einem bunten Kattunhemd; er füllte fast die ganze Breite der Öffnung aus und schenkte, ein träges Lächeln auf den feisten Backen, mit seiner dicken, weißen Hand den soeben eingetretenen Freunden Blinzler und Wirrkopf zwei Gläser Branntwein ein; hinter ihm, in der Ecke am Fenster, war seine scharfäugige Frau zu sehen. Mitten im Zimmer stand der Türkenjaschka, ein magerer, schlanker Mann von dreiundzwanzig Jahren, bekleidet mit einem langschößigen Nankingkaftan von hellblauer Farbe. Er sah aus wie ein kecker junger Fabrikarbeiter und schien sich keiner sehr festen Gesundheit rühmen zu können. Seine eingefallenen Wangen, die großen, unruhigen grauen Augen, die gerade Nase mit den feinen, bebenden Flügeln, die weiße, sanft geneigte Stirn mit dem zurückgeworfenen hellbraunen Lockenhaar, der große, aber schöne und ausdrucksvolle Mund – kurz, sein ganzes Gesicht verriet einen empfindsamen und leidenschaftlichen Menschen. Er war sehr erregt: Er zwinkerte mit den Augen und atmete ungleichmäßig, seine Hände zitterten wie im Fieber – und er hatte auch wirklich Fieber, jenes nervöse, plötzliche Fieber, das allen Menschen wohlbekannt ist, die öffentlich reden oder singen. Neben ihm stand ein Mann von etwa vierzig Jahren, breitschultrig, mit breiten Backenknochen, niedriger Stirn, schmalen Tatarenaugen, kurzer, platter Nase, einem viereckigen Kinn und schwarzen, glänzenden Haaren, die hart wie Borsten waren. Den Ausdruck seines dunkelhäutigen Gesichtes, auf dem ein bleifarbener Schimmer lag, hätte man beinahe wütend nennen können, wenn er nicht zugleich so ruhig und nachdenklich gewesen wäre. Der Mann bewegte sich fast gar nicht, er blickte nur langsam um sich wie ein Stier unter dem Joch. Gekleidet war er in einen abgetragenen Gehrock mit glatten Messingknöpfen; ein altes schwarzes Seidentuch umhüllte seinen mächtigen Hals. Man nannte ihn den wilden Junker. Ihm gerade gegenüber, auf der Bank unter den Heiligenbildern, saß Jaschkas Nebenbuhler, der Arbeitsvermittler aus Shisdra, ein mittelgroßer stämmiger Mann von ungefähr dreißig Jahren, pockennarbig und kraushaarig, mit stumpfer, aufgestülpter Nase, lebhaften braunen Augen und einem dünnen Bärtchen. Er blickte munter um sich, hatte die Hände unter sich geschoben, baumelte unbekümmert mit den Beinen und trommelte mit den Füßen, die in eleganten, mit einem Band abgesetzten Stiefeln steckten. Er trug einen neuen Bauernrock aus feinem grauem Tuch mit einem Plüschkragen, von dem der Saum des scharlachroten Hemdes, das am Hals fest zugehakt war, grell abstach. In der gegenüberliegenden Ecke, rechts von der Tür, saß an einem Tisch ein Bauer in einem engen, abgetragenen Kittel, der auf der Schulter ein riesiges Loch hatte. Das Sonnenlicht drang in kraftlosen gelblichen Streifen durch die verstaubten Scheiben der zwei kleinen Fenster und schien die gewöhnliche Dunkelheit des Raumes nicht besiegen zu können: Alle Gegenstände waren nur spärlich und fleckenweise beleuchtet. Dafür war es hier beinahe kühl, und das Gefühl von Schwüle und Hitze fiel mir wie eine Last von den Schultern, sobald ich die Schwelle überschritten hatte.

Mein Kommen – das konnte ich merken – verwirrte anfangs die Gäste Nikolai Iwanytschs ein wenig; als sie aber sahen, daß er mich wie einen Bekannten begrüßte, beruhigten sie sich und schenkten mir weiter keine Aufmerksamkeit. Ich bestellte mir ein Bier und setzte mich in eine Ecke, neben den Bauern in dem zerrissenen Kittel.

„Na, was wird nun!" schrie plötzlich Wirrkopf, der sein Glas Branntwein in einem Zug geleert hatte; er begleitete seinen Ausruf mit jenem sonderbaren Armeschwenken, ohne das er anscheinend kein Wort herausbringen konnte. „Worauf warten wir noch? Einmal müßt ihr ja doch anfangen. Na? Jascha?"

„Anfangen, anfangen", fiel Nikolai Iwanytsch zustimmend ein.

„Fangen wir an, bitte schön", sagte mit selbstsicherem Lächeln kaltblütig der Arbeitsvermittler, „ich bin bereit."

„Ich bin auch bereit", stieß Jakow aufgeregt hervor.

„Also fangt an, Kinder, fangt an!" piepste der Blinzler.

Doch trotz des einmütig bekundeten Wunsches fing keiner an; der Arbeitsvermittler erhob sich nicht einmal von seiner Bank – es war, als warteten alle noch auf etwas.

„Fang an!" sagte finster und scharf der wilde Junker.

Jakow zuckte zusammen. Der Arbeitsvermittler stand auf, rückte seinen Gürtel zurecht und räusperte sich.

„Und wer soll anfangen?" fragte er mit leicht veränderter Stimme den wilden Junker, der noch immer regungslos mitten im Zimmer stand, die dicken Beine weit gespreizt und die mächtigen Hände fast bis an die Ellenbogen in die Taschen seiner Pluderhosen vergraben.

„Du, du, Arbeitsvermittler", lallte Wirrkopf, „du, Bruder."

Der wilde Junker blickte ihn stirnrunzelnd an. Wirrkopf piepste schwach, wurde verlegen, starrte an die Stubendecke, zuckte die Achseln und verstummte.

„Das Los werfen", sagte der wilde Junker, jedes Wort betonend, „und das Achtel auf den Schanktisch!"

Nikolai Iwanytsch bückte sich, hob ächzend das Achtelfaß vom Fußboden hoch und stellte es auf den Tisch.

Der wilde Junker blickte Jakow an und sagte:

„Nun!"

Jakow kramte in seinen Taschen, holte einen Groschen heraus und machte mit den Zähnen ein Zeichen darauf. Der Arbeitsvermittler zog unter dem Schoß seines Rockes einen neuen ledernen Geldbeutel hervor, knüpfte ohne Eile die Schnur auf, schüttete sich eine Menge Kleingeld auf die Hand und suchte einen nagelneuen Groschen heraus. Wirrkopf hielt seine schäbige Mütze hin, deren Schirm durchgebrochen und halb abgetrennt war; Jakow warf seinen Groschen hinein und der Arbeitsvermittler den seinen.

„Du ziehst das Los", sagte der wilde Junker zu Blinzler.

Der Blinzler lächelte selbstgefällig, nahm die Mütze in beide Hände und schüttelte sie.

Augenblicklich trat tiefe Stille ein; nur die Münzen klirrten leise, wenn sie aneinanderschlugen. Ich blickte aufmerksam in die Runde: Alle Gesichter drückten gespannte Erwartung aus; selbst der wilde Junker kniff die Augen zusammen; und sogar mein Nachbar, der Bauer in dem zerrissenen Kittel, streckte neugierig den Hals vor. Der Blinzler langte mit der Hand in die Mütze und brachte den Groschen des Vermittlers zum Vorschein. Alle atmeten auf. Jakow errötete, und der Vermittler strich sich mit der Hand übers Haar.

„Ich hab's ja gleich gesagt, daß du dran bist", rief Wirrkopf, „ich hab's ja gesagt."

„Na, laß das Zirpen!" bemerkte verächtlich der wilde Junker. „Fang an!" fuhr er fort und nickte dem Arbeitsvermittler zu.

„Welches Lied soll ich denn singen?" fragte der Vermittler, der nun in Aufregung geriet.

„Welches du willst", antwortete der Blinzler, „welches dir in den Sinn kommt, das singst du."

„Natürlich, welches du willst", fügte Nikolai Iwanytsch hinzu, während er langsam die Arme über der Brust kreuzte. „Darüber macht dir niemand Vorschriften. Sing, was du willst, nur gut mußt du singen; wir werden nachher schon nach bestem Wissen und Gewissen entscheiden."

„Selbstverständlich, nach bestem Wissen und Gewissen", fiel Wirrkopf ein und leckte den Rand seines leeren Glases ab.

„Laßt mir wenigstens Zeit, mich ein bißchen zu räuspern, Brüder", sprach der Arbeitsvermittler, indem er mit den Fingern am Kragen seines Rockes entlangfuhr.

„Also, nun trödle nicht herum – fang an!" entschied der wilde Junker und senkte den Blick.

Der Vermittler überlegte ein wenig, nickte heftig mit dem Kopf und trat hervor. Jakow verschlang ihn mit den Augen...

Bevor ich jedoch zur Schilderung des Wettstreites selbst schreite, halte ich es nicht für überflüssig, über jede der handelnden Personen meiner Erzählung ein paar Worte zu sagen. Die Lebensgeschichte einiger von ihnen war mir schon bekannt, als ich sie in der Schenke „Zur Bleibe" traf; über die anderen habe ich später Erkundigungen eingezogen.

Beginnen wir mit Wirrkopf. Der wirkliche Name dieses Mannes lautete Jewgraf Iwanow, aber niemand in der ganzen Gegend nannte ihn anders als Wirrkopf, und auch er selbst gebrauchte für sich diesen Spitznamen, so fest hatte er sich ihm angehängt. Der Name paßte auch wirklich bestens zu seinen nichtssagenden, ewig aufgewühlten Gesichtszügen. Wirrkopf war ein verbummelter, lediger Leibeigener, auf den seine eigene Herrschaft längst verzichtet hatte und der, ohne irgendeine feste Beschäftigung zu haben und ohne einen Groschen Lohn zu erhalten, dennoch Mittel und Wege fand, jeden Tag auf fremde Rechnung zu zechen. Er hatte eine Menge Bekannte, die ihn mit Schnaps und Tee bewirteten, ohne daß sie selber wußten, warum, denn er war in Gesellschaft nicht nur keineswegs lustig und witzig, sondern fiel durch sein sinnloses Geschwätz, seine unerträgliche Aufdringlichkeit, seine fahrigen Bewegungen und sein fortwährendes unnatürliches Gelächter allen auf die Nerven. Er konnte weder singen noch tanzen; zeitlebens hatte er nie ein kluges oder wenigstens halbwegs vernünftiges Wort gesprochen; er schwatzte und schwindelte zusammen, was ihm gerade einfiel – eben ein richtiger Wirrkopf! Dabei ging auf vierzig Werst im Umkreis kein Trinkgelage vonstatten, auf dem sich nicht seine langaufgeschossene Gestalt unter die Gäste gemischt hätte – so hatte man sich schon an ihn gewöhnt, und man ertrug seine Anwesenheit wie ein unvermeidliches Übel. Zwar behandelte man ihn verächtlich, aber nur der wilde Junker verstand es, seine albernen Ausbrüche zu bändigen.

Der Blinzler ähnelte dem Wirrkopf in keiner Weise. Auch

zu ihm paßte sein Spitzname, obwohl er nicht mehr als andere Leute mit den Augen blinzelte. Doch es ist ja bekannt: Das russische Volk versteht es meisterhaft, Spitznamen zu geben. Trotz meines Bemühens, die Vergangenheit dieses Menschen genauer zu ergründen, sind in seinem Leben für mich – und wahrscheinlich auch für viele andere – dunkle Punkte geblieben, vom dichten Schleier des Geheimnisses verhüllte Stellen, wie die Büchermenschen sich auszudrücken pflegen. Ich habe nur erfahren, daß er einstmals Kutscher bei einer alten kinderlosen Dame war, mit einem ihm anvertrauten Dreigespann durchging, ein ganzes Jahr verschollen blieb und dann, vermutlich nachdem er sich mit eigenen Augen von den Nachteilen und dem Elend des Vagabundenlebens überzeugt hatte, von selbst zurückkehrte, allerdings schon auf einem Bein lahm. Er warf sich seiner Herrin zu Füßen, konnte im Verlauf mehrerer Jahre durch musterhafte Führung sein Vergehen wiedergutmachen und allmählich ihre Gunst zurückerlangen, gewann schließlich ihr volles Vertrauen, wurde zum Verwalter ernannt und befand sich nach dem Tode der Herrin im Besitz der Freiheit, ohne daß jemand wußte, wie er dazu gekommen war. Er ließ sich nun unter die Kleinbürger aufnehmen, pachtete von seinen Nachbarn Gemüsefelder, wurde reich und lebt jetzt sorgenfrei und zufrieden. Er ist ein erfahrener Mann, hat es faustdick hinter den Ohren, ist nicht böse und nicht gut, aber sehr berechnend; er ist mit allen Hunden gehetzt, er kennt die Menschen und versteht sie auszunützen. Er ist vorsichtig und zugleich rührig wie ein Fuchs; obwohl schwatzhaft wie ein altes Weib, verplappert er sich doch nie, weiß aber aus jedem anderen herauszulocken, was er erfahren will; übrigens spielt er nicht den Einfaltspinsel, wie das manche Schlauköpfe seines Schlages tun, und es würde ihm auch schwerfallen, sich zu verstellen: Ich habe niemals durchdringendere und klügere Augen gesehen als seine winzigen, verschlagenen „Seher"*. Sie blikken nie offen in die Welt – immer spähen und lauern sie. Manchmal denkt der Blinzler wochenlang über irgendein anscheinend einfaches Vorhaben nach und entschließt sich dann ganz plötzlich zu einem so verzweifelt kühnen Unternehmen,

* Die Leute von Orjol nennen die Augen „Seher" und den Mund „Esser".

daß man glaubt, er müsse sich dabei den Hals brechen – aber siehe da, alles glückt, alles geht wie geschmiert. Er hat Glück und glaubt an sein Glück, er glaubt auch an Vorzeichen. Er ist überhaupt sehr abergläubisch. Man liebt ihn nicht, weil ihm selber andere Menschen gleichgültig sind, aber man achtet ihn. Seine ganze Familie besteht aus einem Söhnchen, das er vergöttert und das es, von einem solchen Vater erzogen, sicherlich weit bringen wird. „Der kleine Blinzler gerät ganz nach dem Vater", raunen sich schon jetzt die alten Männer zu, wenn sie an Sommerabenden vor der Haustür sitzen und miteinander plaudern; und alle verstehen, was damit gemeint ist, und fügen kein Wort weiter hinzu.

Über den Türken-Jakow und über den Arbeitsvermittler brauche ich mich nicht lange auszulassen. Jakow wurde der Türke genannt, weil er wirklich von einer gefangenen Türkin abstammte; er war der Seele nach ein Künstler im vollen Sinn des Wortes, von Beruf aber Büttgeselle in der Papierfabrik eines Kaufmanns. Was den Arbeitsvermittler betrifft, dessen Lebensschicksal mir, wie ich gestehen muß, unbekannt geblieben ist, so schien er mir ein findiger und gewandter städtischer Kleinbürger zu sein. Über den wilden Junker aber lohnt es sich, etwas ausführlicher zu sprechen.

Der erste Eindruck, den das Äußere dieses Mannes hinterließ, war das Gefühl einer rohen, schweren, aber unwiderstehlichen Kraft. Er war plump gebaut, „klobig", wie man bei uns sagt, und schien eine unerschütterliche Gesundheit zu besitzen, zugleich aber entbehrte seine bärenhafte Gestalt merkwürdigerweise nicht einer gewissen eigenartigen Grazie, die vielleicht der festen Zuversicht in die eigene Stärke entsprang. Es war auf den ersten Blick schwer zu entscheiden, welchem Stand dieser Herkules angehörte; er glich weder einem Gutsleibeigenen noch einem Kleinbürger, weder einem verarmten und verabschiedeten Amtsschreiber noch einem heruntergekommenen kleinen Gutsbesitzer und Edelmann, der nebenbei noch Hundezüchter und ein Raufbold ist: Er war eben nur er selbst. Niemand wußte, von wo er in unseren Landkreis hereingeschneit war; es hieß zwar, er stamme von Freisassen ab und habe früher irgendwo im Staatsdienst gestanden, aber etwas Bestimmtes wußte man darüber nicht, und von wem sollte man es auch erfahren – von ihm selbst gewiß nicht: Es gab keinen schweigsameren und mürrischeren Menschen als ihn. Ebenso konnte niemand mit Bestimmtheit sagen, wovon er lebte; er betrieb kein Gewerbe, machte keine Besuche, war fast mit niemandem bekannt, hatte aber Geld, nicht viel, aber er hatte welches. Er trat nicht gerade bescheiden auf – in seinem Wesen war überhaupt nichts von Bescheidenheit –, aber ruhig; er lebte, als bemerke er niemanden um sich herum, und er brauchte auch wirklich niemanden. Der wilde Junker, wie er überall genannt wurde, obwohl sein wirklicher Name Perewlessow war, besaß einen gewaltigen Einfluß in der ganzen Gegend; man ordnete sich ihm sofort und bereitwillig unter, obgleich er nicht nur keinerlei Recht hatte, irgend jemandem etwas zu befehlen, sondern sogar selbst nicht den geringsten Anspruch auf den Gehorsam der Leute erhob, mit denen er gelegentlich in Berührung kam. Er sprach – und man fügte sich ihm; die Kraft setzt sich immer durch. Er trank fast keinen Branntwein, hatte keine Frauenbekanntschaften und liebte leidenschaftlich den Gesang. An diesem Mann war vieles rätselhaft; es schien, als ruhten irgendwelche ungeheuren Kräfte finster in ihm und als wüßten sie, daß sie sich selbst und alles, womit sie in Berührung kämen, zerstören müßten, wenn sie sich einmal erhöben, und ich müßte mich schwer irren, wenn sich im Leben dieses Mannes ein solcher Ausbruch nicht schon ereignet hätte und er sich jetzt, durch die Erfahrung belehrt und dem Verderben mit knapper Not entronnen, nicht unerbittlich und eisern in der Gewalt hielte. Besonders überraschte mich an ihm die Mischung einer gewissen angeborenen, natürlichen Wildheit und eines ebenso angeborenen Edelmutes – eine Mischung, der ich bei keinem anderen Menschen begegnet bin.

Der Arbeitsvermittler trat also vor, schloß die Augen halb und begann im höchsten Falsett zu singen. Seine Stimme war recht angenehm und weich, wenn auch etwas belegt; er spielte mit seiner Stimme und trieb sie hin und her wie einen Kreisel, ließ sie unaufhörlich in gleitenden Übergängen von oben nach unten schwingen und kehrte immer wieder zu den hohen Tönen zurück, die er mit besonderem Eifer hielt und langzog; dann verstummte er für einen Augenblick und nahm plötzlich die gleiche Melodie mit übermütiger, herausfordernder Verwegenheit wieder auf. Seine Übergänge waren manchmal recht gewagt, manchmal recht gefällig; einem Kenner hätten sie viel Vergnügen bereitet; ein Deutscher hätte sich darüber entrüstet. Es war ein russischer tenore di grazia, ténor léger. Er sang ein fröhliches Tanzlied, dessen Worte, soweit ich sie aus den endlosen Ausschmückungen, den hinzugefügten Silben und Ausrufen heraushören konnte, folgendermaßen lauteten:

> Pflügen will ich, junges Jungmägdelein,
> Ein kleines Äckerlein:
> Säen will ich, junges Jungmägdelein,
> Ein rotes Blümelein.

Er sang, und alle lauschten ihm mit großer Aufmerksamkeit. Er spürte offenbar, daß er es mit sachverständigen Leuten zu tun hatte, und versuchte, sich selbst zu übertreffen, wie man zu sagen pflegt. In der Tat, man versteht in unserer Gegend etwas vom Gesang, nicht umsonst ist das Dorf Sergijewskoje an der großen Orjoler Landstraße wegen seines besonders angenehmen und harmonischen Gesanges in ganz Rußland berühmt. Lange sang der Vermittler, ohne in seinen Zuhörern einen allzu lauten Widerhall zu wecken; ihm fehlte die Unterstützung durch den Chor; endlich aber, bei einem besonders gelungenen Übergang, der selbst dem wilden Junker ein Lächeln abnötigte, konnte der Wirrkopf nicht länger an sich halten und stieß einen Schrei des Entzückens aus. Alle fuhren zusammen. Der Wirrkopf und der Blinzler begannen halblaut einzufallen, mitzusingen und den Sänger durch Zurufe anzufeuern: „Toll! ... Noch höher, du Schelm! ... Höher, halt aus, du Giftschlange! Halt noch länger aus! Noch mehr, du Hund, du Köter! ... Herodes verderbe deine Seele!" und dergleichen mehr. Nikolai Iwanytsch wiegte hinter seinem Schanktisch anerkennend den Kopf. Der Wirrkopf fing schließlich an, mit den Füßen zu stampfen und zu trampeln und mit den Schultern zu zucken; Jakows Augen aber erglühten wie Kohlen, er zitterte am ganzen Leib wie Espenlaub und lächelte verstört.

Nur der wilde Junker verzog keine Miene und rührte sich nach wie vor nicht vom Fleck; sein Blick jedoch, den er auf den Vermittler geheftet hatte, war etwas freundlicher geworden, wenn auch der Ausdruck seines Mundes verächtlich blieb. Ermutigt durch die Zeichen allseitiger Befriedigung, stürzte sich der Vermittler in einen wahren Wirbel von Tönen hinein und begann sein Lied so auszuschmücken, so verwegen mit der Zunge zu schnalzen und zu trommeln und so tolle Kunststückchen mit seiner Kehle zu vollführen, daß ihm, als er endlich ermattet, bleich und schweißüberströmt den Körper zurückwarf und den letzten ersterbenden Ton von sich gab, ein allgemeiner einstimmiger Aufschrei in wildem Ausbruch antwortete. Wirrkopf fiel ihm um den Hals und würgte ihn mit seinen langen, knochigen Armen; das feiste Gesicht Nikolai Iwanytschs hatte sich gerötet, er schien sich verjüngt zu haben; Jakow schrie wie ein Verrückter: „Ein Mordskerl! Ein Mordskerl!", und sogar mein Nachbar, der Bauer mit dem zerrissenen Kittel, konnte nicht mehr an sich halten, er schlug mit der Faust auf den Tisch und rief: „A-ha! Gut, der Teufel soll ihn holen, gut!" und spuckte resolut zur Seite.

„Na, Bruder, du hast uns eine Freude gemacht!" schrie der Wirrkopf, ohne den völlig erschöpften Vermittler aus seiner Umarmung zu lassen. „Eine Freude hast du uns gemacht, nein, so was! Gewonnen hast du, Bruder, gewonnen! Gratuliere – das Achtel ist dein! Jaschka ist dir bei weitem nicht gewachsen ... Ich sage dir, bei weitem nicht ... Das kannst du mir glauben!" Und er drückte den Vermittler von neuem an seine Brust.

„Laß ihn doch los; laß ihn los, du aufdringlicher Kerl", sagte der Blinzler ärgerlich, „laß ihn sich auf die Bank dort setzen; du siehst doch, da er müde ist ... Was bist du doch für ein Pinsel, Bruder, ein richtiger Pinsel! Was hängst du dich wie eine Klette an ihn dran?"

„Na schön, mag er sich setzen, aber ich will auf seine Gesundheit trinken", sagte Wirrkopf und trat an den Schanktisch. „Auf deine Rechnung, Bruder", fügte er hinzu, indem er sich an den Arbeitsvermittler wandte.

Der nickte mit dem Kopf, setzte sich auf eine Bank, zog aus

seiner Mütze ein Handtuch hervor und wischte sich das Gesicht. Wirrkopf leerte gierig das Glas, ächzte nach Art der Gewohnheitstrinker und setzte eine traurig-sorgenvolle Miene auf.

„Gut singst du, Bruder, sehr gut", meinte Nikolai Iwanytsch freundlich. „Aber jetzt bist du an der Reihe, Jascha. Gib acht und verlier den Mut nicht. Wir werden ja sehen, wer wen besiegt, wir werden sehen ... Aber gut singt der Vermittler, bei Gott, sehr gut."

„Sehr, sehr gut", bemerkte Nikolai Iwanytschs Frau und blickte lächelnd auf Jakow.

„Gut, ha!" wiederholte halblaut mein Nachbar.

„Ah, ein Muff, ein Poleche*!" kreischte plötzlich der Wirrkopf, näherte sich dem Bauern, der das Loch auf der Schulter hatte, wies mit dem Finger auf ihn, machte einen Luftsprung und brach in ein meckerndes Gelächter aus. „Ein Poleche! Ein Poleche! Ha, badje, treib dich, Muff! Warum beehrst du uns mit deinem Besuch, Muff", schrie er unter fortwährendem Lachen.

Der arme Bauer wurde ganz verlegen und wollte schon aufstehen und sich schleunigst aus dem Staub machen, als plötzlich die eherne Stimme des Junkers erscholl.

„Was bist du denn für ein unausstehliches Biest?" stieß er zähneknirschend hervor.

„Ich ... nichts", murmelte der Wirrkopf, „ich wollte nichts ... ich habe nur so ..."

„Schon gut, schweig jetzt!" erwiderte der wilde Junker. „Jakow, fang an!"

Jakow griff sich an die Kehle.

„Ja, Bruder, da ... da ist so etwas ... Hm ... Ich weiß nicht, wirklich, so etwas ..."

„Genug nun, hab keine Angst. Schäm dich! ... Warum weichst du aus? Sing, wie Gott dir's eingibt."

---

* Polechen heißen die Bewohner des südlichen Polessje, eines langen Waldstreifens, der an der Grenze des Bolchower und des Shisdraer Kreises beginnt. Sie zeichnen sich durch viele Besonderheiten in ihrer Lebensweise und Sprache aus. „Muff" wird der Poleche wegen seines mißtrauischen und schwerfälligen Wesens genannt. Die Polechen hängen fast an jedes Wort die Ausrufe „ha!" und „badje!" an. „Treib dich" bedeutet „beeil dich".

Der wilde Junker senkte den Kopf und wartete. Jakow schwieg eine Weile, blickte sich im Kreis um und bedeckte das Gesicht mit der Hand. Alle hefteten die Augen auf ihn, besonders der Arbeitsvermittler, auf dessen Gesicht sich durch seine gewöhnliche Selbstsicherheit und den Triumph über seinen Erfolg hindurch eine unwillkürliche leichte Unruhe zeigte. Er lehnte sich an die Wand, hatte wieder beide Hände unter sich geschoben, baumelte aber nicht mehr mit den Beinen. Als Jakow endlich die Hand vom Gesicht nahm, war es totenbleich; die Augen waren unter den gesenkten Wimpern kaum zu sehen. Er seufzte tief auf und begann zu singen ... Der erste Ton war schwach und unsicher, er schien nicht aus seiner Brust zu kommen, sondern aus weiter Ferne herzudringen und gleichsam zufällig ins Zimmer zu schweben. Seltsam wirkte dieser zitternde, klingende Ton auf uns alle; wir sahen einander an, und die Frau Nikolai Iwanytschs richtete sich auf. Diesem ersten Ton folgte ein zweiter, schon fester und länger anhaltend, aber noch immer merklich zitternd, wie eine Saite, die unvermutet unter einem kräftigen Finger erklingt und in den letzten, schnell ersterbenden Schwingungen ausschwingt; dem zweiten Ton folgte ein dritter, und endlich strömte, allmählich anschwellend und sich ausweitend, ein schwermütiges Lied dahin. „Nicht ein einziger kleiner Weg führt übers Feld", sang er, und uns allen wurde weich und weh ums Herz. Ich muß gestehen: Selten habe ich eine ähnliche Stimme gehört; sie war ein wenig spröde und klang, als hätte sie einen Sprung; anfangs lag sogar etwas Krankhaftes in ihr, aber es war auch eine echte, tiefe Leidenschaft, Jugendlichkeit, Kraft und Süße darin und eine hinreißend unbekümmerte, traurige Wehmut. Eine aufrichtige, glutvolle, russische Seele tönte und atmete in ihr, griff uns ans Herz und rührte darin gerade an die russischen Saiten. Der Gesang schwoll an und strömte frei dahin. Jakow berauschte sich offenbar selbst daran: Er war nicht mehr verzagt, sondern gab sich ganz seinem Glücksgefühl hin; seine Stimme zitterte nicht mehr – sie bebte wohl, aber vor jenem kaum spürbaren innerlichen Beben der Leidenschaft, das wie ein Pfeil in die Seele des Hörers dringt – und wurde immer stärker, fester und voller. Ich erinnere mich, wie ich eines Abends zur Zeit der Ebbe am flachen, sandigen Strand des Meeres, das in der Ferne düster und drohend rauschte, eine große weiße Möwe sah: Sie saß regungslos da und bot die seidige Brust dem Purpurglanz der Abendröte dar, nur hin und wieder breitete sie langsam ihre langen Schwingen aus, dem vertrauten Meer, der tiefstehenden glutroten Sonne entgegen; ich mußte an sie denken, als ich Jakow zuhörte. Er sang und hatte seinen Nebenbuhler und uns alle völlig vergessen, aber er wurde sichtlich von unserer schweigenden, leidenschaftlichen Teilnahme getragen wie ein kühner Schwimmer von den Wellen. Er sang, und aus jedem Ton wehte uns etwas Vertrautes und unübersehbar Weites an, als breite sich die heimatliche Steppe vor uns aus, sich in endloser Ferne verlierend. Ich fühlte, wie Tränen in mir aufstiegen und in die Augen traten. Ein dumpfes, verhaltenes Schluchzen ließ mich plötzlich aufhorchen ... Ich blickte mich um – die Frau des Schankwirts weinte, die Brust ans Fenster gepreßt. Jakow warf ihr einen raschen Blick zu und sang noch schmelzender, noch süßer als vorher. Nikolai Iwanytsch sah zu Boden; der Blinzler wandte sich ab; Wirrkopf stand, von Rührung übermannt, mit dumm aufgerissenem Munde da; das graue Bäuerlein schluchzte leise in seinem Winkel und wiegte, kummervoll vor sich hin flüsternd, den Kopf; unter den eng zusammengezogenen Brauen des wilden Junkers quoll langsam eine schwere Träne hervor und rollte langsam über sein eisernes Gesicht; der Arbeitsvermittler drückte die geballte Faust an die Stirn und rührte sich nicht ... Ich weiß nicht, wie sich die über allen liegende Spannung gelöst hätte, wenn Jakow nicht plötzlich mit einem hohen, ungemein zarten Ton geendet hätte – als sei ihm die Stimme abgerissen. Niemand schrie auf, niemand regte sich; es war, als warteten alle, ob er nicht weitersingen werde, aber er schlug die Augen auf, gleichsam verwundert über unser Schweigen, umfing mit einem fragenden Blick alle in der Runde und sah, daß der Sieg sein war.

„Jascha", sprach der wilde Junker, legte ihm die Hand auf die Schulter und verstummte.

Wir standen alle wie erstarrt. Der Arbeitsvermittler erhob sich leise und trat zu Jakow.

„Du ... dein ... du hast gewonnen", brachte er endlich mühsam heraus und stürzte aus dem Zimmer.

Es war, als habe seine schnelle, entschlossene Bewegung die Verzauberung gelöst: Alle fingen plötzlich laut und erfreut an zu sprechen. Wirrkopf sprang in die Höhe, stammelte und schwenkte die Arme wie eine Windmühle ihre Flügel; der Blinzler hinkte auf Jakow zu und küßte ihn; Nikolai Iwanytsch reckte sich und verkündete feierlich, daß er von sich noch ein Achtelfaß Bier zulege; der wilde Junker lachte ein so gutmütiges Lachen, wie ich es auf seinem Gesicht nie zu sehen erwartet hatte; das graue Bäuerlein wischte sich in seinem Winkel mit beiden Ärmeln Augen, Backen, Nase und Bart und wiederholte in einem fort: „Das war gut, bei Gott, das war gut, und wenn ich ein Hundesohn bin, das war gut!" Und Nikolai Iwanytschs Frau, die sich ganz rot geweint hatte, stand schnell auf und entfernte sich. Jakow genoß seinen Sieg wie ein Kind; sein ganzes Gesicht hatte sich verändert; besonders seine Augen strahlten nur so vor Glück. Man zog ihn zum Schanktisch; er rief auch das graue Bäuerlein heran, das ganz in Tränen aufgelöst war, schickte den Sohn des Gastwirts nach dem Arbeitsvermittler, der jedoch nicht aufzufinden war, und das Gelage begann. „Du mußt uns noch mehr vorsingen, du wirst uns bis in die Nacht hinein vorsingen", wiederholte Wirrkopf immer wieder mit hoch erhobenen Armen.

Ich warf noch einen Blick auf Jakow und ging hinaus. Ich wollte nicht bleiben – ich fürchtete, mir den guten Eindruck zu verderben. Doch die Hitze war nach wie vor unerträglich. Sie hing wie eine dichte, schwere Schicht unmittelbar über der Erde; am dunkelblauen Himmel schienen kleine, helle Funken durch feinen, fast schwarzen Staub zu schwirren. Alles schwieg; es lag etwas Hoffnungsloses, Niedergedrücktes in diesem tiefen Schweigen der erschlafften Natur. Ich schleppte mich bis zu einer Heuscheune und legte mich auf das frischgemähte, aber schon fast ausgetrocknete Gras. Lange fand ich keinen Schlaf; lange noch klang mir Jakows unwiderstehliche Stimme in den Ohren ... Allein, schließlich nahmen sich Hitze und Müdigkeit ihr Recht, und ich schlief bald wie ein Toter.

Als ich erwachte, war es schon völlig dunkel geworden; das

rings um mich ausgebreitete Heu duftete stark und fühlte sich ein wenig feucht an; durch die dünnen Sparren des halb abgedeckten Daches flimmerten blasse Sterne. Ich ging hinaus. Das Abendrot war längst erloschen, am Himmelsrand verblich gerade noch seine letzte Spur; in der vor kurzem noch glühendheißen Luft spürte man durch die nächtliche Frische hindurch noch die Wärme, und die Brust lechzte noch immer nach einem kalten Hauch. Es ging kein Wind, und es waren auch keine Wolken zu sehen; der Himmel wölbte sich klar und durchsichtig-dunkel über mir und flimmerte von zahllosen, aber kaum sichtbaren Sternen. Im Dorf blinkten Lichter; von der nahen, hell erleuchteten Schenke drang ein wilder, verworrener Lärm herüber, aus dem ich Jakows Stimme herauszuhören glaubte. Von Zeit zu Zeit brach dort ein wüstes Gelächter los. Ich näherte mich dem Fenster und drückte das Gesicht an die Scheibe. Ich sah ein unerfreuliches, wenn auch buntes und lebendiges Bild: Alles war betrunken – alles, bei Jakow angefangen. Mit entblößter Brust saß er auf einer Bank, sang mit rauher Stimme ein Tanzlied, irgendeinen Gassenhauer, und schlug und zupfte dazu träge die Saiten einer Gitarre. Das feuchte Haar hing ihm in Strähnen in das erschreckend blasse Gesicht. Mitten in der Schenke tanzte Wirrkopf, der vollkommen „aus dem Häuschen" war, in wilden Sprüngen und ohne Kaftan vor dem Bäuerlein im grauen Kittel einher; das Bäuerlein seinerseits stampfte und scharrte angestrengt mit seinen wackligen Beinen, und während es durch seinen zerzausten Bart sinnlos lächelte, winkte es bisweilen mit einer Hand ab, als wollte es sagen: Mir ist's gleich, wohin das führt! – Nichts konnte lächerlicher wirken als sein Gesicht; wie sehr er auch die Augenbrauen hochzog, die schwer gewordenen Lider wollten sich nicht heben, sondern blieben auf den kaum noch sichtbaren, vom Rausch schläfrigen, aber seligen Augen liegen. Er befand sich in dem liebenswerten Zustand eines völlig betrunkenen Menschen, zu dem jeder Vorübergehende, der ihm ins Gesicht blickt, unbedingt sagt: Du siehst gut aus, Bruder, wirklich gut! – Der Blinzler saß, rot wie ein Krebs und mit weit geblähten Nasenlöchern, in einer Ecke und lachte höhnisch; nur Nikolai Iwanytsch bewahrte unverändert seine Kaltblütigkeit, wie es sich für einen echten Schankwirt geziemt. In der Stube hatten sich viele neue Gesichter eingefunden, aber den wilden Junker sah ich nicht unter ihnen.

Ich wandte mich ab und stieg raschen Schrittes den Hügel hinunter, auf dem Kolotowka liegt. Am Fuße dieses Hügels breitet sich eine weite Ebene aus; von den trüben Schwaden des Abendnebels überflutet, wirkte sie noch unendlicher und schien mit dem dunkel gewordenen Himmel zusammenzufließen. Ich ging mit großen Schritten die Straße längs der Schlucht hinab, als plötzlich irgendwo weit draußen in der Ebene die helle Stimme eines Knaben erklang.

„Antropka! Antropka-a-a! ..." schrie er mit hartnäckiger und weinerlicher Verzweiflung und zog die letzte Silbe besonders in die Länge. Er verstummte für einige Augenblicke und begann von neuem zu rufen. Seine Stimme hallte in der unbeweglichen, leicht schlummernden Luft. Dreißigmal wenigstens hatte er den Namen Antropka gerufen, als plötzlich vom entgegengesetzten Ende der weiten Fläche, wie aus einer anderen Welt, die kaum hörbare Antwort herüberdrang:

„Was i-i-i-ist?"

Die Knabenstimme rief sofort mit freudiger Bosheit:

„Komm her, du Wa-a-aldteufel!"

„Waru-u-u-um?" antwortete der andere nach einer langen Zeit.

„Weil dich der Vater verha-a-auen will!" rief eilig die erste Stimme.

Die zweite Stimme antwortete nicht mehr, und der Knabe begann von neuem Antropka zu rufen. Seine Rufe, die immer seltener und schwächer wurden, drangen noch an mein Ohr, als es schon vollkommen finster geworden war und ich um den Rand des Waldes bog, der mein Dorf umgibt und vier Werst von Kolotowka entfernt liegt.

Antropka-a-a-a! schien es noch immer in der Luft zu klingen, die die Schatten der Nacht erfüllten.

Pjotr Petrowitsch Karatajew

Vor etwa fünf Jahren, im Herbst, mußte ich an der Landstraße von Moskau nach Tula fast einen ganzen Tag in einem Posthaus zubringen, weil es an Pferden fehlte. Ich kehrte von der Jagd heim und hatte die Unvorsichtigkeit begangen, mein Dreigespann vorauszuschicken. Der Postmeister, ein alter, mürrischer Mann mit kleinen, verschlafenen Augen, dem die Haare bis auf die Nase hingen, antwortete auf alle meine Klagen und Bitten nur mit einem abgerissenen Knurren und knallte wütend die Tür zu, als verwünsche er selber sein Amt; er trat auf die Vortreppe hinaus, schimpfte die Kutscher aus, die, mit pudschweren Krummhölzern in den Händen, langsam durch den Schlamm stapften oder gähnend auf einer Bank saßen und sich kratzten, ohne den zornigen Zurufen ihres Vorgesetzten besondere Beachtung zu schenken. Ich hatte wohl schon dreimal Tee getrunken, hatte mehrmals vergeblich versucht einzuschlafen, hatte sämtliche Aufschriften an den Fenstern und an den Wänden durchgelesen – eine schreckliche Langeweile quälte mich. Mit kalter, hoffnungsloser Verzweiflung blickte ich auf die hochgestellten Deichselstangen meines schweren Reisewagens, als plötzlich ein Glöckchen ertönte und ein kleiner Wagen, mit einer Troika abgehetzter Pferde bespannt, vor der Freitreppe hielt. Der angekommene Reisende sprang vom Wagen und trat mit dem Ruf: „Schnell die Pferde wechseln!" in die Stube. Während er sich mit dem üblichen befremdeten Erstaunen die Antwort des Postmeisters anhörte, daß keine Pferde daseien, hatte ich Zeit, mit der ganzen ungeteilten Neugier eines gelangweilten Menschen meinen neuen Leidensgenossen von Kopf bis Fuß zu mustern. Dem

Aussehen nach war er an die dreißig Jahre alt. Die Pocken hatten ihre unauslöschlichen Spuren auf seinem trockenen, gelblichen Gesicht zurückgelassen, das einen unangenehmen Kupferglanz hatte; die langen blauschwarzen Haare ringelten sich hinten auf seinem Kragen, vorn kräuselten sie sich in verwegenen Schläfenlöckchen; die kleinen, verquollenen Augen blickten ausdruckslos drein; auf der Oberlippe sprossen einige Härchen. Gekleidet war er wie ein Gutsbesitzer, der sein Leben genießt und sich auf den Roßmärkten herumtreibt. Er trug einen bunten, ziemlich schmierigen kurzen Rock, ein verschossenes lilaseidenes Halstuch, eine Weste mit kupfernen Knöpfen und graue Hosen mit ungeheuer weiten, glockigen Hosenbeinen, unter denen die Spitzen seiner ungeputzten Stiefel kaum hervorguckten. Er roch stark nach Tabak und Schnaps. An seinen roten, dicken Fingern, die von den Ärmeln des Rockes fast bedeckt waren, bemerkte man silberne Ringe und unechte aus Tula. Solche Gestalten trifft man in Rußland nicht zu Dutzenden, sondern zu Hunderten; mit ihnen bekannt zu sein bereitet, um die Wahrheit zu sagen, keinerlei Vergnügen, doch konnte mir trotz des Vorurteils, mit dem ich den Ankömmling betrachtete, der sorglos-gutmütige und leidenschaftliche Ausdruck seines Gesichtes nicht entgehen.

„Der Herr wartet hier schon über eine Stunde", sagte der Postmeister und zeigte dabei auf mich.

Über eine Stunde! Der Schuft verspottete mich auch noch.

„Vielleicht hat er es nicht so eilig", antwortete der Ankömmling.

„Das wissen wir nicht", sagte der Postmeister mürrisch.

„Läßt sich also wirklich gar nichts möglich machen? Gibt es bestimmt keine Pferde?"

„Gar nichts. Es ist nicht ein Pferd da."

„Nun, dann lassen Sie mir einen Samowar aufstellen. Warten wir also, da ist nichts zu machen."

Der Reisende setzte sich auf eine Bank, warf seine Schirmmütze auf den Tisch und fuhr sich mit der Hand übers Haar.

„Haben Sie schon Tee getrunken?" fragte er mich.

„Ja."

„Und Sie würden nicht noch einmal mir zur Gesellschaft mittrinken?"

Ich willigte ein. Der dicke rotbraune Samowar erschien zum viertenmal auf dem Tisch. Ich holte eine Flasche Rum heraus. Ich hatte mich nicht geirrt, als ich mein Gegenüber für einen Edelmann mit kleinem Grundbesitz hielt. Er hieß Pjotr Petrowitsch Karatajew.

Wir kamen ins Gespräch. Es war noch keine halbe Stunde seit seiner Ankunft vergangen, als er mir bereits mit der gutmütigsten Offenherzigkeit sein ganzes Leben erzählt hatte.

„Jetzt fahre ich nach Moskau", sagte er zu mir und leerte sein viertes Glas, „auf dem Lande gibt es für mich jetzt nichts mehr zu tun."

„Wieso nichts zu tun?"

„Eben einfach so – nichts zu tun. Meine Wirtschaft ist heruntergekommen, meine Bauern habe ich zugrunde gerichtet, muß ich gestehen; es waren schlechte Jahre: Mißernten, verschiedene Unglücksfälle, wissen Sie ... Und übrigens", fügte er hinzu und blickte trübsinnig zur Seite, „was bin ich schon für ein Landwirt!"

„Inwiefern denn?"

„Nein, wirklich", unterbrach er mich, „richtige Landwirte sind nicht so wie ich! Sehen Sie mal", fuhr er fort, indem er den Kopf zur Seite neigte und eifrig an seiner Pfeife sog, „wenn Sie mich so ansehen, können Sie vielleicht denken, daß ich ... aber ich muß zugeben, ich habe nur eine mittelmäßige Erziehung genossen; die Mittel waren nicht da. Sie müssen mich entschuldigen, ich bin ein aufrichtiger Mensch, und schließlich ..."

Er sprach nicht zu Ende und winkte mit der Hand ab. Ich versicherte ihm, daß er sich irre, daß ich über unsere Begegnung sehr erfreut sei und dergleichen mehr, und bemerkte dann, daß meiner Meinung nach keine allzu gründliche Bildung nötig sei, um ein Gut verwalten zu können.

„Einverstanden", antwortete er, „ich bin mit Ihnen einverstanden. Aber man braucht immerhin einen besonderen Hang dazu! Mancher zieht dem Bauern das Fell über die Ohren und kommt doch hin! Aber ich ... Gestatten Sie mir eine Frage, sind Sie selbst aus Piter oder aus Moskau?"

„Ich bin aus Petersburg."

Er blies eine lange Rauchwolke durch die Nase.

„Und ich fahre nach Moskau, um dort in Dienst zu treten."

„Und wo beabsichtigen Sie eine Stelle anzunehmen?"

„Ich weiß noch nicht – wie sich's dort ergibt. Ich muß Ihnen gestehen, ich fürchte mich vor dem Dienst: Man wird ja dann auch zur Verantwortung gezogen. Ich habe immer auf dem Lande gelebt; ich bin daran gewöhnt, müssen Sie wissen ... Aber es ist nicht mehr zu ändern ... Die Not! Ach, ich habe diese Not satt!"

„Dafür werden Sie in der Hauptstadt leben."

„In der Hauptstadt ... Nun, ich weiß nicht, was an der Hauptstadt Gutes ist. Wir werden ja sehen, vielleicht ist auch etwas Gutes daran ... Aber besser als auf dem Lande, scheint mir, kann es nirgends sein."

„Ist es Ihnen denn ganz unmöglich, länger auf dem Lande zu leben?"

„Das ist unmöglich. Das Gut gehört jetzt eigentlich schon nicht mehr mir." Er seufzte.

„Wieso?"

„Ja, das hat ein guter Mann – ein Nachbar hat es übernommen ... Da war so eine Wechselsache ..." Der arme Pjotr Petrowitsch fuhr sich mit der Hand übers Gesicht, überlegte eine Weile und schüttelte den Kopf. „Na, und wennschon! ... Aber ich muß zugeben", fügte er nach kurzem Schweigen hinzu, „ich kann niemandem Vorwürfe machen, ich bin selbst schuld. Ich habe gern ein bißchen den großen Herrn gespielt ... Hol mich der Teufel, ich spiele eben gern ein bißchen den großen Herrn!"

„Da haben Sie also recht flott gelebt auf dem Lande?" fragte ich ihn.

„Mein Herr", antwortete er, wobei er jedes Wort betonte und mir gerade in die Augen sah, „ich hatte zwölf Koppeln Jagdhunde, Jagdhunde, sage ich Ihnen, wie man sie selten findet." Die letzten Worte sprach er in singendem Tonfall. „Einen Hasen machten sie im Handumdrehen fertig, aber hinter dem großen Raubwild waren sie her wie die Ottern, wie die Giftschlangen. Auch mit meinen Windhunden konnte ich Staat machen. Jetzt ist das aber alles vorbei, zu schwindeln brauche ich da nicht. Ich ging auch mit dem Gewehr auf die Jagd. Ich hatte eine Hündin Komteßchen; sie war ein außergewöhnlich guter Vorstehhund, ihrer feinen Nase entging nichts. Wenn ich an ein Moor kam und sagte: „Such!" und sie dann nicht zu suchen anfing, konnte ich mit einem Dutzend Hunde durchgehen – schade um die Mühe, da fand man eben nichts! Aber wenn sie einmal anfing, dann machte sie sich bald tot dabei! ... Und im Zimmer war sie so wohlerzogen. Reichte man ihr ein Stück Brot mit der linken Hand und sagte dazu: ‚Der Jud hat's gegessen', dann nahm sie es nicht; reichte man es ihr aber mit der rechten Hand und sagte: ‚Das Fräulein hat's gegessen', gleich nahm sie's und fraß es auf. Ich hatte einen Welpen von ihr, einen prächtigen Welpen, ich wollte ihn nach Moskau mitnehmen, aber ein Freund hat ihn mir mitsamt dem Gewehr abgebettelt; er sagte: ‚In Moskau, Bruder, wirst du andere Dinge im Kopf haben; dort wird überhaupt alles anders werden, Bruder.' Da habe ich ihm den Welpen gegeben und auch das Gewehr; nun ist eben alles dort zurückgeblieben, wissen Sie ..."

„Sie hätten aber auch in Moskau auf die Jagd gehen können."

„Ach nein, wozu? Habe ich nicht verstanden, mich zu halten, so muß ich jetzt dafür büßen. Aber erlauben Sie mir lieber die Frage, ob das Leben in Moskau teuer ist?"

„Nein, nicht allzu teuer."

„Nicht zu teuer? ... Und sagen Sie bitte, in Moskau leben doch auch Zigeuner?"

„Was für Zigeuner?"

„Wie sie so auf den Jahrmärkten herumreisen?"

„Ja, in Moskau ..."

„Nun, das ist gut. Ich liebe die Zigeuner – hol mich der Teufel, ich liebe sie ..."

Und Pjotr Petrowitschs Augen blitzten vor verwegener Fröhlichkeit. Doch plötzlich drehte er sich auf seiner Bank hin und her, wurde nachdenklich, senkte den Kopf und schob mir sein leeres Glas hin.

„Geben Sie mir noch etwas von Ihrem Rum", sagte er.
„Der Tee ist doch schon alle."
„Macht nichts, einfach so, ohne Tee ... Ach!"
Karatajew legte den Kopf in die Hände und stützte die Ellbogen auf den Tisch. Ich blickte ihn schweigend an und erwartete schon einen jener Gefühlsausbrüche oder vielleicht gar jene Tränen, mit denen ein angetrunkener Mensch gewöhnlich so freigebig ist, aber als er den Kopf hob, überraschte mich der tieftraurige Ausdruck seines Gesichtes.
„Was ist mit Ihnen?"
„Nichts ... Ich dachte an alte Zeiten. Es gibt da so eine Geschichte ... Ich würde sie Ihnen erzählen, aber ich fürchte, Ihnen lästig zu werden ..."
„Aber ich bitte Sie!"
„Ja", fuhr er mit einem Seufzer fort, „es gibt Zufälle ... so zum Beispiel auch bei mir. Also, wenn Sie wollen, erzähle ich es Ihnen. Übrigens, ich weiß nicht ..."
„Erzählen Sie nur, mein lieber Pjotr Petrowitsch."
„Meinetwegen, obwohl es eigentlich ... Also, sehen Sie", begann er, „aber ich weiß wirklich nicht ..."
„Lassen Sie doch, mein lieber Pjotr Petrowitsch, erzählen Sie nur."
„Na schön. Also, hören Sie, was mir da sozusagen zugestoßen ist. Ich lebte also auf dem Lande ... Und plötzlich verguckte ich mich in ein Mädchen, ach, was war das aber auch für ein Mädchen ... schön, klug und so herzensgut! Sie hieß Matrjona. Aber sie war ein ganz einfaches Mädchen, das heißt, Sie verstehen, sie war eine Leibeigene, eine hörige Magd. Und sie war nicht meine Magd, sondern gehörte Fremden, das war das Schlimme dabei. Nun, ich liebte sie also – es ist wirklich die reinste Anekdote –, na ja, und sie mich auch. Matrjona fing nun an, mich zu bitten, ich sollte sie von ihrer Herrin loskaufen; und ich hatte ja auch schon selbst darüber nachgedacht ... Aber ihre Herrin war reich und ein schreckliches altes Weibsstück; sie wohnte ungefähr fünfzehn Werst von mir entfernt. Na ja, und eines schönen Tages, wie man so sagt, ließ ich mein Dreigespann vor die Droschke spannen – als Mittelpferd hatte ich einen Paßgänger, einen ungewöhnlich schönen Asiaten,

deshalb hieß er auch Lampurdos –, zog mich etwas besser an und fuhr zu Matrjonas Herrin. Ich komme an: Es ist ein großes Haus mit Seitenflügeln, mit einem Park ... An der Einfahrt wartete Matrjona auf mich. Sie wollte eigentlich mit mir sprechen, aber sie küßte mir nur die Hand und trat dann beiseite. Ich komme also ins Vorzimmer und frage: ‚Zu Hause?' Und so ein langer Lakai sagt zu mir: ‚Wen befehlen Sie zu melden?' Ich sage: ‚Melde, Freundchen, der Gutsbesitzer Karatajew ist gekommen, um etwas zu besprechen.' Der Lakai geht; ich warte und denke: Was wird nun werden? Vermutlich wird die Bestie einen unerhörten Preis fordern, trotzdem sie so reich ist. Vielleicht verlangt sie gar fünfhundert Rubel. Endlich kommt der Lakai zurück und sagt: ‚Bitte.' Ich folge ihm in den Salon. Da sitzt in einem Sessel eine kleine, ganz gelbe, verhutzelte Alte und blinzelt mit den Augen. ‚Was wünschen Sie?' Ich hielt es zunächst für angebracht, wissen Sie, ihr zu erklären, daß ich mich freute, ihre Bekanntschaft zu machen. ‚Sie irren sich, ich bin nicht die Frau des Hauses, sondern ihre Verwandte. Was wünschen Sie?' Ich sagte ihr nun gleich, daß ich mit der Frau des Hauses selbst sprechen müsse. ‚Marja Iljinitschna empfängt heute nicht; sie fühlt sich nicht wohl ... Was wünschen Sie?' Da ist nichts zu machen, dachte ich bei mir, muß ihr mein Anliegen auseinandersetzen. Die Alte hörte mich an. ‚Matrjona? Welche Matrjona?' – ‚Matrjona Fjodorowa, die Tochter Kulikows.' – ‚Fjodor Kuliks Tochter ... Aber woher kennen Sie sie denn?' – ‚Durch Zufall.' – ‚Und ist Ihr Vorhaben ihr bekannt?' – ‚Ja, gewiß.' Die Alte schwieg eine Weile. ‚Der werde ich es zeigen, diesem nichtsnutzigen Ding!' Ich muß gestehen, ich war erstaunt. ‚Weshalb denn, ich bitte Sie! ... Ich bin bereit, für sie zu zahlen, belieben Sie nur zu bestimmen, wieviel.' Die alte Vettel zischte mich nur so an. ‚Glauben Sie etwa, damit Eindruck machen zu können: Wir haben Ihr Geld gerade nötig! Aber der werde ich schon, der werde ich ... Die Dummheiten werde ich ihr ausbleuen!' Die Alte kriegte einen Hustenanfall vor Bosheit. ‚Hat sie es nicht gut bei uns, wie? ... Ach, ein Teufelsbalg ist sie, der Herrgott verzeih mir die Sünde!' Ich brauste auf, ich gestehe es. ‚Weshalb drohen Sie dem armen Mädchen? Was hat sie denn verbrochen?' Die Alte bekreuzigte sich. ‚Ach du mein Gott! Jesus Christus! Kann ich etwa mit meinen Leibeigenen nicht machen, was ich will?' – ‚Ihnen gehört sie ja gar nicht!' – ‚Nun, darüber weiß Marja Iljinitschna Bescheid; das ist nicht Ihre Angelegenheit, mein Bester; aber der Matrjoschka werde ich schon zeigen, wessen Leibeigene sie ist.' Ich gebe zu, fast hätte ich mich auf die verfluchte Alte gestürzt, aber ich dachte an Matrjona, und so ließ ich die Hände sinken. Ich war so entmutigt, ich kann gar nicht sagen, wie. Ich begann die Alte anzuflehen: ‚Fordern Sie, was Sie wollen!' – ‚Aber wozu brauchen Sie sie denn?' – ‚Sie gefällt mir, Mütterchen; versetzen Sie sich in meine Lage ... Erlauben Sie mir, Ihnen die Hand zu küssen.' Und ich küßte diesem Scheusal tatsächlich die Hand. ‚Nun', brummelte die alte Hexe, ‚ich werde es Marja Iljinitschna sagen; sie wird entscheiden; und Sie kommen in zwei Tagen wieder.' Ich fuhr in großer Unruhe nach Hause. Ich ahnte, daß ich die Sache falsch angefaßt hatte, unnötigerweise hatte ich mir die Zuneigung, die ich für sie empfand, anmerken lassen, das wurde mir aber zu spät klar. Nach zwei Tagen begab ich mich zu der Gutsherrin. Man führte mich in ihr Kabinett. Eine Unmasse Blumen, eine prachtvolle Einrichtung, und sie selbst sitzt in so einem sonderbaren Lehnstuhl und hat den Kopf hinten auf Kissen gebettet; auch die Verwandte vom vorigen Mal sitzt dort und außerdem noch eine weißblonde, grüngekleidete Dame mit schiefem Mund, vermutlich eine Gesellschafterin. Die Alte im Lehnstuhl näselte: ‚Bitte Platz zu nehmen.' Ich setzte mich. Sie fing nun an, mich auszufragen, wie alt ich sei, wo ich gedient hätte, was ich zu tun beabsichtigte, und alles so von oben herab, so hochmütig. Ich antwortete ausführlich. Die Alte nahm ein Tuch vom Tisch und fächelte damit, fächelte sich Kühlung zu ... ‚Mir hat Katerina Karpowna von Ihrem Vorhaben berichtet', sagte sie, ‚sie hat mir berichtet, aber ich habe es mir zum Grundsatz gemacht', sagt sie, ‚meine Leute nicht in fremden Dienst übergehen zu lassen. Das ist nicht anständig und schickt sich auch nicht in einem ordentlichen Hause: Das wäre Unordnung. Ich habe bereits meine Verfügungen getroffen', sagt sie, ‚Sie brauchen sich nicht mehr zu bemühen.' – ‚Wieso bemühen, ich bitte Sie ... Aber vielleicht brauchen Sie Matrjona Fjodorowa?' – ‚Nein', sagt sie, ‚ich brauche sie nicht.' – ‚Aber weshalb wollen Sie sie mir dann nicht abtreten?' – ‚Weil es mir nicht beliebt; es beliebt mir nicht, das genügt doch wohl', sagt sie, ‚ich habe schon meine Verfügungen getroffen: Sie wird in ein Steppendorf geschickt.' Ich war wie vom Donner gerührt. Die Alte sagte ein paar Worte auf französisch zu der grünen Dame, und diese ging hinaus. ‚Ich bin eine Frau von strengen Grundsätzen', sprach sie, ‚und dann ist auch meine Gesundheit angegriffen: Aufregung kann ich nicht vertragen. Sie sind noch ein junger Mann, ich aber bin schon eine alte Frau und habe das Recht, Ihnen Ratschläge zu erteilen. Wäre es nicht besser für Sie, eine Familie zu gründen, zu heiraten, eine gute Partie zu suchen; reiche Bräute sind selten, aber ein armes Mädchen, das dafür eine gute Gesittung mitbringt, kann man schon finden.' Ich sehe die Alte an, wissen Sie, und verstehe nichts von dem, was sie da herleiert; ich höre, daß sie von einer Heirat redet, aber mir klingt die ganze Zeit das Steppendorf in den Ohren. Heiraten! ... Welcher Teufel ..."

Hier hielt der Erzähler plötzlich inne und sah mich an.

„Sie sind doch nicht verheiratet?"

„Nein."

„Nun, natürlich, es war die alte Geschichte. Ich konnte nicht an mich halten. ‚Aber ich bitte Sie, Mütterchen, was reden Sie da für Unsinn? Wer spricht denn von Heirat? Ich möchte einfach von Ihnen erfahren, ob Sie mir Ihre Magd Matrjona abtreten oder nicht?' Die Alte fing an zu ächzen: ‚Ach, er regt mich auf! Ach, sagt ihm, er soll gehen! Ach!' Die Verwandte eilte sogleich zu ihr und schrie auf mich ein. Und die Alte stöhnte immerfort: ‚Womit habe ich das verdient? Ich bin wohl schon in meinem eigenen Haus nicht mehr die Herrin? Ach, ach!' Ich nahm meinen Hut und lief wie ein Verrückter hinaus. –

Vielleicht", fuhr der Erzähler fort, „werden Sie mich dafür verurteilen, daß ich mich so stark zu einem Mädchen aus niederem Stand hingezogen fühlte; ich habe auch gar nicht die Absicht, mich zu rechtfertigen ... Es war eben so gekommen! ... Glauben Sie mir, weder am Tag noch in der Nacht fand ich Ruhe ... Ich quälte mich! Warum, dachte ich, hast du das unglückliche Mädchen ins Verderben gestürzt? Wenn ich mir ausmalte, wie sie in einem Bauernkittel die Gänse hütete und auf herrschaftlichen Befehl schlecht behandelt wurde, wie der Dorfälteste, ein Bauer in geteerten Stiefeln, sie unflätig beschimpfte – dann brach mir der kalte Schweiß aus. Nun, ich hielt das nicht aus – es gelang mir zu erfahren, in welches Dorf man sie verschickt hatte, ich setzte mich aufs Pferd und ritt los. Erst am nächsten Tag gegen Abend kam ich an. Offenbar hatte man von mir einen solchen Streich nicht erwartet und daher in bezug auf mich keinerlei Anweisungen gegeben. Ich ging sofort zum Dorfältesten, als wäre ich ein Nachbar; ich komme auf den Hof und sehe: Matrjona sitzt auf der Vortreppe und stützt sich auf den Arm. Sie hätte beinahe aufgeschrien, aber ich drohte ihr mit dem Finger und zeigte auf das Feld hinter dem Hof. Dann trat ich ins Haus, schwatzte ein wenig mit dem Dorfältesten und log ihm das Blaue vom Himmel herunter, paßte einen günstigen Augenblick ab und ging zu Matrjona hinaus. Die Ärmste fiel mir gleich um den Hals. Blaß und mager war mein Täubchen geworden. Ich sage zu ihr: ‚Nicht doch, Matrjona, nicht doch, weine nicht!', und dabei liefen mir selber die Tränen nur so übers Gesicht. Endlich aber schämte ich mich; ich sagte zu ihr: ‚Matrjona, mit Tränen ist dem Unglück nicht abzuhelfen, sondern hier muß man, wie man so sagt, entschlossen handeln; du mußt mit mir fliehen; so muß man handeln.' Matrjona war wie erstarrt ... ‚Wie kann man denn das! Dann bin ich verloren, dann werden sie mich zu Tode quälen!' – ‚Du Dummchen, wer wird dich denn finden?' – ‚Sie werden mich schon finden, bestimmt werden sie mich finden. Ich danke Ihnen, Pjotr Petrowitsch, mein Leben lang werde ich Ihre Freundlichkeit nicht vergessen, aber jetzt müssen Sie mich hierlassen, das ist nun einmal mein Schicksal.' – ‚Ach, Matrjona, Matrjona, und ich hielt dich für ein Mädchen mit Charakter.' Und wirklich, sie hatte viel Charakter ... Eine Seele war sie, eine goldene Seele! ‚Warum willst du denn hierbleiben! Es ist doch ganz gleich, schlimmer kann's nicht werden. Nun, sag doch: Hast du die Fäuste des Dorfältesten zu spüren bekommen, wie?' Matrjona wurde über und über rot, ihre Lippen zitterten. ‚Aber meinetwegen wird man meiner ganzen Familie das Leben schwer machen.' – ‚Ach was, deine Familie ... Wird man sie verschicken, was meinst du?' – ‚Ja, man wird sie verschicken; meinen Bruder wird man sicherlich verschicken.' – ‚Und deinen Vater?' – ‚Nun, den Vater wird man nicht verschicken; er ist ja der einzige gute Schneider, den wir haben.' – ‚Na, siehst du, und dein Bruder wird daran nicht zugrunde gehen.' Glauben Sie mir, nur mit größter Mühe konnte ich sie endlich überreden; zuletzt fiel ihr noch ein, daß ich mich dafür würde verantworten müssen ... ‚Das ist dann nicht mehr deine Sache', sagte ich ... Schließlich habe ich sie dann doch entführt, nicht an diesem Tag, sondern ein andermal, nachts, ich kam mit einem Wagen und entführte sie."

„Sie haben sie entführt?"

„Jawohl ... Nun, und dann wohnte sie also bei mir. Mein Haus war nicht groß, Dienerschaft hatte ich wenig. Meine Leute, das kann ich ohne Umschweife sagen, waren mir ergeben; sie hätten mich um keinen Preis verraten. Für mich begann ein Leben herrlich und in Freuden. Matrjonuschka erholte sich und blühte wieder auf; und ich liebte sie immer mehr ... Was war sie aber auch für ein Mädchen! Woher hatte sie das nur alles? Singen konnte sie und tanzen und Gitarre spielen ... Den Nachbarn zeigte ich sie nicht, sie hätten es am Ende ausgeplaudert! Aber ich hatte einen Freund, einen wirklichen, treuen Freund, Gornostajew Pantelej – Sie kennen ihn wohl nicht? Der vergötterte sie einfach; er küßte ihr die Hand wie einer vornehmen Dame, wahrhaftig. Und ich sage Ihnen, Gornostajew ist mir über: Er ist ein gebildeter Mann, den ganzen Puschkin hat er durchgelesen; wenn er anfing, sich mit Matrjona und mir zu unterhalten, dann spitzten wir die Ohren. Das Schreiben hat er sie gelehrt, der sonderbare Kauz! Und wie ich sie kleidete – besser als die Frau des Gouverneurs; ich ließ ihr einen Pelzmantel aus himbeerrotem Samt nähen mit Pelzbesatz ... Wie gut ihr dieser Pelz stand! Den Pelzmantel nähte ihr eine Moskauer Madame nach der neuen Mode – mit Taille. Und wie sonderbar die Matrjona war! Manchmal saß sie stundenlang gedankenversunken da, starrte auf den Fußboden und bewegte nicht einmal die Augenbrauen; und ich sitze auch da und sehe sie an und kann mich nicht satt sehen an ihr, als hätte ich sie noch nie erblickt ... Sie lächelt, und mir erschauert das Herz, wie wenn es jemand kitzelte. Und dann fängt sie auf einmal an zu lachen, zu scherzen, zu tanzen; sie umarmt mich so heiß, so fest, daß mir ganz schwindlig wird. Von früh bis abends dachte ich immer nur daran, womit ich ihr eine Freude machen könnte. Und glauben Sie mir, ich beschenkte sie ja nur, um zu sehen, wie sie, mein Seelchen, sich freute, wie sie ganz rot wurde vor Freude, wie sie dann mein Geschenk anprobierte, in dem neuen Staat auf mich zukam und mich küßte. Ich weiß nicht, auf welche Weise ihr Vater Kulik von der Sache Wind bekommen hatte; der alte Mann kam, um einmal nach uns zu sehen, und brach in Tränen aus ... Er weinte ja doch vor Freude, oder was dachten Sie denn? Wir beschenkten Kulik reich. Mein Täubchen selbst brachte ihm zum Schluß einen Fünfrubelschein heraus, und er warf sich ihr zu Füßen – so ein sonderbarer Kauz! So lebten wir fünf Monate; und ich hätte nichts dagegen einzuwenden gehabt, mein ganzes Leben so mit ihr zu verbringen, aber auf meinem Schicksal liegt ein Fluch!"

Pjotr Petrowitsch hielt inne.

„Und was geschah weiter?" fragte ich ihn voller Anteilnahme.

Er winkte ab.

„Alles ging zum Teufel. Und ich bin es, der sie ins Unglück getrieben hat. Meine Matrjonuschka fuhr für ihr Leben gern Schlitten, und oft lenkte sie selbst; sie zog dann ihren Pelz an und ihre gestickten Torshoker Fausthandschuhe und quiekte vor Übermut. Wir fuhren immer abends, wissen Sie, um nicht irgend jemandem zu begegnen. Einmal hatten wir einen wundervollen Tag, frostig, klar, windstill ... Wir fuhren los. Matrjona nahm die Zügel. Nach einer Weile denke ich: Wohin fährt sie denn da? Doch nicht etwa nach Kukujewka, in das Dorf ihrer Herrin? Tatsächlich, nach Kukujewka. Ich sage zu ihr: ‚Bist du verrückt, wohin fährst du?' Sie warf mir über die Schulter einen Blick zu und lachte. Laß mich's mal wagen, sagte ihr Blick. Na schön, dachte ich, riskieren wir es! ... Am herrschaftlichen Haus vorbeizufahren, das macht doch Spaß – finden Sie nicht auch? Wir fahren also weiter. Mein Paßgänger schwebt nur so dahin, die Seitenpferde, sage ich Ihnen, wirbeln vorwärts wie der Wind – da taucht auch schon die Kirche von Kukujewka auf; aber sieh, da kriecht doch eine alte grüne Schlittenkutsche die Straße entlang; der Lakai steht hinten auf dem Trittbrett ... Die Herrin, die Herrin kommt gefahren! Ich kriege es mit der Angst zu tun, aber Matrjona schlägt mit den Zügeln auf die Pferde ein und rast gerade auf die Schlittenkutsche zu! Der Kutscher, der Kukujewker, Sie verstehen, sieht, wie ihm so ein Alchimäres entgegengeflogen kommt – er will ausweichen, wissen Sie, biegt aber zu scharf ab und kippt die ganze Kutsche in eine Schneewehe. Die Fensterscheibe ging dabei in Scherben, und die Gnädige schreit ‚Au, au, au! Au, au, au!' Die Gesellschafterin kreischt: ‚Halt an! Halt an!' Aber wir rasen vorbei, was das Zeug hält. Wir fahren wie der Wind, aber ich denke: Das nimmt ein schlimmes Ende, hätte ich ihr bloß nicht erlaubt, nach Kukujewka zu fahren. Und was meinen Sie? Nun, die Gnädige hatte natürlich Matrjona und auch mich erkannt und reichte eine Klage gegen mich ein, dieses alte Weib. ‚Meine entlaufene leibeigene Magd', schrieb sie, ‚hält sich bei dem Edelmann Karatajew auf'; und zugleich zahlte sie gehörig Schmiergelder. Eines Tages sehe ich: Der Kreispolizeichef kommt zu mir gefahren; der Kreispolizeichef war ein Bekannter von mir, Stepan Sergejitsch Kusowkin, ein netter Mensch, das heißt, im Grunde genommen kein netter Mensch. Er kommt also zu mir und sagt: So und so, ‚Pjotr Petrowitsch, wie konnten Sie nur? ... Die Verantwortung ist groß, und die Gesetze sind in dieser Hinsicht ganz klar.' Ich sage zu ihm: ‚Nun, darüber will ich mit Ihnen selbstverständlich reden, aber wollen Sie sich nach der weiten Fahrt nicht erst einen kleinen Imbiß genehmigen?' Mit dem Imbiß war er einverstanden, aber er sagte: ‚Die Gerechtigkeit verlangt es, Pjotr Petrowitsch, urteilen Sie selbst!' – ‚Ja, freilich, die Gerechtigkeit', sage ich, ‚ja, freilich ... Aber wie ist das, ich habe gehört, Sie hätten ein hübsches Pferdchen, einen Rappen, möchten Sie es nicht gegen meinen Lampurdos tauschen? ... Aber eine Magd Matrjona Fjodorowa gibt es bei mir nicht.' – ‚Nun, Pjotr Petrowitsch', sagt er, ‚die Magd, die ist bei Ihnen, wir leben doch nicht hinterm Mond ... Aber das Pferdchen gegen den Lampurdos tauschen, das könnte man schon; man könnte ihn vielleicht auch so nehmen.' Immerhin konnte ich ihn dieses Mal noch mit Müh und Not loswerden. Aber die alte Gutsherrin ereiferte sich noch mehr als vorher. ‚Und wenn es mich zehntausend Rubel kosten sollte', sagte sie. Wissen Sie, als sie mich das erstemal gesehen hatte, da war ihr plötzlich der Gedanke gekommen, mich mit ihrer grünen Gesellschafterin zu verheiraten – das habe ich später erfahren; deswegen war sie auch so wütend auf mich. Was sich diese Damen nicht alles ausdenken! ... Aus Langerweile wahrscheinlich. Für mich stand es schlecht: Ich sparte nicht mit Geld, ich versteckte Matrjona – es half aber nichts! Sie ließen mir keine Ruhe, sie brachten mich ganz durcheinander. Ich stürzte mich in Schulden, ich büßte meine Gesundheit ein ... Da liege ich einmal nachts auf meinem Bett und denke: Herr mein Gott, wofür muß ich so leiden? Was soll ich denn machen, wenn ich nicht von ihr lassen kann? ... Nun, ich kann es einfach nicht, das ist alles! – Auf einmal tritt Matrjona zu mir ins Zimmer. Ich hielt sie zu dieser Zeit auf einem Vorwerk von mir verborgen, zwei Werst von meinem Haus entfernt. Ich erschrak. ‚Was? Hat man dich dort auch schon aufgespürt?' – ‚Nein, Pjotr Petrowitsch', sagt sie, ‚niemand hat mich in Bubnowo behelligt, aber soll es noch lange so weitergehen? Es zerreißt mir das Herz, Pjotr Petrowitsch; Sie tun mir so leid, mein Liebster. Mein Leben lang werde ich Ihre Freundlichkeit nicht vergessen, Pjotr Petrowitsch, aber jetzt bin ich gekommen, von Ihnen Abschied zu nehmen.' – ‚Was ist, was sagst du, bist du wahnsinnig? ... Wieso Abschied nehmen? Wieso Abschied nehmen?' – ‚So, wie ich es sage ... Ich will selbst gehen und mich ausliefern.' – ‚Du Wahnsinnige, auf dem Boden werde ich dich einschließen ... Oder hast du vor, mich ins Unglück zu stürzen? Willst du mich umbringen, wie?' Das Mädchen schweigt und blickt zu Boden. ‚Nun, so sprich doch, sprich!' – ‚Ich will Ihnen keine Aufregungen mehr machen, Pjotr Petrowitsch.' Nun, was sollte ich ihr bloß noch sagen ... ‚Aber weißt du nicht, du Dumme, weißt du nicht, du Wahn ... du Wahnsinnige ...'"

Pjotr Petrowitsch fing bitterlich an zu schluchzen.

„Und was denken Sie?" fuhr er fort, indem er mit der Faust

auf den Tisch schlug und sich mühte, die Brauen zusammenzuziehen, während ihm die Tränen noch immer über die erhitzten Wangen liefen. „Das Mädchen hat sich wirklich ausgeliefert, ist hingegangen und hat sich ausgeliefert ..."

„Die Pferde sind bereit!" rief der Postmeister triumphierend und trat ins Zimmer.

Wir standen beide auf.

„Und was geschah mit Matrjona?" fragte ich.

Karatajew winkte nur ab.

Ein Jahr, nachdem ich Karatajew begegnet war, kam ich zufällig nach Moskau. Eines Tages ging ich vor dem Mittagessen in das Kaffeehaus, das sich hinter dem Ochotny Rjad befindet – ein echtes Moskauer Kaffeehaus. Im Billardzimmer sah man verschwommen, hinter Schwaden von Tabakrauch, gerötete Gesichter, Schnurrbärte, Haarschöpfe, altmodische Ungarpekeschen und neueste Russenjacken. Hagere Greise in bescheidenen Gehröcken lasen russische Zeitungen. Die Bedienung eilte flink mit den Servierbrettern hin und her und schritt lautlos über die grünen Läufer. Kaufleute tranken mit quälender Anstrengung Tee. Plötzlich trat aus dem Billardzimmer ein Mann von etwas vernachlässigtem Äußeren, der nicht mehr ganz fest auf den Beinen stand. Er steckte die Hände in die Taschen, ließ den Kopf sinken und sah sich mit blicklosen Augen um.

„Nanu! Pjotr Petrowitsch! Wie geht es Ihnen?"

Pjotr Petrowitsch fiel mir beinahe um den Hals und zog mich, leicht schwankend, in ein kleines, abgesondertes Zimmer.

„So, hier", sagte er und nötigte mich fürsorglich in einen Lehnstuhl, „hier werden Sie es bequem haben. Kellner, Bier! Nein, ich meine Champagner! Nun, ich gestehe, das habe ich nicht erwartet, das habe ich nicht erwartet ... Sind Sie schon lange hier? Bleiben Sie länger? Sie hat Gott hergeführt, wie man so sagt, so was ..."

„Ja, erinnern Sie sich ..."

„Wie sollte ich nicht, wie sollte ich mich nicht erinnern", unterbrach er mich hastig, „vergangene Zeiten ... alte Geschichten ..."

„Nun, und was machen Sie hier, mein lieber Pjotr Petrowitsch?"

„Ich lebe, wie Sie sehen. Hier lebt es sich gut, die Leute hier sind gastfreundlich. Hier bin ich endlich zur Ruhe gekommen."

Er seufzte und hob die Augen gen Himmel.

„Haben Sie eine Anstellung?"

„Nein, ich habe noch keine Stelle, aber ich gedenke bald eine anzunehmen. Aber was ist schon eine Anstellung? Die Menschen – das ist die Hauptsache. Mit was für Leuten bin ich hier bekannt geworden!"

Ein junger Kellner brachte auf einem schwarzen Tablett die Flasche Champagner.

„Das ist auch ein guter Mensch ... Nicht wahr, Wasja, du bist ein guter Mensch? Auf deine Gesundheit!"

Der junge Kellner blieb stehen, schüttelte höflich den Kopf, lächelte und ging hinaus.

„Ja, es gibt hier gute Menschen", fuhr Pjotr Petrowitsch fort, „mit Gefühl, mit Seele ... Wenn Sie wollen, mache ich Sie bekannt? Es sind so prächtige Kerle ... Die würden sich alle freuen, Sie kennenzulernen. Ich werde sagen ... Bobrow ist gestorben, das ist jammerschade."

„Was für ein Bobrow?"

„Sergej Bobrow. Das war ein prächtiger Mensch; er hatte mich bei sich aufgenommen, mich ungeschliffenen Steppenmenschen. Auch Gornostajew Pantelej ist gestorben. Alle sind gestorben, alle!"

„Haben Sie die ganze Zeit in Moskau gelebt? Sind Sie nie mehr aufs Land gefahren?"

„Aufs Land ... Mein Gut ist verkauft."

„Verkauft?"

„Versteigert ... Schade, daß Sie es nicht gekauft haben!"

„Wovon werden Sie denn leben, Pjotr Petrowitsch?"

„Ich werde nicht verhungern, Gott wird schon helfen! Habe ich kein Geld, so habe ich doch Freunde. Was ist schon Geld? Staub und Asche! Was ist schon Gold? Staub und Asche!" Er kniff die Augen zusammen, suchte mit der Hand etwas in seiner Tasche und hielt mir auf dem Handteller zwei Fünfzehner

und ein Zehnkopekenstück hin. „Was ist das? Nur Staub und
Asche!" Und das Geld flog auf den Fußboden. „Sagen Sie mir
doch lieber, haben Sie Poleshajew gelesen?"

„Ja."

„Haben Sie Motschalow als Hamlet gesehen?"

„Nein, ich habe ihn nicht gesehen."

„Sie haben ihn nicht gesehen, nicht gesehen..." Karatajews
Gesicht wurde bleich, seine Augen irrten unstet umher; er
wandte sich ab, ein krampfhaftes Beben lief über seine Lippen.
„Ach, Motschalow, Motschalow! Sterben – schlafen", sprach er
mit dumpfer Stimme.

> „Nichts weiter! – und zu wissen, daß ein Schlaf
> Das Herzweh und die tausend Stöße endet,
> Die unsers Fleisches Erbteil – 's ist ein Ziel,
> Aufs innigste zu wünschen. Sterben – schlafen ...

Schlafen, schlafen!" murmelte er noch einige Male.

„Sagen Sie, bitte", wollte ich anfangen, aber er fuhr leidenschaftlich fort:

> „Denn wer ertrüg' der Zeiten Spott und Geißel,
> Des Mächt'gen Druck, des Stolzen Mißhandlungen,
> Verschmähter Liebe Pein, des Rechtes Aufschub,
> Den Übermut der Ämter, und die Schmach,
> Die Unwert schweigendem Verdienst erweist,
> Wenn er sich selbst in Ruh'stand setzen könnte
> Mit einer Nadel bloß ... Nymphe, schließ'
> In dein Gebet all meine Sünden ein!"

Dabei ließ er den Kopf auf den Tisch sinken. Er begann zu
stottern und zu faseln.

„Und doch in einem Mond!" rief er mit neuer Kraft.

> „Ein kurzer Mond; bevor die Schuh' verbraucht,
> Womit sie meines Vaters Leiche folgte,
> Wie Niobe, ganz Tränen ... sie, ja sie;
> O Himmel! würd' ein Tier, das nicht Vernunft hat,
> Doch länger trauren ..."

Er führte das Champagnerglas zum Mund, trank es aber nicht aus, sondern fuhr fort:

> „Um Hekuba!
> Was ist ihm Hekuba, was ist er ihr,
> Daß er um sie soll weinen?...
> Und ich,
> Ein blöder, schwachgemuter Schurke...
> Bin ich 'ne Memme?
> Wer nennt mich Schelm?...
> Und straft mich Lügen
> Tief in den Hals hinein? Wer tut mir dies?
> Ha! nähm' ich's eben doch. – Es ist nicht anders:
> Ich hege Taubenmut, mir fehlt's an Galle,
> Die bitter macht den Druck..."

Karatajew ließ das Glas fallen und griff sich an den Kopf. Es schien mir, als verstünde ich ihn.

„Nun ja, so ist das", sagte er schließlich, „weh dem, der an Vergangenes rührt ... Nicht wahr?" Er lachte. „Auf Ihre Gesundheit!"

„Wollen Sie in Moskau bleiben?" fragte ich ihn.

„Ich will hier sterben!"

„Karatajew!" erscholl es im Nebenzimmer. „Karatajew, wo bist du? Komm her, mein Lieber!"

„Sie rufen mich", sagte er und erhob sich schwerfällig. „Leben Sie wohl; besuchen Sie mich mal, wenn es Ihnen möglich ist. Ich wohne in***."

Doch schon am nächsten Tag mußte ich aus unvorhergesehenem Anlaß Moskau verlassen und habe Pjotr Petrowitsch Karatajew nie wiedergesehen.

Das Stelldichein

Im Herbst, um die Mitte des September, saß ich einmal in einem Birkenwäldchen. Seit dem frühen Morgen fiel ein feiner Regen, der zeitweilig mit warmem Sonnenschein abwechselte; das Wetter war unbeständig. Bald überzog sich der Himmel mit lockerem weißem Gewölk, bald klärte er sich plötzlich stellenweise für einen Augenblick auf, und dann zeigte sich zwischen den auseinandergeschobenen Wolken das klare, heitere Blau wie ein herrliches Auge. Ich saß da, blickte um mich und lauschte. Die Blätter rauschten leise über meinem Kopf; schon an ihrem Rauschen konnte man erkennen, welche Jahreszeit war. Es war nicht das fröhliche, lachende Beben des Frühlings, nicht das sanfte Geflüster, das lange Gemurmel des Sommers, nicht das spröde und kalte Stammeln des Spätherbstes, sondern ein kaum hörbares, schläfriges Geplauder. Ein schwacher Wind strich fast unmerklich durch die Wipfel. Das Innere des regenfeuchten Wäldchens veränderte sich fortwährend, je nachdem, ob die Sonne schien oder eine Wolke sie verhüllte; zuweilen leuchtete es auf, als beginne alles in ihm zu lächeln. Die dünnen Stämme der nicht allzu dicht stehenden Birken nahmen unversehens den zarten Glanz von weißer Seide an, die auf dem Erdboden liegenden zierlichen Blätter färbten sich mit einemmal bunt und funkelten wie Dukatengold, die schönen Wedel der hohen, gekräuselten Farne, die sich schon mit ihrer Herbstfarbe geschmückt hatten, die der Farbe überreifer Weintrauben gleicht, waren von Licht durchflimmert und kreuzten und verwirrten sich vor dem Blick; dann bekam plötzlich alles ringsum einen bläulichen Ton: Die hellen Farben erloschen jäh, die Birken standen ganz weiß und ohne

Glanz da, weiß wie frischgefallener Schnee, den der kalt spielende Strahl der Wintersonne noch nicht berührt hat; und heimlich, verstohlen begann der feine Regen durch den Wald zu rieseln und zu flüstern. Das Laub an den Birken war noch fast grün, obwohl schon merklich verblichen; nur hier und da stand ein einzelnes junges Bäumchen ganz rot oder ganz golden dazwischen, und man muß einfach gesehen haben, wie es in der Sonne grell aufflammte, wenn ihre Strahlen plötzlich, gleitend und alles färbend, durch das dichte Netz der dünnen Zweige drangen, die der blinkende Regen soeben gewaschen hatte. Nicht ein einziger Vogel war zu hören: Alle hatten sich verkrochen und waren verstummt; nur bisweilen erklang wie ein stählernes Glöckchen die spöttische Stimme einer Meise. Bevor ich in diesem Birkenwäldchen haltmachte, war ich mit meinem Hund durch einen hohen Espenhain gewandert. Ich muß gestehen, ich liebe diesen Baum – die Espe – nicht übermäßig, diesen Baum mit seinem blaßlila Stamm und seinem graugrünen, metallisch glänzenden Laub, das er so weit wie möglich emporreckt und wie einen zitternden Fächer in der Luft entfaltet; ich liebe das ewige Geschaukel seiner runden, unregelmäßigen Blätter nicht, die so plump an den langen Stielen sitzen. Schön sieht die Espe nur an manchen Sommerabenden aus, wenn sie, einzeln aus niedrigem Gebüsch aufragend, von den brandroten Strahlen der untergehenden Sonne getroffen wird und, von der Wurzel bis zum Gipfel gleichmäßig mit rötlich-gelbem Licht übergossen, leuchtet und zittert oder wenn sie sich an einem klaren, windigen Tag vor dem blauen Himmel rauschend in die Windströmung schmiegt und jedes ihrer Blätter, von diesem Drang ergriffen, sich losreißen, davonflattern und in die Ferne treiben zu wollen scheint. Aber im allgemeinen liebe ich diesen Baum nicht, und darum hatte ich auch nicht in dem Espenhain haltgemacht, um zu rasten, sondern war bis zu dem Birkenwäldchen weitergegangen, hatte mich unter einem Baum niedergelassen, dessen Äste dicht über dem Erdboden ansetzten und mich folglich vor dem Regen schützen konnten, und war, nachdem ich den Anblick der mich umgebenden Landschaft genossen hatte, in jenen sorglosen und sanften Schlaf gesunken, den nur die Jäger kennen.

Ich kann nicht sagen, wie lange ich geschlafen habe, aber als ich die Augen aufschlug, war das Innere des Waldes ganz von Sonne erfüllt, und überall schimmerte und funkelte durch das freudig rauschende Laub der leuchtendblaue Himmel; die Wolken waren verschwunden, vom auffrischenden Wind vertrieben; das Wetter hatte sich aufgeklärt, und in der Luft spürte man jene besondere trockene Frische, die das Herz mit Munterkeit erfüllt und fast immer einen friedlichen und klaren Abend nach einem regnerischen Tag ankündigt. Ich wollte schon aufstehen und von neuem mein Jagdglück versuchen, als meine Augen plötzlich an einer regungslosen menschlichen Gestalt hängenblieben. Ich sah genauer hin: Es war ein junges Bauernmädchen. Sie saß zwanzig Schritt von mir entfernt, hatte den Kopf sinnend gebeugt und beide Hände in den Schoß sinken lassen; in der einen, halb geöffneten Hand lag ein dicker Strauß Feldblumen, der bei jedem ihrer Atemzüge immer mehr auf den gewürfelten Rock hinabglitt. Das saubere weiße Hemd, das am Hals und an den Handgelenken zugeknöpft war, schmiegte sich in kurzen, weichen Falten um ihren Körper; große gelbe Glasperlen hingen in zwei Schnüren von ihrem Hals auf die Brust hinab. Sie war sehr hübsch. Ihr dichtes, helles Haar, das von wunderschöner aschblonder Farbe war, trat in zwei sorgfältig gekämmten Halbkreisen unter einem schmalen hellroten Band hervor, das fast bis in die Stirn gezogen war, die weiß war wie Elfenbein; der übrige Teil ihres Gesichtes wies jene ganz leichte goldene Sonnenbräune auf, die nur eine zarte Haut annimmt. Ihre Augen konnte ich nicht sehen – sie hob die Lider nicht, aber deutlich sah ich ihre schmalen, hohen Brauen, ihre langen Wimpern: Sie waren feucht, und auf einer ihrer Wangen glänzte in der Sonne die ausgetrocknete Spur einer Träne, die erst an den leicht erblaßten Lippen haltgemacht hatte. Ihr ganzes Köpfchen sah lieblich aus; selbst die etwas zu dicke und runde Nase verdarb den Eindruck nicht. Besonders gefiel mir der Ausdruck ihres Gesichtes: Er war so offen und sanft, so traurig und so voll kindlicher Ratlosigkeit der eigenen Traurigkeit gegenüber. Offenbar wartete sie auf jemanden. Im Wald knackte etwas leise. Sofort hob sie den Kopf und sah sich um; in dem durchsichtigen

Schatten erglänzten ihre Augen vor mir, große, helle, scheue Augen wie die einer Hindin. Ein paar Augenblicke lauschte sie, ohne die weit geöffneten Augen von der Richtung abzuwenden, aus der das schwache Geräusch gekommen war; dann seufzte sie, drehte still den Kopf, beugte sich noch tiefer hinab als zuvor und begann langsam die Blumen zu ordnen. Ihre Augenlider röteten sich, die Lippen zuckten schmerzlich, und eine neue Träne rollte unter den dichten Wimpern hervor und blieb, hell blinkend, an der Wange hängen. So verging eine ganze Weile; das arme Mädchen rührte sich nicht, nur hin und wieder rang sie sehnsüchtig die Hände und lauschte, lauschte nur immer ... Wieder raschelte etwas im Wald – sie schreckte hoch. Das Geräusch erstarb nicht, es wurde deutlicher, näherte sich, und schließlich hörte man feste, eilige Schritte. Sie richtete sich auf und schien befangen zu werden; ihr aufmerksamer Blick zitterte und erglühte vor Erwartung. Zwischen dem Gesträuch sah man rasch die Gestalt eines Mannes auftauchen. Das Mädchen blickte unverwandt zu ihm hin, errötete jäh, lächelte froh und glücklich, wollte aufstehen und sank doch gleich wieder in sich zusammen, erblaßte, wurde verwirrt und hob den bebenden, beinahe flehenden Blick erst dann zu dem herankommenden Mann empor, als dieser neben ihr stehenblieb.

Neugierig betrachtete ich ihn aus meinem Hinterhalt. Ich muß gestehen, er machte auf mich keinen guten Eindruck. Es war allen Anzeichen nach der verwöhnte Kammerdiener eines jungen, reichen Gutsherrn. Seine Kleidung verriet die Absicht, Geschmack und eine stutzerhafte Nachlässigkeit zu zeigen: Er trug einen kurzen, bis oben zugeknöpften bronzefarbenen Paletot, der sicherlich einst im Schrank des Gutsherrn gehangen hatte, eine rosa Halsbinde mit lila Enden und eine Schirmmütze aus schwarzem Samt mit goldenen Litzen, die tief in die Stirn gezogen war. Der runde Kragen seines weißen Hemdes rieb ihm unbarmherzig die Ohren und schnitt ihm in die Bakken, und die gestärkten Manschetten bedeckten die ganze Hand bis zu den roten, krummen Fingern, an denen silberne und goldene Ringe mit Vergißmeinnichtblüten aus Türkisen prangten. Sein rotbäckiges, frisches und freches Gesicht gehörte zu den Gesichtern, die, soviel ich habe beobachten können, bei Männern fast immer Widerwillen hervorrufen und den Frauen leider sehr oft gefallen. Er bemühte sich offensichtlich, seinen groben Zügen einen verächtlichen und gelangweilten Ausdruck zu geben; fortwährend kniff er seine ohnehin winzigen, milchig-grauen Augen zusammen, runzelte die Stirn, zog die Mundwinkel herab und gähnte gezwungen; mit achtloser, jedoch nicht ganz gekonnter Lässigkeit glättete er seine rotblonden, eitel geringelten Schläfenhaare oder zupfte an den gelben Härchen, die auf seiner dicken Oberlippe sprossen – kurz, er benahm sich unerträglich albern und affektiert, und zwar erst, seitdem er das junge Bauernmädchen erblickt hatte, das ihn erwartete. Langsam, mit wiegendem Schritt näherte er sich ihr, blieb ein Weilchen vor ihr stehen, zuckte die Achseln, steckte beide Hände in die Taschen seines Paletots und ließ sich, das arme Mädchen kaum eines flüchtigen und gleichgültigen Blickes würdigend, auf die Erde nieder.

„Na", begann er, während er noch immer zur Seite blickte, mit dem Fuß wippte und gähnte, „bist du schon lange hier?"

Das Mädchen vermochte ihm nicht gleich zu antworten.

„Ja, schon lange, Wiktor Alexandrytsch", sagte sie schließlich mit kaum hörbarer Stimme.

„Aha!" Er nahm die Mütze ab, fuhr sich mit großspuriger Gebärde über das dichte, stark gewellte Haar, das fast unmittelbar über den Brauen ansetzte, blickte würdevoll um sich und bedeckte dann wieder behutsam sein kostbares Haupt. „Und ich hätte es beinahe ganz vergessen. Dazu noch der Regen!" Er gähnte wieder. „Ich habe noch eine Unmenge zu tun; auf alles kann man einfach nicht achten, und der schimpft auch noch. Morgen fahren wir ..."

„Morgen?" brachte das Mädchen hervor und richtete den erschrockenen Blick auf ihn.

„Ja, morgen ... Na, na, na, ich bitte dich", unterbrach er sich schnell und ärgerlich, als er sah, daß sie am ganzen Körper zitterte und langsam den Kopf senkte, „bitte, Akulina, weine nicht. Du weißt, ich kann das nicht leiden." Dabei rümpfte er seine stumpfe Nase. „Sonst gehe ich gleich fort ... Was sind das für Dummheiten – zu heulen!"

„Ich weine nicht, ich weine nicht", sagte Akulina schnell und schluckte mühsam ihre Tränen hinunter. „Also morgen fahren Sie?" fügte sie nach einem kurzen Schweigen hinzu. „Wann wird Gott es fügen, daß wir uns wiedersehen, Wiktor Alexandrytsch?"

„Wir werden uns schon wiedersehen. Wenn nicht nächstes Jahr, dann eben später. Der Herr will, glaube ich, in Petersburg in den Staatsdienst treten", fuhr er fort, indem er die einzelnen Wörter nachlässig und ein wenig duch die Nase aussprach, „aber vielleicht reisen wir auch ins Ausland."

„Sie werden mich vergessen, Wiktor Alexandrytsch", sagte Akulina traurig.

„Nein, weshalb denn? Ich werde dich nicht vergessen: Sei du nur vernünftig, mach keine Dummheiten, gehorche deinem Vater ... Ich werde dich nicht vergessen, nein, nein." Und er reckte sich seelenruhig und gähnte wieder.

„Vergessen Sie mich nicht, Wiktor Alexandrytsch", fuhr sie flehend fort, „ich habe Sie doch so geliebt, ich habe doch alles für Sie ... Sie sagen, ich soll meinem Vater gehorchen, Wiktor Alexandrytsch ... Aber wie soll ich denn dem Vater gehorchen ..."

„Was denn sonst?"

Diese Worte klangen, als kämen sie aus seinem Magen; er lag auf dem Rücken und hatte die Hände unter den Kopf gelegt.

„Wie soll ich denn ... Wiktor Alexandrytsch, Sie wissen selbst ..."

Sie verstummte. Wiktor spielte mit seiner stählernen Uhrkette.

„Du bist doch ein gescheites Mädchen, Akulina", fing er endlich wieder an, „darum rede keinen Unsinn. Ich will dein Bestes, verstehst du mich? Natürlich, du bist doch nicht dumm, nicht durch und durch Bäuerin, sozusagen; und deine Mutter war ja auch nicht immer Bäuerin. Aber du hast doch immerhin keine Bildung – also mußt du gehorchen, wenn man dir etwas sagt."

„Ich habe solche Angst, Wiktor Alexandrytsch."

„I, so ein Unsinn, mein liebes Kind: Wovor denn Angst?

Was hast du da?" fügte er hinzu und rückte näher an sie heran.
„Blumen?"

„Ja, Blumen", antwortete Akulina niedergeschlagen. „Ich habe da Rainfarn gepflückt", fuhr sie etwas lebhafter fort, „der ist gut für die Kälber. Und das hier ist Zweizahn – der ist gegen Skrofeln. Und sehen Sie mal, was das für ein wunderhübsches Blümchen ist; so ein hübsches Blümchen habe ich in meinem ganzen Leben noch nicht gesehen. Das hier sind Vergißmeinnicht, und das sind Veilchen ... Und das hier habe ich für Sie gepflückt", fügte sie hinzu und holte unter dem gelben Rainfarn ein kleines Sträußchen blauer Kornblumen hervor, die mit einem dünnen Grashalm zusammengebunden waren. „Wollen Sie es?"

Wiktor streckte träge die Hand aus, nahm es, roch lässig an den Blumen und begann sie zwischen den Fingern hin und her zu drehen, wobei er mit gedankenvoller Großspurigkeit zum Himmel schaute. Akulina sah ihn an ... In ihrem traurigen Blick lag soviel zärtliche Hingabe, soviel andächtige Ergebenheit und Liebe. Aber sie fürchtete ihn auch und wagte nicht zu weinen, und sie nahm doch Abschied von ihm und freute sich zum letztenmal an seinem Anblick; er aber lag da, rekelte sich wie ein Sultan und ertrug mit großmütiger Geduld und Herablassung ihre Anbetung. Ich gestehe es, mit tiefem Unwillen betrachtete ich sein rotes Gesicht, auf dem durch die aufgesetztverächtliche Gleichgültigkeit eine befriedigte, übersättigte Eigenliebe hindurchblickte. Akulina war wunderschön in diesem Augenblick: Ihr ganzes Herz öffnete sich ihm vertrauensvoll und leidenschaftlich, strebte zu ihm, liebkoste ihn, und er ... Er ließ die Kornblumen ins Gras fallen, holte aus der Seitentasche seines Paletots ein kleines rundes Glas hervor, das in Bronze gefaßt war, und versuchte, es sich ins Auge zu klemmen, aber wie sehr er sich auch mühte, es mit der zusammengekrampften Braue, der emporgezogenen Wange und sogar mit der Nase festzuhalten – das Glas rutschte immer wieder heraus und fiel ihm in die Hand.

„Was ist das?" fragte endlich die erstaunte Akulina.

„Ein Lorgnon", antwortete er wichtigtuerisch.

„Wozu ist das?"

„Um besser zu sehen."
„Zeigen Sie mal."
Wiktor runzelte die Stirn, gab ihr aber das Einglas.
„Zerbrich es nicht, gib acht."
„Haben Sie keine Angst, ich zerbreche es nicht." Sie hob es zaghaft ans Auge. „Ich sehe nichts", sagte sie unschuldig.
„Du mußt doch das Auge zukneifen", erwiderte er im Ton eines unzufriedenen Schulmeisters. Sie kniff das Auge zu, vor das sie das Glas hielt. „Doch nicht das Auge, nicht das, du Dumme! Das andere!" rief Wiktor, und ohne ihr Zeit zu lassen, ihren Fehler zu berichtigen, nahm er ihr das Monokel weg.

Akulina errötete, lachte ein wenig und wandte sich ab.
„Das ist wohl nichts für uns", sagte sie.
„Das fehlte auch noch!"
Das arme Kind schwieg eine Weile und seufzte dann tief.
„Ach, Wiktor Alexandrytsch, wie werde ich es ohne Sie aushalten!" sagte sie plötzlich.

Wiktor putzte das Monokel mit dem Schoß seines Paletots und steckte es wieder in die Tasche.
„Na ja", meinte er endlich, „anfangs wird es schwer für dich sein, sicher."

Er tätschelte herablassend ihre Schulter; sie nahm behutsam seine Hand von ihr weg und küßte sie zaghaft.
„Nun ja doch, du bist wirklich ein gutes Mädchen", fuhr er fort und lächelte selbstgefällig, „aber was soll man machen? Sag doch selbst! Ich und der Herr, wir können doch nicht hierbleiben; jetzt wird es bald Winter, und im Winter ist es auf dem Lande einfach gräßlich, das weißt du selbst. In Petersburg dagegen! Dort gibt es solche Wunderdinge, wie du Dumme sie dir nicht einmal im Traum vorstellen kannst. Häuser gibt es da und Straßen, und dann die Gesellschaft, die Bildung – einfach zum Staunen!"

Akulina hörte ihm mit gieriger Aufmerksamkeit zu und öffnete dabei leicht die Lippen, wie ein Kind.
„Übrigens", fügte er hinzu und wälzte sich auf die andere Seite, „wozu erzähle ich dir das alles? Du kannst es ja doch nicht verstehen."

„Warum denn nicht, Wiktor Alexandrytsch? Ich habe es verstanden, ich habe alles verstanden."

„Sieh mal an, was du für eine bist!"

Akulina schlug die Augen nieder.

„Früher haben Sie nicht so mit mir gesprochen, Wiktor Alexandrytsch", sagte sie, ohne aufzublicken.

„Früher? ... Früher! Sieh mal an! ... Früher!" bemerkte er, gleichsam entrüstet.

Sie schwiegen beide.

„Aber es ist Zeit für mich zu gehen", sagte Wiktor und wollte sich schon auf den Ellbogen stützen.

„Warten Sie noch ein bißchen", bat Akulina in flehendem Ton.

„Weshalb warten? ... Ich habe mich ja schon von dir verabschiedet."

„Warten Sie noch", wiederholte Akulina.

Wiktor legte sich wieder hin und begann zu pfeifen. Akulina ließ kein Auge von ihm. Ich konnte bemerken, daß sie immer mehr in Erregung geriet: Um ihre Lippen zuckte es, ihre blassen Wangen röteten sich leicht...

„Wiktor Alexandrytsch", fing sie endlich mit stockender Stimme an, „es ist eine Sünde von Ihnen ... es ist eine Sünde, Wiktor Alexandrytsch, weiß Gott!"

„Was ist denn eine Sünde?" fragte er mit gerunzelten Brauen, hob ein wenig den Kopf und drehte ihn zu ihr.

„Es ist eine Sünde, Wiktor Alexandrytsch. Wenn Sie mir wenigstens ein gutes Wort zum Abschied gesagt hätten; wenn Sie mir wenigstens ein Wörtchen gesagt hätten, mir armen Verlassenen..."

„Was soll ich dir denn sagen?"

„Ich weiß es nicht; das müssen Sie besser wissen, Wiktor Alexandrytsch. Da fahren Sie nun fort, und nicht einmal ein Wort ... Womit habe ich das verdient?"

„Wie komisch du bist! Was soll ich denn?"

„Wenigstens ein Wort..."

„Du leierst immer ein und dasselbe her", sagte er ärgerlich und stand auf.

„Seien Sie nicht böse, Wiktor Alexandrytsch", fügte sie

hastig hinzu und konnte die Tränen kaum noch zurückhalten.

„Ich bin nicht böse, aber du bist dumm ... Was willst du denn? Ich kann dich doch nicht heiraten? Das kann ich doch nicht. Also, was willst du dann noch? Was denn?"

Die Finger spreizend, wandte er ihr sein Gesicht zu und schob den Kopf vor, als erwarte er eine Antwort.

„Nichts ... nichts will ich", antwortete sie stockend und wagte kaum, ihre zitternden Hände nach ihm auszustrecken, „nur ein Wort wenigstens zum Abschied ..."

Und nun flossen ihre Tränen in Strömen.

„Na, das dachte ich mir, jetzt geht das Heulen los", sagte Wiktor kalt und schob sich die Mütze auf die Augen.

„Ich will ja gar nichts", fuhr sie schluchzend fort und bedeckte das Gesicht mit beiden Händen, „aber wie habe ich es denn jetzt zu Hause, wie habe ich es denn? Und was soll denn mit mir werden, was wird mit mir armem Wesen geschehen? Einem Mann, den ich nicht liebe, wird man mich Verlassene geben ... Ich armes Geschöpf!"

„Heul nur, immer heule", murmelte Wiktor und trat von einem Fuß auf den andern.

„Wenn er wenigstens ein Wort, wenigstens eins ... Akulina, hätte er sagen können, ich ..."

Ein plötzliches, herzzerreißenden Schluchzen ließ sie nicht zu Ende sprechen – sie warf sich mit dem Gesicht ins Gras und weinte, weinte bitterlich ... Ihr ganzer Körper bebte krampfhaft, ihr Nacken hob und senkte sich schnell ... Der lange zurückgehaltene Schmerz strömte endlich über. Wiktor stand eine Zeitlang vor ihr, zuckte die Achseln, drehte sich um und ging mit großen Schritten davon.

Es vergingen einige Augenblicke ... Sie wurde stiller, hob den Kopf, sprang auf, sah sich um und schlug die Hände zusammen, sie wollte ihm nachlaufen, aber die Füße gehorchten ihr nicht – sie fiel auf die Knie ... Ich konnte mich nicht mehr halten und eilte auf sie zu, doch kaum hatte sie mich erblickt, kehrten ihr, wer weiß woher, die Kräfte zurück; sie erhob sich mit einem schwachen Aufschrei und verschwand hinter den Bäumen; die verstreuten Blumen ließ sie auf der Erde liegen.

Ich blieb eine Weile stehen, hob dann das Kornblumensträußchen auf und ging aus dem Wald hinaus aufs freie Feld. Die Sonne stand niedrig am blassen, klaren Himmel, und ihre Strahlen schienen ebenfalls blaß und kalt geworden zu sein: Sie leuchteten nicht, sie verbreiteten ein gleichmäßiges, fast wässeriges Licht. Bis zum Anbruch des Abends blieb nicht länger als eine halbe Stunde, das Abendrot erglomm bereits. Ein böiger Wind jagte mir über das gelbe, ausgedörrte Stoppelfeld entgegen; kleine, zusammengekrümmte Blätter wirbelten eilig vor ihm auf und trieben an mir vorbei, über die Straße, am Waldrand entlang; die Seite des Waldes, die wie eine Wand dem Feld zugekehrt war, zitterte und glitzerte in feinem Geflimmer – deutlich, aber nicht grell; im rötlichen Gras, an den Halmen, an den Stoppeln funkelten und bebten zahllose herbstliche Spinngewebe. Ich blieb stehen ... Mir wurde traurig ums Herz: Hinter dem wehmütigen, wenn auch noch frischen Lächeln der welkenden Natur schien sich die trostlose Furcht vor dem nicht mehr fernen Winter zu verbergen. Hoch über mir flog, mit schwerem, scharfem Flügelschlag die Luft durchschneidend, ein wachsamer Rabe dahin; er wandte den Kopf, sah mich von der Seite an, schwang sich empor und verschwand mit abgerissenem Krächzen hinter dem Wald; ein großer Schwarm Tauben kam in schnellem Flug von der Tenne, drehte sich zu einem Wirbel und zerstreute sich dann emsig über das Feld – ein Zeichen des Herbstes! Hinter einem kahlen Hügel fuhr jemand vorbei, der leere Wagen ratterte laut ...

Ich war nach Hause zurückgekehrt, aber das Bild der armen Akulina ging mir lange nicht aus dem Sinn, und ihre Kornblumen, die schon längst verwelkt sind, bewahre ich noch heute ...

Der Hamlet des Kreises Stschigry

Auf einer meiner Fahrten wurde ich von einem reichen Gutsbesitzer und Jäger, Alexander Michailytsch G***, zur Mittagstafel eingeladen. Sein Kirchdorf lag etwa fünf Werst von dem kleinen Dörfchen entfernt, in dem ich mich damals eingemietet hatte. Ich zog den Frack an, ohne den ich niemandem auszufahren rate, nicht einmal zur Jagd, und begab mich zu Alexander Michailytsch. Das Mittagessen war auf sechs Uhr angesetzt; ich kam um fünf und fand bereits eine große Menge Edelleute vor, in Uniform, im Gesellschaftsanzug und in weniger leicht bestimmbarer Kleidung. Der Hausherr empfing mich freundlich, lief jedoch gleich darauf in das Bedientenzimmer. Er erwartete einen hohen Würdenträger und befand sich in einer gewissen Aufregung, die mit seiner unabhängigen Stellung in der Gesellschaft und seinem Reichtum gar nicht im Einklang stand. Alexander Michailytsch war nie verheiratet gewesen und liebte die Frauen nicht; bei ihm fanden nur Herrengesellschaften statt. Er lebte auf großem Fuß, hatte das vom Großvater erbaute Herrenhaus prächtig vergrößert und verschönert, ließ sich alljährlich aus Moskau für rund fünfzehntausend Rubel Wein kommen und erfreute sich größter Wertschätzung. Alexander Michailytsch hatte längst seinen Abschied genommen und trachtete nach keinerlei äußeren Ehren ... Was veranlaßte ihn wohl, sich so um den Besuch des hochgestellten Gastes zu bemühen und sich am Tag des festlichen Mahles vom frühen Morgen an so aufzuregen? Das bleibt „in das Dunkel der Ungewißheit gehüllt", wie ein mir bekannter Finanzberater zu sagen pflegte, wenn er gefragt wurde, ob er von freiwilligen Gebern Bestechungsgelder annehme.

Nachdem mich der Hausherr allein gelassen hatte, wanderte ich durch die Zimmer. Fast alle Gäste waren mir völlig unbekannt; an die zwanzig saßen schon am Kartentisch. Unter diesen Liebhabern des Preferencespieles befanden sich zwei Offiziere mit vornehmen, aber etwas verlebten Gesichtern, einige Zivilpersonen von Rang mit engen, hohen Halsbinden und hängenden, gefärbten Schnurrbärten, wie sie nur entschlossene, aber gesinnungstreue Leute tragen (diese gesinnungstreuen Leute nahmen würdevoll ihre Karten vom Tisch und blickten, ohne dabei den Kopf zu drehen, die Herantretenden von der Seite an), und fünf oder sechs Kreisbeamte mit runden Bäuchen, molligen, schweißigen Händen und bescheiden unbeweglichen Beinen (diese Herren sprachen mit weicher Stimme, lächelten sanft in alle Richtungen, hielten ihre Karten dicht ans Vorhemd, klopften nicht auf den Tisch, wenn sie einen Trumpf ausspielten, sondern ließen im Gegenteil die Karten geschmeidig auf das grüne Tuch gleiten und verursachten, wenn sie einen Strich nahmen, nur ein ganz leichtes, höfliches und wohlanständiges Geräusch). Die übrigen Edelleute saßen auf den Diwanen oder drängten sich in Gruppen an den Türen und Fenstern; ein schon nicht mehr junger Gutsbesitzer von weibischem Äußeren stand in einer Ecke, zuckte fortwährend zusammen, errötete und fingerte auf seinem Bauch verlegen an dem Petschaft seiner Uhr, obwohl ihn niemand beachtete; einige Herren in rundgeschnittenen Fräcken und karierten Hosen aus der Werkstatt eines Moskauer Schneiders, des langjährigen Innungsmeisters Firs Kljuchin, unterhielten sich ungewöhnlich zwanglos und lebhaft und drehten dabei ihre feisten, kahlen Nacken ungeniert hin und her; ein junger Mann von etwa zwanzig Jahren, kurzsichtig und hellblond, der von Kopf bis Fuß schwarz gekleidet ging, war offenbar befangen, lächelte jedoch hämisch.

Ich begann mich schon etwas zu langweilen, als sich plötzlich ein gewisser Woinizyn zu mir gesellte, ein junger Mensch, der sein Studium nicht abgeschlossen hatte und im Haus Alexander Michailytschs lebte als ... Ja, es ist schwer zu sagen, als was eigentlich. Er war ein ausgezeichneter Schütze und verstand, Hunde zu dressieren. Ich hatte ihn schon in Moskau kennengelernt. Er gehörte damals zu den jungen Leuten, die in jedem Examen „zur Bildsäule erstarrten", das heißt, auf die Fragen des Professors nicht eine Silbe zu antworten wußten. Diese Herren wurden, um des schönen Wortes willen, auch Backenbartisten genannt. (Es handelt sich um längst vergangene Zeiten, wie Sie sehen.) So eine Prüfung verlief etwa folgendermaßen: Es wird zum Beispiel Woinizyn aufgerufen. Woinizyn, der bis zu diesem Augenblick regungslos und gerade auf seiner Bank gesessen hat, von Kopf bis Fuß in Angstschweiß gebadet und langsam und verstört um sich blickend, knöpft hastig seine Studentenuniform bis oben zu und schiebt sich seitwärts an den Tisch der examinierenden Herren heran. „Bitte, wollen Sie einen Fragezettel ziehen", sagt der Professor freundlich zu ihm. Woinizyn streckt die Hand aus und berührt mit zitternden Fingern das Zettelhäufchen. „Aber bitte nicht aussuchen", bemerkt in schneidendem Ton ein nicht unmittelbar beteiligter, aber sehr reizbarer Greis, ein Professor von einer anderen Fakultät, den plötzlich eine Abneigung gegen den unglücklichen Backenbartisten erfaßt hat. Woinizyn ergibt sich in sein Schicksal, zieht einen Zettel, weist die Nummer vor und setzt sich einstweilen an ein Fenster, während sein Vorgänger geprüft wird. Am Fenster wendet Woinizyn kein Auge von seinem Zettel, höchstens, um sich, wie zuvor, langsam im Kreis umzusehen, im übrigen rührt er kein Glied. Aber nun hat sein Vorgänger geendet, und man sagt zu ihm: „Es ist gut, Sie können gehen", oder sogar: „Gut, sehr gut", je nach seinen Leistungen. Nun wird Woinizyn aufgerufen; Woinizyn steht auf und nähert sich mit festem Schritt dem Tisch. „Lesen Sie Ihre Frage vor", sagt man zu ihm. Woinizyn hebt mit beiden Händen den Zettel bis fast an die Nase, liest die Frage langsam vor und läßt die Hände langsam sinken. „Nun, wollen Sie bitte antworten", spricht lässig derselbe Professor, lehnt den Oberkörper zurück und kreuzt die Arme über der Brust. Es tritt Grabesstille ein. „Nun?" Woinizyn schweigt. Der nicht unmittelbar beteiligte Greis macht eine ungeduldige Bewegung. „So sagen Sie doch irgend etwas!" Mein Woinizyn schweigt wie erstarrt. Sein geschorener Nacken ragt steil und unbeweglich vor den neugierigen Blicken aller seiner Kameraden auf. Dem nicht unmittelbar beteiligten Greis rollen fast die Augen aus dem Kopf, er haßt Woinizyn jetzt endgültig. „Das ist immerhin merkwürdig", bemerkt ein anderer Examinator, „was stehen Sie denn da wie stumm? Nun, Sie wissen es wohl nicht, wie? So sagen Sie es doch!" – „Erlauben Sie mir, eine andere Frage zu ziehen", bringt der Unglückliche dumpf hervor. Die Professoren wechseln Blicke. „Nun gut, bitte", antwortet der Hauptexaminator mit einer unbestimmten Handbewegung. Woinizyn zieht wieder einen Zettel, geht wieder zum Fenster, kehrt wieder an den Tisch zurück und schweigt wieder wie ein Toter. Der nicht unmittelbar beteiligte Greis scheint imstande, ihn lebendig zu verschlingen. Endlich schickt man ihn fort und erkennt ihm eine Fünf zu. Sie denken wohl: Jetzt wird er wenigstens fortgehen? Weit gefehlt! Er kehrt an seinen Platz zurück, sitzt wiederum regungslos da, bis das Examen zu Ende ist, und ruft im Weggehen aus: „Das war ein Schwitzbad! Was die für Fragen stellen!" Dann läuft er den ganzen Tag in Moskau herum, greift sich bisweilen an den Kopf und verwünscht sein unglückliches Los. Nach einem Buch greift er natürlich nicht, und am nächsten Morgen wiederholt sich dieselbe Geschichte.

Dieser Woinizyn schloß sich mir also an. Wir sprachen von Moskau, von der Jagd.

„Wenn Sie wollen", flüsterte er mir plötzlich zu, „mache ich Sie mit dem größten hiesigen Witzbold bekannt."

„Tun Sie mir den Gefallen."

Woinizyn führte mich zu einem kleinen Mann mit hohem Haarschopf und Schnurrbart, der einen braunen Frack und eine bunte Halsbinde trug. Seine galligen, beweglichen Gesichtszüge verrieten in der Tat Geist und Bosheit. Ein flüchtiges, bissiges Lächeln kräuselte beständig seine Lippen; die kleinen, zusammengekniffenen schwarzen Augen blickten frech unter den ungleichen Wimpern hervor. Neben ihm stand ein Gutsbesitzer, breit, weichlich, süßlich – ein richtiger Süßholzraspler – und einäugig. Er lachte schon im voraus über die Witze des kleinen Mannes und zerfloß geradezu vor Vergnügen. Woinizyn stellte mich dem Witzbold vor, der Pjotr Petrowitsch Lupichin hieß. Wir machten uns bekannt und wechselten die üblichen Begrüßungsworte.

„Gestatten Sie, daß ich Ihnen meinen besten Freund vorstelle", begann Lupichin plötzlich in scharfem Ton, indem er den süßlichen Gutsbesitzer bei der Hand nahm. „Sträuben Sie sich doch nicht so, Kirila Selifanytsch", fügte er hinzu, „man wird Sie nicht beißen. Hier", fuhr er fort, während der verwirrte Kirila Selifanytsch sich so linkisch verbeugte, als wolle ihm der Bauch abfallen, „hier empfehle ich Ihnen einen vortrefflichen Edelmann. Bis zu seinem fünfzigsten Lebensjahr erfreute er sich einer untadeligen Gesundheit, aber dann fiel ihm plötzlich ein, an seinen Augen herumzudoktern; die Folge war, daß er eins einbüßte. Seitem kuriert er seine Bauern mit dem gleichen Erfolg ... Nun, und sie sind natürlich mit der gleichen Ergebenheit ..."

„Sie sind aber ein ...", murmelte Kirila Selifanytsch und lachte.

„Reden Sie aus, mein Freund, reden Sie aus", fiel ihm Lupichin ins Wort. „Es kann ja sein, daß Sie am Ende gar zum Richter gewählt werden, und passen Sie nur auf, Sie werden gewählt. Nun, für Sie werden natürlich die Beisitzer denken – nehmen wir es an, aber man muß auf alle Fälle wenigstens einen fremden Gedanken auszusprechen verstehen. Unversehens kommt einmal der Gouverneur und fragt: Weshalb stottert der Richter? Nun, nehmen wir an, es wird ihm geantwortet: Den hat ein Schlaganfall getroffen. – So laßt ihn doch zur Ader, wird er sagen. Aber bei Ihrer Stellung wäre das doch sehr unschicklich, das müssen Sie zugeben."

Der süßliche Gutsbesitzer wälzte sich vor Lachen.

„Nun seht mal, wie er lacht", fuhr Lupichin fort und blickte dabei boshaft auf den wackelnden Bauch Kirila Selifanytschs. „Und warum soll er auch nicht lachen?" fügte er, zu mir gewandt, hinzu. „Er ist satt, er ist gesund, hat keine Kinder, seine Bauern sind nicht verpfändet – er kuriert sie ja –, seine Frau ist ein bißchen beschränkt." Kirila Selifanytsch wandte sich etwas zur Seite, als hätte er die letzten Worte nicht gehört, und lachte weiter. „Ich lache ja auch, und dabei ist meine Frau mit einem Landmesser durchgebrannt." Er fletschte die Zähne.

„Wußten Sie das nicht? Freilich! Sie ging einfach auf und davon und hinterließ mir einen Brief: ‚Mein lieber Pjotr Petrowitsch', schrieb sie, ‚verzeih mir; von Leidenschaft hingerissen, entferne ich mich mit dem Freund meines Herzens ...' Der Landmesser hatte sie nur gewonnen, weil er sich die Fingernägel nicht schnitt und eng anliegende Hosen trug. Sie wundern sich? Sie denken: Das ist aber ein offenherziger Mensch. Ja, mein Gott! Wir Steppenmenschen sagen unverblümt die Wahrheit. Wir wollen jedoch etwas beiseite gehen ... Warum sollen wir neben dem zukünftigen Richter stehenbleiben."

Er nahm meinen Arm, und wir traten ans Fenster.

„Ich gelte hier als Witzbold", sagte er im Laufe des Gespräches zu mir, „glauben Sie das nicht! Ich bin einfach ein verbitterter Mensch und schimpfe laut; deshalb benehme ich mich auch so dreist. Und in der Tat, weshalb sollte ich mir Zwang antun? Auf die Meinung anderer Leute pfeife ich, ich will auch gar nichts erreichen; ich bin eben boshaft – was ist schließlich dabei? Ein boshafter Mensch braucht wenigstens keinen Verstand. Und Sie glauben nicht, wie erfrischend es ist ... Sehen Sie sich zum Beispiel mal unsern Hausherrn da an! Weshalb rennt er bloß so herum, ich bitte Sie, sieht alle Augenblicke auf die Uhr, lächelt, schwitzt, setzt eine wichtige Miene auf und läßt uns Hungers sterben? Was ist das schon für ein Wundertier – eine hochgestellte Persönlichkeit! Da, da kommt er wieder gerannt – jetzt fängt er schon an zu hinken, sehen Sie nur!"

Und Lupichin brach in ein schrilles Gelächter aus.

„Eins ist schade, es sind keine Damen da", fuhr er mit einem tiefen Seufzer fort, „es ist ein Herrenessen – sonst hätte unsereiner leichte Beute. Sehen Sie, sehen Sie", rief er plötzlich, „da kommt der Fürst Koselski, der hochgewachsene Mann dort mit dem Bart und den gelben Handschuhen. Man sieht ihm gleich an, daß er im Ausland war ... Und immer kommt er so spät. Dumm ist er, sage ich Ihnen, er allein ist so dumm wie ein Paar Kaufmannspferde zusammen, aber Sie sollten einmal sehen, wie herablassend er mit unsereinem spricht, wie gnädig er über die Liebenswürdigkeiten unserer hemmungslosen Mütter und Töchter zu lächeln geruht! Er macht auch selber manchmal Witze, obwohl er sich hier nur auf der Durchreise befindet, aber seine Witze sind auch danach! So, als ob man mit einem stumpfen Messer einen Bindfaden durchsägt. Er kann mich nicht leiden ... Ich will gehen und ihn begrüßen."

Und Lupichin eilte dem Fürsten entgegen.

„Und hier kommt mein persönlicher Feind", meinte er, nachdem er plötzlich zu mir zurückgekehrt war. „Sehen Sie diesen dicken Mann mit dem braunen Gesicht und den Borsten auf dem Kopf, den dort, der seine Mütze so ungeschickt in der Hand hält, an der Wand entlang schleicht und nach allen Seiten äugt wie ein Wolf? Ich habe ihm für vierhundert Rubel ein Pferd verkauft, das tausend wert war, und nun hat dieses armselige Geschöpf, das kein Wort herausbringt, das volle Recht, mich zu verachten; dabei fehlt es ihm dermaßen an Auffassungsgabe, besonders morgens vor dem Tee oder gleich nach dem Mittagessen, daß man zu ihm ‚Guten Tag' sagen kann und er ‚Was?' antwortet. Aber da kommt ein General", fuhr Lupichin fort, „ein pensionierter Beamter im Generalsrang, ein ruinierter General. Er hat eine Tochter aus Rübenzucker und eine Fabrik mit Skrofulose ... Entschuldigen Sie, ich wollte sagen ... Nun, Sie verstehen schon. Ah! Auch der Architekt ist hier hereingeraten! Ein Deutscher, der aber einen Schnurrbart trägt und seine Sache nicht versteht – ein wahres Wunder! ... Übrigens, wozu braucht er auch seine Sache zu verstehen, wenn er nur versteht, Schmiergelder anzunehmen und möglichst viel Pfeiler und Säulen zu bauen für unsere Säulen des alten Adels!"

Lupichin lachte wieder ... Doch plötzlich lief eine Welle der Unruhe durchs ganze Haus. Der Würdenträger war gekommen. Der Hausherr stürzte nur so ins Vorzimmer. Einige getreue Hausgenossen und beflissene Gäste eilten ihm nach. Die laute Unterhaltung verwandelte sich in ein sanftes, angenehmes Raunen, ähnlich dem Summen der Bienen, das zur Frühlingszeit aus ihren Stöcken dringt. Nur die unruhige Wespe Lupichin und die großspurige Drohne Koselski dämpften ihre Stimmen nicht ... Und nun erschien endlich die Bienenkönigin – der Würdenträger trat ein. Die Herzen flogen ihm entgegen, die sitzenden Körper richteten sich auf, und sogar der

Gutsbesitzer, der das Pferd so billig von Lupichin gekauft hatte, sogar dieser Gutsbesitzer bohrte sich das Kinn in die Brust. Das Verhalten des Würdenträgers entsprach seiner hohen Stellung aufs denkbar beste: Er neigte den Kopf nach hinten, als wolle er grüßen, er äußerte ein paar anerkennende Worte, von denen jedes mit dem Buchstaben ä anfing, den er gedehnt und durch die Nase aussprach; mit einer Entrüstung, die an Ingrimm grenzte, blickte er auf den Bart des Fürsten Koselski und reichte dem ruinierten Zivilgeneral mit der Fabrik und der Tochter den Zeigefinger der linken Hand. Nach einigen Minuten, in deren Verlauf der Würdenträger zweimal die Bemerkung fallenließ, daß er sich sehr freue, nicht zu spät zum Essen gekommen zu sein, begab sich die ganze Gesellschaft in den Speisesaal, die Asse voran.

Es ist wohl unnötig, dem Leser zu erzählen, wie man den Würdenträger an die Spitze der Tafel setzte, zwischen den Zivilgeneral und den Gouvernementsadelsmarschall, einen Mann, dessen freimütiger und würdiger Gesichtsausdruck völlig mit seinem gestärkten Vorhemd, seiner umfangreichen Weste und seiner runden Schnupftabaksdose mit französischem Tabak im Einklang stand, wie der Hausherr sich abmühte, geschäftig hin und her lief, sich keinen Augenblick Ruhe gönnte, die Gäste nötigte, im Vorübergehen dem Rücken des Würdenträgers zulächelte und, wie ein Schuljunge in einer Ecke stehend, in aller Eile einen Teller Suppe löffelte oder ein Stückchen Rindfleisch hinunterschlang, wie der Haushofmeister einen Fisch von anderthalb Arschin Länge und mit einem Sträußchen im Maul servierte, wie streng aussehende Diener in Livreen sich mit mürrischer Miene jedem Edelmann bald mit Malaga, bald mit Dry-Madeira aufdrängten und wie fast alle Edelleute, besonders die älteren, ein Glas nach dem andern leerten, gleichsam als gehorchten sie gegen ihren Willen einem Pflichtgefühl, wie endlich die Champagnerflaschen knallten und Trinksprüche ausgebracht wurden: All das ist dem Leser wahrscheinlich nur allzu bekannt. Besonders bemerkenswert erschien mir jedoch eine kleine Geschichte, die der Würdenträger unter allgemeinem freudigem Schweigen zum besten gab. Jemand – ich glaube, es war der ruinierte General, ein Mann, der in der neuesten Literatur bewandert war – hatte den Einfluß der Frauen im allgemeinen und den auf die jungen Männer im besonderen erwähnt.

„Ja, ja", fiel der Würdenträger ein, „das ist wahr, aber man muß die jungen Leute in strenger Zucht halten, sonst verlieren sie am Ende vor jedem Weiberrock den Verstand." Ein kindlich fröhliches Lächeln flog über die Gesichter aller Gäste; bei einem Gutsbesitzer drückte sich im Blick sogar Dankbarkeit aus. „Denn junge Leute sind dumm." Der Würdenträger änderte zuweilen die allgemein übliche Betonung der Wörter, vermutlich, um seine Äußerungen noch gewichtiger erscheinen zu lassen. „Da habe ich beispielsweise einen Sohn Iwan", fuhr er fort. „Der Dummkopf ist erst zwanzig Jahre alt, aber plötzlich sagt er zu mir: ‚Erlauben Sie mir zu heiraten, Väterchen.' Ich sage zu ihm: ‚Dummkopf, diene du erst mal eine Zeitlang...' Nun, Verzweiflung, Tränen... Aber bei mir ist da nichts zu wollen." Das Wort „wollen" sprach der Würdenträger mehr mit dem Bauch als mit dem Mund. Er schwieg und blickte hoheitsvoll auf seinen Nachbarn, den General, wobei er die Augenbrauen viel höher zog, als man hätte erwarten können. Der Zivilgeneral neigte zuvorkommend den Kopf etwas zur Seite und zwinkerte ungemein schnell mit dem Auge, das dem Würdenträger zugewandt war. „Und was meinen Sie", begann der Würdenträger wieder, „jetzt schreibt er mir selbst, wie dankbar er mir ist, daß ich ihm die Dummheiten ausgetrieben habe... Ja, so muß man verfahren."

Alle Gäste waren selbstverständlich völlig einer Meinung mit dem Erzähler und schienen durch die Freude und Belehrung, die ihnen soeben zuteil geworden war, neu belebt... Nach dem Essen erhob sich die ganze Gesellschaft und begab sich mit größerem, aber immer noch anständigem und gewissermaßen für diesen Fall erlaubtem Lärm in den Salon. Man setzte sich zum Kartenspiel.

Mit Müh und Not brachte ich die Zeit bis zum Abend hin, und nachdem ich meinen Kutscher angewiesen hatte, meine Kalesche am nächsten Morgen um fünf Uhr anzuspannen, begab ich mich zur Ruhe. Aber ich sollte noch an demselben Tag die Bekanntschaft eines merkwürdigen Menschen machen.

Infolge der großen Zahl der erschienenen Gäste schlief niemand für sich allein. In dem kleinen grünlichen und feuchten Zimmer, in das mich der Haushofmeister Alexander Michailytschs führte, befand sich bereits ein anderer Gast, der sich schon entkleidet hatte. Als er mich erblickte, schlüpfte er geschwind unter die Bettdecke, deckte sich damit bis zur Nase zu, rekelte sich noch ein wenig in dem weichen Pfühl, lag dann still und lugte unter dem runden Saum seiner baumwollenen Nachtmütze scharfäugig hervor. Ich trat an das andere Bett heran – es waren nur zwei im Zimmer –, kleidete mich aus und legte mich in die feuchten Laken. Mein Nachbar wälzte sich in seinem Bett herum ... Ich wünschte ihm eine gute Nacht.

Es verging eine halbe Stunde. Trotz allen Bemühens konnte ich nicht einschlafen: In endloser Kette reihten sich unnütze und unklare Gedanken aneinander, beharrlich und einförmig wie die Eimer eines Schöpfrades.

„Sie scheinen nicht zu schlafen?" sagte mein Nachbar.

„Wie Sie sehen", antwortete ich. „Und Sie sind wohl auch nicht schläfrig?"

„Ich bin nie schläfrig."

„Wie kommt denn das?"

„Es ist eben so. Ich schlafe ein und weiß selbst nicht, wieso; ich liege, liege und schlafe dann eben ein."

„Warum legen Sie sich dann ins Bett, bevor Sie der Schlaf ankommt?"

„Was soll ich denn sonst machen?"

Ich antwortete auf die Frage meines Nachbarn nicht.

„Ich wundere mich", fuhr er nach kurzem Schweigen fort, „daß es hier keine Flöhe gibt. Mir scheint, gerade hier müßten doch welche sein."

„Das klingt ja, als ob Sie sie vermißten", bemerkte ich.

„Nein, ich vermisse sie nicht, aber ich liebe in allem die Folgerichtigkeit."

Sieh mal einer an, dachte ich, was für Worte er gebraucht.

Mein Nachbar schwieg wieder eine Weile.

„Wollen Sie mit mir eine Wette eingehen?" begann er plötzlich ziemlich laut.

„Worüber?"
Mein Nachbar fing an, mir Spaß zu machen.
„Hm ... worüber? Nun, darüber: Ich bin überzeugt, daß Sie mich für einen Narren halten."
„Aber ich bitte Sie", murmelte ich erstaunt.
„Für einen Steppenmenschen, einen ungehobelten Kerl ... Geben Sie es doch zu ..."
„Ich habe nicht das Vergnügen, Sie zu kennen", entgegnete ich. „Woraus könnten Sie schließen ..."
„Woraus? Allein schon aus dem Klang Ihrer Stimme: Sie antworten mir so obenhin ... Ich bin aber durchaus nicht das, was Sie denken ..."
„Erlauben Sie ..."
„Nein, erlauben *Sie*. Erstens spreche ich nicht schlechter Französisch als Sie und Deutsch sogar besser; zweitens habe ich drei Jahre im Ausland zugebracht: Allein in Berlin habe ich acht Monate gelebt. Ich habe Hegel studiert, mein werter Herr, und kenne Goethe auswendig; überdies war ich lange in die Tochter eines deutschen Professors verliebt und habe zu Hause eine schwindsüchtige junge Dame geheiratet, die zwar kahlköpfig, aber eine höchst bemerkenswerte Persönlichkeit war. Ich bin also aus demselben Holz geschnitzt wie Sie; ich bin kein Steppenmensch, wie Sie annehmen ... Ich bin ebenfalls von des Gedankens Blässe angekränkelt, und es ist nichts Unmittelbares in mir."

Ich hob den Kopf und sah mir den sonderbaren Menschen doppelt aufmerksam an. Beim trüben Schein der Nachtlampe konnte ich seine Züge kaum erkennen.

„Ja, jetzt schauen Sie mich an", fuhr er fort und rückte seine Schlafmütze zurecht, „und fragen sich wahrscheinlich selber: Wie kommt es, daß ich den heute nicht bemerkt habe? Ich werde Ihnen sagen, weshalb Sie mich nicht bemerkt haben, weil ich nämlich die Stimme nicht erhebe, weil ich mich hinter den anderen verstecke, hinter den Türen stehe, mich mit niemandem unterhalte, weil der Haushofmeister, wenn er mit dem Tablett an mir vorbeigeht, schon im voraus seinen Ellbogen bis in Höhe meiner Brust nimmt ... Und woher kommt das alles? Es hat zwei Ursachen: Erstens bin ich arm, und zweitens habe ich mich abgefunden ... Sagen Sie die Wahrheit, Sie haben mich nicht bemerkt, nicht wahr?"

„Ich hatte in der Tat nicht das Vergnügen ..."

„Schon gut, schon gut", unterbrach er mich, „ich wußte es."

Er richtete sich auf und verschränkte die Arme; der lange Schatten seiner Nachtmütze dehnte sich von der Wand mit einem Knick bis auf die Zimmerdecke aus.

„Gestehen Sie es nur", fügte er hinzu und warf rasch einen Seitenblick auf mich, „ich muß Ihnen doch als ein großer Sonderling erscheinen, als ein Original, wie man so sagt, oder vielleicht gar als etwas noch Ärgeres: Vielleicht glauben Sie, daß ich mich nur als Sonderling aufspiele?"

„Ich muß Ihnen noch einmal wiederholen, daß ich Sie nicht kenne."

Er senkte für einen Augenblick den Kopf.

„Warum ich mit Ihnen, mit einem mir völlig unbekannten Menschen, so unversehens ins Gespräch gekommen bin – das weiß nur Gott, nur Gott allein!" Er seufzte. „Gewiß nicht durch die Verwandtschaft unserer Seelen! Sie und ich, wir sind beide anständige Menschen, das heißt Egoisten: Weder gehen Sie mich auch nur das geringste an noch ich Sie; ist es nicht so? Aber wir können beide nicht schlafen ... Weshalb sollten wir nicht ein bißchen plaudern? Ich bin dazu gerade aufgelegt, das kommt bei mir selten vor. Ich bin nämlich schüchtern, sehen Sie, und zwar bin ich nicht etwa schüchtern, weil ich ein Provinzler, ein Mann ohne Amt und Würden, ein armer Schlucker bin, sondern weil ich ein schrecklich empfindsamer Mensch bin. Aber manchmal, unter dem Einfluß günstiger Umstände und Zufälle, die ich übrigens weder herbeizuführen noch vorauszusehen vermag, verschwindet meine Schüchternheit vollständig, wie zum Beispiel eben jetzt. Stellen Sie mich jetzt meinetwegen dem Dalai-Lama selber Auge in Auge gegenüber, und ich werde ihn um eine Prise Schnupftabak bitten. Aber vielleicht möchten Sie schlafen?"

„Im Gegenteil", erwiderte ich schnell, „es ist mir sehr angenehm, mich mit Ihnen zu unterhalten."

„Das heißt, ich vertreibe Ihnen die Zeit, wollen Sie sagen ...

um so besser ... Also, ich teile Ihnen mit, man nennt mich hier ein Original, das heißt, so nennen mich diejenigen, denen zufälligerweise unter allerhand anderem dummen Zeug auch mein Name auf die Lippen kommt. ‚Nach meinem Los zu fragen, wird niemand Sorge tragen.' Damit glauben sie mich tief zu kränken ... O mein Gott! Wenn sie wüßten ... Ich gehe ja gerade daran zugrunde, daß in mir nichts, aber auch gar nichts Originelles ist, nichts außer solchen komischen Einfällen wie zum Beispiel mein jetziges Gespräch mit Ihnen, aber diese Einfälle sind doch keinen roten Heller wert. Das ist die billigste und niedrigste Art von Originalität."

Er drehte mir das Gesicht zu und fuchtelte mit den Händen.

„Mein werter Herr!" rief er aus. „Ich bin der Meinung, daß eigentlich nur Originale auf der Erde leben dürften; sie allein haben ein Recht zu leben. ‚Mon verre n'est pas grand, mais je bois dans mon verre', hat jemand gesagt. Sehen Sie", fügte er halblaut hinzu, „wie rein ich das Französische ausspreche. Was hilft es einem aber, daß man einen großen Kopf hat, in den eine Menge hineingeht, daß man alles versteht, viel weiß, mit seiner Zeit Schritt hält, wenn man nichts Eigenes, Besonderes, Eigentümliches an sich hat! Ein Stapelplatz für Gemeinplätze mehr auf der Welt – wem kann das Vergnügen bereiten? Nein, sei meinetwegen dumm, aber sei es auf deine eigene Art! Habe deinen eigenen Geruch, deinen eigentümlichen Geruch, darauf kommt es an! Und denken Sie ja nicht, daß meine Anforderungen hinsichtlich dieses Geruches hoch sind – Gott bewahre! Solcher Originale gibt es eine Unmenge: Wohin man auch blickt – man sieht ein Original; jeder lebendige Mensch ist ein Original, nur ich gehöre nicht dazu! – Und dabei", fuhr er nach einer kurzen Pause fort, „was für Hoffnungen habe ich in meiner Jugend erweckt! Was für eine hohe Meinung hegte ich selbst von meiner Person, bevor ich ins Ausland reiste und kurz nachdem ich zurückgekehrt war. Nun ja, im Ausland spitzte ich die Ohren, suchte meinen Weg immer auf eigene Faust, wie es sich für unsereinen gehört, der alles in sich aufnimmt und begreifen will und zum Schluß, wie sich herausstellt, gar nichts begriffen hat! – Ein Original, ein Original!"

wiederholte er und schüttelte vorwurfsvoll den Kopf. „Man nennt mich ein Original ... In Wirklichkeit erweist es sich, daß es auf der Welt keinen weniger originellen Menschen gibt als Ihren ergebensten Diener. Ich habe sicherlich schon bei meiner Geburt einen anderen nachgeahmt ... Bei Gott! Ich ahme auch gleichsam nur die verschiedenen Schriftsteller nach, die ich durchstudiert habe, und lebe so im Schweiße meines Angesichtes; und so habe ich studiert und mich verliebt und schließlich geheiratet, gleichsam nicht aus eigenem Antrieb, sondern als erfüllte ich so etwas wie eine Pflicht, wie ein Pensum – wer wird daraus klug!"

Er riß sich die Nachtmütze vom Kopf und warf sie aufs Bett.

„Wenn Sie wollen, erzähle ich Ihnen meine Lebensgeschichte", sagte er barsch, „oder lieber einige Besonderheiten aus meinem Leben."

„Bitte, seien Sie so freundlich."

„Oder nein, ich will Ihnen lieber erzählen, wie ich geheiratet habe. Denn die Heirat ist eine wichtige Sache, ein Prüfstein des ganzen Menschen; in ihr sieht man wie in einem Spiegel ... Aber dieser Vergleich ist zu abgedroschen ... Erlauben Sie, daß ich eine Prise nehme."

Er holte unter dem Kopfkissen eine Schnupftabakdose hervor, öffnete sie und begann wieder zu sprechen, indem er mit der offenen Tabakdose herumfuchtelte.

„Versetzen Sie sich in meine Lage, mein werter Herr ... Urteilen Sie selbst, welchen, nun ja, welchen, nun sagen Sie bloß, welchen Nutzen konnte ich aus der Enzyklopädie Hegels ziehen? Was gibt es Gemeinsames, sagen Sie doch, zwischen dieser Enzyklopädie und dem russischen Leben? Und wie soll man sie auf die russische Lebensweise anwenden – und nicht nur sie, die Enzyklopädie, sondern überhaupt die deutsche Philosophie ... ja ich sage noch mehr – die Wissenschaft?"

Er hüpfte in seinem Bett hoch und stieß halblaut zwischen den erbost zusammengebissenen Zähnen hervor:

„Aha, da haben wir's, da haben wir's! Ja, weswegen bist du denn ins Ausland gegangen? Weshalb bist du nicht zu Hause geblieben und hast das Leben um dich herum an Ort und

Stelle studiert? Du hättest seine Bedürfnisse und seine Zukunft erkannt und wärst dir auch über deine eigene Bestimmung, um es mal so zu nennen, klargeworden... Aber ich bitte Sie", fuhr er in verändertem Tonfall fort, gewissermaßen sich rechtfertigend und unsicher werdend, „woher soll unsereiner das lernen, was noch kein einziger kluger Kopf in einem Buch niedergeschrieben hat! Ich hätte mit Freuden bei ihm Unterricht genommen, beim russischen Leben selbst – aber es schweigt, das gute, liebe. Du mußt mich auch so verstehen, scheint es zu sagen, aber das geht über meine Kraft: Gebt mir eine Schlußfolgerung, bietet mir eine fertige Erkenntnis... Eine Erkenntnis? Eine fertige Erkenntnis kannst du haben, sagt man: Hör dir nur mal unsere Moskauer Größen an – schmettern sie nicht wie die Nachtigallen? Aber das ist ja gerade das Unglück, daß sie singen wie Kursker Nachtigallen, aber nicht in menschlicher Sprache reden... Ich dachte hin und dachte her – die Wissenschaft, meinte ich, ist ja doch überall ein und dieselbe, und die Wahrheit ist auch dieselbe, und so machte ich mich auf und reiste in fremde Länder, zu den Ungläubigen... Was wollen Sie! Ich war jung, von Hochmut besessen. Ich hatte keine Lust, wissen Sie, vor der Zeit Fett anzusetzen, obwohl das angeblich gesund sein soll. Übrigens, wem die Natur kein Fleisch gegeben hat, der wird auch nie Fett am Leibe haben!

Aber ich glaube", fügte er hinzu, nachdem er ein Weilchen nachgedacht hatte, „ich habe versprochen, Ihnen zu erzählen, wie ich geheiratet habe. Hören Sie also. Erstens muß ich Ihnen mitteilen, daß meine Frau nicht mehr auf der Welt ist, zweitens... Ja, zweitens sehe ich, daß ich Ihnen meine Jugend erzählen muß, sonst werden Sie nichts verstehen... Sie möchten wirklich nicht schlafen?"

„Nein, wirklich nicht."

„Sehr schön. Hören Sie mal ... Dort im Nebenzimmer schnarcht Herr Kantagrjuchin sehr unfein! – Ich stamme von nicht gerade reichen Eltern ab – ich sage Eltern, denn der Überlieferung nach hatte ich außer meiner Mutter auch einen Vater. Ich erinnere mich seiner nicht; es heißt, er sei ein unbedeutender Mensch gewesen, mit einer großen Nase, Sommersprossen und roten Haaren, und mit einem Nasenloch habe er Tabak geschnupft. Im Schlafzimmer meiner Mutter hing sein Porträt, darauf trug er eine rote Uniform mit einem schwarzen Kragen, der bis an die Ohren reichte – ungemein häßlich war es. Daran wurde ich immer vorbeigeführt, wenn ich die Rute bekommen sollte; meine Mutter zeigte bei solchen Gelegenheiten auf das Bild und sagte dazu: ‚Er hätte dich noch ganz anders gestraft.' Sie können sich vorstellen, wie mich das anspornte. Ich hatte weder Bruder noch Schwester – das heißt, um die Wahrheit zu sagen, ich hatte so ein armseliges Wesen von Bruder, dem die englische Krankheit im Genick saß, aber er starb sehr bald ... Wie konnte sich eigentlich die englische Krankheit in den Kreis Stschigry des Kursker Gouvernements einschleichen? Aber das ist Nebensache. Meiner Erziehung widmete sich meine Mutter mit dem ganzen glühenden Eifer einer Steppengutsherrin: Sie befaßte sich damit vom glorreichen Tag meiner Geburt an bis zur Vollendung meines sechzehnten Lebensjahres ... Folgen Sie dem Gang meiner Erzählung?"

„Ja, gewiß, fahren Sie nur fort."

„Na schön. Als ich nun das sechzehnte Lebensjahr vollendet hatte, jagte meine Mutter kurzerhand, ohne im geringsten zu zaudern, meinen französischen Hauslehrer davon, einen Deutschen namens Filippowitsch, der von den Griechen in Neshin abstammte; sie brachte mich nach Moskau, meldete mich auf der Universität an, befahl hierauf ihre Seele dem Allmächtigen und ließ mich in der Obhut meines leiblichen Onkels, des Fiskusbeamten Koltun-Babura, zurück, eines gerissenen Kerls, der weit über den Kreis Stschigry hinaus bekannt war. Mein leiblicher Onkel, der Fiskusbeamte Koltun-Babura, plünderte mich aus, wie das so üblich ist – bis aufs Hemd ... Aber auch das ist wieder Nebensache. Auf die Universität kam ich – ich muß meiner Mutter Gerechtigkeit widerfahren lassen – ziemlich gut vorbereitet, aber der Mangel an Originalität machte sich schon damals bei mir bemerkbar. Meine Kindheit unterschied sich in nichts von der Kindheit anderer Jungen: Ich wuchs ebenso dumm und schlaff heran, gleichsam unter einem Federbett, fing ebenso früh an, Gedichte auswendig herzusagen und zu versauern, unter dem Vorwand einer schwärmerischen Neigung – wozu wohl? Nun, zum Schönen ... und so weiter. Auf der Universität ging ich auch keinen anderen Weg: Ich geriet sofort in einen Zirkel. Damals waren andere Zeiten ... Aber Sie wissen vielleicht nicht, was ein studentischer Zirkel ist? Da fällt mir ein, Schiller sagt irgendwo:

> *Gefährlich ist's, den Leu zu wecken,*
> *Und schrecklich ist des Tigers Zahn,*
> *Doch das schrecklichste der Schrecken –*
> *Das ist der Mensch in seinem Wahn!**

Ich versichere Ihnen, er wollte etwas anderes sagen; er wollte sagen: Das ist ein ‚Zirkel' in der Stadt Moskau!"

„Aber was finden Sie denn so Schreckliches an einem Zirkel?" fragte ich.

Mein Nachbar ergriff seine Nachtmütze und zog sie sich bis auf die Nase herab.

„Was ich daran Schreckliches finde?" rief er. „Das will ich Ihnen sagen: Ein Zirkel – das ist der Untergang jeder selbständigen Entwicklung; ein Zirkel – das ist der widerwärtige Ersatz für die Gesellschaft, die Frauen, das Leben; ein Zirkel ... o ja, warten Sie, ich will Ihnen sagen, was ein Zirkel ist! Ein Zirkel ist das träge und schlaffe Leben miteinander und nebeneinander, dem man die Bedeutung und den Anschein einer vernünftigen Tätigkeit verleiht; ein Zirkel ersetzt das Gespräch durch spitzfindige Erörterungen, er gewöhnt an unfruchtbares Geschwätz, er lenkt Sie von der einsamen, freudebringenden Arbeit ab, er impft Ihnen die literarische Krätze ein; er beraubt Sie endlich der Frische und jungfräulichen Standhaftigkeit der Seele. Ein Zirkel – das ist Fadheit und Langeweile unter dem Namen von Brüderlichkeit und Freundschaft, eine Verkettung von Mißverständnissen und angemaßten Ansprüchen unter dem Deckmantel von Aufrichtigkeit und Teilnahme; in einem Zirkel hat keiner mehr eine reine, unberührte Stelle in seiner Seele, dank dem Recht jedes Freundes, zu jeder Zeit und zu jeder Stunde seine ungewaschenen Finger mitten in das Innere eines Kameraden zu stecken; in einem Zirkel verbeugt man sich vor dem hohlen Phrasendrescher, vor dem eitlen Vielwisser, dem vorzeitig Vergreisten; den talentlosen Verseschmied, der voll ‚geheimer' Gedanken steckt, trägt man auf Händen; in einem Zirkel reden junge, siebzehnjährige Bürschchen klug und weise von den Frauen und von der Liebe, in Gegenwart von Frauen aber schweigen sie oder sprechen mit ihnen wie mit einem Buch – ja, und worüber sie sprechen! In einem Zirkel blüht die klügelnde Schönrednerei; in einem Zirkel beobachtet einer den anderen nicht viel anders als ein Polizeibeamter... O Zirkel! Du bist kein Zirkel: Du bist ein Zauberkreis, in dem so mancher anständige Mensch verkommen ist!"

„Nun, da übertreiben Sie aber, gestatten Sie mir zu bemerken", unterbrach ich ihn.

Mein Nachbar sah mich schweigend an.

„Kann sein, Gott mag es wissen, kann sein. Aber unsereinem ist ja nur das eine Vergnügen geblieben – zu übertreiben. In dieser Weise lebte ich also vier Jahre in Moskau. Ich bin nicht imstande, Ihnen zu schildern, mein werter Herr, wie schnell, wie furchtbar schnell diese Zeit verging; es ist für mich sogar schmerzlich und ärgerlich, daran zu denken. Stand man am Morgen auf, so ging es wie mit dem Schlitten den Berg hinunter... Ehe man sich's versah, war man wieder am Ende angelangt – da war schon der Abend da, da half einem schon wieder der verschlafene Diener in den Gehrock. Man zog sich an und bummelte zu einem Freund, um ein Pfeifchen zu rauchen, ein Glas dünnen Tee nach dem andern zu trinken und über die deutsche Philosophie, die Liebe, die ewige Sonne des Geistes und andere weit abliegende Dinge zu reden. Aber auch dort begegnete ich originellen, eigenwüchsigen Menschen: Wie sehr mancher auch versuchte, sich umzumodeln, sich unters Joch zu beugen, die Natur nahm sich doch ihr Recht; nur ich Unglücklicher knetete mich selbst wie weiches Wachs, und meine armselige Natur leistete nicht den geringsten Widerstand! Inzwischen vollendete ich das einundzwanzigste Lebensjahr. Ich trat mein Erbe an oder, richtiger gesagt, den Teil meines Erbes, den mein Vormund mir übrigzulassen für gut befunden hatte, erteilte einem freigelassenen Leibeigenen, Wassili Kudrjaschew, eine Vollmacht, all meine Erbgüter zu verwalten, und fuhr ins Ausland, nach Berlin. Im Ausland verbrachte ich, wie ich bereits das Vergnügen hatte, Ihnen mitzuteilen, drei Jahre. Und was kam dabei heraus? Auch dort, auch im Ausland blieb ich dasselbe unoriginelle Geschöpf. Erstens brauche ich wohl gar nicht erst zu sagen, daß ich vom eigentlichen Europa, von der europäischen Lebensweise nicht die Spur kennengelernt habe; ich hörte deutsche Professoren und las deutsche Bücher am Ort ihrer Geburt – darin bestand der ganze Unterschied. Ich führte ein mönchisches Leben; ich verkehrte mit verabschiedeten russischen Leutnanten, die gleich mir von Wissensdurst geplagt, im übrigen aber sehr schwer von Begriff und nicht mit der Gabe des Wortes ausgestattet waren; ich hatte Umgang mit einigen stumpfsinnigen Familien aus Pensa und anderen Ackerbau treibenden Gouvernements; ich saß in den Kaffeehäusern herum, las Zeitschriften und ging abends ins Theater. Mit den Einheimischen wurde ich wenig bekannt, unterhielt mich mit ihnen irgendwie gezwungen und sah nie jemand von ihnen bei mir, außer zwei oder drei aufdringlichen Burschen jüdischer Herkunft, die fortwährend zu mir gelaufen kamen und sich Geld bei mir borgten, denn *der Russe* war vertrauensselig. Ein seltsamer Zufall führte mich schließlich in das Haus eines meiner Professoren, und zwar kam das so: Ich war zu ihm gegangen, um eine Vorlesung zu belegen, aber er lud mich plötzlich kurzerhand für den Abend zu sich nach Hause ein. Dieser Professor hatte zwei Töchter, etwa siebenundzwanzig Jahre alt, stämmige Mädchen – Gott beschütze sie – mit wunderschönen Nasen, Ringellocken und blaßblauen Augen, aber roten Händen mit weißen Nägeln. Die eine hieß Linchen, die andere Minchen. Ich fing an, den Professor zu besuchen. Ich muß Ihnen sagen, daß dieser Professor nicht gerade dumm war, aber doch irgendwie beschränkt: Vom Katheder aus sprach er ziemlich zusammenhängend, daheim aber schnarrte er und trug die Brille auf der Stirn; dabei war er ein sehr gelehrtes Haus ... Und was denken Sie? Plötzlich schien es mir, als hätte ich mich in Linchen verliebt, volle sechs Monate schien es mir so. Zwar unterhielt ich mich wenig mit ihr – meistens sah ich sie nur an –, aber ich las ihr verschiedene rührselige Dichtwerke vor, drückte ihr verstohlen die Hände, und abends schwärmte ich an ihrer Seite und blickte dabei unverwandt den Mond an oder einfach nach oben. Dabei kochte sie so ausgezeichnet Kaffee! ... Was wollte ich noch mehr? Nur eines machte mich stutzig: Gerade in den Augenblicken unaussprechlicher Seligkeit, wie man so sagt, zog sich mir, wer weiß warum, in der Herzgrube etwas zusammen, und ein banger, kalter Schauer lief mir über den Magen. Schließlich konnte ich ein solches Glück nicht mehr ertragen und entfloh. Volle zwei Jahre brachte ich danach noch im Ausland zu: Ich war in Italien, ich habe in Rom vor dem ‚Jüngsten Gericht' gestanden und vor der Venus in Florenz; bisweilen geriet ich ganz plötzlich in ein unmäßiges Entzücken, gleichsam als packte mich ein Wutanfall; abends schrieb ich Gedichte und fing ein Tagebuch an; mit einem Wort, ich benahm mich auch dort wie alle. Dabei, sehen Sie, ist es so leicht, originell zu sein. Ich verstehe zum Beispiel nichts von Malerei und Bildhauerei ... Ich könnte das doch ruhig laut sagen – aber nein, wie kann man nur! Nimm einen Cicerone, lauf und sieh dir die Fresken an ..."

Wieder senkte er den Kopf, und wieder riß er sich die Nachtmütze herunter.

„Schließlich kehrte ich also in die Heimat zurück", fuhr er mit müder Stimme fort, „und kam nach Moskau. In Moskau ging eine erstaunliche Verwandlung mit mir vor. Im Ausland war ich meistens schweigsam gewesen, hier aber fing ich mit einemmal an, unerwartet gewandt daherzureden, und gleichzeitig bildete ich mir auf mich selbst Gott weiß was ein. Es fanden sich nachsichtige Menschen, denen ich beinahe wie ein Genie vorkam; die Damen hörten sich mein hochtrabendes Geschwätz voller Teilnahme an – aber ich verstand es nicht, mich auf der Höhe meines Ruhmes zu halten. Eines schönen Morgens entstand eine Klatschgeschichte über mich; wer sie in die Welt gesetzt hatte, weiß ich nicht, wahrscheinlich irgendeine alte Jungfer männlichen Geschlechts – solcher alter Jungfern gibt es in Moskau eine Unmenge. Sie entstand und fing auch gleich an, Ranken und Sprossen zu treiben wie eine Erdbeerpflanze. Ich verstrickte mich darin, ich wollte hinausspringen, die an mir haftenden Fäden zerreißen – es gelang mir nicht ... Ich reiste ab. Auch hier erwies ich mich also als ein alberner Mensch; ich hätte dieses Ungemach seelenruhig vorübergehen lassen sollen, so, wie man das Ende eines Nesselfiebers abwartet, und dieselben nachsichtigen Menschen hätten mich von neuem mit offenen Armen aufgenommen, dieselben Damen hätten von neuem zu meinen Reden wohlwollend gelächelt ... Aber darin liegt ja gerade das Unglück: Ich bin kein origineller Mensch. Sehen Sie, plötzlich war in mir die Gewissenhaftigkeit erwacht: Es war mir irgendwie peinlich geworden, zu schwatzen, ohne Unterlaß zu schwatzen, gestern auf dem Arbat, heute auf dem Trubaplatz, morgen auf der Siwzew-Wrashek-Straße – und immer nur über das gleiche ... Aber wenn das verlangt wird? Sehen Sie sich doch mal die wahren Kämpen auf diesem Schlachtfeld an: Ihnen macht das gar nichts aus; im Gegenteil, gerade so wollen sie es haben; mancher von ihnen arbeitet schon das zwanzigste Jahr mit der Zunge und immer nur in einer Richtung ... Was bedeutet doch Selbstvertrauen und Ehrgeiz! Auch ich besaß ihn einmal, den Ehrgeiz, und er hat sich auch jetzt noch nicht ganz gelegt... Das Schlimme ist aber auch dabei wieder, daß ich – ich muß es noch einmal sagen – kein origineller Mensch bin, ich bin auf halbem Wege stehengeblieben: Die Natur hätte mir entweder viel mehr Ehrgeiz mitgeben sollen oder überhaupt keinen. So aber kam es mich in der ersten Zeit wirklich hart an; dazu hatte die Reise ins Ausland meine Mittel endgültig erschöpft, aber eine Kaufmannstochter mit einem jungen, jedoch schon wabbeligen, gallertartigen Körper wollte ich nicht heiraten – und so zog ich mich auf mein Gut zurück. Ich glaube", fügte mein Nachbar hinzu und warf wieder einen Seitenblick auf mich, „ich kann die ersten Eindrücke des Landlebens übergehen, die Hinweise auf die Schönheit der Natur, auf den stillen Reiz der Einsamkeit und dergleichen ..."

„Das können Sie, das können Sie", erwiderte ich.

„Um so mehr", fuhr der Erzähler fort, „als das alles Unsinn ist, wenigstens was mich betrifft. Ich langweile mich auf dem Lande wie ein eingesperrter junger Hund, obgleich ich gestehen muß, daß mir, als ich auf dem Heimweg zum erstenmal im Frühling wieder durch den wohlbekannten Birkenhain fuhr, der Kopf schwindelte und das Herz vor unklarer, süßer Erwartung klopfte. Aber diese unklaren Erwartungen, das wissen Sie selbst, erfüllen sich nie, im Gegenteil, es erfüllen sich ganz andere Dinge, die man durchaus nicht erwartet hat, wie etwa Viehseuchen, Rückstände, Zwangsversteigerungen und so weiter und so fort. Ich schlug mich schlecht und recht von einem Tag zum andern durch, mit Hilfe meines Gutsvogtes Jakow, der den früheren Verwalter abgelöst hatte und sich in der Folgezeit als ein ebensolcher, wenn nicht noch größerer Spitzbube erwies und überdies mein Dasein durch den Geruch seiner geteerten Stiefel vergiftete. Da erinnerte ich mich eines Tages einer bekannten Nachbarsfamilie, die aus der Witwe eines abgedankten Obersten und ihren zwei Töchtern bestand. Ich ließ die Droschke anspannen und fuhr zu den Nachbarn. Dieser Tag muß mir für immer unvergeßlich bleiben: Sechs Monate danach heiratete ich die zweite Tochter."

Der Erzähler ließ den Kopf sinken und hob die Hände zum Himmel empor.

„Dabei", fuhr er mit Eifer fort, „möchte ich Ihnen keine schlechte Meinung über die Verstorbene einflößen. Gott bewahre! Sie war das edelste und gutherzigste Geschöpf, ein liebevolles Geschöpf, zu jeglichem Opfer fähig, obgleich ich, unter uns gesagt, eingestehen muß, daß ich, wenn ich nicht das Unglück gehabt hätte, sie zu verlieren, heute wahrscheinlich nicht in der Lage wäre, mich mit Ihnen zu unterhalten, denn der Deckenbalken in meiner Scheune ist noch heutigen Tages vorhanden, an dem ich mich mehr als einmal aufhängen wollte.

Manche Birnen", begann er wieder nach einem kurzen Schweigen, „müssen einige Zeit im Keller unter Erde liegen, um, wie man sagt, ihren wahren Geschmack zu bekommen; meine Verstorbene gehörte offenbar auch zu dieser Art von Naturerzeugnissen. Erst jetzt lasse ich ihr volle Gerechtigkeit widerfahren. Erst jetzt rufen zum Beispiel die Erinnerungen an manche Abende, die ich vor der Hochzeit mit ihr verbracht habe, nicht nur nicht die geringste Bitterkeit in mir wach, im Gegenteil, sie rühren mich fast zu Tränen. Es waren keine reichen Leute; ihr Haus, ein sehr altmodischer, aber bequemer Holzbau, stand auf einer Anhöhe zwischen einem von Unkraut überwucherten Garten und einem grasbewachsenen Hof. Am Fuß der Anhöhe strömte ein Fluß vorbei, den man durch das dichte Laub hindurch kaum sah. Eine große Terrasse führte aus dem Haus in den Garten; vor der Terrasse prangte ein längliches Beet voller Rosen; an jedem Ende des Beetes wuchsen zwei Akazien, die der verstorbene Hausherr noch in ihrer Jugend schraubenförmig miteinander verflochten hatte. Etwas weiter entfernt stand mitten im Dickicht eines ungepflegten und verwilderten Himbeergesträuches eine Laube, die innen kunstvoll ausgemalt, außen aber derartig morsch und baufällig war, daß einem bei ihrem Anblick bange wurde. Von der Terrasse führte eine Glastür in den Salon; im Salon aber bot sich dem neugierigen Blick des Betrachters folgendes Bild: in den Ecken Kachelöfen, rechts ein verstimmtes Klavier, mit handgeschriebenen Notenblättern überhäuft, ein Diwan, der mit einem verblichenen hellblauen, weißgemusterten Stoff bezogen war, ein runder Tisch, zwei Glasschränke mit Porzellansächelchen und Perlenstickereien aus der Zeit Katharinas, an der Wand das bekannte Bildnis einer blonden Jungfrau mit schwärmerisch verdrehten Augen und mit einem Täubchen auf der Brust, auf dem Tisch eine Vase mit frischen Rosen ... Sehen Sie, wie genau ich das beschreiben kann. In diesem Salon und auf dieser Terrasse spielte sich die ganze Tragikomödie meiner Liebe ab. Die Nachbarin selbst war ein böses Weib, das vor lauter Bosheit beständig heiser war, ein herrschsüchtiges und zänkisches Geschöpf; von den Töchtern unterschied sich die eine – Wera – in nichts von den meisten anderen jungen Damen aus der Provinz, die andere hieß Sofja. In Sofja verliebte ich mich. Beide Schwestern hatten noch eine andere Stube, ihr gemeinsames Schlafzimmer, mit zwei unschuldigen Holzbetten, vergilbten Alben, Reseda, Porträts von Freunden und Freundinnen in ziemlich schlechten Bleistiftzeichnungen – unter ihnen fiel besonders ein Herr mit ungewöhnlich energischem Gesichtsausdruck und noch energischerer Unterschrift auf, der in seiner Jugend übermäßige Erwartungen geweckt, es aber schließlich, wie wir alle, zu nichts gebracht hatte –, mit den Büsten Goethes und Schillers, mit deutschen Büchern, vertrockneten Kränzen und anderen Dingen, die als Andenken aufbewahrt wurden. Dieses Zimmer betrat ich jedoch selten und ungern: Irgend etwas benahm mir dort den Atem. Außerdem – merkwürdig! Sofja gefiel mir am besten, wenn ich mit dem Rücken zu ihr saß, oder vielleicht noch, wenn ich an sie dachte oder vielmehr von ihr träumte, besonders abends auf der Terrasse. Ich schaute dann in das Abendrot, auf die Bäume, auf die kleinen grünen Blätter, die schon dunkel waren, sich aber noch scharf vom rosafarbenen Himmel abhoben; Sofja saß im Salon am Klavier und spielte immer wieder ein leidenschaftlich-gedankenvolles Stück von Beethoven, das sie besonders liebte; die böse Alte saß auf dem Diwan und schnarchte friedlich; im Speisezimmer, das vom roten Licht des Abendhimmels durchflutet war, kümmerte sich Wera um den Tee; der Samowar summte behaglich, als freue er sich über etwas; mit lustigem Krachen brachen die Brezeln entzwei, die Teelöffel klirrten hell an den Tassen; der Kanarienvogel, der den ganzen Tag über unbarmherzig geschmettert hatte, wurde plötzlich still und zwitscherte nur ab und zu, als wolle er etwas fragen; aus einem durchsichtigen, leichten Wölkchen fielen im Vorbeiziehen ein paar Tropfen ... Ich aber saß und saß, lauschte und lauschte und schaute; mein Herz weitete sich, und wieder schien mir, als liebte ich. Unter dem Eindruck eines solchen Abends bat ich einmal die Alte um die Hand ihrer Tochter, und zwei Monate später heiratete ich. Mir war, als liebte ich sie ... Jetzt wäre es ja nun an der Zeit, es zu wissen, aber, bei Gott, ich weiß auch jetzt noch nicht, ob ich Sofja geliebt habe. Sie war ein gutes, kluges, schweigsames Wesen mit einem warmen Herzen, aber Gott weiß, woher es kam, ob vom langen Leben auf dem Lande oder ob es andere Ursachen hatte – auf dem Grund ihrer Seele, wenn die Seele überhaupt einen Grund hat, verbarg sich eine Wunde oder, besser gesagt, tropfte es aus einer kleinen Wunde, die durch nichts zu heilen war und die auch nur zu benennen weder sie noch ich vermochte. Von dieser Wunde merkte ich natürlich erst nach der Heirat etwas. Wie sehr ich mich auch damit abmühte – nichts half! Ich hatte als Kind einen Zeisig, den einmal die Katze in die Pfoten bekam; er wurde gerettet und geheilt, aber richtig gesund wurde mein armer Zeisig nicht wieder; er saß traurig da, kränkelte, sang nicht mehr ... Es endete damit, daß eines Nachts in seinen offenen Käfig eine Ratte eindrang und ihm den Schnabel abbiß, woran er schließlich doch noch starb. Ich weiß nicht, was für eine Katze meine Frau in den Pfoten gehabt hatte, aber sie wurde ebenso traurig und welkte genauso dahin wie mein unglücklicher Zeisig. Manchmal wollte sie sich offenbar selbst aufraffen und sich an der frischen Luft, in der Sonne und im Freien aufheitern; sie versuchte es – und kroch gleich wieder in sich zusammen. Und doch liebte sie mich: Wie oft beteuerte sie mir, daß sie nicht wüßte, was sie sich noch wünschen sollte – ach, hol's der Teufel! –, und dabei waren ihre Augen so matt und trüb. Ich dachte, daß in ihrer Vergangenheit vielleicht etwas gewesen sei. Ich zog Erkundigungen ein: Es war nichts gewesen. So, nun urteilen Sie selbst: Ein origineller Mensch hätte die Achseln gezuckt, vielleicht ein paarmal geseufzt und dann nach seiner Art weitergelebt; ich unoriginelles Wesen aber fing an, mich nach einem Deckenbalken umzusehen. In meiner Frau waren alle Gewohnheiten einer alten Jungfer – Beethoven, nächtliche Spaziergänge, Reseda, Poesiealben, der Briefwechsel mit Freunden und dergleichen mehr – so fest eingewurzelt, daß sie sich an eine andere Lebensweise, besonders an das Leben einer Hausfrau, einfach nicht gewöhnen konnte; dabei ist es für eine verheiratete Frau doch lächerlich, sich in unnennbarer Sehnsucht zu verzehren und abends zu singen ,Wecke sie nicht beim Morgenrot'.

Auf diese Art lebten wir also nun drei Jahre in Glück und Wonne; im vierten starb Sofja an der ersten Geburt, und – merkwürdig – ich hatte gewissermaßen schon vorher geahnt, daß sie nicht imstande sein würde, mir eine Tochter oder einen Sohn und der Erde einen neuen Bewohner zu schenken. Ich erinnere mich noch, wie sie beerdigt wurde. Es war im Frühling. Unsere Pfarrkirche ist klein und alt, die Ikonenwand schwarz vor Alter, die Wände sind kahl, der Ziegelfußboden ist stellenweise zerbröckelt; auf jeder Seite des Altarvorraums hängt ein großes altertümliches Heiligenbild. Der Sarg wurde hereingetragen und in der Mitte vor der Tür zum Allerheiligsten niedergesetzt; man bedeckte ihn mit einem verblichenen Tuch und stellte drei Leuchter um ihn auf. Der Gottesdienst begann. Der gebrechliche alte Küster, mit seinem kleinen Zopf im Nacken, einen grünen Stoffgürtel weit unterhalb der Hüften um den Leib geschlungen, brummelte trübselig am Lesepult; der Geistliche, ebenfalls ein alter Mann, mit einem gutmütigen Gesicht und kurzsichtigen Augen, im lila Priestergewand mit gelben Ornamenten, hielt die Messe und versah auch noch den Dienst des Diakons. In der ganzen Breite der weitgeöffneten Fenster bewegten sich flüsternd die jungen, frischen Blätter der Trauerbirken; vom Hofe drang Wiesenduft herein; die rote Flamme der Wachskerzen erblaßte im heiteren Licht des Frühlingstages; die Sperlinge zwitscherten, daß es durch die ganze Kirche hallte, und bisweilen erscholl unter der Kuppel der helle Ruf einer hereingeflogenen Schwalbe. Im goldenen Staub eines Sonnenstrahls senkten und hoben sich in raschem Wechsel die blonden Köpfe der wenigen anwesenden Bauern, die eifrig für die Verstorbene beteten; in dünnen bläulichen Schwaden zog der Rauch aus den Öffnungen des Weihrauchfasses. Ich blickte auf das Totenantlitz meiner Frau ... Mein Gott! Auch der Tod, sogar der Tod hatte sie nicht befreit, hatte ihre Wunde nicht geheilt: derselbe krankhafte, schüchterne, stumme Ausdruck, als fühle sie sich auch im Sarge nicht wohl ... Bitterkeit wallte in mir auf. Ein gutes, ein seelengutes Geschöpf war sie, aber für sich selber hatte sie wohl daran getan zu sterben!"

Die Wangen des Erzählers hatten sich gerötet, seine Augen getrübt.

„Als ich endlich", begann er wieder, „die tiefe Schwermut überwunden hatte, die sich meiner nach dem Tod meiner Frau bemächtigte, nahm ich mir vor, wie man zu sagen pflegt, ein neues Leben anzufangen. Ich trat in der Gouvernementsstadt in den Staatsdienst, aber in den großen Räumen der Regierungsbehörde bekam ich Kopfschmerzen, auch die Augen machten nicht mit; andere Gründe kamen mir gerade recht ... Ich nahm meinen Abschied. Ich wollte eigentlich für einige Zeit nach Moskau fahren, aber erstens fehlte mir das Geld dazu, und zweitens ... Ich habe Ihnen schon gesagt, daß ich mich abgefunden habe. Diese Ergebenheit ist plötzlich und auch wiederum nicht plötzlich über mich gekommen. Im Innern hatte ich mich längst abgefunden, aber es wollte noch immer nicht in meinen Kopf hinein. Ich schrieb die Anspruchslosigkeit meines Fühlens und Denkens dem Einfluß des Landlebens und meines Unglücks zu ... Andererseits hatte ich schon längst bemerkt, daß fast alle meine Nachbarn, die jungen wie die alten, die anfangs durch meine Gelehrtheit, meine Auslandsreise und die übrigen Vorzüge meiner Erziehung eingeschüchtert gewesen waren, sich allmählich nicht nur vollständig an mich gewöhnt hatten, sondern sogar anfingen, mich nicht gerade grob, aber doch etwas geringschätzig zu behandeln. Sie hörten meine Ausführungen nicht bis zu Ende an und ließen, wenn sie mit mir sprachen, die üblichen Höflichkeitsfloskeln außer acht. Ich habe auch vergessen, Ihnen zu sagen, daß ich während der ersten Jahre nach meiner Heirat aus Langerweile den Versuch machte, in der Literatur Fuß zu fassen, und sogar einen Beitrag an eine Zeitschrift sandte – wenn ich nicht irre, war es eine Erzählung; nach einiger Zeit erhielt ich jedoch von dem Redakteur einen höflichen Brief, in dem es unter anderem hieß, daß man mir Geist nicht absprechen könne, das Talent aber absprechen müsse und daß in der Literatur nur Talent nötig sei. Außerdem kam mir zu Ohren, daß sich ein durchreisender Moskauer, übrigens ein sehr gutmütiger junger Mann, auf einer Abendgesellschaft beim Gouverneur beiläufig über mich als über einen hohlen Menschen geäußert hatte, der sich völlig ausgegeben habe. Aber meine halb freiwillige Verblendung dauerte noch immer fort: Ich hatte keine Lust, mich selber zu ‚ohrfeigen'. Eines schönen Morgens gingen mir endlich die Augen auf. Das kam so: Der Kreispolizeichef besuchte mich eines Tages, in der Absicht, meine Aufmerksamkeit auf eine eingestürzte Brücke innerhalb meiner Besitzungen zu lenken, die wiederherzustellen ich jedoch gar nicht die Mittel hatte. Während dieser einsichtsvolle Hüter der öffentlichen Ordnung ein Glas Wodka und ein Stück gedörrten Störrücken zu sich nahm, machte er mir väterliche Vorwürfe wegen meiner Unachtsamkeit; übrigens zeigte er Verständnis für meine Lage und riet mir nur, meinen Bauern zu befehlen, die eingestürzte Stelle mit Mist zuzuwerfen; darauf steckte er sich eine Pfeife an und begann von den bevorstehenden Wahlen zu sprechen. Um den ehrenvollen Posten des Gouvernementsadelsmarschalls bewarb sich damals ein gewisser Orbassanow, ein leerer Schwätzer, der obendrein noch bestechlich war. Dazu zeichnete er sich weder durch Reichtum noch durch alten Adel aus. Ich äußerte meine Meinung über ihn, die ziemlich abfällig war: Ich gestehe, ich blickte auf Herrn Orbassanow von oben herab. Der Kreispolizeichef sah mich an, klopfte mir freundschaftlich auf die Schulter und meinte gutmütig: ‚Na, Wassili Wassiljewitsch, uns beiden kommt es wohl nicht zu, über solche Leute zu urteilen – wo kämen wir da hin? ... Schuster, bleib bei deinem Leisten.' – ‚Aber ich bitte Sie', entgegnete ich ärgerlich, ‚was ist denn für ein Unterschied zwischen mir und Herrn Orbassanow?' Der Kreispolizeichef nahm die Pfeife aus dem Mund, riß die Augen auf und lachte aus vollem Hals. ‚Na, Sie Spaßvogel', sagte er schließlich und lachte Tränen dabei, ‚da haben Sie sich ja ein Stückchen geleistet ... Ha, Sie sind einer!' Und bis zu seiner Abfahrt hörte er nicht auf, sich über mich lustig zu machen; dann und wann stieß er mich mit dem Ellbogen in die Seite und redete mich schon mit ‚du' an. Endlich fuhr er fort. Dieser Tropfen hatte mir gerade noch gefehlt; nun lief der Becher über. Ich ging ein paarmal im Zimmer auf und ab, blieb vor dem Spiegel stehen und betrachtete lange, lange mein verstörtes Gesicht, dann streckte ich langsam die Zunge heraus und schüttelte mit bitterem Hohnlachen den Kopf. Der Schleier war von meinen Augen abgefallen: Ich sah klar, klarer als mein eigenes Gesicht im Spiegel, was für ein hohler, nichtiger, unnützer, unorigineller Mensch ich war!"

Der Erzähler schwieg eine Weile.

„In einer Tragödie Voltaires", fuhr er schwermütig fort, „freut sich ein hochgeborener Herr darüber, daß er die äußerste Grenze des Unglücks erreicht hat. Obwohl in meinem Schicksal nichts Tragisches liegt, so, muß ich gestehen, habe ich doch etwas Ähnliches erlebt. Ich habe die giftige Lust der kalten Verzweiflung kennengelernt; ich habe erfahren, wie süß es ist, einen ganzen Morgen lang, ohne Eile und im Bett liegend, den Tag und die Stunde meiner Geburt zu verfluchen – ich konnte mich nicht mit einemmal abfinden. Und in der Tat, überlegen Sie doch: Der Geldmangel kettete mich an das mir verhaßte Landleben; weder die Landwirtschaft noch der Dienst, noch die Literatur – nichts eignete sich für mich; die Gutsbesitzer mied ich, die Bücher widerten mich an; für die verschwommen-schwülstigen und krankhaft-empfindsamen Fräulein, die ihre Locken schütteln und das Wort ‚Leben' wie im Fieber beständig wiederholen, stellte ich nichts Anziehendes mehr dar, seitdem ich nicht mehr schwatzte und nicht mehr in Entzücken geriet; mich ganz von der Gesellschaft abzusondern, das verstand ich nicht und konnte ich nicht ... Ich begann – was glauben Sie wohl? Ich begann, meine Nachbarn häufig zu besuchen. Gleichsam berauscht von Selbstverachtung, setzte ich mich absichtlich allen möglichen kleinlichen Erniedrigungen aus. Bei Tisch wurde ich übergangen, man begegnete mir kalt und hochmütig, schließlich beachtete man mich überhaupt nicht mehr; man ließ mich sogar nicht mehr an der allgemeinen Unterhaltung teilnehmen, und ich selbst stimmte manchmal aus meinem Winkel heraus absichtlich irgendeinem ganz dummen Schwätzer zu, der seinerzeit in Moskau mit Entzücken den Staub von meinen Füßen, den Saum meines Mantels geküßt hätte ... Ich erlaubte mir nicht einmal zu denken, daß ich mich dem bitteren Vergnügen der Ironie hingab ... Ich bitte Sie, was soll auch die Ironie in der Einsamkeit! So trieb ich es nun eine Reihe von Jahren, und so treibe ich es noch heute ..."

„Das ist doch wirklich unerhört", knurrte aus dem benachbarten Zimmer die schlaftrunkene Stimme des Herrn Kantagrjuchin, „welchem Narren fällt es denn da ein, sich mitten in der Nacht zu unterhalten?"

Der Erzähler schlüpfte geschwind unter die Bettdecke, lugte ängstlich darunter hervor und drohte mir mit dem Finger.

„St ... st ...", flüsterte er, und sich gleichsam entschuldigend und verbeugend, wandte er sich ehrerbietig in die Richtung, aus der die Stimme Kantagrjuchins gekommen war.

„Ich höre, ich höre, entschuldigen Sie ... Es ist ihm erlaubt, zu schlafen, es steht ihm zu", fuhr er, immer noch im Flüsterton, fort, „er muß neue Kräfte sammeln, und sei es auch nur, um morgen mit dem gleichen Genuß essen zu können. Wir haben kein Recht, ihn zu stören. Außerdem habe ich Ihnen, glaube ich, alles gesagt, was ich wollte; wahrscheinlich wollen auch Sie schlafen. Ich wünsche Ihnen eine gute Nacht."

Der Erzähler kehrte sich äußerst schnell ab und vergrub den Kopf in die Kissen.

„Erlauben Sie mir wenigstens zu erfahren", sagte ich, „mit wem ich das Vergnügen hatte ..."

Er hob rasch den Kopf.

„Nein, um Gottes willen", unterbrach er mich. „Fragen Sie weder mich noch andere nach meinem Namen. Lassen Sie mich ein unbekanntes Wesen für Sie bleiben, der vom Schicksal zu Boden gedrückte Wassili Wassiljewitsch. Außerdem verdiene ich als unorigineller Mensch keinen besonderen Namen ... Aber wenn Sie mir durchaus irgendeinen Beinamen geben wollen, so nennen Sie mich ... nennen Sie mich den Hamlet des Kreises Stschigry. Solcher Hamlets gibt es viele in jedem Kreis, aber vielleicht sind Sie auf die anderen noch nicht gestoßen ... Und nun leben Sie wohl."

Er vergrub sich wieder in sein Federbett, aber als man mich am anderen Morgen wecken kam, war er schon nicht mehr im Zimmer. Er war vor Sonnenaufgang abgereist.

Tschertopchanow und Nedopjuskin

An einem heißen Sommertag kehrte ich einmal in meinem Wagen von der Jagd heim; Jermolai saß neben mir, er schlummerte und hob immer wieder den ständig auf die Brust sinkenden Kopf. Die eingeschlafenen Hunde ließen sich zu unseren Füßen durcheinanderrütteln, als wären sie tot. Der Kutscher verscheuchte fortwährend mit der Peitsche die Bremsen von den Pferden. Weißer Staub trieb als leichte Wolke hinter dem Wagen her. Wir fuhren in einen Buschwald hinein. Der Weg wurde immer holpriger, die Räder streiften die Äste. Jermolai fuhr auf und blickte umher. „Ha!" sagte er. „Hier muß es doch Birkhühner geben. Wir könnten mal aussteigen." Wir hielten an und gingen in das Gehölz. Mein Hund stieß bald auf Birkwild. Ich schoß und wollte gerade mein Gewehr von neuem laden, als plötzlich hinter mir ein lautes Knacken anhob und ein Reiter zu mir heranritt, wobei er die Büsche mit den Händen auseinanderbog.

„Gesta-atten Sie die Frage", begann er in hochmütigem Ton, „mit welchem Recht ja-agen Sie hier, mein Herr?"

Der Unbekannte sprach ungemein schnell, abgehackt und durch die Nase. Ich sah ihm ins Gesicht: Zeit meines Lebens hatte ich nichts Ähnliches gesehen. Stellen Sie sich einen kleinen Mann vor, lieber Leser, blond, mit einer kleinen roten Stubsnase und einem überlangen rotblonden Schnurrbart. Eine spitze persische Mütze, die mit himbeerfarbenem Tuch überzogen war, saß ihm bis an die Augenbrauen in der Stirn. Er trug einen schäbigen, kurzen gelben Rock mit auf der Brust aufgenähten schwarzen Samtstreifen für die Patronen und verschossenen Silberlitzen an allen Nähten; über seiner Schulter hing ein Horn, im Gürtel stak ein Dolch. Der dürre ramsnasige Fuchs, auf dem er saß, tanzte wie besessen hin und her; zwei magere, krummbeinige Windhunde sprangen um das Pferd herum. Das Gesicht, der Blick, die Stimme, jede Bewegung, das ganze Wesen des Unbekannten atmete eine tollkühne Verwegenheit und einen maßlosen, unerhörten Stolz; seine blaßblauen, gläsernen Augen rollten und schielten wie bei einem Betrunkenen; er hatte den Kopf zurückgeworfen und die Bakken aufgeblasen, er bebte am ganzen Leib und schnaufte gleichsam vor übermäßigem Hochmut – genau wie ein Truthahn. Er wiederholte seine Frage.

„Ich wußte nicht, daß es hier verboten ist, zu schießen", antwortete ich.

„Sie befinden sich hier auf meinem Grund und Boden, verehrter Herr", fuhr er fort.

„Bitte schön, ich werde gehen."

„Gesta-atten Sie die Frage", erwiderte er, „habe ich die Ehre, mit einem Edelmann zu sprechen?"

Ich nannte meinen Namen.

„In diesem Fall jagen Sie bitte weiter. Ich bin selbst Edelmann und freue mich sehr, einem Edelmann gefällig sein zu können ... Ich heiße Tschertop-chanow, Pantelej."

Er beugte sich vor, stieß einen schrillen Jagdruf aus und gab dem Pferd einen Schlag auf den Hals; das Pferd schüttelte wild den Kopf, bäumte sich, sprang zur Seite und trat dabei einem Hund auf die Pfote. Der Hund jaulte gellend. Tschertopchanow brauste auf, fauchte und schlug das Pferd mit der Faust zwischen die Ohren, dann sprang er blitzschnell ab, besah die Pfote des Hundes, spuckte auf die Wunde, stieß den Hund mit dem Fuß in den Bauch, damit er aufhöre zu heulen, hielt sich an der Mähne des Pferdes fest und setzte den Fuß in den Steigbügel. Das Pferd warf den Kopf hoch, hob den Schweif und brach seitwärts in die Büsche aus; Tschertopchanow hüpfte auf einem Fuß mit und gelangte schließlich doch noch in den Sattel; er schwang wie ein Rasender die Hetzpeitsche, stieß ins Horn und sprengte davon.

Ich war nach dem unerwarteten Erscheinen Tschertopchanows noch nicht recht zu mir gekommen, als plötzlich, fast ohne jedes Geräusch, ein dicker Mann von etwa vierzig Jahren auf einem kleinen, unansehnlichen Rappen aus dem Gebüsch herausgeritten kam. Er hielt an, zog seine grüne lederne Schirmmütze und fragte mich mit dünner, sanfter Stimme, ob ich nicht einen Reiter auf einem Fuchs gesehen hätte. Ich antwortete, ich hätte ihn gesehen.

„Und nach welcher Seite hat er geruht weiterzureiten?" fuhr er in demselben Ton fort, ohne die Mütze aufzusetzen.

„Dahin."

„Ich danke Ihnen ergebenst."

Er schnalzte mit den Lippen, ließ die Beine an den Flanken seines Gauls hin und her schlenkern und trabte in der von mir angegebenen Richtung davon – trapp, trapp. Ich sah ihm nach, bis seine hornförmige Mütze hinter den Zweigen verschwunden war. Dieser neue Unbekannte glich in seinem Äußeren seinem Vorgänger in keiner Weise. Sein feistes, kugelrundes Gesicht drückte Schüchternheit, Gutmütigkeit und Sanftmut aus; die Nase, gleichfalls dick und rund, von blauen Äderchen überzogen, verriet den Genießer. Auf seinem Kopf war vorn nicht ein einziges Härchen übriggeblieben, hinten ragten ein paar spärliche hellbraune Strähnen hervor; die Äuglein, deren schmale Schlitze mit einem scharfen Grashalm herausgeschnitten schienen, zwinkerten freundlich; der rote, volle Mund lächelte süß. Er hatte einen Überrock mit Stehkragen und Messingknöpfen an, sehr abgetragen, aber sauber; seine Tuchhosen waren hoch hinaufgerutscht; über den gelben Stiefelrändern sah man die fetten Waden.

„Wer ist das?" fragte ich Jermolai.

„Das? Nedopjuskin, Tichon Iwanytsch. Er lebt bei Tschertopchanow."

„Was ist er, ein armer Mann?"

„Reich ist er nicht, aber auch Tschertopchanow besitzt ja keinen roten Heller."

„Warum ist er denn da zu ihm gezogen?"

„Sie haben sich eben angefreundet. Wo der eine ist, da ist der andere nicht weit ... Es stimmt schon: Wie zum Pferd der Huf gehört, so zum Krebs die Schere."

Wir traten aus dem Buschwald hinaus. Plötzlich blafften neben uns zwei Jagdhunde los, und ein ausgewachsener Schneehase fegte durch den schon ziemlich hohen Hafer dahin. Aus dem Wald setzten ihm Hunde nach, Jagdhunde und Windhunde, und hinter ihnen jagte Tschertopchanow selbst aufs Feld hinaus. Er schrie nicht, er hetzte nicht, er trieb die Hunde nicht an: Er keuchte und rang nach Luft; aus seinem weit offenen Mund brachen hin und wieder abgerissene, sinnlose Laute hervor; mit herausquellenden Augen raste er vorwärts und hieb mit der Hetzpeitsche wie toll auf das unglückliche Pferd ein. Die Windhunde waren schon heran, da duckte sich der Hase, schlug einen Haken und sauste zurück in die Büsche, an Jermolai vorbei. Die Windhunde jagten ihm nach.

„Paß auf, paß auf!" lallte mühsam, wie mit gelähmter Zunge, der erschöpfte Jäger. „Mein Guter, paß auf!"

Jermolai schoß ... Der verwundete Hase überschlug sich auf dem glatten, trockenen Gras, sprang noch einmal in die Höhe und schrie dann kläglich in den Zähnen eines Hundes, der ihn gepackt hatte. Die Jagdhunde fielen sofort über ihn her.

In größter Hast sprang Tschertopchanow vom Pferd, riß den Dolch aus der Scheide, lief mit gespreizten Beinen zu den Hunden, entriß ihnen unter wütendem Fluchen den zerfleischten Hasen und stieß ihm mit verzerrtem Gesicht den Dolch bis an den Griff in die Kehle – stieß zu und brach in laute Hohorufe aus. Am Waldrand tauchte Tichon Iwanytsch auf.

„Ho-ho-ho-ho-ho-ho-ho!" johlte Tschertopchanow abermals.

„Ho-ho-ho-ho", wiederholte sein Jagdgefährte ruhig.

„Eigentlich sollte man ja im Sommer keine Hetzjagd veranstalten", bemerkte ich und wies Tschertopchanow auf den zertretenen Hafer hin.

„Mein Feld", erwiderte Tschertopchanow, noch ganz außer Atem.

Er weidete den Hasen aus, schnürte ihn hinter dem Sattel fest und verteilte die Läufe an die Hunde.

„Ich bin dir eine Schrotladung schuldig, mein Lieber", sagte er nach Weidmannsbrauch, zu Jermolai gewandt. „Und Ihnen, verehrter Herr", fügte er mit der gleichen abgehackten, scharfen Stimme hinzu, „danke ich."

Er schwang sich auf sein Pferd.

„Gesta-atten Sie die Frage ... ich habe vergessen ... Ihren Vornamen und Familiennamen?"

Ich nannte nochmals meinen Namen.

„Sehr erfreut, Ihre Bekanntschaft gemacht zu haben. Wenn es die Gelegenheit ergibt, Sie sind bei mir willkommen... Aber wo steckt denn dieser Fomka, Tichon Iwanytsch?" fuhr er zornig fort. „Wir haben den Hasen ohne ihn gehetzt."

„Das Pferd ist unter ihm gestürzt", antwortete Tichon Iwanytsch lächelnd.

„Wieso gestürzt? Orbassan gestürzt? Pfui, pfit! ... Wo ist er, wo?"

„Dort, hinter dem Wald."

Tschertopchanow schlug das Pferd mit der Hetzpeitsche aufs Maul und sprengte Hals über Kopf davon. Tichon Iwanytsch verbeugte sich zweimal vor mir – für sich und für seinen Jagdgefährten – und trabte wieder gemächlich in den Buschwald hinein.

Diese beiden Herren hatten meine Neugier stark erregt. Was vermochte zwei so grundverschiedene Naturen durch das Band einer unzertrennlichen Freundschaft zu vereinen? Ich begann Erkundigungen einzuholen. Dabei erfuhr ich folgendes.

Tschertopchanow, Pantelej Jeremejitsch, war in der ganzen Gegend als ein gefährlicher, überspannter und hochmütiger Mensch bekannt und als ein Raufbold ersten Ranges. Er hatte nur ganz kurze Zeit in der Armee gedient und, nachdem er es bis zum Fähnrich gebracht hatte, „wegen einer Unannehmlichkeit" seinen Abschied genommen. Er stammte aus einem alten, einstmals reichen Haus; seine Vorfahren hatten in Saus und Braus gelebt, nach Art der Steppenjunker, das heißt, sie hatten gern Gäste bei sich, geladene und ungeladene, mästeten sie bis zum Platzen, ließen an die fremden Kutscher je ein Viertel Hafer für das Dreigespann ausgeben, hielten sich Musikanten, Sänger, Possenreißer und Hunde, bewirteten an Festtagen das Volk mit Schnaps und Dünnbier, fuhren im Winter mit eigenen Pferden in schweren, plumpen Fuhrwerken nach Moskau, lebten dort mitunter monatelang ohne einen Groschen Bargeld und nährten sich nur von dem, was das Gut abwarf. Als der Vater Pantelej Jeremejitschs das Gut übernahm, war es bereits heruntergewirtschaftet; er führte seinerseits auch ein sehr flottes Leben und hinterließ, als er starb, seinem einzigen Erben Pantelej nur das verpfändete Dörfchen Bessonowo mit fünfunddreißig Seelen männlichen und sechsundsiebzig Seelen weiblichen Geschlechts sowie vierzehn und ein Viertel Deßjatinen untauglichen Bodens auf dem Ödland von Kolobrodowaja, über die sich übrigens in den Papieren des Verstorbenen keinerlei Kaufurkunden fanden. Der Verstorbene hatte sich, das muß man zugeben, auf höchst seltsame Weise ruiniert: „Wirtschaftliche Erwägungen" hatten ihn zugrunde gerichtet. Nach seiner Ansicht schickte es sich für einen Edelmann nicht, von Kaufleuten, Städtern und ähnlichen „Räubern", wie er sich ausdrückte, abhängig zu sein; er richtete bei sich alle möglichen Handwerksbetriebe und Werkstätten ein: „Es ist schicklicher und auch billiger", pflegte er zu sagen, „wirtschaftliche Erwägungen!" Von dieser verhängnisvollen Meinung kam er bis an sein Lebensende nicht los; sie war es, die ihn ruinierte. Dafür hatte er auch seinen Spaß! Nicht eine Laune versagte er sich. Unter anderem hatte er einmal den Einfall, nach seinen eigenen Angaben eine Familienkutsche bauen zu lassen, die so riesengroß war, daß sie trotz der vereinten Anstrengungen der aus dem ganzen Dorf zusammengetriebenen Bauernpferde und deren Besitzer schon an der ersten abschüssigen Stelle umstürzte und in Trümmer ging. Jeremej Lukitsch (Pantelejs Vater hieß Jeremej Lukitsch) befahl, an der abschüssigen Stelle ein Denkmal aufzustellen, ließ sich aber im übrigen keineswegs entmutigen. Er hatte auch den Einfall, eine Kirche zu bauen, selbstverständlich allein, ohne die Hilfe eines Architekten. Er ließ einen ganzen Wald verheizen, um die Ziegel zu brennen, und ein so riesiges Fundament legen, als wolle er die Kathedrale für eine Gouvernementsstadt errichten; man zog die Mauern hoch und begann die Kuppel zu wölben – die Kuppel fiel ein. Er machte einen zweiten Versuch – die Kuppel stürzte abermals ein: er versuchte es ein drittes Mal – die Kuppel brach zum drittenmal herunter. Nun wurde mein Jeremej Lukitsch nachdenklich: Die Sache ist nicht geheuer, dachte er, hier ist die verfluchte Hexerei im Spiel ... Er befahl auf der Stelle, alle alten Weiber im Dorf mit Ruten durchzupeitschen. Man peitschte die Weiber mit Ruten – aber mit der Kuppel wurde man trotzdem nicht fertig. Den Bauern begann er die Häuser nach einem neuen Plan umzubauen, und zwar aus wirtschaftlichen Erwägungen heraus; jeweils drei Höfe stellte er im Dreieck zusammen, und in der Mitte pflanzte er eine Stange mit einem bunt angestrichenen Starkasten und einer Fahne auf. Jeden Tag dachte er sich etwas Neues aus: Bald ließ er aus Klettenblättern Suppe kochen, bald den Pferden die Schwänze stutzen, um seinem Gesinde Mützen machen zu lassen, bald wollte er den Flachs durch Brennesseln ersetzen oder die Schweine mit Pilzen füttern ... Übrigens beschränkten sich seine Einfälle nicht auf die Wirtschaft: Er sorgte auch für das Wohl seiner Bauern. Einmal las er in den „Moskowskije wedomosti" einen Artikel des Charkower Gutsbesitzers Chrjak-Chrupjorski über den Nutzen der Sittlichkeit im bäuerlichen Leben, und schon am nächsten Tag erließ er den Befehl, alle Bauern sollten unverzüglich den Artikel des Charkower Gutsbesitzers auswendig lernen. Die Bauern lernten den Artikel; der Gutsbesitzer fragte sie, ob sie verstünden, was da geschrieben stehe. Der Verwalter antwortete: „Warum sollten sie das nicht verstehen!" Etwa um die gleiche Zeit befahl er, alle seine Untertanen der Ordnung und der Wirtschaftlichkeit halber zu numerieren und jedem seine Nummer auf den Kragen zu nähen. Begegnete einer dem Gutsherrn, so hatte er sofort zu rufen: Nummer soundso kommt! Der Herr aber antwortete freundlich: „Geh mit Gott!"

Trotz der Ordnung und der wirtschaftlichen Erwägungen geriet Jeremej Lukitsch indessen nach und nach in eine äußerst schwierige Lage: Zuerst verpfändete er seine Dörfer, später mußte er auch verkaufen; den letzten urgroßväterlichen Erbsitz, das Dorf mit der nicht fertiggebauten Kirche, verkaufte bereits der Fiskus, zum Glück nicht mehr zu Lebzeiten Jeremej Lukitschs – er hätte diesen Schlag nicht überstanden –, sondern zwei Wochen nach seinem Ende. Er war noch rechtzeitig in seinem eigenen Haus und in seinem eigenen Bett gestorben, umgeben von seinen Leuten und unter der Aufsicht seines Arztes; aber dem armen Pantelej fiel nur noch Bessonowo zu.

Pantelej erfuhr von der Erkrankung seines Vaters, als er schon im Dienst stand und die obenerwähnten „Unannehmlichkeiten" gerade ihren Höhepunkt erreicht hatten. Er war soeben neunzehn Jahre alt geworden. Von Kind auf hatte er das Elternhaus nie verlassen und war unter der Leitung seiner Mutter Wassilissa Wassiljewna, einer herzensguten, aber äußerst stumpfsinnigen Frau, zu einem verwöhnten Herrensöhnchen herangewachsen. Sie allein befaßte sich mit seiner Erziehung; Jeremej Lukitsch, der in seine wirtschaftlichen Erwägungen vertieft war, hatte dafür keinen Sinn. Allerdings züchtigte er einmal seinen Sohn eigenhändig dafür, daß er den Buchstaben „r" falsch aussprach, aber an jenem Tag hatte Jeremej Lukitsch einen tiefen, geheimen Kummer: Sein bester Hund war von einem Baum erschlagen worden. Übrigens beschränkten sich Wassilissa Wassiljewnas Bemühungen hinsichtlich der Erziehung Pantjuschas auf eine einzige qualvolle Anstrengung: Im Schweiße ihres Angesichts stellte sie als Hauslehrer für ihn einen abgedankten Soldaten aus dem Elsaß an, einen gewissen Bierkopf, vor dem sie bis zu ihrem Tod wie ein Espenblatt zitterte: Ach, dachte sie, wenn er kündigt, bin ich verloren! Was soll ich dann anfangen? Wo finde ich einen anderen Lehrer? Schon diesen habe ich mit größter Mühe von einer Nachbarin weggelockt! – Und Bierkopf, der ein pfiffiger Kerl war, nützte seine Ausnahmestellung sofort aus: Er trank unmäßig und schlief von morgens bis abends. Nach Beendigung seiner „wissenschaftlichen Ausbildung" trat Pantelej in den Militärdienst. Wassilissa Wassiljewna war schon nicht mehr auf der Welt. Sie war ein halbes Jahr vor diesem wichtigen Ereignis gestorben, und zwar vor Schreck: Ihr war im Traum ein weißer Mann erschienen, der auf einem Bären ritt und auf der Brust die Aufschrift „Antichrist" trug. Jeremej Lukitsch folgte bald darauf seiner besseren Hälfte.

Pantelej ritt, sobald er von der Erkrankung seines Vaters erfahren hatte, Hals über Kopf heim, traf aber seinen Erzeuger nicht mehr lebend an. Doch wie groß war das Erstaunen des ehrerbietigen Sohnes, als er sich vollkommen unerwartet aus einem reichen Erben in einen armen Schlucker verwandelt sah! Nur wenige sind imstande, eine so jähe Wendung ruhig hinzunehmen. Pantelej wurde menschenscheu und hartherzig. Aus einem ehrlichen, freigebigen und gutmütigen, wenn auch unberechenbaren und hitzigen Menschen verwandelte er sich in einen anmaßenden Raufbold und hörte auf, mit den Nachbarn zu verkehren – vor den reichen schämte er sich, die armen verachtete er. Er trat allen gegenüber unerhört frech auf, sogar gegenüber den Staatsbehörden. „Ich bin ein Edelmann aus altem Geschlecht", sagte er. Einmal hätte er beinahe den Landgendarm erschossen, als dieser zu ihm ins Zimmer kam und die Mütze aufbehielt. Selbstverständlich verziehen ihm die Behörden ihrerseits sein Verhalten nicht und ließen ihn bei Gelegenheit ihre Macht fühlen; dennoch fürchtete man ihn, weil er ein schrecklicher Hitzkopf war und schon nach einem kurzen Wortwechsel den andern auf Messer forderte. Beim geringsten Widerspruch rollte Tschertopchanow mit den Augen, die Stimme versagte ihm ... „Ah, wa-wa-wa-wa-wa", stammelte er, „und wenn es meinen Kopf kostet!" Und dabei ging er fast die Wände hoch! Abgesehen davon, war er ein anständiger Charakter, der sich nie in eine schlechte Sache hineinziehen ließ. Selbstverständlich besuchte er niemanden ... Bei alledem hatte er ein gutes und auf seine Art sogar großes Herz: Ungerechtigkeiten und Unterdrückung konnte er nicht ausstehen, auch wenn sie gar nicht ihn selbst betrafen; für seine Bauern stand er mit Leib und Seele ein. „Was", sagte er und schlug sich wütend mit der Faust vor den Kopf, „meine Leute anrühren, meine Leute? Da müßte ich nicht Tschertopchanow heißen!"

Tichon Iwanytsch Nedopjuskin konnte sich nicht wie Pantelej Jeremejitsch seiner Herkunft rühmen. Sein Vater stammte von Freisassen ab und erlangte erst durch vierzigjährigen Staatsdienst den Adel. Herr Nedopjuskin, der Vater, gehörte zu den Menschen, die das Unglück mit einer Erbitterung verfolgt, die persönlichem Haß gleicht. Volle sechzig Jahre lang, von seiner Geburt bis an sein Ende, hatte er gegen alle Not und Armut, gegen alles Elend zu kämpfen, das den kleinen

Leuten nun einmal beschieden ist; er wehrte sich wie der Fisch gegen das Eis, aß sich nicht satt, schlief sich nicht aus, katzbukkelte, rackerte sich ab, verlor den Mut und quälte sich, zitterte um jede Kopeke, wurde tatsächlich „schuldlos" im Dienst gemaßregelt und starb schließlich – war es nun auf einem Dachboden oder in einem Keller –, ohne für sich und seine Kinder das tägliche Brot verdient zu haben. Das Schicksal hatte ihn zu Tode gehetzt wie einen Hasen auf der Treibjagd. Er war ein guter und ehrlicher Mann, nahm aber dennoch Bestechungsgelder, „seinem Dienstrang gemäß" von zehn Kopeken bis zu zwei Silberrubeln einschließlich. Nedopjuskin hatte eine Frau, die mager und schwindsüchtig war; es waren auch Kinder da; doch zum Glück starben sie alle bald, außer Tichon und einer Tochter Mitrodora mit Beinamen „Kaufmannsdämchen", die nach vielen traurigen und lächerlichen Abenteuern einen verabschiedeten Finanzbeamten heiratete. Herrn Nedopjuskin, dem Vater, war es zwar noch bei Lebzeiten gelungen, Tichon als außeretatmäßigen Beamten in einer Kanzlei unterzubringen, aber gleich nach dem Tod seines Erzeugers nahm Tichon seinen Abschied. Die ewigen Aufregungen, der aufreibende Kampf gegen Hunger und Kälte, der schwermütige Gram der Mutter, das verzweifelte Sichabmühen des Vaters, das grobe Fordern und Drängen des Hauswirtes und des Krämers, dieses ganze tagtägliche, fortwährende Elend hatte in Tichon eine unsagbare Schüchternheit groß werden lassen: Beim bloßen Anblick eines Vorgesetzten zitterte und erstarrte er wie ein gefangener Vogel. Er gab den Dienst auf. Die gleichgültige, vielleicht auch spottlustige Natur legt in die Menschen die verschiedensten Fähigkeiten und Neigungen, ohne im mindesten ihre Stellung in der Gesellschaft und ihre Vermögensverhältnisse in Betracht zu ziehen. Mit der ihr eigenen Sorgfalt und Liebe hatte sie aus Tichon, dem Sohn eines armen Beamten, ein gefühlvolles, träges, weiches, empfindsames Wesen geformt – ein Wesen, das ausschließlich auf Genuß gerichtet und mit einem außergewöhnlich feinen Geruchssinn und Geschmack ausgestattet war... Sie hatte es geformt, sorgsam ausgefeilt und ihr Werk dann bei Sauerkohl und faulem Fisch aufwachsen lassen. Und nun war es erwachsen, dieses Werk, und fing an zu „leben", wie man so sagt. Jetzt ging der Spaß los. Das Schicksal, das Nedopjuskin, den Vater, unablässig gepeinigt hatte, nahm sich nun den Sohn vor: Es war offenbar auf den Geschmack gekommen. Aber mit Tichon verfuhr es anders: Es quälte ihn nicht – es trieb seinen Scherz mit ihm. Es brachte ihn nicht ein einziges Mal zur Verzweiflung, es zwang ihn nicht, die beschämenden Qualen des Hungers zu erleiden, aber es hetzte ihn durch ganz Rußland, von Weliki-Ustjug bis Zarewo-Kokschaisk, aus einer erniedrigenden und lächerlichen Stellung in die andere: Bald erhob es ihn zum „Majordomus" bei einer zänkischen und galligen Gutsherrin, die sich als Wohltäterin aufspielte, bald brachte es ihn als Kostgänger bei einem reichen Geizhals von Kaufmann unter, bald ernannte es ihn zum Vorsteher der Hauskanzlei eines glotzäugigen Gutsbesitzers, der sich das Haar nach englischer Art kurzscheren ließ, bald versetzte es ihn halb als Haushofmeister, halb als Possenreißer zu einem Herrn, der die Jagd mit Hunden liebte – kurz, das Schicksal zwang den armen Tichon, den ganzen bitteren und giftigen Trank des Untergebenendaseins Tropfen für Tropfen auszutrinken. Er hatte sein Leben lang den schwerfälligen Launen, der schläfrigen und boshaften Langeweile müßiggängerischen Herrentums gedient ... Wie oft, wenn er allein in seiner Stube saß, von der Schar der Gäste, die sich auf seine Kosten nach Herzenslust ergötzt hatten, endlich „mit Gott" entlassen, wie oft schwor er sich dann, glühend vor Scham und mit kalten Tränen der Verzweiflung in den Augen, gleich am nächsten Tag heimlich zu entfliehen, sein Glück in der Stadt zu versuchen, sich vielleicht einen kleinen Schreiberposten zu ergattern oder, wenn es keinen anderen Ausweg gab, einfach auf der Straße Hungers zu sterben. Aber erstens hatte ihm Gott nicht die Kraft dazu verliehen, zweitens wurde er seiner Schüchternheit nicht Herr, und drittens endlich, wie sollte er sich eine Stelle verschaffen, wen sollte er darum bitten? „Man wird mir keine geben", flüsterte der Unglückliche und wälzte sich gramvoll auf seinem Lager hin und her, „man wird mir keine geben!" Und am nächsten Tag spannte er sich wieder vor denselben Karren. Seine Lage war um so qualvoller, als die sonst so fürsorgliche Natur sich nicht die Mühe gemacht hatte, ihm wenigstens ein geringes Maß jener Fähigkeiten und Gaben zuzuteilen, ohne die das Handwerk eines Spaßmachers fast unmöglich ist. Er verstand zum Beispiel weder in einem Bärenpelz, das Fell nach außen, bis zum Umfallen zu tanzen, noch Späße zu machen und Süßholz zu raspeln, wenn unmittelbar neben ihm die Hetzpeitschen geschwungen wurden; stellte man ihn bei zwanzig Grad Kälte splitternackt ins Freie, so erkältete er sich zuweilen; sein Magen vertrug weder Schnaps, der mit Tinte oder anderem Zeug vermischt war, noch zerkleinerte Fliegenpilze und Täublinge in Essig. Gott weiß, was aus Tichon geworden wäre, wenn nicht der letzte seiner Wohltäter, ein reichgewordener Branntweinpächter, in einer lustigen Stunde den Einfall gehabt hätte, in sein Testament den Zusatz zu schreiben: „Und Sjosja (alias Tichon) Nedopjuskin vermache ich als ewigen und erblichen Besitz das von mir wohlerworbene Dorf Besselendejewka mit all seinen Ländereien." Einige Tage danach traf den Wohltäter bei einem Teller Sterletsuppe der Schlag. Es erhob sich ein großes Geschrei; das Gericht war sofort zur Stelle und versiegelte den Nachlaß, wie es sich gehört. Die Verwandten kamen angereist; das Testament wurde eröffnet und verlesen und Nedopjuskin vorgeladen. Nedopjuskin erschien. Der größte Teil der Versammlung wußte, welches Amt Tichon Iwanytsch bei seinem Wohltäter bekleidet hatte: Mit ohrenbetäubenden Zurufen und spöttischen Glückwünschen wurde er empfangen und überschüttet. „Der Gutsbesitzer, da ist er, der neue Gutsbesitzer!" schrien die übrigen Erben. „Das ist doch", ergriff einer von ihnen, ein bekannter Spaßvogel und Witzbold, das Wort, „da kann man doch wirklich sagen ... das ist doch tatsächlich ... was man so nennt ... eben ... ein Erbe." Und alle wälzten sich vor Lachen. Nedopjuskin wollte eine ganze Weile nicht an sein Glück glauben. Man zeigte ihm das Testament – er errötete, kniff die Augen zusammen, fuchtelte mit den Armen und brach in lautes Schluchzen aus. Das Gelächter der Versammlung schwoll zu einem anhaltenden einstimmigen Gebrüll an. Das Dörfchen Besselendejewka bestand nur aus zweiundzwanzig Seelen; niemand trauerte ihm ernstlich nach, warum sollte man sich also bei dieser Gelegenheit nicht einen

Spaß leisten? Nur ein Erbe aus Petersburg, ein gewichtiger Mann mit griechischer Nase und vornehmem Gesichtsausdruck, Rostislaw Adamytsch Schtoppel, konnte nicht an sich halten; er schob sich von der Seite an Nedopjuskin heran und sah ihn hochmütig über die Achsel an.

„Soviel ich bemerken konnte, mein Herr", begann er mit verächtlicher Lässigkeit, „haben Sie bei dem ehrenwerten Fjodor Fjodorowitsch das Amt, sozusagen, einer lustigen Person bekleidet?"

Der Herr aus Petersburg drückte sich unerträglich sauber, gewandt und korrekt aus. Der verwirrte und aufgeregte Nedopjuskin hatte die Worte des ihm unbekannten Herrn gar nicht erfaßt, aber die übrigen Anwesenden verstummten sogleich; der Witzbold lächelte herablassend. Herr Schtoppel rieb sich die Hände und wiederholte seine Frage. Nedopjuskin hob überrascht die Augen und öffnete den Mund. Rostislaw Adamytsch kniff höhnisch die Augen zusammen.

„Ich gratuliere Ihnen, mein Herr, ich gratuliere", fuhr er fort, „freilich, nicht jeder, das kann man wohl sagen, wäre damit einverstanden, sich sein Brot auf diese Weise zu verrrdienen; aber de gustibus non est disputandum, das heißt, jeder hat seinen eigenen Geschmack ... Ist es nicht so?"

In den hinteren Reihen quiekte jemand laut, aber nicht unschicklich auf, vor Erstaunen und Entzücken.

„Sagen Sie", nahm Herr Schtoppel wieder das Wort, sichtlich ermuntert durch das Lächeln der ganzen Versammlung, „welchem Talent im besonderen verdanken Sie Ihr Glück? Nein, schämen Sie sich nicht, sagen Sie es; wir sind hier alle sozusagen unter uns, en famille. Nicht wahr, meine Herren, wir sind hier en famille?"

Der Erbe, an den sich Rostislaw Adamytsch zufällig mit dieser Frage wandte, konnte leider nicht Französisch und beschränkte sich daher auf ein zustimmendes leises Grunzen. Dafür fiel ein anderer Erbe, ein junger Mann mit gelblichen Flecken auf der Stirn, eilig ein:

„Wui, wui, selbstverständlich."

„Vielleicht", begann Herr Schtoppel von neuem, „verstehen Sie auf Händen zu gehen, die Beine sozusagen nach oben?"

Nedopjuskin blickte bekümmert um sich – alle Gesichter lachten boshaft, alle Augen schimmerten feucht vor Vergnügen.

„Oder vielleicht verstehen Sie zu krähen wie ein Hahn?"

Ein dröhnendes Gelächter brach ringsum los, verstummte aber gleich wieder, von gespannter Erwartung erstickt.

„Oder vielleicht können Sie auf der Nase ..."

„Hören Sie auf!" unterbrach Herrn Schtoppel plötzlich eine scharfe und laute Stimme. „Sie sollten sich schämen, einen armen Menschen zu quälen!"

Alle blickten sich um. In der Tür stand Tschertopchanow. Da er mit dem verstorbenen Branntweinpächter um viele Ekken herum verwandt war, hatte er ebenfalls ein Einladungsschreiben zu der Familienversammlung erhalten. Während der Testamentsverlesung hatte er sich, wie immer, in stolzer Entfernung von den übrigen gehalten.

„Hören Sie auf!" wiederholte er und warf den Kopf stolz in den Nacken.

Herr Schtoppel wandte sich rasch um, und als er den ärmlich gekleideten, unscheinbaren Mann gewahrte, fragte er halblaut seinen Nachbarn (Vorsicht schadet nie):

„Wer ist das?"

„Tschertopchanow, kein großes Tier", flüsterte dieser ihm ins Ohr.

Rostislaw Adamytsch setzte eine hochmütige Miene auf.

„Was haben Sie hier herumzukommandieren?" näselte er und kniff die Augen zusammen. „Was sind Sie für ein sonderbarer Vogel, wenn ich fragen darf?"

Tschertopchanow ging in die Luft wie Pulver, auf das ein Funke gefallen war. Die Wut verschlug ihm den Atem.

„Ds-ds-ds-ds", zischte er, als wäre er dem Ersticken nahe, und donnerte plötzlich: „Wer ich bin? Wer ich bin? Ich bin Pantelej Tschertopchanow, ein Edelmann von altem Adel; schon mein Ururahn hat dem Zaren gedient, aber wer bist du?"

Rostislaw Adamytsch erbleichte und trat einen Schritt zurück. Einen solchen Widerstand hatte er nicht erwartet.

„Ich ein Vogel, ich, ich ein Vogel ..."

Tschertopchanow stürzte vor; Schtoppel sprang in großer

Erregung zurück; die Gäste warfen sich dem gereizten Gutsbesitzer entgegen.

„Schießen, schießen, sofort schießen, übers Taschentuch weg", schrie Pantelej wutentbrannt, „oder bitte mich um Entschuldigung – und ihn auch!"

„Bitten Sie, bitten Sie ihn um Entschuldigung", murmelten die aufgeregten Erben, die Schtoppel umstanden, „er ist ja so ein verrückter Kerl, er ist imstande, Sie umzubringen."

„Entschuldigen Sie, entschuldigen Sie, ich wußte nicht", stammelte Schtoppel, „ich wußte nicht ..."

„Bitte auch ihn um Verzeihung!" brüllte der noch immer nicht zufriedengestellte Pantelej.

„Entschuldigen auch Sie", fügte Rostislaw Adamytsch hinzu, indem er sich an Nedopjuskin wandte, der selber wie im Fieber zitterte.

Tschertopchanow beruhigte sich. Er trat an Tichon Iwanytsch heran, nahm ihn bei der Hand und blickte sich herausfordernd im Kreise um; da er keinem Blick begegnete, ging er triumphierend und unter dem tiefen Schweigen der Versammlung mit dem neuen Besitzer des wohlerworbenen Dorfes Besselendejewka aus dem Zimmer.

Von jenem Tag an trennten sie sich nicht mehr. (Das Dorf Besselendejewka ist nur acht Werst von Bessonowo entfernt.) Die grenzenlose Dankbarkeit Nedopjuskins verwandelte sich sehr bald in unterwürfige Ehrfurcht. Der schwache, weichliche und nicht ganz makellose Tichon beugte sich vor dem furchtlosen und uneigennützigen Pantelej in den Staub. Das ist keine leichte Sache, dachte er manchmal bei sich, er spricht mit dem Gouverneur und sieht ihm dabei gerade in die Augen ... Bei Gott, das tut er!

Er staunte ihn an bis zur Fassungslosigkeit, bis zur Erschöpfung seiner seelischen Kräfte; er hielt ihn für einen außergewöhnlichen, klugen, gelehrten Mann. Und man muß sagen, so mangelhaft Tschertopchanows Erziehung auch gewesen war, im Vergleich zu Tichons Erziehung konnte man sie immer noch als glänzend bezeichnen. Zwar las Tschertopchanow wenig russische Bücher und verstand schlecht Französisch, so schlecht, daß er einmal auf die Frage eines schweizerischen

Hauslehrers: „Vous parlez français, monsieur?" – „Je ne verstehe" geantwortet und nach kurzer Überlegung „pas" hinzugefügt hatte; aber er wußte immerhin, daß es auf der Welt einen Voltaire, einen sehr geistreichen Schriftsteller, gegeben, und daß Friedrich der Große, der preußische König, sich wiederum auf militärischem Gebiet hervorgetan hatte. Von den russischen Schriftstellern schätzte er Dershawin und liebte Marlinski: Seinen besten Rüden hatte er Ammalat-bek genannt ...

Einige Tage nach meiner ersten Begegnung mit den beiden Freunden begab ich mich in das Dörfchen Bessonowo zu Pantelej Jeremejitsch. Schon von weitem war sein kleines Haus zu sehen; es lag auf einem kahlen Platz, eine halbe Werst vom Dorf entfernt, „auf dem Präsentierteller", wie man sagt – gleich dem Habicht auf dem Acker. Der ganze Hof Tschertopchanows bestand aus vier altersschwachen Holzhäusern verschiedener Größe, und zwar aus dem Wohnhaus, dem Pferdestall, der Scheune und der Badestube. Jedes Haus stand für sich allein, es war weder ein Zaun ringsum noch ein Tor zu bemerken. Mein Kutscher hielt unschlüssig bei dem halbverfaulten und verschmutzten Brunnen an. In der Nähe der Scheune zerrissen ein paar magere, struppige junge Windhunde ein verendetes Pferd, wahrscheinlich Orbassan; einer von ihnen hob die blutbesudelte Schnauze, bellte kurz und hastig und machte sich von neuem daran, die bloßgelegten Rippen zu benagen. Neben dem Pferd stand ein etwa siebzehnjähriger Bursche mit gedunsenem, gelbem Gesicht; er war wie ein Laufbursche angezogen und barfuß; mit wichtiger Miene blickte er auf die Hunde, die seiner Aufsicht anvertraut waren, und versetzte den gierigsten ab und zu einen Schlag mit der Riemenpeitsche.

„Ist der Herr zu Hause?" fragte ich.

„Das weiß der Himmel!" antwortete der Bursche. „Klopfen Sie nur an."

Ich sprang vom Wagen und näherte mich der Vortreppe des Wohnhauses. Die Behausung des Herrn Tschertopchanow bot einen überaus traurigen Anblick: Die Balken waren schwarz geworden und hatten sich geworfen und ausgebaucht, der Schornstein war eingestürzt, die Ecken waren von unten angefault und in sich zusammengesunken; die kleinen, blinden, blaugrauen Fenster blickten unsagbar mißmutig unter dem zottigen, tief herabgezogenen Dach hervor – alte Straßendirnen haben manchmal solche Augen. Ich klopfte an: Niemand antwortete darauf. Hinter der Tür vernahm ich jedoch die sehr deutlich ausgesprochenen Worte:

„A, be, ce; na, mach schon, dummer Kerl", sprach eine rauhe Stimme, „a, be, ce, de ... aber nein! De, e, ef! ef! ... Mach schon, dummer Kerl!"

Ich klopfte zum zweitenmal an.

Dieselbe Stimme rief:

„Herein! Wer ist da?"

Ich trat in ein kleines, leeres Vorzimmer und erblickte durch eine offene Tür Tschertopchanow selbst. In einem schmierigen bucharischen Schlafrock, weiten Pluderhosen und einem roten Käppchen saß er auf einem Stuhl; mit der einen Hand drückte er einem jungen Pudel die Schnauze zu, mit der anderen hielt er ihm ein Stück Brot über die Nase.

„Ah!" äußerte er würdevoll und ohne sich von der Stelle zu rühren. „Freue mich sehr über Ihren Besuch. Bitte Platz zu nehmen. Ich gebe mich gerade mit Wensor ab. – Tichon Iwanytsch", setzte er mit erhobener Stimme hinzu, „bitte, komm her. Es ist Besuch gekommen."

„Gleich, gleich", antwortete aus dem Nebenzimmer Tichon Iwanytsch. „Mascha, gib mir meine Halsbinde."

Tschertopchanow wandte sich von neuem Wensor zu und legte ihm das Stück Brot auf die Nase. Ich sah mich um. In dem Zimmer gab es außer einem krummgezogenen Ausziehtisch mit dreizehn Beinen von ungleicher Länge sowie vier durchgesessenen Strohstühlen keinerlei Möbel; an den vor langer Zeit geweißten Wänden, die blaue, sternförmige Flecke aufwiesen, war an vielen Stellen die Farbe abgeblättert; zwischen den Fenstern hing ein zerbrochener und blinder Spiegel in einem mächtigen, mahagonigebeizten Rahmen. In den Ekken standen lange Pfeifenrohre und Flinten; von der Decke hingen dicke, schwarze Spinnweben herab.

„A, be, ce, de, e", sprach Tschertopchanow langsam und rief dann plötzlich wütend: „Ef! ef! ef! ... So ein dummes Tier! ... Ef!"

Doch der unglückselige Pudel zuckte nur zusammen und entschloß sich nicht, die Schnauze aufzumachen; er blieb mit wehleidig eingezogenem Schwanz sitzen, zog das Maul schief, blinzelte und zwinkerte melancholisch, als sage er sich im stillen: Es geht eben nun einmal nach Ihrem Willen!

„Friß doch, na! Faß!" wiederholte der hartnäckige Gutsbesitzer.

„Sie haben ihn eingeschüchtert", bemerkte ich.

„Nun, dann fort mit ihm!"

Er versetzte ihm einen Fußtritt. Der arme Kerl erhob sich still, ließ das Brot von der Nase hinunterfallen und schlich wie auf Zehenspitzen ins Vorzimmer, tief gekränkt. Und in der Tat: Da kam ein fremder Mensch zum erstenmal ins Haus, und mit ihm wurde so umgesprungen!

Die Tür aus dem Nebenzimmer knarrte leise, und Herr Nedopjuskin trat lächelnd und mit liebenswürdiger Verbeugung ein.

Ich stand auf und verbeugte mich ebenfalls.

„Lassen Sie sich nicht stören, lassen Sie sich nicht stören", stammelte er.

Wir setzten uns. Tschertopchanow ging ins Nebenzimmer.

„Beehren Sie unsere Gegend schon lange?" begann Nedopjuskin mit sanfter Stimme, nachdem er behutsam in die hohle Hand gehustet und nachher des Anstandes wegen die Finger noch ein Weilchen vor dem Mund behalten hatte.

„Es ist der zweite Monat."

„Soso."

Wir schwiegen.

„Ein freundliches Wetter haben wir jetzt", fuhr Nedopjuskin fort und sah mich voll Dankbarkeit an – als hinge das Wetter von mir ab. „Das Korn steht vorzüglich, kann man sagen."

Ich neigte den Kopf zum Zeichen meiner Zustimmung. Wir schwiegen wieder.

„Pantelej Jeremejitsch haben gestern zwei Feldhasen erlegt", begann Nedopjuskin, der offensichtlich das Gespräch in Fluß bringen wollte, nicht ohne Anstrengung. „Ja, ungewöhnlich große Feldhasen."

„Herr Tschertopchanow hat wohl gute Hunde?"

„Ganz prächtige Hunde!" erwiderte Nedopjuskin vergnügt. „Man kann sagen, die besten im ganzen Gouvernement." Er rückte näher an mich heran. „Ja, gewiß. Pantelej Jeremejitsch ist so ein Mensch! Was er sich nur wünscht, was er sich ausdenkt – ehe man sich's versieht, ist es schon fertig, ist es schon am Kochen. Pantelej Jeremejitsch, sage ich Ihnen ..."

Tschertopchanow trat wieder ins Zimmer. Nedopjuskin lächelte, verstummte und deutete mit den Augen auf ihn, als wolle er sagen: Sie werden sich ja selbst überzeugen. Wir begannen von der Jagd zu plaudern.

„Wenn Sie wollen, zeige ich Ihnen meine Koppel", sagte Tschertopchanow und rief, ohne meine Antwort abzuwarten, nach Karp.

Ein stämmiger Bursche in einem grünen Nankingkaftan mit blauem Kragen und Livreeknöpfen kam herein.

„Befiehl Fomka", sagte Tschertopchanow abgehackt, „er soll Ammalat und Saiga herbringen, aber in Ordnung, verstehst du?"

Karp grinste übers ganze Gesicht, gab einen unbestimmten Laut von sich und ging hinaus. Nun erschien Fomka, gekämmt, straff gegürtet, in Stiefeln und mit den Hunden. Anstandshalber tat ich, als hätte ich Freude an den dummen Tieren (Windhunde sind alle äußerst dumm). Tschertopchanow spuckte Ammalat in die Nasenlöcher, was übrigens dem Hund nicht das geringste Vergnügen zu machen schien. Nedopjuskin streichelte Ammalat von hinten. Wir kamen wieder ins Plaudern. Nach und nach legte sich Tschertopchanows Erregung völlig, er plusterte sich nicht mehr auf wie ein gereizter Hahn und fauchte nicht mehr; auch sein Gesichtsausdruck hatte sich verändert. Er sah bald mich, bald Nedopjuskin an.

„Eh!" rief er plötzlich aus. „Was soll sie dort so allein sitzen? Mascha! He, Mascha! Komm mal her!"

Im Nebenzimmer bewegte sich jemand, doch keiner antwortete.

„Ma-a-ascha!" wiederholte Tschertopchanow zärtlich. „Komm nur her. Es ist weiter nichts, hab keine Angst."

Die Tür öffnete sich leise, und ich erblickte eine Frau von

etwa zwanzig Jahren, groß und schlank, mit einem braunen Zigeunergesicht, gelblich-braunen Augen und einem pechschwarzen Zopf; große weiße Zähne blitzten zwischen den vollen roten Lippen. Sie hatte ein weißes Kleid an; ein hellblauer Schal, der dicht an der Kehle durch eine goldene Nadel zusammengehalten wurde, bedeckte zur Hälfte ihre feinen, rassigen Arme. Sie trat mit der schüchternen Beklommenheit einer Wilden zwei Schritte vor, blieb dann stehen und schlug die Augen nieder.

„Hier stelle ich Ihnen vor", sagte Pantelej Jeremejitsch, „meine Frau und doch nicht meine Frau, aber soviel wie meine Frau."

Mascha errötete leicht und lächelte verwirrt. Ich verbeugte mich tief vor ihr. Sie gefiel mir sehr. Die feine Adlernase mit den offenen, halb durchsichtigen Nasenflügeln, der kühne Schwung der hohen Augenbrauen, die blassen, ein wenig eingefallenen Wangen – alle Züge ihres Gesichtes drückten eigensinnige Leidenschaftlichkeit und sorglose Unerschrockenheit aus. Unter dem aufgesteckten Zopf liefen zwei zarte Streifen schimmernder Härchen den breiten Nacken hinunter – ein Zeichen von Blut und Kraft.

Sie ging ans Fenster und setzte sich. Ich wollte ihre Verwirrung nicht vergrößern und unterhielt mich weiter mit Tschertopchanow. Mascha wandte leicht den Kopf und warf mir von Zeit zu Zeit einen mißtrauischen Blick zu, verstohlen, wild, schnell. Ihr Blick war so blitzgeschwind wie das Züngeln einer Schlange. Nedopjuskin setzte sich zu ihr und flüsterte ihr etwas ins Ohr. Sie lächelte wieder. Wenn sie lächelte, rümpfte sie ganz leicht die Nase und zog die Oberlippe ein wenig hoch, was ihrem Gesicht einen halb katzenhaften, halb löwenähnlichen Ausdruck verlieh.

Oh, du bist also ein Rührmichnichtan, dachte ich und betrachtete nun meinerseits verstohlen ihren biegsamen Leib, ihre flache Brust und ihre eckigen, raschen Bewegungen.

„Was meinst du, Mascha", fragte Tschertopchanow, „sollte man dem Gast nicht etwas vorsetzen?"

„Wir haben Eingemachtes", antwortete sie.

„Nun, dann gib Eingemachtes her und den Wodka auch

gleich dazu. Und hör mal, Mascha", rief er ihr nach, „bring auch die Gitarre mit!"

„Wozu die Gitarre? Ich will nicht singen."

„Weshalb nicht?"

„Ich habe keine Lust."

„Ach, Dummheiten, du wirst schon Lust haben, wenn ..."

„Was?" fragte Mascha und runzelte schnell die Brauen.

„Wenn man dich bittet", vollendete Tschertopchanow etwas verlegen.

„Ah so!"

Sie ging hinaus, kehrte bald mit dem Eingemachten und dem Wodka zurück und setzte sich wieder ans Fenster. Auf ihrer Stirn war noch ein Fältchen sichtbar; beide Brauen hoben und senkten sich wie die Fühler einer Wespe ... Haben Sie schon bemerkt, lieber Leser, was für ein böses Gesicht die Wespe hat? Es wird wohl ein Gewitter geben, dachte ich. Die Unterhaltung wollte nicht in Fluß kommen. Nedopjuskin war völlig verstummt und lächelte nur angestrengt; Tschertopchanow schnaufte, war rot im Gesicht und stierte vor sich hin; ich wollte schon aufbrechen ... Plötzlich richtete sich Mascha auf, öffnete jäh das Fenster, steckte den Kopf hinaus und rief zornig ein vorübergehendes Bauernweib an: „Axinja!" Die Bäuerin fuhr zusammen und wollte umkehren, glitt aber aus und schlug schwer zu Boden. Mascha warf den Oberkörper zurück und lachte hell auf; Tschertopchanow lachte auch, Nedopjuskin quiekte vor Wonne. Wir waren auf einmal alle in Bewegung geraten.

Das Gewitter hatte sich in einem Blitz entladen, die Luft war wieder rein.

Eine halbe Stunde später hätte uns niemand wiedererkannt: Wir schwatzten und tollten wie die Kinder. Mascha war am ausgelassensten von uns allen, und Tschertopchanow verschlang sie geradezu mit den Augen. Ihr Gesicht war noch blasser geworden, die Nüstern weiteten sich noch mehr, ihr Blick flammte auf und verdunkelte sich gleichzeitig. Das wilde Blut in ihr tobte sich aus. Nedopjuskin watschelte auf seinen dicken, kurzen Beinen hinter ihr her wie ein Erpel hinter der Ente. Sogar Wensor kroch unter der Wandbank im Vorzimmer hervor, blieb eine Weile auf der Schwelle stehen, sah uns zu und fing plötzlich an zu springen und zu bellen. Mascha flatterte in ein anderes Zimmer, brachte die Gitarre, warf den Schal von den Schultern, setzte sich rasch, hob den Kopf und stimmte ein Zigeunerlied an. Ihre Stimme tönte und klirrte wie ein gesprungenes Glasglöckchen, schwoll an und erstarb ... Mir wurde warm und bang ums Herz. „Ei, brenn doch, ei, sprich doch! ..." Tschertopchanow tanzte. Nedopjuskin stampfte und trappelte mit den Füßen. Maschas ganzer Körper war in Bewegung, so wie Birkenrinde am Feuer; ihre feinen Finger glitten flink über die Saiten der Gitarre, ihre braune Kehle hob und senkte sich langsam unter der doppelreihigen Bernsteinkette. Bisweilen verstummte sie plötzlich, sank erschöpft in sich zusammen und zupfte wie unwillig die Saiten – dann hielt Tschertopchanow inne, zuckte nur noch mit der Schulter und trat auf der Stelle, Nedopjuskin aber wackelte mit dem Kopf wie ein Chinese aus Porzellan –, gleich darauf aber schmetterte sie wieder los wie von Sinnen, straffte ihren Leib und reckte die Brust vor; Tschertopchanow tanzte wieder in tiefer Hocke, sprang beinah bis an die Zimmerdecke, drehte sich wie ein Kreisel und schrie ab und zu:

„Schneller!"

„Schneller, schneller, schneller, schneller", stimmte Nedopjuskin ein und brach sich fast die Zunge dabei.

Erst spät am Abend fuhr ich von Bessonowo fort.

Das Ende Tschertopchanows

I

Zwei Jahre nach meinem Besuch bei Pantelej Jeremejitsch begann für ihn eine Zeit schwerer Schicksalsschläge – wirklicher Schicksalsschläge. Unannehmlichkeiten, Mißerfolge und sogar Unglücksfälle hatte er auch vor jener Zeit gehabt, aber er schenkte ihnen keine Beachtung und „herrschte" weiter wie zuvor. Der erste Schicksalsschlag, der ihn traf, war für ihn der empfindlichste: Mascha trennte sich von ihm.

Was sie dazu trieb, sein Haus zu verlassen, in dem sie sich anscheinend so gut eingelebt hatte, ist schwer zu sagen. Tschertopchanow war bis ans Ende seiner Tage der festen Überzeugung, daß an Maschas Treulosigkeit ein gewisser junger Nachbar schuld war, ein verabschiedeter Ulanenrittmeister mit dem Beinamen Jaff, der, nach Pantelej Jeremejitschs Worten, nur dadurch Erfolge errang, daß er fortwährend seinen Schnurrbart zwirbelte, sich übermäßig stark mit Pomade salbte und bedeutungsvoll „hm" zu machen pflegte, aber es ist wohl eher anzunehmen, daß sich das unstete Zigeunerblut bemerkbar machte, das in Maschas Adern floß. Wie dem auch sei, jedenfalls verschnürte Mascha eines schönen Sommerabends ein paar Kleidungsstücke zu einem kleinen Bündel und verließ Tschertopchanows Haus.

Vorher hatte sie drei Tage lang in einem Winkel gesessen, zusammengekauert und an die Wand gedrückt wie eine weidwunde Füchsin – und hätte sie wenigstens noch zu jemandem ein Wort gesagt, aber sie ließ nur immerzu die Augen umherirren und brütete vor sich hin, zuckte mit den Augenbrauen, bleckte leicht die Zähne und legte die Arme um sich, als wolle sie sich einhüllen. Solche Anwandlungen hatte sie auch früher schon gehabt, doch waren sie nie von langer Dauer gewesen. Tschertopchanow wußte das, darum beunruhigte er sich nicht weiter und ließ auch sie in Ruhe. Als er aber vom Hundezwinger zurückkam, wo seine letzten zwei Jagdhunde „verreckt" waren, wie sein Hundewärter sich ausdrückte, und einem Dienstmädchen begegnete, das ihm mit zitternder Stimme meldete, Marija Akinfijewna lasse ihn grüßen und ihm sagen, daß sie ihm alles Gute wünsche, aber nicht mehr zu ihm zurückkehren werde, da drehte sich Tschertopchanow zweimal um sich selbst und stieß ein rauhes Gebrüll aus, dann stürzte er sofort der Flüchtigen nach, nahm jedoch für alle Fälle eine Pistole mit.

Zwei Werst von seinem Haus entfernt holte er sie ein, bei einem Birkenwäldchen, auf der großen Landstraße, die in die Kreisstadt führt. Die Sonne stand schon tief am Himmelsrand, und alles ringsum färbte sich mit einem Male purpurrot: die Bäume, die Kräuter, der Erdboden.

„Zu Jaff! Zu Jaff!" stöhnte Tschertopchanow, sobald er Mascha erblickte. „Zu Jaff!" wiederholte er, als er sie, fast bei jedem Schritt stolpernd, endlich erreichte.

Mascha blieb stehen und wandte ihm ihr Gesicht zu. Sie stand mit dem Rücken zum Licht und erschien ganz schwarz, wie aus dunklem Holz geschnitzt. Nur das Weiße in ihren Augen schimmerte gleich silbernen Mandeln, die Augensterne selbst aber sahen noch dunkler aus als sonst. Sie warf ihr Bündel beiseite und kreuzte die Arme.

„Zu Jaff willst du gehen, liederliches Weib!" wiederholte Tschertopchanow und wollte sie schon an der Schulter packen – doch da traf ihn ihr Blick, und er hielt betreten inne.

„Zu Herrn Jaff gehe ich nicht, Pantelej Jeremejitsch", antwortete Mascha ruhig und gelassen, „nur mit Ihnen kann ich nicht mehr weiterleben."

„Wieso kannst du mit mir nicht mehr leben? Weshalb denn nicht? Habe ich dich vielleicht durch irgend etwas gekränkt?"

Mascha schüttelte den Kopf.

„Sie haben mich durch nichts gekränkt, Pantelej Jeremejitsch, aber ich habe solche Sehnsucht bekommen bei Ihnen ...

Ich danke Ihnen für alles, was gewesen ist, aber bleiben kann ich nicht – nein!"

Tschertopchanow war fassungslos; er schlug sich sogar mit den Händen auf die Schenkel und machte einen Luftsprung.

„Wieso denn das? Du hast so lange bei mir gelebt, hast immer dein Vergnügen und deine Ruhe gehabt, und plötzlich hast du Sehnsucht bekommen! Mit einemmal sagst du: Ich verlasse ihn! Schnell ein Tuch um den Kopf gebunden und fort. In jeder Weise hast du Achtung genossen, nicht weniger als eine vornehme Dame..."

„Das wäre gar nicht nötig gewesen", unterbrach ihn Mascha.

„Wie, nicht nötig? Die Zigeunerin und Landstreicherin ist zu einer Dame geworden, und jetzt heißt es: nicht nötig? Wieso nicht nötig, du Ausbund von Schlechtigkeit? Kann man das glauben? Hier steckt Betrug dahinter, Betrug!"

Er zischte vor Wut.

„Ich habe keinen Betrug im Sinn und hatte auch keinen im Sinn", sagte Mascha mit ihrer klangvollen und deutlichen Stimme, „ich habe es Ihnen doch schon gesagt: Die Sehnsucht hat mich gepackt."

„Mascha!" rief Tschertopchanow und schlug sich mit der Faust an die Brust. „Hör nun auf, laß sein, du hast mich nun genug gequält! Bei Gott! Denk doch nur daran, was Tischa sagen wird; wenigstens mit ihm solltest du Mitleid haben!"

„Grüßen Sie Tichon Iwanytsch von mir und sagen Sie ihm..."

Tschertopchanow fuhr mit den Armen durch die Luft.

„Aber nein, du sagst nicht die Wahrheit – du gehst nicht fort! Dein Jaff wird vergeblich auf dich warten!"

„Herr Jaff...", wollte Mascha anfangen.

„Was ist das für ein ‚*Herr* Jaff'?" ahmte Tschertopchanow sie nach. „Er ist weiter nichts als ein gerissener Gauner, ein abgefeimter Bursche, und eine Fratze hat er wie ein Affe!"

Eine geschlagene halbe Stunde rang Tschertopchanow so mit Mascha. Bald trat er ganz nahe an sie heran, bald sprang er zurück, bald holte er aus, als wolle er sie schlagen, bald verneigte er sich tief vor ihr, er weinte, er schimpfte...

„Ich kann nicht", wiederholte Mascha immer wieder, „es ist zu traurig und öde für mich ... Die Sehnsucht wird mich zu Tode quälen."

Ihr Gesicht nahm allmählich einen so gleichgültigen, fast schläfrigen Ausdruck an, daß Tschertopchanow sie fragte, ob man sie nicht gar mit Stechapfel vergiftet habe.

„Die Sehnsucht", sagte sie zum zehntenmal.

„Und wenn ich dich nun töte?" schrie er plötzlich und riß die Pistole aus der Tasche.

Mascha lächelte; ihr Gesicht belebte sich.

„Warum nicht? Töten Sie mich, Pantelej Jeremejitsch, tun Sie, was Sie wollen, aber zurückkehren werde ich nicht."

„Du kehrst nicht zurück?"

Tschertopchanow spannte den Hahn.

„Ich kehre nicht zurück, mein Lieber, nie im Leben werde ich zu dir zurückkehren. Mein Wort gilt."

Da drückte Tschertopchanow ihr plötzlich die Pistole in die Hand und setzte sich auf die Erde.

„Nun, so töte *du* mich! Ohne dich will ich nicht weiterleben. Bin ich dir gleichgültig geworden, dann ist mir schon alles egal."

Mascha bückte sich, hob ihr Bündel auf, legte die Pistole ins Gras, die Mündung von Tschertopchanow abgewandt, und näherte sich ihm.

„Ach, mein Lieber, warum grämst du dich so? Kennst du denn uns Zigeunerinnen nicht? Das ist so unsere Art, unser Brauch. Wenn sich die Sehnsucht einstellt, der alte Störenfried, wenn sie die Seele fortlockt in die Fremde, in die Ferne – wie kann man da noch bleiben? Vergiß deine Mascha nicht – so eine Freundin findest du nicht noch einmal –, ich werde dich auch nicht vergessen, dich, meinen Falken, aber unser gemeinsames Leben ist zu Ende!"

„Ich habe dich geliebt, Mascha", murmelte Tschertopchanow durch die Finger, mit denen er sein Gesicht umspannt hielt.

„Ich habe dich auch geliebt, mein Freund Pantelej Jeremejitsch."

„Ich habe dich geliebt, ich liebe dich wahnsinnig, grenzenlos, und wenn ich jetzt daran denke, daß du mich so mir nichts, dir nichts, ganz ohne jeden Grund verlassen und in der Welt umherirren willst, ja, dann kommt mir der Gedanke, daß du mich nicht verlassen würdest, wenn ich nicht so ein elender armer Schlucker wäre."

Über diese Worte lächelte Mascha nur.

„Du hast mich doch selbst eine Geldverächterin genannt!" sagte sie, holte weit aus und schlug Tschertopchanow auf die Schulter.

Er sprang auf.

„So nimm wenigstens Geld von mir – wie willst du denn ohne einen Groschen durchkommen? Am besten aber: Töte mich! Ich sage dir bei vollem Verstand: Töte mich auf der Stelle!"

Mascha schüttelte wieder den Kopf.

„Dich töten? Wofür wird man denn nach Sibirien verschickt, mein Lieber?"

Tschertopchanow fuhr zusammen. Nur deswegen also, nur aus Furcht vor der Zwangsarbeit ... Er warf sich wieder ins Gras.

Mascha stand eine Weile schweigend vor ihm.

„Du tust mir leid, Pantelej Jeremejitsch", sagte sie mit einem Seufzer, „du bist ein guter Mensch, aber es ist nicht zu ändern – leb wohl!"

Sie wandte sich ab und tat ein paar Schritte. Die Nacht war schon angebrochen, und von allen Seiten fluteten düstere Schatten heran. Tschertopchanow erhob sich hastig und packte Mascha von hinten an beiden Ellenbogen.

„So gehst du wirklich fort, du Schlange? Zu Jaff!"

„Leb wohl!" wiederholte Mascha nachdrücklich und scharf, riß sich los und ging weiter.

Tschertopchanow sah ihr nach, lief zu der Stelle, wo die Pistole lag, ergriff sie, zielte und schoß ... Doch bevor er auf den Abzugshahn drückte, zuckte er mit der Hand nach oben: Die Kugel pfiff über Maschas Kopf hinweg. Sie blickte im Gehen über die Schulter zu ihm hin und schritt weiter, mit wiegendem Gang, als wolle sie ihn necken.

Er bedeckte sein Gesicht mit den Händen und rannte davon. Aber er war noch keine fünfzig Schritt gelaufen, als er plötzlich wie angewurzelt stehenblieb. Eine bekannte, nur allzu bekannte Stimme drang an sein Ohr. Mascha sang. „Jugendzeit, du schöne", sang sie. Jeder Ton war in der Abendluft weithin zu hören – klagend und sehnsuchtsvoll. Tschertopchanow lauschte wie erstarrt. Die Stimme entfernte sich immer mehr; bald erstarb sie, bald schwebte sie wieder heran als ein kaum noch hörbares, aber immer noch ans Herz greifendes Klingen ...

Das tut sie mir zum Possen, dachte Tschertopchanow, aber gleich darauf stöhnte er: „Ach nein! Sie nimmt Abschied von mir für immer", und brach in Tränen aus.

Am nächsten Tag erschien er in der Wohnung des Herrn Jaff, der als echter Weltmann die ländliche Einsamkeit nicht schätzte und sich in der Kreisstadt niedergelassen hatte, „den jungen Damen etwas näher", wie er sich ausdrückte. Tschertopchanow traf Jaff nicht an: Er war, nach den Worten des Kammerdieners, tags zuvor nach Moskau gereist.

„Also stimmt es", rief Tschertopchanow grimmig aus, „es war eine abgekartete Sache von ihnen; sie ist mit ihm geflohen ... aber warte!"

Er drang in das Kabinett des jungen Rittmeisters ein, obwohl ihn der Kammerdiener daran zu hindern suchte. Im Kabinett hing über dem Diwan ein Ölgemälde, das Porträt des Hausherrn in Ulanenuniform. „Ah, da bist du ja, du schwanzloser Affe!" donnerte Tschertopchanow, sprang auf den Diwan, schlug mit der Faust auf die gespannte Leinwand und stieß ein großes Loch hinein.

„Sag deinem nichtsnutzigen Herrn", wandte er sich an den Kammerdiener, „daß der Edelmann Tschertopchanow in Abwesenheit seiner leibhaftigen widerlichen Fratze ihm die gemalte verstümmelt hat; und wenn er von mir Genugtuung wünscht, so weiß er, wo der Edelmann Tschertopchanow zu finden ist! Sonst werde ich selbst ihn finden! Noch auf dem Grund des Meeres werde ich den niederträchtigen Affen finden!"

Nach diesen Worten sprang Tschertopchanow vom Diwan hinunter und entfernte sich würdevoll.

Der Rittmeister Jaff forderte indessen keine Genugtuung von ihm – er begegnete Tschertopchanow überhaupt nicht –, und da auch Tschertopchanow nicht daran dachte, seinen Feind aufzuspüren, kam es zu keinem Ehrenhandel zwischen ihnen. Mascha selbst war bald danach wie vom Erdboden verschwunden. Tschertopchanow ergab sich dem Trunk, kam jedoch wieder zur Besinnung. Da aber traf ihn der zweite Schicksalsschlag.

2

Und zwar folgender: Sein treuer Freund Tichon Iwanowitsch Nedopjuskin starb. Ungefähr zwei Jahre vor seinem Tod verschlechterte sich sein Gesundheitszustand. Er litt unter Atemnot, schlief immerfort ein und konnte, wenn er erwachte, nicht gleich zu sich kommen; der Kreisarzt versicherte, es handle sich bei ihm um leichte Schlaganfälle. Während der drei Tage, die Maschas Weggang vorausgingen, jener drei Tage, an denen sie in ihre „Sehnsucht" verfiel, lag Nedopjuskin bei sich zu Hause in Besselendejewka krank: Er hatte sich stark erkältet. Um so unerwarteter traf ihn Maschas Handlungsweise, sie traf ihn vielleicht noch tiefer als Tschertopchanow. Bei seiner Sanftmut und Schüchternheit zeigte er nach außen nichts als zartestes Mitleid mit seinem Freund und ein schmerzliches Nichtverstehenkönnen ... Aber in ihm war alles zerbrochen und zerschlagen. „Sie hat meine Seele mitgenommen", murmelte er vor sich hin, wenn er auf seinem geliebten kleinen Wachstuchsofa saß und einen Finger um den andern drehte. Sogar als Tschertopchanow sich wieder gefaßt hatte, konnte er, Nedopjuskin, sich nicht fassen und fühlte noch immer, daß es „leer in seinem Innern" war. „Hier drin", sagte er und deutete mitten auf seine Brust, etwas oberhalb des Magens. Auf diese Weise schleppte er sich bis zum Winter hin. Als die ersten Fröste einsetzten, besserte sich seine Atemnot, aber dafür suchte ihn nun nicht mehr nur ein leichter, sondern ein richtiger Schlaganfall heim. Er verlor nicht gleich das Bewußtsein; er konnte Tschertopchanow noch erkennen, und auf den verzweifelten Ausruf seines Freundes: „Was ist denn, Tischa, wie kannst du mich ohne meine Erlaubnis allein lassen, genau wie Mascha?" antwortete er sogar mit erstarrender Zunge: „Abe ... ich, Pa ... a ... sej Je ... e ... ejitsch, ha ... e Ih ... e ... i ... er gehorch ..." Das hinderte ihn jedoch nicht, noch am selben Tag zu sterben, ohne auf den Kreisarzt zu warten, dem beim Anblick seines kaum erkalteten Körpers nur noch übrigblieb, mit dem traurigen Eingeständnis der Vergänglichkeit alles Irdischen „ein Schnäpschen und ein Stückchen gedörrten Störrükken" zu verlangen. Sein Gut hatte Tichon Iwanowitsch, wie zu erwarten gewesen war, seinem „hochverehrten Wohltäter und großmütigen Gönner Pantelej Jeremejitsch Tschertopchanow" vermacht; aber von großem Nutzen war es dem hochverehrten Wohltäter nicht, denn es wurde bald darauf öffentlich versteigert – zum Teil, um die Kosten des Grabmals decken zu können, einer Statue, die Tschertopchanow, in dem offenbar eine väterliche Ader zum Durchbruch kam, über der sterblichen Hülle seines Freundes zu errichten gedachte. Diese Statue, die einen betenden Engel darstellen sollte, ließ er sich aus Moskau kommen, aber der ihm empfohlene Kommissionär war der Ansicht, daß in der Provinz Kenner der Bildhauerkunst selten sind, und schickte ihm statt eines Engels eine Flora, die viele Jahre lang in der Nähe von Moskau einen verwilderten Park aus der Zeit Katharinas geschmückt hatte, zumal diese übrigens sehr hübsche Statue im Rokokogeschmack, mit rundlichen Händen, wallenden Locken, einer Rosengirlande auf der entblößten Brust und gebogenem Leib, ihm, dem Kommissionär, umsonst überlassen worden war. Und so steht bis zum heutigen Tag die mythologische Göttin, einen Fuß graziös erhoben, auf dem Grab Tichon Iwanowitschs und blickt mit echt pompadourhafter Geziertheit auf die um sie herum spazierenden Kälber und Schafe hinab, diese ständigen Besucher unserer Dorffriedhöfe.

3

Nachdem Tschertopchanow seinen treuen Freund verloren hatte, ergab er sich wieder dem Trunk, und diesmal schon viel ernstlicher. Es ging überhaupt bergab mit ihm. Um auf die

Jagd zu gehen, fehlte es ihm an allem; das letzte Geld war ausgegeben, die letzten Leibeigenen waren davongelaufen. Pantelej Jeremejitsch war vollständig vereinsamt: Er hatte niemanden, mit dem er hätte ein Wort reden oder dem er gar sein Herz hätte ausschütten können. Einzig und allein sein Stolz hatte sich nicht verringert. Im Gegenteil: Je mehr sich seine Lage verschlechterte, desto hochmütiger, überheblicher und unzugänglicher wurde er selbst. Zuletzt war er völlig menschenscheu geworden. Nur ein Trost, eine Freude war ihm geblieben: ein wundervolles Reitpferd, ein Apfelschimmel der Donrasse, den er Malek-Adel genannt hatte, ein wirklich hervorragendes Tier.

Zu diesem Pferd war er auf folgende Weise gekommen.

Als Tschertopchanow einmal durch ein benachbartes Dorf ritt, hörte er von der Schenke her einen wüsten Lärm und das Geschrei einer Menschenmenge. Inmitten dieser Menge hoben und senkten sich an ein und derselben Stelle unaufhörlich kräftige Arme.

„Was geht dort vor?" fragte er in dem ihm eigenen herrischen Ton ein altes Weib, das an der Schwelle seiner Hütte stand.

An den Querbalken des Türrahmens gelehnt, blickte das Weib schläfrig nach der Schenke hin. Ein flachsköpfiger Junge in einem Kattunhemd, ein Kreuzchen aus Zypressenholz auf der nackten Brust, saß mit gespreizten Beinen und geballten Fäusten zwischen ihren Bastschuhen; daneben pickte ein Kücken an einer steinharten Roggenbrotrinde.

„Das mag Gott wissen, Väterchen", antwortete die Alte, beugte sich vor und legte ihre runzelige dunkle Hand auf den Kopf des kleinen Jungen, „wie man hört, verhauen unsere Mannsleute einen Juden."

„Wieso einen Juden? Was für einen Juden?"

„Das mag Gott wissen, Väterchen. Bei uns ist so ein Jude aufgetaucht; aber woher er kommt – wer soll das wissen? Wasja, mein Jungchen, geh zur Mutti. Ksch, ksch, du garstiges Ding!" Das Weib verscheuchte das Kücken, Wasja aber hielt sich an ihrem Rock fest. „Und da schlagen sie ihn eben, mein guter Herr."

„Wieso schlagen? Wofür?"

„Ich weiß nicht, Väterchen. Er wird es schon verdient haben. Und warum sollen sie ihn auch nicht schlagen? Er hat doch Christus gekreuzigt, Väterchen!"

Tschertopchanow stieß einen schrillen Ruf aus, zog seinem Pferd mit der Hetzpeitsche eins über den Hals, sprengte geradeswegs auf den Menschenhaufen zu und begann, als er in ihn eingedrungen war, mit derselben Hetzpeitsche wahllos auf die Bauern rechts und links einzuhauen, wobei er mit abgehackter Stimme hervorstieß: „Eigen ... mächtigkeit! Eigen ... mächtig ... keit! Das Gesetz soll strafen, aber nicht Privat ... per ... sonen! Das Gesetz! Das Gesetz! Das Ge ... setz!"

Es dauerte keine zwei Minuten, da war der ganze Haufen schon nach allen Seiten auseinandergespritzt, und auf dem Erdboden vor der Tür der Schenke lag ein kleines, mageres, dunkelhäutiges und schwarzhaariges Wesen in einem Nankingkaftan, zerzaust und zerfetzt ... Das bleiche Gesicht, die verdrehten Augen, der aufgerissene Mund – was war das? Die tödliche Starre des Entsetzens oder schon der Tod selbst?

„Warum habt ihr den Juden erschlagen?" rief Tschertopchanow mit Donnerstimme und schüttelte drohend die Hetzpeitsche.

Die Menge antwortete mit einem schwachen Gemurmel. Der eine Bauer hielt sich die Schulter, ein anderer die Seite, ein dritter die Nase.

„Der haut nicht schlecht zu!" scholl es aus den hinteren Reihen.

„Ja, mit der Hetzpeitsche! Das kann jeder!" sagte eine andere Stimme.

„Warum ihr den Juden erschlagen habt, frage ich euch, ihr verrückt gewordenen Asiaten!" wiederholte Tschertopchanow.

Aber da sprang das am Boden liegende Wesen geschwind auf die Beine, flüchtete hinter Tschertopchanow und klammerte sich krampfhaft an den Rand seines Sattels.

Die Menge brach in ein einmütiges Gelächter aus.

„Der hat ein zähes Leben!" scholl es wieder aus den hinteren Reihen. „Wie eine Katze!"

„Euer Hochwohlgeboren, schützen Sie mich, retten Sie mich", stammelte unterdessen der unglückliche Jude und preßte sich mit der Brust an Tschertopchanows Bein, „sonst werden sie mich totschlagen, sie werden mich totschlagen, Euer Hochwohlgeboren!"

„Weshalb denn?" fragte Tschertopchanow.

„Das kann ich, bei Gott, nicht sagen! Da hat bei ihnen ein Viehsterben angefangen, und nun verdächtigen sie mich... Aber ich..."

„Nun, das werden wir später klären", unterbrach ihn Tschertopchanow. „Jetzt halte dich an meinem Sattel fest und folge mir. – Und ihr", fügte er hinzu, indem er sich an die Menge wandte, „kennt ihr mich? Ich bin der Gutsbesitzer Pantelej Tschertopchanow, ich wohne in dem Dorf Bessonowo – nun also, beschwert euch über mich, wenn ihr es euch überlegt habt, und zugleich auch über den Juden!"

„Weshalb sollen wir uns beschweren", sagte mit tiefer Verbeugung ein graubärtiger, besonnener Bauer, der haargenau wie ein Patriarch aus alten Zeiten aussah. (Den Juden hatte er übrigens nicht schlechter als die anderen mit den Fäusten bearbeitet.) „Wir kennen deine Gnaden gut genug, Väterchen Pantelej Jeremejitsch; wir sind deiner Gnaden sehr dankbar, daß du uns eine Lehre erteilt hast!"

„Weshalb sollen wir uns beschweren!" fielen die anderen ein. „Mit dem Unchristen werden wir schon noch abrechnen! Er entkommt uns nicht! Wie den Hasen auf dem Feld werden wir ihn dann..."

Tschertopchanow zwirbelte seinen Schnurrbart, schnaufte und ritt im Schritt nach Hause in sein Dorf, begleitet von dem Juden, den er genauso von seinen Peinigern befreit hatte wie einst Tichon Nedopjuskin.

4

Einige Tage darauf meldete ihm der einzige bei Tschertopchanow verbliebene Laufbursche, daß ein Reiter gekommen sei und ihn sprechen wolle. Tschertopchanow trat auf die Vortreppe hinaus und erblickte seinen Bekannten, den kleinen Juden, hoch zu Roß auf einem prachtvollen Pferd der Donrasse, das unbeweglich und stolz mitten auf dem Hof stand. Der Jude hatte keine Mütze auf, er hielt sie unter dem Arm; die Füße hatte er nicht in die Steigbügel selbst gesteckt, sondern in die Steigbügelriemen; die zerrissenen Schöße seines Kaftans hingen zu beiden Seiten des Sattels hinab. Als er Tschertopchanow erblickte, schmatzte er mit den Lippen, zuckte mit den Ellenbogen und baumelte mit den Füßen. Aber Tschertopchanow blieb ihm nicht nur die Antwort auf seinen Gruß schuldig, sondern erboste sich sogar und wurde sofort puterrot vor Zorn: Der schäbige Jude wagte es, auf einem so prachtvollen Pferd zu sitzen – welche Ungehörigkeit!

„He, du äthiopische Fratze!" schrie er. „Steig sofort ab, wenn du nicht willst, daß man dich in den Dreck herunterzieht!"

Der Jude gehorchte augenblicklich, rutschte wie ein Sack vom Sattel und näherte sich lächelnd und mit vielen Verbeugungen Tschertopchanow, während er mit einer Hand den Zügel hielt.

„Was willst du?" fragte Pantelej Jeremejitsch würdevoll.

„Euer Wohlgeboren, geruhen Sie einmal anzusehen, wie das Pferdchen ist!" sagte der Jude, sich in einem fort verbeugend.

„N ... ja ... das Pferd ist gut. Wo hast du es her? Gestohlen wahrscheinlich."

„Wie wäre das möglich, Euer Wohlgeboren! Ich bin ein ehrlicher Jüd, ich habe es nicht gestohlen, sondern für Euer Wohlgeboren beschafft, wirklich! Und gemüht habe ich mich, so sehr gemüht! Dafür ist es auch ein Roß! Ein zweites solches Roß kann man am ganzen Don ganz unmöglich finden. Sehen Sie nur, Euer Wohlgeboren, was das für ein Roß ist! Bemühen Sie sich doch bitte hierher! Brrr, brrr ... Dreh dich um, nu stell dich mit der Flanke nach hier! Wir wollen den Sattel abnehmen. Nu, was sagen Sie, Euer Wohlgeboren?"

„Das Pferd ist gut", wiederholte Tschertopchanow mit geheuchelter Gleichgültigkeit, während ihm das Herz bis zum Halse hinauf schlug. Er war ein ganz besonders leidenschaftlicher Liebhaber von „Pferdefleisch" und verstand etwas davon.

„So streicheln Sie es doch, Euer Wohlgeboren! Streicheln Sie ihm das Hälschen, hi-hi-hi! Ja, so!"

Tschertopchanow legte scheinbar widerwillig die Hand auf den Pferdehals, klopfte ein paarmal darauf, fuhr dem Pferd dann mit den Fingern vom Widerrist an über den Rücken und drückte, als er an eine gewisse Stelle über den Nieren kam, nach Kennerart leicht darauf. Das Pferd krümmte sofort das Rückgrat, sah sich mit seinem hochmütigen schwarzen Auge nach Tschertopchanow um, schnaubte und trat abwechselnd von einem Vorderbein auf das andere.

Der Jude lachte und klatschte leicht in die Hände.

„Es erkennt den Herrn, Euer Wohlgeboren, seinen Herrn!"

„Schwatz keinen Unsinn", unterbrach ihn Tschertopchanow ärgerlich. „Um dir dieses Pferd abzukaufen, dazu fehlt mir das Geld, und Geschenke nehme ich nicht einmal vom Herrgott selber an, geschweige denn von einem Juden."

„Wie könnte ich mich unterstehen, Ihnen etwas zu schenken, erbarmen Sie sich!" rief der Jude. „Sie werden es kaufen, Euer Wohlgeboren ... Und mit dem Geld, da werd ich warten."

Tschertopchanow überlegte.

„Wieviel verlangst du?" murmelte er endlich durch die Zähne.

Der Jude zuckte die Achseln.

„Was ich selber bezahlt habe. Zweihundert Rubel."

Das Pferd war das Doppelte, vielleicht gar das Dreifache dieser Summe wert.

Tschertopchanow wandte sich ab und gähnte fieberhaft.

„Und wann ... willst du das Geld?" fragte er und zwang sich dabei, die Brauen zu runzeln und den Juden nicht anzusehen.

„Wann es Euer Wohlgeboren belieben wird."

Tschertopchanow warf den Kopf zurück, hob aber die Augen nicht.

„Das ist keine Antwort. Sprich vernünftig, du Brut des Herodes! Oder glaubst du, ich will dir etwas schuldig bleiben?"

„Nun, so sagen wir", sprach der Jude eilig, „in sechs Monaten ... Sind Sie einverstanden?"

Tschertopchanow gab keine Antwort.

Der Jude bemühte sich, ihm in die Augen zu sehen.

„Sind Sie einverstanden? Befehlen Sie, es in den Stall zu bringen?"

„Den Sattel brauche ich nicht", sagte Tschertopchanow schroff. „Nimm den Sattel mit, hörst du?"

„Freilich, freilich, ich nehme ihn mit, ich nehme ihn mit", stammelte der Jude hocherfreut und lud sich den Sattel auf die Schulter.

„Und das Geld", fuhr Tschertopchanow fort, „in sechs Monaten. Und nicht zweihundert, sondern zweihundertfünfzig. Schweig! Zweihundertfünfzig hast du bei mir gut, sage ich dir."

Tschertopchanow konnte sich immer noch nicht entschließen, die Augen zu heben. Noch nie hatte sein Stolz so schwer gelitten. Es ist doch klar, daß es ein Geschenk ist, ging es ihm durch den Kopf, aus Dankbarkeit hat es mir dieser Satan gebracht! Er hätte den Juden umarmen und hätte ihn auch verhauen mögen ...

„Euer Wohlgeboren", fing der mutig gewordene Jude von neuem an und bleckte die Zähne, „man müßte nun eigentlich nach russischer Sitte von Rockschoß zu Rockschoß ..."

„Was fällt dir ein? Ein Hebräer und russische Sitten! – He! Wer ist dort? Nimm das Pferd und führ es in den Stall. Und schütte ihm Hafer vor. Ich komme gleich selbst und sehe nach. Und daß du es weißt: Sein Name ist Malek-Adel!"

Tschertopchanow wollte schon die Vortreppe hinaufsteigen, machte jedoch noch einmal auf den Hacken kehrt, lief zu dem Juden hin und drückte ihm fest die Hand. Dieser bückte sich und spitzte bereits die Lippen, aber Tschertopchanow sprang zurück, sagte halblaut: „Sprich zu niemandem darüber!" und verschwand hinter der Tür.

5

Von jenem Tag an war Malek-Adel die Hauptsache, die Hauptsorge und -freude im Leben Tschertopchanows. Er liebte ihn mehr, als er Mascha geliebt hatte, und hing an ihm mehr als an Nedopjuskin. Es war aber auch ein Pferd! Feurig, sprühend vor Feuer – und voller Würde, wie ein Bojar! Unermüdlich, ausdauernd und gehorsam, wohin der Ritt auch gehen mochte; sein Futter kostete nichts: Wenn es nichts anderes gab, fraß es die Erde unter seinen Hufen. Ging es im Schritt, so trug es den Reiter wie auf Händen; trabte es, so schaukelte es ihn wie in einer Wiege, galoppierte es aber, so holte es auch der Wind nicht ein! Niemals ging ihm der Atem aus, so kräftig waren seine Lungen. Seine Beine waren wie aus Stahl; daß es jemals gestolpert wäre, davon konnte keine Rede sein! Über einen Graben oder einen Zaun zu springen, das machte ihm gar nichts aus. Und wie klug es war! Rief man es, so kam es auch schon gelaufen, den Kopf hoch erhoben; wenn man ihm befahl stehenzubleiben, selbst aber fortging – es rührte sich nicht von der Stelle, kehrte man dann aber zurück, so wieherte es ganz leise: „Hier bin ich." Und vor nichts fürchtete es sich: Im Stockfinstern, im Schneesturm fand es den Weg, von einem Fremden aber ließ es sich überhaupt nicht anfassen, es hätte ihn mit den Zähnen zerrissen! Auch ein Hund durfte ihm nicht zu nahe kommen: Es schlug ihn sofort mit dem Vorderfuß vor die Stirn – tjuk –, und der Hund hatte gelebt. Es war ein Pferd mit Ehrgefühl: Die Reitpeitsche durfte man allenfalls zur Zierde über ihm schwingen, aber es um Gottes willen nicht damit berühren! Doch wozu so viele Worte machen: Das war kein Pferd, das war eine Kostbarkeit.

Wenn Tschertopchanow sich anschickte, seinen Malek-Adel zu beschreiben, wie strömten ihm da die Worte zu! Und wie pflegte und hätschelte er ihn! Sein Fell schimmerte wie Silber – nicht wie altes Silber, sondern wie neues, mit einem eigentümlichen dunklen Glanz; strich man mit der flachen Hand darüber, so fühlte es sich an wie Samt! Der Sattel, die kleine Schabracke, der Zaum – alles paßte so gut zusammen, war so tadellos in Ordnung und geputzt, man hätte einen Bleistift nehmen und das ganze Geschirr zeichnen mögen! Tschertopchanow – was wollte man noch mehr? – flocht seinem Liebling höchsteigenhändig die Stirnhaare, wusch ihm die Mähne und den Schweif mit Bier und schmierte ihm die Hufe mehr als einmal mit Fett ein ...

Wenn er sich auf Malek-Adel setzte und ausritt, dann ritt er nicht zu den Nachbarn – mit ihnen verkehrte er nach wie vor nicht –, sondern durch ihre Felder, an ihren Gutshöfen vorbei ... Bewundert ihn nur von weitem, ihr Dummköpfe! Hörte er aber, daß irgendwo eine Jagd abgehalten wurde, daß ein reicher Gutsherr in ferne, abgelegene Jagdgefilde aufbrach, sogleich ritt auch er dahin und tummelte sein Pferd in einiger Entfernung am Horizont, versetzte alle Zuschauer durch Malek-Adels Schönheit und Schnelligkeit in Erstaunen, ließ aber keinen nahe heran. Einmal setzte ihm sogar ein Jäger mit seinem ganzen Gefolge nach; als er sah, daß Tschertopchanow sich immer weiter von ihm entfernte, schrie er ihm, so laut er konnte, in vollem Galopp zu: „He, du! Hör doch! Verlang für dein Pferd, was du willst! Tausend sind mir nicht zuviel! Die Frau geb ich dafür her, die Kinder! Nimm mir das Letzte!"

Tschertopchanow zügelte plötzlich Malek-Adel. Der Jäger flog zu ihm heran.

„Väterchen", schrie er, „sprich: Was willst du haben? Lieber, guter Mann!"

„Wenn du ein König wärst", sagte Tschertopchanow langsam und betont (dabei hatte er sein Lebtag nie etwas von Shakespeare gehört), „du könntest mir dein ganzes Reich für mein Pferd bieten – ich nähme es nicht!"

Sprach's, lachte, ließ Malek-Adel sich aufbäumen und sich in der Luft auf den Hinterbeinen drehen wie einen Kreisel – und fort war er! Er fegte wie der Wind über das Stoppelfeld. Der Jäger aber – es soll ein schwerreicher Fürst gewesen sein – schleuderte seine Mütze auf die Erde, warf sich hin, vergrub das Gesicht in die Mütze und lag eine halbe Stunde so da.

Wie sollte Tschertopchanow sein Pferd auch nicht lieb und wert halten? Verdankte er nicht ihm seine erneute, unbezweifelbare Überlegenheit, die letzte Überlegenheit über all seine Nachbarn?

6

Inzwischen verging die Zeit, der Zahlungstermin rückte näher, Tschertopchanow aber besaß nicht nur keine zweihundertfünfzig Rubel, er hatte nicht einmal fünfzig. Was sollte er tun, wie dem abhelfen? Nun, entschied er endlich, wenn der Jude kein Entgegenkommen zeigt, wenn er nicht noch warten will, so werde ich ihm mein Haus und mein Land abtreten, mich auf mein Pferd setzen – und fort geht's, immer der Nase nach! Und wenn ich Hungers sterben sollte, Malek-Adel gebe ich nicht her! Er regte sich sehr auf und verfiel sogar ins Grübeln; doch da erbarmte sich das Schicksal seiner – zum ersten und auch zum letzten Mal – und lächelte ihm: Eine weitläufige Tante, die Tschertopchanow nicht einmal dem Namen nach bekannt war, hinterließ ihm testamentarisch eine Summe, die in seinen Augen ungeheuer groß war – volle zweitausend Rubel! Und er erhielt dieses Geld auch gerade zur rechten Zeit: einen Tag vor dem Eintreffen des Juden. Tschertopchanow verlor beinahe den Verstand vor Freude, aber an Wodka dachte er nicht: Seit Malek-Adel bei ihm war, hatte er keinen Tropfen mehr in den Mund genommen. Er lief in den Pferdestall und küßte seinen Freund auf die Nase, beiderseits der Nüstern, dort, wo bei den Pferden die Haut so zart ist. „Jetzt werden wir uns nicht mehr trennen!" rief er aus und klopfte Malek-Adel unter der gekämmten Mähne auf den Hals. Als er ins Haus zurückgekehrt war, zählte er zweihundertfünfzig Rubel ab und versiegelte sie in einem Päckchen. Dann legte er sich lang, rauchte eine Pfeife und malte sich aus, wie er das übrige Geld verwenden werde – was für Hunde er sich anschaffen würde: echte Kostromaer Jagdhunde, und zwar unbedingt rotgefleckte! Er plauderte sogar mit Perfischka, dem er einen neuen Kosakenrock mit gelben Tressen an allen Nähten versprach, und legte sich in der glückseligsten Gemütsverfassung schlafen.

Er hatte einen unschönen Traum: Ihm träumte, daß er zur Jagd ausritt, aber nicht auf Malek-Adel, sondern auf einem seltsamen Tier, das einem Kamel ähnelte; da kommt ihm ein schneeweißer Fuchs entgegengelaufen ... Er will die Jagdpeitsche schwingen, will die Hunde auf ihn hetzen, aber statt der Jagdpeitsche hat er auf einmal einen Bastwisch in der Hand, und der Fuchs läuft vor ihm her und streckt ihm die Zunge heraus. Er springt von seinem Kamel, stolpert, fällt ... und fällt gerade einem Gendarm in die Arme, der ihn auffordert, zum Generalgouverneur zu kommen, und in dem er Jaff erkennt ...

Tschertopchanow erwachte. Im Zimmer war es dunkel; die Hähne hatten eben erst zum zweitenmal gekräht...

Irgendwo in weiter Ferne wieherte ein Pferd.

Tschertopchanow hob den Kopf ... Noch einmal war ein leises, ganz leises Wiehern zu hören.

Das ist doch Malek-Adel, der da wiehert! fuhr es ihm durch den Kopf. Das ist sein Wiehern! Aber warum denn so weit weg? Himmlischer Vater ... Das kann doch nicht sein ... Tschertopchanow erstarrte plötzlich das Blut in den Adern, dann sprang er mit einem Satz aus dem Bett, tastete nach den Stiefeln, den Kleidern, zog sich an, riß den Schlüssel zum Pferdestall unter dem Kopfkissen hervor und rannte auf den Hof hinaus.

7

Der Pferdestall befand sich ganz am Ende des Hofes; mit der einen Wand grenzte er ans freie Feld. Tschertopchanow fand nicht gleich das Schlüsselloch – so sehr zitterten ihm die Hände – und drehte nicht sofort den Schlüssel um ... Er blieb eine Weile regungslos stehen und hielt den Atem an: Wenn sich doch nur hinter der Tür etwas rühren wollte! „Maleschka! Malek!" rief er mit gedämpfter Stimme. Totenstille! Unwillkürlich zog Tschertopchanow an dem Schlüssel, die Tür knarrte und ging auf ... Sie war also nicht verschlossen gewesen. Er schritt über die Schwelle und rief abermals sein Pferd, diesmal jedoch mit dem vollen Namen: „Malek-Adel!" Aber der treue Gefährte gab keine Antwort, nur eine Maus raschelte im Stroh. Da stürzte Tschertopchanow in diejenige der drei Boxen des Stalles, in der Malek-Adel untergebracht war. Er fand diese Box sofort, obwohl es ringsum so finster war, daß man sich die

Augen ausstoßen konnte ... Leer! Um Tschertopchanow drehte sich alles; ihm war, als dröhne eine Glocke unter seiner Schädeldecke. Er wollte etwas sagen, brachte aber nur ein Zischen hervor, und mit den Händen nach oben, unten und allen Seiten tastend, schleppte er sich keuchend und mit schlotternden Knien aus der einen Box in die zweite, in die dritte, die fast bis oben hin mit Heu vollgestopft war; er stieß an die eine Wand, an die andere, fiel hin, überschlug sich, erhob sich wieder und rannte Hals über Kopf zu der halboffenen Tür hinaus auf den Hof.

„Gestohlen! Perfischka! Perfischka! Gestohlen!" brüllte er aus Leibeskräften.

Der Laufbursche Perfischka kam im bloßen Hemd aus der Kammer geflogen, in der er schlief.

Wie zwei Betrunkene stießen sie mitten auf dem Hof zusammen, der Herr und sein einziger Diener; wie zwei Verrückte drehten sie sich umeinander. Weder war der Herr imstande zu erklären, worum es sich handelte, noch vermochte der Diener zu begreifen, was von ihm verlangt wurde.

„Ein Unglück! Ein Unglück!" stammelte Tschertopchanow.

„Ein Unglück! Ein Unglück!" wiederholte der Diener.

„Die Laterne! Bring die Laterne her und zünde sie an! Mach Licht! Licht!" entrang es sich schließlich Tschertopchanows schreckensstarrer Brust.

Perfischka stürzte ins Haus.

Aber es war nicht so einfach, die Laterne anzuzünden, Licht zu machen: Schwefelhölzer galten damals in Rußland noch als Seltenheit, in der Küche war die letzte Kohlenglut längst erloschen, Stahl und Feuerstein waren nicht gleich zu finden und wollten keine Funken geben. Zähneknirschend riß Tschertopchanow dem verwirrten Perfischka das Feuerzeug aus der Hand und begann selber Feuer zu schlagen: Die Funken sprühten reichlich, noch reichlicher hagelte es Flüche und ertönte Gestöhn – der Zunder aber brannte entweder nicht an, oder er erlosch trotz der vereinten Anstrengungen von vier angespannten Wangen und Lippen! Endlich, nach fünf Minuten, nicht eher, fing der Talglichtstummel auf dem Boden der zerschlagenen Laterne zu glimmen an, und Tschertopchanow stürzte, von Perfischka begleitet, in den Pferdestall, hob die Laterne bis über den Kopf und sah sich um ...

Alles leer!

Er sprang auf den Hof hinaus, lief ihn in allen Richtungen ab – das Pferd war nirgends! Der Flechtzaun, der das Anwesen Pantelej Jeremejitschs umgab, war längst altersschwach geworden; an vielen Stellen hatte er sich geneigt und auf die Erde gesenkt ... Neben dem Pferdestall lag er in einer Breite von einem Arschin ganz am Boden. Perfischka wies Tschertopchanow auf diese Stelle hin.

„Gnädiger Herr! Sehen Sie mal hierher: Das war heute noch nicht. Dort ragen auch die Pfähle aus der Erde, die muß jemand herausgedreht haben."

Tschertopchanow rannte mit der Laterne herbei und leuchtete den Erdboden ab.

„Hufe, Hufe, Spuren von Hufeisen, Spuren, frische Spuren!" murmelte er hastig. „Hier haben sie ihn hinausgefürt, hier, hier!"

Er spang im Nu über den Zaun und lief mit dem Ruf „Malek-Adel, Malek-Adel!" querfeldein.

Perfischka blieb ratlos an dem Flechtzaun stehen. Der Lichtkreis der Laterne war seinen Augen bald entschwunden, verschlungen von der dichten Finsternis der stern- und mondlosen Nacht.

Immer schwächer und schwächer klangen die verzweifelten Rufe Tschertopchanows.

8

Das Morgenrot stand schon am Himmel, als er nach Hause zurückkehrte. Er hatte jedes menschliche Aussehen verloren; seine Kleidung war über und über mit Schmutz bedeckt; sein Gesicht hatte einen wilden und furchterregenden Ausdruck angenommen; düster und stumpf blickten die Augen. In heiserem Flüsterton jagte er Perfischka von sich fort und schloß sich in seinem Zimmer ein. Er hielt sich vor Müdigkeit kaum noch auf den Beinen, legte sich aber nicht ins Bett, sondern setzte sich auf den Stuhl an der Tür und griff sich an den Kopf. „Gestohlen! ... Gestohlen!" Aber wie hatte es der Dieb fertiggebracht, Malek-Adel bei Nacht aus dem verschlossenen Stall zu stehlen? Malek-Adel, der nicht einmal bei Tage einen Fremden an sich heranließ, ohne Lärm, ohne ein Geräusch zu stehlen? Und wie war es zu erklären, daß nicht ein einziger Hofhund angeschlagen hatte? Freilich, es waren ihrer nur noch zwei, zwei junge Welpen, und die scharrten sich gewöhnlich vor Hunger und Kälte in die Erde ein – aber trotzdem!

Was soll ich jetzt ohne Malek-Adel machen? dachte Tschertopchanow. Der letzten Freude bin ich jetzt beraubt – es ist Zeit zu sterben. Ein anderes Pferd kaufen, weil ich gerade Geld habe? Aber wo soll ich ein zweites solches Pferd auftreiben?

„Pantelej Jeremejitsch! Pantelej Jeremejitsch!" rief es zaghaft draußen vor der Tür.

Tschertopchanow sprang auf die Füße.

„Wer ist da?" schrie er mit einer Stimme, die nicht die seinige zu sein schien.

„Ich bin es, Ihr Laufbursche, Perfischka."

„Was willst du? Oder hat er sich eingefunden, ist er nach Hause gekommen?"

„Nein, nein, Pantelej Jeremejitsch, aber der Jude, der ihn verkauft hat ..."

„Nun?"

„Der ist gekommen."

„Ho-ho-ho-ho-ho!" johlte Tschertopchanow und riß mit einem Ruck die Tür auf. „Bring ihn her! Her mit ihm! Her mit ihm!"

Als der Jude, der hinter Perfischkas Rücken stand, die zerzauste, verwilderte Gestalt seines „Wohltäters" so plötzlich vor sich auftauchen sah, wollte er sich schon aus dem Staube machen, aber Tschertopchanow erreichte ihn mit zwei Sätzen und packte ihn wie ein Tiger an der Kehle.

„Ah! Nach dem Geld kommst du! Nach dem Geld!" röchelte er, als ob nicht *er* den anderen würge, sondern er *selbst* gewürgt werde. „Bei Nacht hast du ihn gestohlen, und bei Tag kommst du nach dem Geld. He? He?"

„Erbarmen, Eu ... er Wohlge ... boren", stöhnte der Jude.

„Rede, wo ist mein Pferd? Wo hast du es hingeschafft? An wen hast du es verschachert? Rede, rede, rede doch!"

Der Jude konnte nicht einmal mehr stöhnen; sogar der Ausdruck des Schreckens war von seinem blau angelaufenen Gesicht gewichen. Seine Arme sanken herab und blieben schlaff hängen; sein ganzer Körper, den Tschertopchanow wütend schüttelte, schwankte wie ein Schilfrohr.

„Das Geld werde ich dir bezahlen, die volle Summe werde ich dir bezahlen, bis zur letzten Kopeke!" schrie Tschertopchanow. „Aber ich erwürge dich wie das letzte Kücken, wenn du mir nicht sofort sagst ..."

„Sie haben ihn ja schon erwürgt, gnädiger Herr", bemerkte der Laufbursche Perfischka demütig.

Erst jetzt kam Tschertopchanow zur Besinnung. Er ließ den Hals des Juden los; dieser schlug der Länge lang auf den Fußboden. Tschertopchanow hob ihn auf, setzte ihn auf die Bank, goß ihm ein Glas Wodka in die Kehle und brachte ihn wieder zu sich. Und als er ihn wieder zu sich gebracht hatte, fing er an, mit ihm zu reden.

Es stellte sich heraus, daß der Jude nicht die leiseste Ahnung davon hatte, daß Malek-Adel gestohlen war. Und weshalb hätte er auch ein Pferd stehlen sollen, das er selbst erst für den „hochverehrten Pantelej Jeremejitsch" beschafft hatte?

Daraufhin führte ihn Tschertopchanow in den Stall. Zu zweit untersuchten sie die Boxen, die Krippe, das Türschloß, durchwühlten das Heu, das Stroh und gingen dann auf den Hof; Tschertopchanow zeigte dem Juden die Hufspuren am Zaun und schlug sich plötzlich auf die Schenkel.

„Halt!" rief er aus. „Wo hast du das Pferd gekauft?"

„Im Kreis Maloarchangelsk, auf dem Werchosensker Markt", antwortete der Jude.

„Von wem?"

„Von einem Kosaken."

„Halt! War dieser Kosak jung oder alt?"

„In den mittleren Jahren, ein gesetzter Mann."

„Und wie sah er aus? Was machte er für einen Eindruck? Wohl ein gerissener Gauner?"

„Wahrscheinlich ein Gauner, Euer Wohlgeboren."

„Und wie war es, was hat er dir gesagt, dieser Gauner, besaß er das Pferd schon lange?"

„Soviel ich mich erinnere, sagte er, er hätte es schon lange."

„Nun, so hat es niemand anders gestohlen als er! Urteile selbst, hör zu, stell dich hierher ... Wie heißt du?"

Der Jude schrak zusammen und heftete seine schwarzen Augen auf Tschertopchanow.

„Wie *ich* heiße?"

„Nun ja: Wie nennst du dich?"

„Moschel Leiba."

„Nun, urteile selbst, Leiba, mein Freund – du bist doch ein gescheiter Mann: Wem hätte Malek-Adel so ohne weiteres gehorcht, wenn nicht seinem alten Herrn? Denn er hat ihn ja gesattelt und gezäumt und ihm die Decke abgenommen – da liegt sie auf dem Heu!... Ganz wie zu Hause hat er sich verhalten! Jeden anderen außer seinem früheren Herrn hätte Malek-Adel doch mit den Hufen zerstampft! Er hätte einen solchen Lärm geschlagen – das ganze Dorf hätte er aufgescheucht! Bist du derselben Meinung?"

„Ganz derselben Meinung, Euer Wohlgeboren ..."

„Also muß man vor allem diesen Kosaken finden."

„Aber wie soll man ihn denn finden, Euer Wohlgeboren? Ich habe ihn doch nur ein einziges kleines Mal gesehen. Und wo steckt er jetzt? Und wie heißt er? Ai, wai, wai!" fügte der Jude hinzu und schüttelte bekümmert die Schläfenlocken.

„Leiba!" schrie Tschertopchanow plötzlich, „Leiba, sieh mich an! Ich habe ja schon den Verstand verloren, ich bin nicht mehr Herr meiner selbst!... Ich lege Hand an mich, wenn du mir nicht hilfst!"

„Aber wie kann ich denn ..."

„Wir fahren zusammen den Dieb suchen!"

„Aber wohin wollen wir denn fahren?"

„Auf die Märkte, auf die großen Landstraßen, auf die kleinen Landstraßen, zu den Pferdedieben, in die Städte, in die Dörfer, auf die Gutshöfe – überallhin, überall! Wegen des Geldes mach dir keine Sorgen: Ich habe eine Erbschaft gemacht,

Bruder! Meine letzte Kopeke setze ich daran – aber meinen Freund werde ich finden! Und unser Feind, der Kosak, wird uns nicht entrinnen! Wo er hingeht, gehen wir auch hin! Verkriecht er sich unter die Erde, kriechen wir auch unter die Erde! Geht er zum Teufel, gehen wir zum Satan selbst!"

„Nu, warum denn zum Satan", bemerkte der Jude, „man kommt auch ohne ihn aus."

„Leiba", fiel Tschertopchanow ein, „Leiba, du bist zwar ein Hebräer und hast einen unreinen Glauben, aber deine Seele ist besser als manche Christenseele! Erbarm dich meiner! Allein kann ich nicht fahren, das wäre sinnlos, allein schaffe ich diese Sache nicht. Ich bin ein Heißsporn, aber du bist ein kluger Kopf, ein goldener Kopf! Euer Volk ist nun einmal so: Auch ohne Gelehrsamkeit fällt euch alles zu! Vielleicht zweifelst du und denkst: Woher hat der auf einmal Geld? Komm mit in mein Zimmer, da werde ich dir das ganze Geld zeigen. Nimm es, nimm auch noch das Kreuz von meinem Hals, nur gib mir Malek-Adel wieder, gib ihn mir, gib ihn mir wieder!"

Tschertopchanow zitterte wie im Fieber; der Schweiß rann ihm in Strömen übers Gesicht und verlor sich, mit Tränen vermischt, in seinem Schnurrbart. Er drückte Leiba die Hände, er flehte ihn an, er hätte ihn beinahe geküßt ... Er geriet ganz außer sich. Der Jude versuchte anfangs Einwände zu machen und beteuerte, daß er sich unmöglich frei machen könne, daß er Geschäfte habe ... Umsonst! Tschertopchanow wollte nichts hören. Es war nichts zu machen, und so sagte der arme Leiba zu.

Am nächsten Tag fuhr Tschertopchanow mit Leiba zusammen auf einem Bauernwagen aus Bessonowo fort. Der Jude zeigte eine etwas verwirrte Miene; er hielt sich mit einer Hand am Wagenrand fest, während sein ganzer schwächlicher Körper auf dem rüttelnden Sitz auf und nieder hüpfte; die andere Hand preßte er an die Brust, wo das Päckchen Banknoten steckte, in Zeitungspapier eingeschlagen. Tschertopchanow saß da wie ein Götzenbild – nur die Augen ließ er umherschweifen; er atmete aus voller Brust; in seinem Gürtel stak ein Dolch.

„Nun, Schurke, der du mir den Freund geraubt hast, jetzt hüte dich!" murmelte er, als sie auf die große Landstraße einbogen.

Sein Haus hatte er dem Laufburschen Perfischka und der Köchin anvertraut, einer tauben alten Frau, die er aus Mitleid bei sich aufgenommen hatte.

„Ich kehre auf Malek-Adel zu euch zurück", hatte er ihnen zum Abschied zugerufen, „oder ich komme überhaupt nicht mehr wieder!"

„Du könntest mich wenigstens heiraten – wie wär's?" witzelte Perfischka und stieß die Köchin mit dem Ellbogen in die Seite. „Den Herrn sehen wir sowieso nicht wieder, und hier kommt man ja um vor Langerweile!"

9

Ein ganzes Jahr war vergangen, ein ganzes Jahr. Von Pantelej Jeremejitsch war keine Nachricht eingetroffen. Die Köchin war gestorben, und Perfischka schickte sich schon an, das Haus zu verlassen und in die Stadt zu ziehen, in die ihn ein Vetter lockte, der dort als Geselle bei einem Friseur lebte, da verbreitete sich auf einmal das Gerücht, der Herr kehre heim! Der Gemeindediakon hatte von Pantelej Jeremejitsch selbst einen Brief erhalten, in dem dieser ihm seine Absicht, nach Bessonowo zurückzukommen, mitteilte und ihn bat, seine Dienerschaft zu benachrichtigen, damit ihm ein entsprechender Empfang bereitet werde. Diese Worte legte Perfischka so aus, daß wohl ein klein wenig Staub gewischt werden solle – im übrigen setzte er in die Richtigkeit der Nachricht kein großes Zutrauen. Er mußte sich indessen davon überzeugen, daß der Diakon die Wahrheit gesagt hatte, als einige Tage darauf Pantelej Jeremejitsch in eigener Person auf dem Hof seines Gutes erschien, hoch zu Roß auf Malek-Adel.

Perfischka stürzte seinem Herrn entgegen, hielt ihm den Steigbügel und wollte ihm beim Absteigen helfen, aber der Herr sprang von selber ab, blickte triumphierend um sich und rief laut: „Ich habe gesagt, daß ich Malek-Adel finden werde, und ich habe ihn gefunden, meinen Feinden und dem Schicksal selbst zum Trotz!" Perfischka näherte sich ihm zum Handkuß, aber Tschertopchanow beachtete den Eifer seines Dieners nicht. Malek-Adel am Zügel hinter sich her führend, strebte er mit großen Schritten dem Pferdestall zu. Perfischka sah sich seinen Herrn nun genauer an, und es wurde ihm bange: Ach, wie war er abgemagert und gealtert im Laufe dieses Jahres, und wie streng und hart war sein Gesicht geworden! Und dabei hätte sich Pantelej Jeremejitsch doch eigentlich freuen müssen, daß er sein Ziel erreicht hatte; und er freute sich ja auch, gewiß ... Und dennoch war Perfischka bang ums Herz, ja, es wurde ihm sogar unheimlich zumute. Tschertopchanow stellte das Pferd in seine frühere Box, gab ihm einen Klaps auf die Kruppe und sagte: „So, nun bist du wieder zu Hause! Aber sieh dich vor!" Am selben Tag noch stellte er einen zuverlässigen Wächter an, einen vom Frondienst befreiten landlosen Bauern, richtete sich erneut in seinen Zimmern ein und nahm sein früheres Leben wieder auf ... Und doch nicht ganz das frühere ... Aber davon später.

Am Tag nach seiner Heimkehr rief Pantelej Jeremejitsch Perfischka zu sich und begann ihm in Ermangelung eines anderen Gesprächspartners zu erzählen – natürlich ohne dem Gefühl seiner eigenen Würde etwas zu vergeben und mit Baßstimme –, wie es ihm gelungen war, Malek-Adel zu finden. Während Tschertopchanow erzählte, saß er mit dem Gesicht zum Fenster und rauchte eine Pfeife mit langem Rohr; Perfischka aber stand auf der Türschwelle, die Hände auf den Rükken gelegt und den Blick ehrerbietig auf den Hinterkopf seines Herrn gerichtet, und hörte sich an, wie Pantelej Jeremejitsch nach vielen vergeblichen Bemühungen und Reisen schließlich nach Romny auf den Markt gekommen war – bereits allein, ohne den Juden Leiba, der seines schwachen Charakters wegen nicht durchgehalten hatte und ihm davongelaufen war – und wie er am fünften Tag, als er schon abreisen wollte, ein letztesmal die Wagenreihen entlangging und plötzlich zwischen drei anderen Pferden Malek-Adel erblickte, der an einen Futtersack gebunden war, wie er ihn sofort erkannte und wie Malek-Adel ihn erkannte, zu wiehern begann, sich losreißen wollte und mit dem Huf die Erde aufscharrte.

„Und er war gar nicht bei dem Kosaken", fuhr Tschertopchanow mit der gleichen Baßstimme fort, immer noch, ohne den Kopf zu wenden, „sondern bei einem Zigeuner, einem Pferdehändler; selbstverständlich legte ich sofort die Hand auf mein Pferd und wollte es mit Gewalt wieder an mich nehmen; aber die Bestie von Zigeuner brüllte über den ganzen Platz, als hätte er sich verbrüht, und fing an zu schwören, er habe das Pferd von einem anderen Zigeuner gekauft; er wollte auch Zeugen dafür beibringen ... Ich spuckte aus und zahlte ihm das Geld; der Teufel hole ihn dafür! Für mich ist die Hauptsache, daß ich meinen Freund wiedergefunden und meine Seelenruhe wiedererlangt habe. Einmal glaubte ich schon im Kreise Karatschow – nach der Beschreibung des Juden Leiba – den Kosaken erwischt zu haben. Ich hielt ihn für meinen Dieb und zerschlug ihm die ganze Fratze, aber der Kosak erwies sich als der Sohn eines Popen und knöpfte mir für die ihm angetane Schmach hundertzwanzig Rubel ab. Nun, Geld kann man erwerben, die Hauptsache ist, daß ich Malek-Adel wiederhabe. Jetzt bin ich glücklich, und ich werde meine Ruhe genießen. Aber für dich, Porfiri, gilt die Instruktion: Sobald du, was Gott verhüten möge, in der Nähe einen Kosaken erblickst, lauf in derselben Sekunde, ohne ein Wort zu verlieren, und bring mir mein Gewehr, ich werde dann schon wissen, was ich zu tun habe!"

So sprach Pantelej Jeremejitsch zu Perfischka; so gab er sich nach außen, in seinem Herzen aber war er nicht so ruhig, wie er glauben machen wollte.

Nein! In tiefster Seele war er sich nicht ganz sicher, ob das Pferd, das er mit heimgebracht hatte, auch wirklich Malek-Adel war!

10

Für Pantelej Jeremejitsch brach eine schwere Zeit an. Ruhe genoß er gerade am allerwenigsten. Gewiß, er hatte gute Tage: Dann kam ihm der Zweifel, der in ihm erwacht war, wie bloßer

Unsinn vor; er verjagte den törichten Gedanken wie eine lästige Fliege und konnte sogar über sich selber lachen; aber er hatte auch schlechte Tage: Dann fing der unabweisbare Gedanke von neuem an, heimlich an seinem Herzen zu nagen und zu fressen wie eine Maus unter dem Fußboden, und er quälte sich insgeheim entsetzlich. An jenem denkwürdigen Tag, an dem er Malek-Adel wiedergefunden hatte, fühlte Tschertopchanow nichts als selige Freude ... Doch schon am nächsten Morgen, als er unter dem niedrigen Vordach der Herberge seinen Findling sattelte, neben dem er die ganze Nacht verbracht hatte, gab es ihm zum erstenmal so etwas wie einen Stich ins Herz ... Er schüttelte nur den Kopf – doch der Same war ausgestreut. Während der Heimreise – sie dauerte ungefähr eine Woche – stiegen die Zweifel in ihm nur selten auf; sie wurden erst wieder stärker und deutlicher, sowie er in sein Bessonowo zurückgekehrt war, sowie er sich an dem Ort befand, wo der frühere, der unanzweifelbare Malek-Adel gelebt hatte ... Unterwegs war er meist im Schritt geritten, hatte sich schaukeln lassen, hatte nach rechts und links geblickt, seine kurze Pfeife geraucht und an nichts Besonderes gedacht, höchstens, daß ihm hin und wieder der Gedanke gekommen war: Was die Tschertopchanows einmal wollen, das erreichen sie auch, trotz allem! Und dabei hatte er selbstgefällig gelächelt. Aber seit er wieder zu Hause war, hatte ein neues Kapitel begonnen. All das behielt er natürlich für sich; schon die Eigenliebe erlaubte ihm nicht, seine innere Unruhe zu zeigen. Er hätte jeden „in Stücke gerissen", der auch nur entfernt angedeutet hätte, daß der neue Malek-Adel vielleicht doch nicht der alte sei; er nahm von den wenigen Personen, mit denen er in Berührung kam, Gratulationen zu dem „glücklichen Auffinden" entgegen, aber er suchte diese Glückwünsche nicht, und noch mehr als früher vermied er es, anderen Menschen zu begegnen – ein schlechtes Zeichen! Fast ständig examinierte er Malek-Adel – wenn man sich so ausdrücken darf; gewöhnlich ritt er auf ihm irgendwohin, möglichst weit hinaus aufs Feld, und stellte ihn auf die Probe, oder er ging heimlich in den Pferdestall, schloß die Tür hinter sich ab, stellte sich dicht vor den Kopf des Pferdes, sah ihm in die Augen und fragte flüsternd: „Bist du es? Bist du's? Bist du's?" ... Oder aber er betrachtete es ganze Stunden lang schweigend und unverwandt, bald freudig murmelnd: „Ja! Er ist es! Natürlich ist er's!", bald in Zweifel und Unsicherheit verfallend.

Was Tschertopchanow unsicher machte, das waren nicht so sehr die körperlichen Unterschiede zwischen *diesem* Malek-Adel und *jenem* ... Übrigens gab es deren nur wenige: Bei *jenem* waren Schweif und Mähne vielleicht weniger dicht gewesen, die Ohren spitzer, die Fesseln kürzer, die Augen heller – aber das konnte auch nur so scheinen; es waren sozusagen die moralischen Unterschiede, die Tschertopchanow unsicher machten. *Jener* hatte andere Gewohnheiten gehabt, sein ganzes Verhalten war anders gewesen. Zum Beispiel hatte sich *jener* Malek-Adel jedesmal umgeblickt und leise gewiehert, sobald Tschertopchanow in den Stall getreten war, *dieser* aber kaute sein Heu weiter, als ob nichts geschehen sei, oder döste mit hängendem Kopf vor sich hin. Beide rührten sich nicht von der Stelle, wenn der Herr aus dem Sattel sprang, aber *jener* war, wenn man ihn rief, sofort der Stimme gefolgt, *dieser* hingegen blieb stehen wie ein Klotz. *Jener* war ebenso schnell galoppiert, aber höher und weiter gesprungen; *dieser* ging im Schritt freier, im Trab jedoch stieß er mehr und „klapperte" bisweilen mit den Hufeisen – das heißt, er schlug mit dem hinteren Huf an den vorderen: Bei *jenem* war eine solche Schande nie vorgekommen – Gott bewahre! *Dieser*, so kam es Tschertopchanow vor, spielte immer so dumm mit den Ohren, *jener* dagegen pflegte ein Ohr nach hinten zu legen und es so zu halten – er beobachtete seinen Herrn! *Jener* hatte stets, wenn er sah, daß es um ihn herum unsauber war, sogleich mit dem Hinterhuf an die Wand der Box geschlagen, *diesem* jedoch machte das gar nichts aus – man hätte ihn bis zum Bauch im Mist stehenlassen können. Wenn *jener* zum Beispiel gegen den Wind gestellt wurde, atmete er sogleich mit vollen Lungen und schüttelte sich, *dieser* aber schnaubte kaum; *jenen* störte die Nässe des Regens, *diesen* ließ sie gleichgültig ... Gröber war dieser, gröber! Er hatte nicht so ein liebenswürdiges Wesen wie jener, auch war er hartmäulig – natürlich! *Jener* war ein liebes Pferd gewesen – aber *dieser* ...

Das war es, was Tschertopchanow bisweilen durch den Kopf ging, und diese Gedanken riefen Bitterkeit in ihm hervor. Dafür jagte er ein anderes Mal sein Pferd in vollem Galopp über ein frisch gepflügtes Feld oder ließ es auf den Grund einer vom Wasser ausgewaschenen Schlucht hinunterspringen und an der steilsten Stelle wieder hinausspringen – dann stockte ihm das Herz vor Wonne. Ein lauter Jubelruf entrang sich seiner Brust, er wußte, er wußte es ganz bestimmt, daß das Pferd unter ihm der echte, unzweifelhafte Malek-Adel war, denn welches andere Pferd wäre imstande gewesen, das zu leisten, was dieses leistete?

Aber auch hier ging es nicht ohne Mißgeschick und Unheil ab. Das lange Suchen nach Malek-Adel hatte Tschertopchanow viel Geld gekostet; an Hunde aus Kostroma konnte er schon nicht mehr denken, und so ritt er, wie ehedem, stets allein in der Gegend umher. Da stieß eines Morgens Tschertopchanow etwa fünf Werst von Bessonowo entfernt auf die gleiche fürstliche Jagdgesellschaft, angesichts derer er vor ungefähr anderthalb Jahren sein Pferd so verwegen getummelt hatte. Und genau wie an jenem Tag wollte es der Zufall auch jetzt, daß hinter einem Rain, an einem Hang, urplötzlich ein Hase vor den Hunden aufsprang. „Faß ihn, faß!" Die ganze Jagdgesellschaft setzte ihm nach, und Tschertopchanow sprengte ebenfalls hin, allerdings nicht zusammen mit ihr, sondern etwa zweihundert Schritt abseits davon – genauso wie damals. Ein großer, breiter Wasserriß schlängelte sich quer durch den Hang, zog sich immer höher hinauf, verengte sich allmählich und kreuzte Tschertopchanows Weg. Dort, wo er über diese Schlucht hinwegspringen mußte und wo er vor anderthalb Jahren wirklich gesprungen war, hatte sie noch immer eine Breite von acht Schritt und eine Tiefe von zwei Sashen. Im Vorgefühl seines Triumphes, den er auf so wunderbare Weise zu wiederholen glaubte, stieß Tschertopchanow ein sieghaftes „Ho-ho!" aus und schwang die Hetzpeitsche. Die Jäger galoppierten zwar weiter, ließen aber den kühnen Reiter nicht aus den Augen. Sein Pferd flog wie ein Pfeil dahin – da war die Schlucht auch schon unmittelbar vor ihm; nun also, mit einem Satz, wie damals! ...

Aber Malek-Adel sperrte sich jäh, wich nach links aus und galoppierte an dem Graben *entlang*, wie sehr Tschertopchanow ihm auch den Kopf zur Seite zerrte, dem Wasserriß zu ...

Er war also feig gewesen, hatte kein Vertrauen zu sich gehabt!

Da ließ Tschertopchanow, glühend vor Scham und Zorn und fast weinend, die Zügel hängen und trieb das Pferd einfach vorwärts, den Berg hinauf, fort, fort von diesen Jägern, nur um nicht zu hören, wie sie sich über ihn lustig machten, nur um so schnell wie möglich aus ihren verfluchten Augen zu verschwinden!

Mit zerpeitschten Flanken und ganz mit Schaum bedeckt, kam Malek-Adel zu Hause an, und Tschertopchanow schloß sich sofort in seinem Zimmer ein.

„Nein, das ist er nicht, das ist nicht mein Freund! Jener hätte sich eher den Hals gebrochen als mich bloßgestellt!"

II

Der folgende Vorfall machte Tschertopchanow endgültig „fertig", wie man so sagt. Er ritt einmal auf Malek-Adel durch das Gelände hinter dem Popenhof, der die Kirche umgab, zu deren Sprengel das Dorf Bessonowo gehörte. Die hohe Pelzmütze tief in die Stirn gedrückt, zusammengekrümmt und beide Hände auf den Sattelbogen gelegt, bewegte er sich langsam vorwärts; ihm war traurig zumute. Plötzlich rief ihn jemand beim Namen.

Er hielt sein Pferd an, hob den Kopf und erblickte seinen Korrespondenten, den Diakon. Den braunen Dreispitz auf dem braunen, zu einem Zöpfchen geflochtenen Haar, in einen gelblichen Nankingkaftan gehüllt und weit unter der Taille mit einem hellblauen Stück Stoff umgürtet, war der Diener des Altars hinausgegangen, seinen Kornschober zu besichtigen – und als er Pantelej Jeremejitsch sah, hielt er es für seine Pflicht, ihm seine Hochachtung zu bezeigen und bei dieser Gelegenheit vielleicht gleich etwas zu erbitten. Ohne einen derartigen Hintergedanken sprechen geistliche Personen bekanntlich weltliche nicht an.

Tschertopchanow aber war nicht zu einem Gespräch mit dem Diakon aufgelegt; er antwortete kaum auf seinen Gruß, knurrte etwas durch die Zähne und schwang schon die Riemenpeitsche ...

„Was haben Sie doch für ein prächtiges Pferd!" beeilte sich der Diakon zu rufen. „Das kann man Ihnen zur Ehre anrechnen. Wahrhaftig, Sie sind ein Mann von wunderbarem Verstand; ein wahrer Löwe!" Der Vater Diakon war für seine Beredsamkeit bekannt, was den Vater Popen sehr ärgerte, dem die Gabe des Wortes nicht verliehen war: Nicht einmal Wodka löste ihm die Zunge. „Das eine Tier haben Sie durch einen Anschlag böser Menschen eingebüßt", fuhr der Diakon fort, „aber ohne zu verzagen, im Gegenteil, um so mehr auf die göttliche Vorsehung vertrauend, haben Sie ein anderes erworben, das durchaus nicht schlechter, sondern beinahe sogar noch besser ist, weil..."

„Was faselst du da?" unterbrach ihn Tschertopchanow finster. „Was für ein anderes Pferd? Das ist dasselbe, das ist Malek-Adel. Ich habe ihn wiedergefunden. Dummes Geschwätz ..."

„Eh! Eh! Eh! Eh!" sagte der Diakon gedehnt, als wolle er seine Antwort hinauszögern, während er mit den Fingern in seinem Bart spielte und Tschertopchanow mit seinen hellen Augen anstarrte. „Wie kann das sein, Herr? Ihr Pferd wurde doch, wenn ich mich recht erinnere, im vergangenen Jahr etwa zwei Wochen nach Mariä Schutz und Fürbitte gestohlen, und jetzt haben wir Ende November."

„Nun ja, was willst du damit sagen?"

Der Diakon spielte weiter in seinem Bart. „Mithin ist seitdem ein reichliches Jahr verflossen, Ihr Pferd aber ist jetzt noch genauso ein grauer Apfelschimmel wie damals; es scheint sogar dunkler geworden zu sein. Wie ist das möglich? Graue Pferde werden in einem Jahr viel heller."

Tschertopchanow zuckte zusammen, als hätte ihm jemand einen Jagdspieß ins Herz gestoßen. In der Tat: Die graue Farbe der Pferde ändert sich ja! Wieso war ihm dieser einfache Gedanke bisher nicht in den Sinn gekommen?

„Zopf, verfluchter! Laß mich in Ruhe!" brüllte er plötzlich mit jähzornig funkelnden Augen und entschwand im nächsten Augenblick dem verdutzten Diakon aus den Augen.

Nun war alles aus! Jetzt war wirklich alles aus, alles verloren, die letzte Karte verspielt! Alles war mit einem Male zusammengebrochen – durch das eine Wort „heller"! Graue Pferde werden heller!

Immer lauf, galoppiere, Verfluchter! Diesem einen Wort galoppierst du nicht davon!

Tschertopchanow jagte nach Hause und schloß sich wieder ein.

12

Daß dieser elende Klepper nicht Malek-Adel war, daß zwischen ihm und Malek-Adel nicht die geringste Ähnlichkeit bestand, daß jeder leidlich vernünftige Mensch dies auf den ersten Blick sehen mußte, daß er, Pantelej Tschertopchanow, sich auf die allereinfältigste Weise getäuscht hatte – nein, daß er sich absichtlich, vorsätzlich selbst betrogen, sich einen blauen Dunst vorgemacht hatte – an alledem bestand jetzt nicht mehr der leiseste Zweifel. Tschertopchanow ging im Zimmer auf und ab und machte an der Wand jedesmal auf den Hacken kehrt – wie ein wildes Tier im Käfig. Sein Ehrgefühl litt unerträglich, aber nicht nur der Schmerz verletzten Ehrgefühls peinigte ihn: Verzweiflung übermannte ihn, Wut würgte ihn, Rachedurst entbrannte in ihm! Aber gegen wen? An wem sollte er sich rächen? An dem Juden, an Jaff, an Mascha, an dem Diakon, an dem Dieb, dem Kosaken, an all seinen Nachbarn, an der ganzen Welt, schließlich an sich selbst? Sein Verstand verwirrte sich. Die letzte Karte war verspielt! (Dieser Vergleich gefiel ihm.) Er war wieder der nichtigste, verachtungswürdigste aller Menschen, die Zielscheibe des allgemeinen Spottes, der Hanswurst, der vom Pech verfolgte Dummkopf, der Gegenstand boshafter Scherze – für einen Diakon! Er malte sich aus, er stellte sich klar vor Augen, wie dieser widerwärtige Zopfträger allen von dem grauen Pferd und von dem dummen Herrn erzählen würde ... O verflucht! Vergeblich bemühte sich Tschertopchanow, der überlaufenden Galle Herr zu werden; vergeblich versuchte er sich einzureden, daß dieses Pferd, wenn es auch nicht Malek-Adel war, doch immerhin ein gutes Pferd sei und ihm noch viele Jahre dienen könne: Er stieß diesen Gedanken sogleich mit Ingrimm von sich, als würde er damit *jenen* Malek-Adel, vor dem er sich ohnehin schon schuldig fühlte, von neuem beleidigen ... Oder war er etwa nicht schuldig? Diese Mähre, diesen Klepper hatte er wie ein Blinder, wie ein Tölpel mit ihm, mit Malek-Adel, auf eine Stufe gestellt! Und was die Dienste betraf, die dieser Klepper ihm noch leisten konnte ... Würde er ihm etwa jemals wieder die Ehre erweisen, sich auf ihn zu setzen? Um keinen Preis! Niemals! Einem Tataren sollte man ihn geben, den Hunden zum Fraß – etwas anderes verdiente er nicht ... Jawohl! So war es am besten!

Über zwei Stunden wanderte Tschertopchanow in seinem Zimmer auf und ab. „Perfischka!" kommandierte er schließlich. „Lauf sofort in die Schenke; bring mir einen halben Eimer Wodka! Hörst du? Einen halben Eimer, aber lebhaft! Daß der Wodka noch diese Sekunde hier bei mir auf dem Tisch steht!"

Der Wodka zögerte nicht, auf Pantelej Jeremejitschs Tisch zu erscheinen, und er fing an zu trinken.

13

Wer damals Tschertopchanow hätte beoachten, wer Zeuge der finsteren Erbitterung hätte sein können, mit der er ein Glas nach dem anderen leerte, den hätte sicherlich ein unwillkürliches Grauen übermannt. Die Nacht brach an; ein Talglicht brannte trübe auf dem Tisch. Tschertopchanow wanderte nicht mehr von einer Ecke in die andere; er saß da, ganz rot im Gesicht und mit getrübten Augen, die er bald auf den Fußboden senkte, bald starr auf das dunkle Fenster richtete; von Zeit zu Zeit stand er auf, goß sich Wodka ein, trank ihn aus, setzte sich wieder, heftete die Augen wieder auf einen Punkt und rührte sich nicht – nur sein Atem beschleunigte sich, und sein Gesicht rötete sich immer mehr. Es schien, als reife in ihm ein Entschluß, der ihn selbst tief erregte, an den er sich aber allmählich gewöhnte; ein und derselbe Gedanke rückte unabweisbar und ununterbrochen immer näher und näher, ein und dasselbe Bild zeichnete sich immer klarer und klarer vor ihm ab; in seinem Herzen wich unter dem erhitzenden Druck des schweren Rausches die zornige Gereiztheit bereits einem Gefühl tierischer Grausamkeit; ein unheilverkündendes Lächeln erschien auf seinen Lippen ...

„Na, jetzt wird es aber Zeit!" sagte er in einem geschäftsmäßigen, fast gelangweilten Ton. „Schluß mit dem Herumtrödeln!"

Er trank das letzte Glas Wodka aus, holte unter dem Bett die Pistole hervor, dieselbe Pistole, mit der er auf Mascha geschossen hatte, lud sie, steckte „für alle Fälle" einige Zündhütchen in die Tasche und begab sich in den Pferdestall.

Der Wächter kam auf ihn zugelaufen, als er die Tür öffnen wollte, aber er schrie ihn an: „Ich bin es! Siehst du denn nicht? Scher dich fort!" Der Wächter trat ein wenig zur Seite. „Geh schlafen!" schrie ihn Tschertopchanow wieder an. „Hier gibt es nichts zu bewachen! So ein Wundertier! So eine Kostbarkeit!" Er betrat den Stall. Malek-Adel, der falsche Malek-Adel lag auf der Streu. Tschertopchanow stieß ihn mit dem Fuß an und sagte: „Steh auf, du Krähe!" Dann löste er die Halfter von der Krippe, nahm die Pferdedecke ab und warf sie auf den Boden, drehte roh das gehorsame Pferd in der Box um, führte es auf den Hof hinaus und vom Hof aufs Feld, zum äußersten Erstaunen des Wächters, der gar nicht verstehen konnte, wohin sich der Herr nachts mit dem ungezäumten Pferd an der Leine begeben mochte. Ihn zu fragen, scheute er sich selbstverständlich, er folgte ihm nur mit den Augen, bis er an einer Biegung des Weges verschwand, der zu dem nahen Walde führte.

14

Tschertopchanow schritt weit aus, ohne stehenzubleiben und ohne sich umzublicken; Malek-Adel – wir wollen ihn bis zum Schluß so nennen – folgte ihm gehorsam. Die Nacht war ziemlich hell; Tschertopchanow konnte den gezackten Umriß des Waldes erkennen, der als eine dichte, dunkle Masse vor ihm lag. Als die nächtliche Kälte ihn umfing, wäre er infolge des genossenen Wodkas sicherlich in sinnlose Betrunkenheit verfallen, wenn nicht, wenn nicht ein anderer, noch stärkerer Rausch sich seiner bemächtigt hätte. Der Kopf war ihm schwer geworden, das Blut klopfte ihm dröhnend in der Kehle und in den Ohren, aber er ging festen Schrittes weiter und wußte, wohin er ging.

Er hatte sich entschlossen, Malek-Adel zu töten; den ganzen Tag hatte er nur daran gedacht ... Jetzt war sein Entschluß gefaßt!

Er ging nicht eigentlich ruhig daran, sein Vorhaben auszuführen, doch unbeirrbar, wie ein Mensch, der einem Pflichtgefühl gehorcht. Ihm erschien diese „Sache" sehr „einfach": Indem er den Usurpator vernichtete, rechnete er zugleich mit „allem" ab – sich selbst bestrafte er für seine Dummheit, vor seinem echten Freund rechtfertigte er sich, und der ganzen Welt bewies er (Tschertopchanow war sehr besorgt um die „ganze Welt"), daß er nicht mit sich spaßen ließ ... Die Hauptsache aber war: Zusammen mit dem Usurpator würde er auch sich selbst vernichten, denn wozu sollte er noch weiterleben? Wie er sich das alles in seinem Kopf zurechtgelegt hatte und warum es ihm so einfach erschien – das zu erklären, ist nicht leicht, wenn auch nicht ganz unmöglich: Gekränkt, einsam, ohne eine ihm nahestehende Menschenseele, ohne einen roten Heller, dazu das Blut vom Branntwein erhitzt, befand er sich in einem Zustand, der dem Wahnsinn nahekam, und es besteht kein Zweifel, daß die verrücktesten Streiche wahnsinniger Menschen in ihren Augen in gewisser Weise logisch und sogar berechtigt sind. Von seinem Recht war Tschertopchanow auf jeden Fall vollkommen überzeugt; er schwankte nicht, er beeilte sich, das Urteil an dem Schuldigen zu vollstrecken, ohne sich übrigens klar darüber zu sein, wen er eigentlich mit dieser Bezeichnung meinte ... In Wahrheit dachte er wenig über die Tat nach, die er vorhatte. „Ich muß, ich muß Schluß machen", sagte er immer wieder zu sich selbst, stur und hart, „Schluß machen muß ich!"

Der schuldlos Schuldige trottete gehorsam hinter ihm her ... Doch im Herzen Tschertopchanows war kein Mitleid.

15

Nicht weit von dem Waldrand entfernt, an den er sein Pferd geführt hatte, zog sich eine kleine Schlucht hin, die bis in halbe Höhe mit Eichengebüsch bewachsen war. Tschertopchanow stieg hinunter ... Malek-Adel stolperte und wäre beinahe auf ihn gefallen.

„Willst du mich etwa erdrücken, Verfluchter!" schrie Tschertopchanow auf und riß, als müsse er sich verteidigen, die Pistole aus der Tasche. Es war nicht mehr Erbitterung, was ihn beherrschte, sondern jene besondere Verhärtung des Gefühls, die sich angeblich eines Menschen bemächtigt, bevor er ein Verbrechen begeht. Aber seine eigene Stimme erschreckte ihn – so wild klang sie unter dem Dach der dunklen Zweige, in der faulen und dumpfen Feuchtigkeit der Waldschlucht! Außerdem begann in einem Baumwipfel über seinem Kopf, als Antwort auf seinen Ausruf, plötzlich irgendein großer Vogel mit den Flügeln zu schlagen ... Tschertopchanow fuhr zusammen. Es war, als habe er einen Zeugen für seine Tat geweckt – gerade hier an diesem einsamen Ort, wo er mit Bestimmtheit erwartet hatte, kein lebendes Wesen anzutreffen ...

„Mach dich fort, du Teufel, nach allen vier Windrichtungen!" stieß er durch die Zähne, ließ Malek-Adels Halfterstrick los, holte aus und schlug das Pferd mit dem Kolben der Pistole auf die Schulter. Malek-Adel kehrte sofort um, kletterte aus der Schlucht hinaus und lief davon. Aber nicht lange war sein Hufschlag zu hören. Es hatte sich ein Wind erhoben, der alle Geräusche vermischte und verschlang.

Tschertopchanow seinerseits stieg langsam aus der Schlucht,

erreichte den Waldrand und schleppte sich auf der Straße nach Hause. Er war mit sich unzufrieden; die Schwere, die er im Kopf und im Herzen verspürte, breitete sich auf all seine Glieder aus; zornig, finster, unbefriedigt und hungrig schritt er dahin, als habe ihn jemand beleidigt, ihm seine Beute, seine Nahrung weggenommen...

Einem Selbstmörder, der daran gehindert worden ist, sein Vorhaben auszuführen, sind solche Gefühle bekannt.

Plötzlich stieß ihn etwas von hinten an, zwischen die Schultern. Er sah sich um... Malek-Adel stand mitten auf dem Weg. Er war seinem Herrn gefolgt, er berührte ihn mit der Schnauze, er meldete sich...

„Ah!" schrie Tschertopchanow, „Du bist es selbst, du kommst selbst, dir den Tod zu holen! Da hast du ihn!"

Im selben Augenblick riß er die Pistole heraus, spannte den Hahn, setzte die Mündung auf Malek-Adels Stirn und drückte ab...

Das arme Pferd wich jäh zur Seite, bäumte sich und sprang etwa zehn Schritte fort; dann brach es plötzlich zusammen, röchelte und wälzte sich krampfhaft auf der Erde...

Tschertopchanow hielt sich mit beiden Händen die Ohren zu und rannte weg. Die Knie knickten unter ihm ein. Der Rausch, die Wut, die sture Selbstsicherheit, alles war mit einemmal verflogen. Geblieben war allein das Gefühl der Scham und des Abscheus – und die Erkenntnis, die unzweifelhafte Erkenntnis, daß er diesmal auch mit sich selber Schluß gemacht hatte.

16

Etwa sechs Wochen später hielt es der Laufbursche Perfischka für seine Pflicht, den am Gutshof vorüberfahrenden zuständigen Polizeihauptmann anzuhalten.

„Was willst du?" fragte der Ordnungshüter.

„Wollen Sie sich bitte zu uns ins Haus bemühen, Euer Wohlgeboren", antwortete der Laufbursche mit tiefer Verbeugung. „Pantelej Jeremejitsch scheint sterben zu wollen, und da habe ich Angst."

„Wie? Sterben?" fragte der Polizeihauptmann zurück.

„Jawohl. Erst trank er jeden Tag Wodka, aber jetzt hat er sich ins Bett gelegt und ist schon ganz abgemagert. Ich glaube, jetzt begreift er schon gar nichts mehr. Er hat auch die Sprache ganz verloren."

Der Polizeihauptmann stieg vom Wagen.

„Und du? Bist du wenigstens nach dem Geistlichen gegangen? Hat dein Herr gebeichtet? Das Abendmahl empfangen?"

„Nein."

Der Polizeihauptmann runzelte die Stirn.

„Wie denkst du dir das eigentlich, Freundchen? Darf man sich da so verhalten, he? Oder weißt du nicht, daß man da eine große Verantwortung hat, he?"

„Aber ich habe ihn doch vorgestern und gestern gefragt", erwiderte der eingeschüchterte Laufbursche. „,Pantelej Jeremejitsch', habe ich gesagt, ,wollen Sie nicht befehlen, daß ich den Geistlichen hole?' – ,Schweig, Dummkopf', hat er gesagt, ,steck deine Nase nicht in Dinge, die dich nichts angehen.' Und heute, als ich melden wollte – da sah er mich nur an und zwirbelte seinen Schnurrbart."

„Und hat er viel Wodka getrunken?" fragte der Polizeihauptmann.

„Furchtbar viel! Aber haben Sie doch die Güte, Euer Wohlgeboren, und bemühen Sie sich zu ihm ins Zimmer."

„Na schön, führ mich hin!" knurrte der Polizeihauptmann und folgte Perfischka.

Ein merkwürdiger Anblick bot sich ihm. In einem feuchten und dunklen Hinterzimmer des Hauses, auf einem ärmlichen, mit einer Pferdedecke bedeckten Bett und einem zottigen Filzmantel anstelle eines Kopfkissens, lag Tschertopchanow, schon nicht mehr bleich, sondern gelbgrün wie eine Leiche, mit eingesunkenen Augen unter den glänzenden Lidern und einer spitz gewordenen, aber immer noch rötlichen Nase über dem struppigen Schnurrbart. Er lag angekleidet da, in seinem unvermeidlichen kurzen Rock mit den Patronen auf der Brust und in dunkelblauen tscherkessischen Pluderhosen. Die mit dem himbeerroten Tuch überzogene Mütze bedeckte seine

Stirn bis an die Augenbrauen. In der einen Hand hielt Tschertopchanow die Jagdpeitsche, in der anderen einen gestickten Tabaksbeutel, Maschas letztes Geschenk. Auf dem Tisch neben dem Bett stand eine große leere Wodkaflasche; zu Häupten des Bettes aber hingen, mit Stecknadeln an die Wand gespießt, zwei Aquarellzeichnungen: Auf der einen war, soviel man erkennen konnte, ein dicker Mann mit einer Gitarre in den Händen dargestellt – wahrscheinlich Nedopjuskin, auf der anderen ein galoppierender Reiter ... Das Pferd glich jenen Märchentieren, die Kinder auf Wände und Zäune zeichnen, doch die sorgfältig ausgeführten Äpfel auf dem Fell und die Patronen auf der Brust des Reiters, seine spitz auslaufenden Stiefel und sein mächtiger Schnurrbart ließen keinen Zweifel aufkommen: Diese Zeichnung sollte Pantelej Jeremejitsch hoch zu Roß auf Malek-Adel darstellen.

Der verblüffte Polizeihauptmann wußte nicht, was er machen sollte. Totenstille herrschte im Zimmer. Er ist ja schon tot, dachte er und sagte mit erhobener Stimme:

„Pantelej Jeremejitsch! He, Pantelej Jeremejitsch!"

Da geschah etwas Ungewöhnliches. Die Augen Tschertopchanows öffneten sich langsam, die erloschenen Augensterne bewegten sich zuerst von rechts nach links, dann von links nach rechts, blieben an dem Besucher haften, nahmen ihn wahr ... In ihrem trüben Weiß begann es zu flimmern, so etwas wie ein Blick zeigte sich darin; die blaugewordenen Lippen lösten sich allmählich voneinander, und es erklang eine heisere Stimme, eine wahre Grabesstimme:

„Der altadelige Edelmann Pantelej Tschertopchanow stirbt; wer kann ihn hindern? Er ist niemandem etwas schuldig, er verlangt nichts ... Laßt ihn, Leute! Geht!"

Die Hand mit der Peitsche versuchte sich zu erheben – vergeblich! Die Lider verklebten sich wieder, die Augen schlossen sich – und Tschertopchanow lag wie vordem auf seinem harten Bett, steif und starr ausgestreckt, die Füße aneinandergelegt.

„Gib mir Nachricht, wenn er gestorben ist", flüsterte der Polizeihauptmann, als er das Zimmer verließ, „aber den Popen kann man, glaube ich, schon jetzt holen. Man muß doch die Ordnung einhalten, ihm die Letzte Ölung geben."

Perfischka holte noch am selben Tag den Popen; und am nächsten Morgen mußte er dem Polizeihauptmann mitteilen, daß Pantelej Jeremejitsch in der Nacht gestorben war.

Als er begraben wurde, folgten seinem Sarg zwei Menschen: der Laufbursche Perfischka und Moschel Leiba. Die Kunde vom Tode Tschertopchanows war auf irgendeine Weise bis zu dem Juden gedrungen, und er versäumte nicht, seinem Wohltäter die letzte Ehre zu erweisen.

Die lebende Reliquie

> Heimatland des stillen Duldens
> Bist du, Land des Russenvolkes!
>
> *F. Tjutschew*

Ein französisches Sprichwort lautet: „Ein trockener Fischer und ein nasser Jäger sind ein trauriger Anblick." Da ich niemals eine besondere Vorliebe für den Fischfang gehabt habe, kann ich nicht beurteilen, was ein Fischer bei schönem, klarem Wetter empfindet und wieweit bei regnerischem Wetter das Vergnügen, das ihm die reiche Beute bereitet, die Unannehmlichkeit des Naßwerdens aufwiegt. Für den Jäger aber ist der Regen ein wahres Unglück. Und gerade ein solches Unglück betraf Jermolai und mich, als wir einmal im Kreis Belew Birkhähne jagten. Vom ersten Morgengrauen an hörte es nicht auf zu regnen. Was taten wir nicht alles, um uns davor zu schützen! Unsere Gummimäntel zogen wir fast bis über den Kopf, unter Bäume stellten wir uns, um weniger Tropfen abzubekommen ... Aber ganz abgesehen davon, daß die undurchlässigen Mäntel uns beim Schießen behinderten, ließen sie auf die unverschämteste Weise das Wasser durch; und unter den Bäumen schien es anfangs wirklich nicht zu tropfen, aber dann brach mit einemmal die im Laube angesammelte Nässe durch; von jedem Zweig lief es auf uns herab wie aus einer Regentraufe, ein kaltes Rinnsal drang unter das Halstuch und rieselte den Rücken hinunter ... Das aber war der Höhepunkt, wie Jermolai sich auszudrücken pflegte.

„Nein, Pjotr Petrowitsch", rief er endlich aus, „so geht das nicht! Heute kann man nicht jagen. Den Hunden verregnet es die Witterung, die Gewehre versagen ... Pfui, so ein Pech!"

„Was sollen wir denn machen?" fragte ich.

„Das will ich Ihnen sagen. Fahren wir doch nach Alexejewka. Sie wissen vielleicht gar nicht – das ist so ein kleines

Vorwerk, es gehört Ihrer Mutter; von hier sind es acht Werst. Dort übernachten wir, und morgen ..."

„Kehren wir hierher zurück?"

„Nein, nicht hierher ... Mir ist hinter Alexejewka eine Gegend bekannt, die viel besser ist für Birkhähne als die hiesige!"

Ich unterließ es, meinen treuen Gefährten zu fragen, warum er mich nicht gleich in diese Gegend geführt habe, und noch am selben Tag gelangten wir zu dem meiner Mutter gehörenden kleinen Vorwerk, von dessen Dasein ich, wie ich gestehen muß, bis dahin keine Ahnung gehabt hatte. Auf dem Vorwerk fand ich ein kleines Wohnhaus vor, das zwar sehr baufällig, aber unbewohnt und daher sauber war; ich verbrachte darin eine ziemlich ruhige Nacht.

Am nächsten Tag erwachte ich sehr früh. Die Sonne war soeben aufgegangen; am Himmel stand nicht ein einziges Wölkchen; alles ringsum glänzte in einem starken, doppelten Glanz: dem Glanz der jungen Morgenstrahlen und dem Glanz des gestrigen Regens. Während für mich der zweirädrige Jagdwagen angespannt wurde, schlenderte ich ein wenig durch den kleinen Garten, der einstmals ein Obstgarten gewesen, jetzt aber verwildert war und das Wohnhaus von allen Seiten mit seinem wohlriechenden, saftigen Dickicht umgab. Ach, wie schön war es an der frischen Luft, unter dem klaren Himmel, an dem die Lerchen mit zitterndem Flügelschlag standen und von dem die Silberperlen ihrer hellen Stimmen herabrieselten! Auf ihren Flügeln hatten sie gewiß Tautropfen nach oben getragen, und ihre Lieder schienen nun mit Tau getränkt. Ich nahm sogar die Mütze vom Kopf und atmete froh aus voller Brust ... Am Rande einer nicht sehr tiefen Schlucht, dicht an dem Flechtzaun, gewahrte ich einen Bienenstand; ein schmaler Pfad führte darauf zu, er schlängelte sich zwischen dichten Wänden von Brennesseln und anderem Unkraut hin, über denen die spitz auslaufenden Stengel dunkelgrünen Hanfes aufragten, der, Gott weiß von wo, hierher verschlagen worden war.

Ich ging auf diesem Pfad weiter und kam zu dem Bienenstand. Neben ihm befand sich ein kleiner geflochtener Schuppen, in den die Bienenstöcke den Winter über gestellt werden.

Ich blickte durch die halboffene Tür: Dunkel, still und trocken war es darin; es duftete nach Minze und Melisse. In einer Ecke war ein Gestell angebracht, und darauf lag, in eine Decke gehüllt, eine kleine Gestalt ... Ich wandte mich schon zum Gehen ...

„Herr, gnädiger Herr! Pjotr Petrowitsch!" vernahm ich eine schwache, stammelnde, tonlose Stimme, die an das Rascheln des Riedgrases im Moor erinnerte.

Ich blieb stehen.

„Pjotr Petrowitsch! Kommen Sie doch her, bitte!" wiederholte die Stimme. Sie kam aus der Ecke, von dem Gestell her, das ich bemerkt hatte.

Ich trat näher und erstarrte vor Verwunderung. Vor mir lag ein lebendes menschliches Wesen, aber was war das für ein Wesen? Der Kopf war völlig ausgedörrt und gleichmäßig bronzefarben, er glich aufs Haar den Ikonen der alten Malschule; die Nase war schmal wie eine Messerklinge; von Lippen war fast nichts zu sehen, nur die Zähne und die Augen schimmerten hell, und unter dem Kopftuch hervor fielen ein paar dünne Strähnen gelber Haare auf die Stirn. Am Kinn regten sich auf einer Falte der Decke zwei winzige, ebenfalls bronzefarbene Hände, deren Finger sich wie dünne Stäbchen langsam bewegten. Ich sah genauer hin: Das Gesicht war keineswegs häßlich, man konnte es sogar schön nennen – aber es war schrecklich und ungewöhnlich. Und um so schrecklicher erschien mir dieses Gesicht, als ich sah, wie sich auf ihm, auf den metallischen Wangen ein Lächeln sichtbar zu werden mühte – sich mühte und doch nicht die Kraft dazu hatte.

„Sie erkennen mich wohl nicht, gnädiger Herr?" flüsterte die Stimme wieder. Sie drang wie ein Hauch aus dem sich kaum bewegenden Mund. „Wie sollten Sie mich auch erkennen! Ich bin Lukerja, erinnern Sie sich, die bei Ihrer Mutter in Spasskoje die Reigen anführte ... Erinnern Sie sich – ich war auch die Vorsängerin?"

„Lukerja!" rief ich aus. „Du bist es? Ist das möglich?"

„Ja, ich bin es, gnädiger Herr, ich bin es. Ich bin Lukerja."

Ich wußte nicht, was ich sagen sollte, und starrte wie betäubt auf dieses dunkle, unbewegliche Gesicht mit den auf mich gerichteten hellen, leblosen Augen. War es möglich? Diese Mumie sollte Lukerja sein, die Schönste von unserem ganzen Hofgesinde, das große, stattliche Mädchen mit der weißen Haut und den roten Wangen, das so gern lachte, tanzte und sang! Lukerja, die kluge Lukerja, der alle unsere jungen Burschen den Hof machten, in die ich selbst heimlich verliebt war, ich, damals ein Junge von sechzehn Jahren!

„Um Gottes willen, Lukerja", brachte ich schließlich hervor, „was ist denn mit dir geschehen?"

„Mir ist doch so ein Unglück zugestoßen! Ekeln Sie sich aber nicht, gnädiger Herr, lassen Sie sich durch mein Elend nicht abschrecken, setzen Sie sich dort auf den kleinen Kübel, etwas näher, sonst können Sie mich nicht verstehen ... Merken Sie, wie laut meine Stimme jetzt klingt! ... Ach, ich bin ja so froh, daß ich Sie noch einmal sehe! Wie sind Sie denn nach Alexejewka gekommen?"

Lukerja sprach sehr leise und schwach, aber ohne innezuhalten.

„Der Jäger Jermolai hat mich hierhergeführt. Aber erzähl mir doch..."

„Von meinem Unglück soll ich erzählen? Wie Sie wollen, gnädiger Herr. Es ist schon lange her, daß mir das zugestoßen ist, sechs oder sieben Jahre. Man hatte mich damals gerade mit Wassili Poljakow verlobt – erinnern Sie sich, er war so ein großer, schlanker Bursche mit einem Lockenkopf, er diente bei Ihrer Mutter als Einschenker. Ach ja, Sie waren damals schon nicht mehr auf dem Gut; Sie waren nach Moskau gefahren, um zu studieren. Wir hatten uns sehr lieb, Wassili und ich; ich mußte immerzu an ihn denken; es war im Frühling. Und einmal nachts – es war nicht mehr weit bis zum Morgengrauen –, da konnte ich nicht schlafen: Im Garten sang die Nachtigall so wunderbar süß! ... Ich hielt es nicht aus, ich stand auf und ging auf die Freitreppe hinaus, um ihr zu lauschen. Sie singt und singt ... Und plötzlich ist mir, als rufe mich jemand mit Wasjas Stimme, ganz leise: Luscha! ... Ich blicke zur Seite, aber weil ich noch halb im Schlafe war, bin ich wohl fehlgetreten, ich stürzte vom Treppenrand hinunter und schlug hart auf den Erdboden auf. Ich hatte mich aber scheinbar gar nicht sehr verletzt, denn ich stand gleich wieder auf und kehrte in meine Kammer zurück. Nur war mir's, als wäre in mir, im Leibe, etwas gerissen ... Lassen Sie mich Atem holen, einen Augenblick, gnädiger Herr."

Lukerja verstummte, ich aber sah sie voller Staunen an. Was mich so sehr in Erstaunen setzte, war, daß sie dies alles beinahe fröhlich erzählte, ohne Ach und Weh, ohne sich im mindesten zu beklagen und ohne Mitleid zu heischen.

„Seit diesem Unfall fing ich an zu verdorren und zu verkümmern", fuhr Lukerja fort. „Meine Haut wurde dunkel; das Gehen fiel mir immer schwerer, und zuletzt verlor ich die Herrschaft über meine Beine ganz; ich konnte weder stehen noch sitzen; ich wollte nur immer liegen. Ich mochte auch weder essen noch trinken. Es wurde immer schlimmer. Ihre Mutter führte mich in ihrer Güte den Ärzten vor und schickte mich in ein Krankenhaus. Aber Erleichterung verschaffte mir das nicht. Kein Arzt konnte mir auch nur sagen, was für eine Krankheit ich eigentlich habe. Was stellten sie nicht alles mit mir an: Mit glühendem Eisen haben sie mir den Rücken gebrannt, in zerstoßenes Eis haben sie mich gesetzt – es half alles nichts. Zuletzt war ich vollkommen steif geworden ... Da kam die Herrschaft zu dem Schluß, daß es zwecklos sei, mich weiter zu kurieren, aber Krüppel im herrschaftlichen Hause zu halten, das sei auch nicht gut möglich ... Nun, und da wurde ich eben hierher gebracht – weil ich hier Verwandte habe. So lebe ich nun hier, wie Sie sehen."

Wieder verstummte Lukerja, und wieder bemühte sie sich zu lächeln.

„Das ist aber doch furchtbar – deine Lage!" rief ich aus ... Und da mir im Augenblick nichts anderes einfiel, fragte ich: „Und was macht denn Wassili Poljakow?" Sehr dumm war diese Frage.

Lukerja wandte den Blick etwas zur Seite.

„Was Poljakow macht? Er war traurig, sehr traurig, aber dann hat er eine andere geheiratet, ein Mädchen aus Glinnoje. Kennen Sie Glinnoje? Es ist nicht weit von uns weg. Agrafena heißt sie. Er hat mich sehr geliebt, aber er war ja ein junger Mensch, er konnte doch nicht ledig bleiben. Und was konnte ich ihm denn für eine Lebensgefährtin sein? Er hat eine nette, gute Frau gefunden, auch Kinderchen haben sie. Er lebt hier bei einem Nachbarn als Verwalter: Ihre Mutter hat ihm die Genehmigung dazu erteilt, und es geht ihm, Gott sei Dank, sehr gut."

„Und du liegst nun immerzu?" fragte ich wieder.

„Ich liege nun so da, gnädiger Herr, das siebente Jahr. Im Sommer, da liege ich hier, in dieser geflochtenen Hütte, und wenn es kalt wird, tragen sie mich in den Vorraum der Badestube. Dann liege ich dort."

„Wer pflegt dich denn? Und kümmert sich auch jemand um dich?"

„Es gibt auch hier gute Menschen. Man läßt mich nicht im Stich. Viel Pflege brauche ich ja nicht. Was das Essen angeht, so esse ich so gut wie nichts, und Wasser – dort im Krug ist es: Immer steht ein Vorrat an reinem Quellwasser da. Bis zu dem Krug kann ich selbst hinlangen, mit dem einen Arm kann ich noch etwas tun. Und dann ist hier ein kleines Mädchen, eine Waise, die sieht dann und wann nach mir; ich bin ihr sehr dankbar dafür. Eben war sie hier... Sind Sie ihr nicht begegnet? Sie ist so ein hübsches, frisches Kind. Sie bringt mir Blumen; ich liebe sie sehr, die Blumen. Gartenblumen gibt es bei uns nicht – die hier waren, sind eingegangen. Aber die Feldblumen sind ja auch schön, sie duften noch besser als die Gartenblumen. Zum Beispiel das Maiglöckchen, das duftet am angenehmsten!"

„Ist das nicht langweilig, nicht schrecklich für dich, meine arme Lukerja?"

„Was soll man dagegen machen? Ich will nicht lügen – anfangs war es sehr schwer für mich, aber dann gewöhnte ich mich daran und lernte es ertragen, es geht schon; andere haben es noch schlechter."

„Wie meinst du das?"

„Mancher hat nicht einmal ein Obdach! Und mancher ist blind oder taub! Aber ich sehe, Gott sei Dank, sehr gut und höre alles, alles. Wenn ein Maulwurf unter der Erde wühlt – ich höre es. Auch jeden Geruch verspüre ich, selbst den allerschwächsten! Wenn der Buchweizen auf dem Feld zu blühen anfängt oder die Linde im Garten – mir braucht man es nicht zu sagen, ich rieche es als erste, sobald nur ein Lüftchen von dort herweht. Nein, warum sollte ich Gott erzürnen? Viele haben es schlechter als ich. Nehmen wir nur dies: Mancher gesunde Mensch kann sich sehr leicht versündigen, aber von mir ist sogar die Sünde gewichen. Kürzlich wollte mir Vater Alexej, der Priester, das Abendmahl reichen und sagte: ‚Zu beichten brauchst du nicht: Kannst du in deinem Zustand denn sündigen?' Aber ich antwortete ihm: ‚Und die Gedankensünden, Väterchen?' – ‚Nun', sagte er und lachte, ‚das sind keine großen Sünden.'

Und wahrscheinlich mache ich mich auch dieser Gedankensünden nicht sehr schuldig", fuhr Lukerja fort, „denn ich habe mir angewöhnt, nicht zu denken, und vor allem, mich an nichts zu erinnern. Die Zeit vergeht schneller."

Ich muß gestehen, ich war erstaunt.

„Du bist immer allein, Lukerja, immer allein? Wie kannst du denn da verhindern, daß dir Gedanken durch den Kopf gehen? Oder schläfst du immerzu?"

„O nein, gnädiger Herr! Schlafen kann ich nicht immer. Wenn ich auch keine großen Schmerzen habe, aber hier im Innern tut es mir fortwährend weh – und in den Knochen auch; das läßt mich nicht richtig schlafen. Nein ... Ich liege so da, liege und liege und denke an nichts; ich fühle, daß ich lebe, ich atme – das ist mir genug. Ich schaue, ich lausche. Die Bienen auf dem Bienenstand summen und brummen; eine Taube setzt sich aufs Dach und gurrt; eine Gluckhenne kommt mit ihren Küchlein herein, Krümchen picken; manchmal fliegt ein Spatz oder ein Schmetterling herbei – und ich freue mich daran. Im vorvorigen Jahr haben sogar Schwalben dort in der Ecke ihr Nest gebaut und ihre Jungen ausgebrütet. Wie unterhaltsam war das doch! Eine kommt geflogen, schmiegt sich ans Nestchen, füttert die Jungen, und fort ist sie wieder. Aber sieh – schon löst die andere sie ab. Manchmal kommt sie nicht herein, sie fliegt nur an der offenen Tür vorüber, aber gleich piepsen die Jungen und sperren die Schnäbel auf ... Ich wartete auch im nächsten Jahr auf sie, aber es heißt, ein hiesiger Jäger hätte sie mit der Flinte totgeschossen. Was hat er nur davon?

Die ganze Schwalbe ist ja nicht größer als ein Käfer ... Was seid ihr Herren Jäger doch für böse Menschen!"

„Ich schieße keine Schwalben", beeilte ich mich zu bemerken.

„Und ein andermal", begann Lukerja wieder, „das war ein Spaß! Da kam ein Hase hereingelaufen, wirklich! Vielleicht waren die Hunde hinter ihm her, jedenfalls kam er einfach zur Tür hereingesprungen! ... Er setzte sich ganz dicht neben mich und blieb lange so sitzen, immerzu schnupperte er mit der Nase und zuckte mit dem Schnurrbart – genau wie ein Offizier! Er sah mich auch an. Er hatte also verstanden, daß ich ihm nicht gefährlich war. Schließlich stand er auf, hoppelte zur Tür, blickte sich auf der Schwelle um – und schon war er fort! So ein spaßiger Kerl!"

Lukerja sah mich an, als wolle sie sagen: Ist das vielleicht nicht zum Lachen? Ihr zu Gefallen lachte ich. Sie biß sich auf die verdorrten Lippen.

„Nun, im Winter ist es natürlich schlechter für mich, denn da ist es dunkel; eine Kerze anzuzünden wäre schade, und wozu auch? Ich kann zwar lesen und habe immer gern gelesen, aber was soll ich denn lesen? Bücher gibt es hier keine, und selbst wenn es welche gäbe, wie soll ich es denn halten, das Buch? Der Vater Alexej hat mir einen Kalender gebracht, zum Zeitvertreib, aber als er sah, daß ich damit nichts anfangen konnte, nahm er ihn wieder mit. Aber wenn es auch dunkel ist, zu erlauschen gibt es immer etwas: Ein Heimchen zirpt, oder eine Maus raschelt irgendwo. So ist es gut – nicht denken!

Manchmal spreche ich auch Gebete", fuhr Lukerja fort, nachdem sie ein wenig ausgeruht hatte. „Nur kenne ich wenig Gebete. Und warum soll ich dem Herrgott auch lästig fallen? Worum kann ich ihn denn bitten? Er weiß besser als ich, was mir not tut. Er hat mir ein Kreuz auferlegt, also liebt er mich. So ist es uns geboten, das zu verstehen. Ich spreche das Vaterunser, die Fürbitte der Mutter Gottes, den Bittgesang für alle Leidtragenden, und dann liege ich wieder da ohne jeden Gedanken. Und das ist gut so."

Es vergingen wohl zwei Minuten. Ich brach das Schweigen nicht und regte mich nicht auf dem schmalen Kübelchen, das mir als Sitz diente. Die schreckliche steinerne Unbeweglichkeit des vor mir liegenden lebenden, unglücklichen Wesens teilte sich auch mir mit: Auch ich war wie erstarrt.

„Hör zu, Lukerja", begann ich endlich. „Hör zu, was ich dir für einen Vorschlag machen will. Wenn du willst, werde ich veranlassen, daß du in ein Krankenhaus gebracht wirst, in ein gutes städtisches Krankenhaus. Wer weiß, vielleicht kannst du doch noch geheilt werden? Auf jeden Fall wirst du nicht so allein sein ..."

Lukerja bewegte kaum wahrnehmbar die Brauen.

„Ach nein, gnädiger Herr", flüsterte sie besorgt, „schaffen Sie mich nicht in ein Krankenhaus, lassen Sie mich hier. Dort muß ich nur noch mehr Qualen erdulden. Wie will man mich denn heilen! ... Da ist einmal ein Doktor hergekommen, der wollte mich untersuchen. Ich bat ihn: ‚Nehmen Sie mir meine Ruhe nicht, um Christi willen!' Vergeblich! Er drehte mich um, knetete und bog mir die Arme und Beine und sagte: ‚Das tue ich der Wissenschaft wegen; das ist mein Amt, dafür bin ich ein Gelehrter! Und du', sagte er, ‚untersteh dich, dich mir zu widersetzen, denn für meine Mühen habe ich einen Orden um den Hals bekommen, und es ist ja nur euretwegen, ihr Dummköpfe, daß ich mich so plage.' Er drückte und zerrte fortwährend an mir herum, er nannte mir auch meine Krankheit – es war so ein fremdes, schwieriges Wort –, und dann reiste er ab. Mir aber taten danach eine ganze Woche lang alle Knochen weh. Sie sagen, ich sei allein, immer allein. Nein, nicht immer. Ich bekomme zuweilen Besuch. Ich bin friedlich, ich störe niemanden. Die jungen Bauernmädchen kommen her und plaudern ein bißchen; eine Pilgerin kehrt bei mir ein und erzählt von Jerusalem, von Kiew und von anderen heiligen Städten. Aber auch vor dem Alleinsein ist mir nicht bange. Es ist mir sogar lieber, ja, ja! ... Gnädiger Herr, lassen Sie mir meine Ruhe, bringen Sie mich nicht ins Krankenhaus ... Ich danke Ihnen, Sie sind gütig, nur lassen Sie mir meine Ruhe, lieber Herr."

„Nun, wie du willst, Lukerja, wie du willst. Ich meinte es ja nur gut mit dir ..."

„Ich weiß, gnädiger Herr, daß Sie es gut mit mir meinen.

Aber, lieber gnädiger Herr, wer kann denn dem anderen helfen? Wer kann sich in die Seele des anderen versetzen? Selber muß sich der Mensch helfen! Sie werden es nicht glauben, aber wenn ich manchmal so allein liege, dann ist mir, als sei auf der ganzen Welt niemand da außer mir. Nur ich allein lebe! Und es scheint mir, als käme eine Erleuchtung über mich ... Ein tiefes Sinnen ergreift mich – es ist ganz seltsam!"

„Worüber sinnst du wohl dann nach, Lukerja?"

„Das kann man gar nicht sagen, gnädiger Herr, das kann man nicht erklären. Und man vergißt es nachher auch. Es kommt über einen, wie wenn sich ein Wölkchen abregnet, es wird einem so frisch, so wohl zumute, aber was es eigentlich ist, das begreift man nicht! Ich denke mir nur: Wenn Menschen um mich wären, dann gäbe es das alles nicht, ich würde nichts weiter fühlen als mein Unglück."

Lukerja seufzte mühsam. Die Brust gehorchte ihr ebensowenig wie ihre Glieder.

„Wenn ich Sie so ansehe, gnädiger Herr", begann sie von neuem, „dann merke ich, daß ich Ihnen sehr leid tue. Aber bedauern Sie mich nicht zu sehr, wirklich! Ich will Ihnen zum Beispiel sagen, daß ich manchmal, auch jetzt noch ... Sie entsinnen sich doch, wie lustig ich zu meiner Zeit war? Ein Teufelsmädel! ... Und wissen Sie was? Ich singe auch jetzt noch Lieder."

„Lieder? ... Du?"

„Ja, Lieder, die alten Lieder, die Reigenlieder, die Wahrsagelieder vom Dreikönigsfest, die Weihnachtslieder, alle möglichen Lieder! Ich kannte ihrer doch viele und habe sie nicht vergessen. Nur Tanzlieder singe ich nicht. In meinem jetzigen Zustand gehört sich das nicht."

„Wie singst du sie denn – wohl in Gedanken?"

„Manchmal in Gedanken, manchmal auch mit der Stimme. Laut singen kann ich ja nicht, aber man kann es immerhin hören. Ich habe Ihnen vorhin gesagt, daß hin und wieder ein kleines Mädchen zu mir kommt, eine sehr aufgeweckte Waise. Die lehre ich nun singen: Vier Lieder hat sie schon von mir gelernt. Sie glauben es wohl nicht? Warten Sie, ich werde Ihnen gleich ..."

Lukerja holte tief Atem. Der Gedanke, daß dieses halbtote Wesen singen wollte, erweckte in mir ein unwillkürliches Grauen. Ehe ich ein Wort sagen konnte, erzitterte in meinen Ohren schon ein langgezogener, kaum hörbarer, aber reiner und richtiger Ton ... Ihm folgte ein zweiter, ein dritter. „Auf den Wiesen" sang Lukerja. Sie sang, ohne daß sich der Ausdruck ihres versteinerten Gesichtes veränderte, auch ihre Augen blickten starr. Aber so rührend klang dieses arme, angestrengte, wie ein Rauchwölkchen schwankende Stimmchen, so sehr verlangte es sie, ihre ganze Seele hineinzulegen ... Ich empfand kein Grauen mehr: Ein unsagbares Mitleid schnürte mir das Herz zusammen.

„Ach, ich kann nicht mehr!" sagte sie plötzlich. „Die Kraft reicht nicht aus ... Ich habe mich schon so sehr gefreut, daß Sie gekommen sind."

Sie schloß die Augen. Ich legte meine Hand auf ihre winzigen kalten Finger ... Sie sah mich an, und ihre dunklen Augenlider, die von goldenen Wimpern umsäumt waren wie bei alten Statuen, schlossen sich aufs neue. Einen Augenblick später glänzten sie im Halbdunkel auf ... Eine Träne hatte sie benetzt. Ich saß noch immer regungslos da.

„Was ist denn nur mit mir!" sagte Lukerja plötzlich mit unerwarteter Kraft und bemühte sich, indem sie die Augen weit öffnete, die Träne fortzuwinken. „Ich muß mich ja schämen! Was habe ich nur? Das ist mir schon lange nicht mehr passiert, seit dem Tag, als Wasja Poljakow mich voriges Frühjahr besuchte. Solange er bei mir saß und sich mit mir unterhielt – nun, da ging es noch, aber als er fortgegangen war, da habe ich geweint in meiner Einsamkeit! Wo kam das nur her! ... Freilich, wir Frauen brauchen Tränen nicht zu kaufen. Gnädiger Herr", fügte Lukerja hinzu, „Sie haben gewiß ein Taschentuch bei sich ... Ekeln Sie sich nicht, wischen Sie mir die Augen ab."

Ich beeilte mich, ihren Wunsch zu erfüllen und ließ ihr das Taschentuch. Sie wollte es erst nicht annehmen. „Was soll ich mit so einem Geschenk anfangen?" sagte sie. Das Tuch war sehr einfach, aber weiß und sauber. Doch dann umfaßte sie es mit ihren schwachen Fingern und ließ es nicht mehr los. Inzwischen hatte ich mich an die Dunkelheit gewöhnt, in der wir beide uns befanden, und konnte ihre Züge deutlich erkennen, ich konnte sogar die feine Röte bemerken, die durch die Bronze ihres Gesichtes hindurchschimmerte, und ich konnte in diesem Gesicht – so schien es mir wenigstens – Spuren seiner einstigen Schönheit entdecken.

„Sie haben mich vorhin gefragt, gnädiger Herr, ob ich viel schlafe", begann Lukerja wieder. „Ich schlafe eigentlich selten, aber jedesmal habe ich Träume, schöne Träume! Im Traum bin ich niemals krank, da bin ich immer gesund und jung ... Nur eins ist bitter: Wenn ich aufwache und mich ordentlich strecken will, dann bin ich wie angeschmiedet. Einmal träumte ich so einen wunderbaren Traum! Wollen Sie, daß ich ihn erzähle? – Nun gut, hören Sie zu. Ich träumte, ich stehe auf einem Feld, ringsum ist Roggen, so hoch und reif und golden! ... Und bei mir steht ein fuchsrotes Hündchen, ein böses, ganz böses, das will mich immerfort beißen. Und in der Hand habe ich eine Sichel, aber es ist keine gewöhnliche Sichel, sondern der Mond selber, wie er ist, wenn er einer Sichel gleicht. Und mit diesem Mond soll ich diesen Roggen schneiden, den ganzen Roggen. Ich bin aber sehr matt von der Hitze, und der Mond blendet mich, und Trägheit überkommt mich; ringsum aber wachsen Kornblumen, solche ganz große, und haben sich mit den Köpfchen zu mir gewandt. Und ich denke: Ich werde diese Kornblumen pflücken; Wasja hat mir versprochen zu kommen, so will ich mir zuerst einen Kranz winden; mit dem Kornschneiden werde ich immer noch fertig. Ich fange an, die Kornblumen zu pflücken, aber sie zergehen mir zwischen den Fingern, sie zergehen, es ist nicht zu ändern! Und ich kann mir keinen Kranz winden. Unterdessen aber höre ich, wie jemand zu mir kommt, er ist schon ganz nahe und ruft: ‚Luscha! Luscha!' ... O weh, denke ich, das ist schlimm, ich bin nicht fertig geworden! Macht nichts, ich werde mir diesen Mond statt der Kornblumen auf den Kopf setzen. Ich setze mir den Mond auf, ganz wie einen Kopfputz, und da fange ich sogleich selbst an zu leuchten; das ganze Feld ringsum erleuchte ich. Und sieh da – über den obersten Spitzen der Ähren schwebt er rasch auf mich zu, aber nicht Wasja, sondern Christus selbst! Woran ich erkannte, daß es Christus war, kann ich nicht sagen – so wird er nicht gemalt –, aber er war es! Bartlos, hochgewachsen, jung, ganz in Weiß, nur der Gürtel golden; und er streckt mir die Hand hin. ‚Fürchte dich nicht', spricht er, ‚meine schöngeschmückte Braut, folge mir nach; du wirst bei mir im Himmelreich die Reigen anführen und himmlische Lieder spielen.' Wie gern nahm ich seine Hand! Mein Hündchen fuhr mir gleich in die Beine ... Aber da schwangen wir uns schon empor! Er voran ... Seine Flügel breiteten sich über den ganzen Himmel aus, sie waren lang wie die einer Möwe, und ich folgte ihm. Und das Hündchen mußte von mir ablassen. Da begriff ich erst, daß dieses Hündchen meine Krankheit war und daß im Himmelreich für sie kein Platz mehr sein wird."

Lukerja schwieg einen Augenblick.

„Und dann hatte ich noch einen Traum", begann sie von neuem, „aber vielleicht war es auch eine Erscheinung, ich weiß es nicht. Es schien mir, als läge ich hier in diesem Flechtschuppen, und meine verstorbenen Eltern – Vater und Mutter – kommen zu mir und verneigen sich tief vor mir, sagen aber nichts. Und ich frage sie: ‚Warum verneigt ihr euch vor mir, Vater und Mutter?' – ‚Darum', sagen sie, ‚weil du auf dieser Welt viel leiden mußt und dadurch nicht nur deine eigene Seele erleichterst, sondern auch von uns eine große Last genommen hast. Auch für uns ist es in jener Welt viel besser geworden. Mit deinen Sünden hast du schon abgeschlossen; jetzt besiegst du die unseren.' Und als meine Eltern das gesagt hatten, verneigten sie sich abermals und waren verschwunden; nur die Wände waren noch da. Ich wußte nachher nicht recht, was da eigentlich mit mir vorgegangen war. Sogar dem Priester habe ich es in der Beichte erzählt. Nur meinte er, daß es keine Erscheinung gewesen sei, weil Erscheinungen nur der geistliche Stand habe.

Und dann hatte ich noch einen Traum", fuhr Lukerja fort. „Mir träumte, daß ich an der großen Landstraße unter einem Weidenbaum sitze und einen glattgehobelten Stab in der Hand halte, auf dem Rücken trage ich einen Sack, und mein Kopf ist mit einem Tuch umhüllt – eine richtige Pilgerin bin ich! Und ich muß weit, weit fort auf eine Wallfahrt gehen. Und lauter

Pilger ziehen an mir vorbei; sie gehen langsam, gleichsam widerwillig, alle in einer Richtung; sie haben traurige Gesichter und sind einander alle sehr ähnlich. Und ich sehe: Zwischen ihnen schlängelt sich eilig eine Frau hindurch, sie ist einen ganzen Kopf größer als die anderen und hat ein eigenartiges Kleid an, keins nach unserer Art, kein russisches. Und ihr Gesicht ist auch eigenartig, es ist ein mageres, strenges Gesicht. Und es ist, als wichen alle anderen ihr aus. Sie aber wendet sich plötzlich um und kommt gerade auf mich zu. Sie bleibt stehen und sieht mich an; Augen hat sie wie ein Falke, gelb, groß und hell, ganz hell. Und ich frage sie: ‚Wer bist du?' Sie aber sagt zu mir: ‚Ich bin dein Tod.' Ich erschrak nicht etwa, im Gegenteil – ich war froh, richtig froh und bekreuzigte mich. Da sprach zu mir diese Frau, mein Tod: ‚Du tust mir leid, Lukerja, aber mitnehmen kann ich dich nicht. Leb wohl!' Lieber Gott! Wie traurig wurde mir da ums Herz! ‚Nimm mich mit', sagte ich, ‚Mütterchen, liebes, nimm mich mit!' Und mein Tod wandte sich zu mir um und sagte etwas ... Ich begriff, daß sie mir meine Stunde bestimmte, aber es war so unverständlich, so undeutlich ... ‚Nach den Petrifasten', sagte sie wohl ... Da erwachte ich. Solch merkwürdige Träume habe ich manchmal!"

Lukerja hob die Augen empor, versank in Gedanken ...

„Schlimm ist für mich nur dies: Es kommt vor, daß ich eine ganze Woche lang nicht einschlafen kann. Im vorigen Jahr reiste hier eine Dame durch, sie sah mich und gab mir ein Fläschchen mit einer Arznei gegen Schlaflosigkeit; zehn Tropfen sollte ich jedesmal nehmen. Es half mir sehr, ich konnte schlafen. Aber dieses Fläschchen ist jetzt schon lange leer ... Wissen Sie nicht, was das für eine Arznei war und wie man sie bekommen kann?"

Die durchreisende Dame hatte Lukerja offenbar Opium gegeben. Ich versprach, ihr ein solches Fläschchen zu verschaffen, und konnte mich wieder nicht enthalten, mich bewundernd über ihre Geduld zu äußern.

„Ach, gnädiger Herr!" entgegnete sie. „Was sagen Sie da! Was ist das schon für eine Geduld? Die Geduld Simeons des Mönchs, die war wirklich groß: Dreißig Jahre hat er auf der Säule gestanden! Und ein anderer Knecht Gottes ließ sich bis an die Brust in die Erde eingraben, und die Ameisen fraßen sein Gesicht... Und folgendes hat mir ein Mann, der viel gelesen hat, noch erzählt: Es gab einmal ein Land, und dieses Land eroberten die Türken, alle Bewohner peinigten und erschlugen sie; und was die Bewohner auch unternahmen, sie vermochten sich nicht zu befreien. Da erschien unter diesen Bewohnern eine heilige Jungfrau; sie ergriff ein großes Schwert, legte einen zwei Pud schweren Harnisch an, zog gegen die Türken und verjagte sie alle übers Meer. Als sie sie aber verjagt hatte, sprach sie zu ihnen: ‚Jetzt verbrennt mich, denn es war mein Gelübde, für mein Volk den Feuertod zu sterben.' Und die Türken ergriffen und verbrannten sie, das Volk aber war seit jener Zeit für immer befreit! Das war wirklich eine Heldentat! Was bin ich dagegen!"

Ich wunderte mich im stillen darüber, wohin die Legende von Jeanne d'Arc gedrungen war und in welcher Gestalt, und nach kurzem Schweigen fragte ich Lukerja, wie alt sie sei.

„Achtundzwanzig ... oder neunundzwanzig ... Dreißig werde ich noch nicht sein. Aber wozu die Jahre zählen? Ich will Ihnen noch etwas berichten..."

Lukerja hustete plötzlich dumpf und ächzte.

„Du sprichst zuviel", bemerkte ich zu ihr, „das kann dir schaden."

„Es ist wahr", flüsterte sie kaum hörbar, „unser Gespräch ist zu Ende, aber es war gut so! Dann, wenn Sie fortgegangen sind, kann ich wieder genug schweigen. So habe ich mir wenigstens das Herz erleichtert..."

Ich verabschiedete mich von ihr, wiederholte mein Versprechen, ihr die Arznei zu schicken, und bat sie, noch einmal gut nachzudenken und mir zu sagen, ob sie nicht etwas brauche.

„Ich brauche nichts; ich bin zufrieden, Gott sei Dank", brachte sie mit größter Anstrengung, aber gerührt hervor. „Gott schenke allen Gesundheit! Aber vielleicht könnten Sie Ihre Mutter überreden, gnädiger Herr – die Bauern hier sind arm –, daß sie ihnen den Zins wenigstens um ein geringes herabsetzt! Sie haben nicht genügend Land, zu wenig nutzbares Land... Die Bauern würden für Sie zu Gott beten... Ich aber brauche nichts, ich bin zufrieden."

Ich gab Lukerja mein Wort, ihre Bitte zu erfüllen, und ging schon zur Tür ... Da rief sie mich noch einmal zurück.

„Erinnern Sie sich, gnädiger Herr", sagte sie, und ein seltsamer Ausdruck erschien für einen Augenblick in ihren Augen und auf ihren Lippen, „was ich für einen Zopf hatte? Erinnern Sie sich – bis zu den Knien reichte er! Ich konnte mich lange nicht entschließen ... So ein Haar! ... Aber wie sollte ich es denn durchkämmen? In meiner Lage! ... So habe ich es mir denn abschneiden lassen ... Ja ... Nun leben Sie wohl, gnädiger Herr! Ich kann nicht mehr ..."

Am selben Tag, ehe ich mich auf die Jagd begab, unterhielt ich mich mit dem Gemeindediener des Vorwerks über Lukerja. Ich erfuhr von ihm, daß sie im Dorf die „lebende Reliquie" genannt wurde und übrigens in keiner Weise störte; weder Murren höre man von ihr noch Klagen. „Für sich selbst verlangt sie nichts, im Gegenteil – sie ist für alles dankbar; eine Dulderin ist sie, eine richtige Dulderin, das muß man sagen. Sie ist von Gott gestraft", schloß der Gemeindediener, „wahrscheinlich für ihre Sünden, aber das geht uns nichts an. Daß wir sie zum Beispiel verurteilen würden – nein, wir verurteilen sie nicht. Mag sie ihre Ruhe haben!"

Einige Wochen danach erfuhr ich, daß Lukerja gestorben war. Der Tod war nun doch gekommen, sie zu holen – und auch „nach den Petrifasten". Man erzählte, sie habe an ihrem Sterbetag immerzu Glockenläuten gehört, obwohl man von Alexejewka bis zur Kirche reichlich fünf Werst rechnet und es ein Werktag war. Übrigens hatte Lukerja gesagt, daß das Läuten nicht von der Kirche komme, sondern „von oben". Wahrscheinlich hatte sie sich nicht getraut zu sagen: vom Himmel.

Es rattert!

„Was ich Ihnen melden wollte", sagte Jermolai, als er zu mir in die Bauernstube trat – ich hatte soeben Mittag gegessen und mich auf mein Feldbett gelegt, um mich nach einer recht erfolgreichen, aber anstrengenden Birkhahnjagd auszuruhen; wir hatten etwa Mitte Juli, und es herrschte eine furchtbare Hitze –, „was ich Ihnen melden wollte: Uns ist das Schrot ausgegangen."

Ich sprang vom Feldbett auf.

„Das Schrot ausgegangen! Wie ist das möglich! Wir haben doch von zu Hause beinahe dreißig Pfund mitgenommen! Einen ganzen Sack voll!"

„Das stimmt; der Sack war groß, es hätte für zwei Wochen reichen müssen. Wer weiß, wie das zugegangen ist! Vielleicht hat er ein Loch bekommen, jedenfalls ist kein Schrot mehr da, höchstens für zehn Schuß ist noch übrig."

„Was sollen wir da bloß machen? Die besten Stellen haben wir noch vor uns – für den morgigen Tag sind uns sechs Gesperre Birkhühner versprochen worden ..."

„Schicken Sie mich doch nach Tula. Das ist nicht weit von hier, nur fünfundvierzig Werst. Ich bin im Handumdrehen wieder zurück und bringe Schrot mit; wenn Sie befehlen, ein ganzes Pud."

„Wann willst du denn fahren?"

„Meinetwegen gleich. Weshalb zögern? Allerdings, wir werden Pferde mieten müssen."

„Wieso Pferde mieten? Wozu haben wir unsere eigenen?"

„Mit unseren kann ich nicht fahren. Das Mittelpferd lahmt, und zwar ganz schlimm!"

„Seit wann denn?"

„Erst seit kurzem; der Kutscher hatte es zum Beschlagen geführt. Nun, und da ist es vernagelt worden. Der Schmied hat sicherlich nicht viel getaugt. Jetzt kann es mit dem Fuß gar nicht mehr auftreten. Es ist ein Vorderfuß. Es hebt ihn immer und geht auf drei Beinen, wie ein Hund."

„Na und? Hat man ihm wenigstens das Hufeisen abgenommen?"

„Nein, man hat es nicht abgenommen, aber es muß unbedingt runter. Der Nagel ist ihm wahrscheinlich bis ins Fleisch gedrungen."

Ich ließ den Kutscher rufen. Es stellte sich heraus, daß Jermolai nicht geschwindelt hatte: Das Mittelpferd konnte mit dem Fuß wirklich nicht auftreten. Ich ordnete sofort an, daß das Hufeisen abgenommen und das Pferd auf feuchten Lehm gestellt wurde.

„Und was nun? Befehlen Sie, Pferde nach Tula zu mieten?" drängte mich Jermolai.

„Kann man denn in diesem gottverlassenen Nest Pferde auftreiben?" rief ich in unwillkürlichem Ärger aus.

Das Dorf, in dem wir uns befanden, war abgelegen; seine Bewohner schienen lauter arme Teufel zu sein; nur mit Mühe hatten wir ein halbwegs geräumiges Bauernhaus ausfindig gemacht, das freilich nicht einmal einen Schornstein hatte.

„Das kann man schon", antwortete Jermolai mit seiner gewohnten Gelassenheit. „Was Sie über das Dorf hier gesagt haben, ist ganz richtig; und doch lebte früher in diesem Ort ein Bauer. Ein kluger und reicher Bauer! Neun Pferde besaß er. Er selbst ist gestorben, und sein ältester Sohn hat jetzt alles in der Hand. Der Mensch ist dümmer als dumm, aber das väterliche Vermögen durchzubringen, das ist ihm noch nicht gelungen. Bei ihm werden wir uns Pferde verschaffen. Wenn Sie befehlen, hole ich ihn her. Seine Brüder sollen pfiffige Kerle sein... Und trotzdem ist er für sie das Oberhaupt."

„Warum ist das so?"

„Weil er der älteste ist! Also heißt es für die jüngeren sich fügen!" Hier äußerte sich Jermolai mit einem nicht wiederzugebenden Kraftausdruck über die jüngeren Brüder im allgemeinen. „Ich bringe ihn her. Er ist einfältig. Mit ihm werden wir schon einig werden!"

Während Jermolai den „einfältigen" Mann holen ging, kam mir der Gedanke, ob ich nicht lieber selbst nach Tula fahren sollte. Erstens hatte mich die Erfahrung gelehrt, daß auf Jermolai nicht viel Verlaß war – ich hatte ihn einmal zu Einkäufen in die Stadt geschickt; er hatte versprochen, alle meine Aufträge im Laufe eines Tages zu erledigen, und blieb eine ganze Woche weg, vertrank das ganze Geld und kehrte zu Fuß zurück, hingefahren war er jedoch auf einer Laufdroschke –, und zweitens kannte ich in Tula einen Pferdehändler; bei ihm konnte ich ein Pferd kaufen als Ersatz für das lahmgewordene Mittelpferd.

Beschlossene Sache! dachte ich. Ich fahre selber; schlafen kann ich auch unterwegs, denn mein Tarantas ist bequem.

„Hier bring ich ihn!" rief eine Viertelstunde später Jermolai und polterte in die Stube herein. Hinter ihm trat ein hochgewachsener Bauer in weißem Hemd, blauen Hosen und Bastschuhen ein; er war weißblond, sehr kurzsichtig, hatte ein rötliches Spitzbärtchen und eine lange, dicke Nase; sein Mund stand offen. Er sah wirklich wie ein Einfaltspinsel aus.

„Hier, bitte", sagte Jermolai, „Pferde hat er, und einverstanden ist er auch."

„Das heißt, eigentlich, ich ...", begann der Bauer mit belegter Stimme und stockend, während er seine spärlichen Haare schüttelte und am Rand seiner Mütze herumfingerte, die er in den Händen hielt. „Eigentlich, ich ..."

„Wie heißt du?" fragte ich.

Der Bauer schlug die Augen nieder, als müsse er nachdenken.

„Wie ich heiße?"

„Ja, wie ist dein Name?"

„Mein Name wird sein – Filofej."

„Also paß mal auf, mein lieber Filofej. Ich habe gehört, du hast Pferde. Bring mal ein Dreigespann hierher, wir wollen es vor meinen Tarantas spannen – er ist leicht –, und du fährst mich nach Tula. Nachts ist jetzt Mondschein, es ist hell und zum Fahren kühl. Wie ist die Straße hier bei euch?"

„Die Straße? Die Straße – es geht. Bis zur großen Landstraße werden es zwanzig Werst sein, mehr nicht. Es gibt eine schlechte Stelle. Sonst geht es."

„Was ist das für eine schlechte Stelle?"

„Da muß man an einer Furt ein Flüßchen überqueren."

„Wollen Sie etwa selbst nach Tula fahren?" erkundigte sich Jermolai.

„Ja, ich fahre selbst."

„So!" sprach mein treuer Diener und schüttelte den Kopf. „S-s-o!" wiederholte er, spuckte aus und ging hinaus.

Die Fahrt nach Tula hatte für ihn offenbar jeden Reiz verloren; sie war für ihn eine unnütze und uninteressante Angelegenheit geworden.

„Kennst du den Weg gut?" wandte ich mich an Filofej.

„Wie sollten wir den Weg nicht kennen! Nur kann ich nicht ... das heißt, wie Sie wollen ... weil das so ganz plötzlich..."

Es stellte sich heraus, daß Jermolai Filofej erklärt hatte, als er ihn anwarb, er brauche nicht daran zu zweifeln, daß man ihn Dummkopf dafür bezahlen werde ... weiter nichts! Filofej aber gab sich, obwohl er nach Jermolais Worten ein Dummkopf war, mit dieser bloßen Erklärung nicht zufrieden. Er verlangte von mir fünfzig Rubel in Banknoten – einen übertrieben hohen Preis; ich bot ihm zehn Rubel – einen niedrigen Preis. Wir fingen an zu handeln; Filofej zeigte sich anfangs hartnäckig, dann gab er allmählich nach, allerdings sehr zäh. Jermolai, der auf eine Minute hereinkam, wollte mir einreden, daß „dieser Dummkopf" („Sieh mal an, das Wort gefällt ihm!" bemerkte Filofej halblaut), „daß dieser Dummkopf den Wert des Geldes überhaupt nicht kenne", und erinnerte mich bei dieser Gelegenheit daran, daß vor etwa zwanzig Jahren ein Gasthof, den meine Mutter an einer belebten Stelle, an der Kreuzung zweier großer Landstraßen, errichtet hatte, völlig heruntergewirtschaftet worden sei, weil der alte Leibeigene, den man als Wirt hineingesetzt hatte, tatsächlich den Wert des Geldes nicht kannte, sondern es nach der Menge einschätzte, das heißt, er gab zum Beispiel einen silbernen Viertelrubel für sechs kupferne Fünfkopekenstücke her, wobei er freilich heftig schimpfte.

„Ach du, Filofej, du bist wirklich ein Filofej!" rief Jermolai schließlich und schlug im Hinausgehen zornig die Tür zu.

Filofej entgegnete ihm nichts, als gebe er zu, daß es wirklich nicht sehr bequem sei, Filofej zu heißen, und daß man einem Menschen einen solchen Namen sogar vorwerfen dürfe, obwohl eigentlich der Pope daran schuld war, den man bei der Taufe nicht zufriedengestellt hatte.

Endlich einigte ich mich mit ihm jedoch auf zwanzig Rubel. Er ging die Pferde holen und brachte nach einer Stunde volle fünf Stück zur Auswahl mit. Die Pferde waren in Ordnung, wenn auch ihre Mähnen und Schwänze verfilzt und ihre Bäuche groß und aufgebläht waren wie Trommeln. Mit Filofej waren zwei seiner Brüder gekommen, die ihm in keiner Weise ähnlich sahen. Klein, schwarzäugig und spitznasig, machten sie wirklich den Eindruck von „pfiffigen Kerlen"; sie sprachen viel und schnell, sie „quasselten", wie Jermolai sich ausdrückte, ordneten sich aber dem ältesten Bruder unter.

Sie zogen meinen Tarantas unter dem Wetterdach hervor und machten sich etwa anderthalb Stunden mit ihm und den Pferden zu schaffen; bald lockerten sie die aus starken Stricken bestehenden Zugstränge, bald zogen sie sie straff an. Die beiden Brüder wollten unbedingt den „Graugesprenkelten" als Mittelpferd einspannen, weil „er gut bergab könne", doch Filofej entschied sich für den „Zottigen". Und so spannten sie den Zottigen in die Gabel.

Der Tarantas wurde mit Heu ausgepolstert; unter den Sitz schob man das Kummet des lahmen Mittelpferdes – für den Fall, daß man es in Tula einem neugekauften Pferd anpassen müßte ... Filofej war inzwischen nach Hause gelaufen und von dort in einem langen weißen, vom Vater geerbten Kittel, einem hohen Hut und Schmierstiefeln zurückgekehrt; nun stieg er feierlich auf den Bock. Ich setzte mich in den Wagen und sah auf die Uhr: Es war ein Viertel nach zehn. Jermolai verabschiedete sich nicht einmal von mir, er war gerade dabei, seinen Waletka zu prügeln. Filofej zog die Zügel an und rief mit hoher, dünner Stimme: „He, ihr Kerlchen!" Seine Brüder sprangen von beiden Seiten herzu und trieben die Seitenpferde durch leichte Peitschenhiebe auf den Bauch an. Der

Tarantas setzte sich in Bewegung und bog aus dem Hoftor auf die Straße ein. Der Zottige wollte erst nach dem eigenen Hof abschwenken, doch Filofej brachte ihn durch einige Peitschenhiebe zur Vernunft – und schon hatten wir das Dorf hinter uns gelassen und rollten auf der ziemlich ebenen Straße zwischen Hecken dichter Haselnußbüsche dahin.

Die Nacht war still und schön, überaus günstig für eine solche Fahrt. Bald raschelte der Wind in den Büschen und ließ die Zweige schwanken, bald erstarb er gänzlich; am Himmel waren hier und da unbewegliche silberne Wölkchen zu sehen; der Mond stand hoch und beleuchtete hell die Umgebung. Ich streckte mich auf dem Heu aus und war schon im Einschlummern, da fiel mir die „schlechte Stelle" ein, und ich fuhr auf.

„Hör mal, Filofej, wie weit ist es bis zur Furt?"

„Bis zur Furt? An die acht Werst werden es noch sein."

Acht Werst, dachte ich. Vor einer Stunde kommen wir nicht hin. Da kann ich einstweilen ein bißchen schlafen.

„Du, Filofej, kennst du den Weg gut?" fragte ich wieder.

„Wie sollte ich *den* nicht kennen, den Weg! Wir fahren doch nicht zum erstenmal..."

Er fügte noch etwas hinzu, aber ich hörte es nicht mehr... Ich schlief.

Mich weckte nicht die eigene Absicht, genau nach einer Stunde aufzuwachen, wie das oft geschieht, sondern ein seltsames, wenn auch schwaches Plätschern und Glucksen dicht an meinem Ohr. Ich hob den Kopf...

Wie merkwürdig! Ich liege nach wie vor in meinem Tarantas, aber rings um den Tarantas – und zwar einen halben Arschin, nicht mehr, von seinem Rand entfernt – flimmert und zittert eine vom Mond beschienene Wasserfläche in feinem, deutlich sichtbarem Wellengekräusel. Ich blicke nach vorn: Auf dem Bock sitzt, den Kopf gesenkt und den Rücken gekrümmt, wie ein Götzenbild Filofej, und noch weiter vorn sehe ich über dem murmelnden Wasser den Bogen des Krummholzes und die Köpfe und Rücken der Pferde. Und alles ist so starr, so lautlos wie in einem Zauberreich, in einem Traum, einem märchenhaften Traum... Was soll das bedeuten? Ich blicke unter dem Verdeck des Wagens hervor zurück ... Wir sind mitten im Fluß ... Das Ufer ist wohl dreißig Schritt von uns entfernt!

„Filofej!" rief ich.

„Was ist?" erwiderte er.

„Wie, was ist? Was fällt dir ein? Wo sind wir denn?"

„Im Fluß."

„Das sehe ich, daß wir im Fluß sind. Aber wir werden gleich ertrinken. Nennst du das durch die Furt fahren? Wie? Du schläfst ja, Filofej! Antworte doch!"

„Hab mich ein bißchen verirrt", sagte mein Kutscher, „bin wohl dummerweise seitwärts abgekommen, jetzt muß man abwarten."

„Was heißt: ‚*muß man abwarten*'! Worauf wollen wir denn warten?"

„Erst mag sich der Zottige umsehen: Wohin er sich wendet, dahin muß man dann fahren."

Ich richtete mich auf dem Heu auf. Der Kopf des Mittelpferdes ragte regungslos aus dem Wasser. Doch konnte man beim hellen Licht des Mondes sehen, wie sich das eine Ohr ein klein wenig bewegte, bald nach hinten, bald nach vorn.

„Er schläft ja auch, dein Zottiger!"

„Nein", antwortete Filofej, „er beriecht jetzt das Wasser."

Und wieder wurde es ganz still, nur das Wasser gluckste leise wie zuvor. Auch ich erstarrte.

Das Mondlicht, die Nacht, der Fluß, und wir mitten drin ...

„Was fiept da so?" fragte ich Filofej.

„Das? Die jungen Enten im Schilf – oder auch Schlangen."

Plötzlich warf das Mittelpferd den Kopf hin und her, seine Ohren spitzten sich, es schnaubte, es geriet in Bewegung.

„Hü-hü-hü-hüü!" brüllte Filofej mit einemmal aus vollem Halse, richtete sich auf und schwang die Peitsche. Der Tarantas wurde mit einem Ruck von der Stelle gezogen; quer zur Strömung bewegte er sich vorwärts und fuhr stoßend und schwankend weiter ... Zunächst kam es mir vor, als versänken wir, als ginge es in die Tiefe, jedoch nach zwei-, dreimaligem

Stoßen und Untertauchen schien sich die Wasserfläche plötzlich zu senken ... Sie senkte sich immer mehr, der Tarantas wuchs aus ihr heraus – da zeigten sich schon die Räder und die Schweife der Pferde, und nun zog uns das Dreigespann, starke und große Spritzer aufwerfend, die als diamantene, nein, nicht als diamantene, als saphirne Garben im matten Glanz des Mondes auseinandersprühten, fröhlich und einträchtig auf das sandige Ufer und dann weiter auf der Straße bergan, indem es in raschem Takt kräftig mit den vor Nässe glänzenden Füßen aufstampfte.

Was wird Filofej jetzt sagen, ging es mir durch den Kopf: Ich hatte also doch recht! Oder etwas anderes in dieser Art? Aber er sagte nichts. Darum hielt auch ich es für unnötig, ihm seine Unvorsichtigkeit vorzuwerfen; ich legte mich auf dem Heu lang und versuchte wieder einzuschlafen. Aber ich konnte nicht einschlafen – nicht etwa, weil ich von der Jagd nicht müde gewesen wäre, auch nicht, weil die ausgestandene Aufregung mir den Schlaf verscheucht hätte, aber die Gegend, durch die wir fuhren, war zu schön. Um uns herum lagen freie, weite, im Frühjahr überschwemmte, grasreiche Wiesen mit einer Menge kleiner Tümpel, Teiche, Bäche und Altwässer, die an den Rändern mit Weidengebüschen überwuchert waren – eine echt russische Landschaft, wie sie der russische Mensch liebt, jenen Gegenden ähnlich, in die die Recken unserer alten Heldenlieder ritten, um weiße Schwäne und graue Enten zu schießen. Als gelbliches Band wand sich die befahrene Straße hindurch; die Pferde liefen rasch dahin – ich konnte die Augen nicht schließen, ich genoß das Landschaftsbild! Alles glitt so sanft und friedlich unter dem freundlichen Mond vorüber. Filofej – auch er war ergriffen.

„Diese Wiesen heißen bei uns die Heiligengeorgswiesen", wandte er sich an mich. „Nach ihnen kommen dann die Großfürstenwiesen; solche Wiesen gibt es in ganz Rußland nicht noch einmal ... Ja, schön ist das!" Das Mittelpferd schnaubte und schüttelte sich ... „Der Herr sei mit dir!" sagte Filofej bedächtig und halblaut. „Schön ist das!" wiederholte er und seufzte, danach räusperte er sich ausgiebig. „Nun fängt bald die Heumahd an, und was man hier für ein Heu machen wird – eine Unmasse! In den Altwässern gibt es auch viele Fische. Solche Brassen!" fügte er in singendem Ton hinzu. „Mit einem Wort: Zu sterben braucht man nicht." Plötzlich hob er die Hand. „Da! Sieh mal! Über dem See dort ... Steht da nicht ein Reiher? Fängt der etwa auch nachts Fische? Ach nein! Ein Ast ist das, kein Reiher. Da habe ich aber einen Bock geschossen! Der Mond täuscht einen immer."

So fuhren wir dahin ... Nun hörten die Wiesen auf, es zeigten sich Wäldchen, bestellte Felder; seitab blinkte ein Dörfchen mit zwei, drei Lichtern. Bis zur großen Landstraße waren es nur noch fünf Werst. Ich schlief ein.

Wieder wachte ich nicht von selbst auf. Diesmal weckte mich die Stimme Filofejs.

„Herr ... He, Herr!"

Ich richtete mich auf. Der Tarantas stand auf einer ebenen Stelle mitten auf der großen Landstraße. Filofej wandte mir vom Bock aus das Gesicht zu; mit weit aufgerissenen Augen (ich wunderte mich sogar, denn ich hatte nicht geglaubt, daß er so große Augen machen könnte) flüsterte er mir bedeutsam und geheimnisvoll zu:

„Es rattert! ... Es rattert!"

„Was sagst du da?"

„Ich sage: Es rattert! Beugen Sie sich mal hinaus und horchen Sie. Hören Sie es?"

Ich steckte den Kopf aus dem Tarantas hinaus, hielt den Atem an und hörte tatsächlich irgendwo weit, weit hinter uns ein schwaches, zuweilen aussetzendes Rattern wie von rollenden Rädern.

„Hören Sie es?" wiederholte Filofej.

„Nun ja", antwortete ich, „da kommt eine Equipage gefahren."

„Hören Sie denn nicht ... scht! Da ... Schellen ... und Pfeifen auch ... Hören Sie es? So nehmen Sie doch die Mütze ab ... Da werden Sie es besser hören."

Ich nahm die Mütze nicht ab, aber ich horchte angespannt.

„Nun ja, kann sein. Aber was ist denn dabei?"

Filofej wandte sein Gesicht den Pferden zu.

„Da fährt ein Bauernwagen, ein leerer Wagen, die Räder mit Eisen beschlagen", sagte er und nahm die Zügel auf. „Das sind böse Menschen, Herr, die so fahren; hier bei Tula treibt sich doch Räubergesindel herum – viel sogar."

„Was für ein Unsinn! Warum nimmst du an, daß das unbedingt böse Menschen sind?"

„Ich weiß, was ich sage. Mit Schellen ... und in einem leeren Wagen ... Wer kann das schon sein?"

„Sag mal, ist es noch weit bis Tula?"

„An die fünfzehn Werst werden es noch sein, und hier ist keine menschliche Wohnung in der Nähe."

„Nun, so fahr zu, und recht lebhaft, wozu hier die Zeit vertrödeln."

Filofej schwang die Peitsche, und der Tarantas rollte wieder weiter.

Zwar schenkte ich Filofej keinen Glauben, aber einschlafen konnte ich nicht mehr. Wie, wenn nun wirklich ...? Ein unangenehmes Gefühl beschlich mich. Ich setzte mich im Tarantas auf – bis dahin hatte ich gelegen – und fing an, nach allen Seiten Ausschau zu halten. Während ich schlief, hatte sich ein dünner Nebel ausgebreitet, nicht über die Erde, sondern über den Himmel; er stand hoch oben, und der Mond hing als ein weißlicher Fleck darin, wie von Rauch umzogen. Alles sah trübe und verschwommen aus, wenn auch weiter unten die Sicht besser war. Rundum lag eine flache, trostlose Gegend: Felder, nichts als Felder, hier und da niedrige Sträucher, Schluchten und wieder Felder, meistens Brachen mit spärlichem Unkraut. Öde, erstorben! Wenn wenigstens irgendwo eine Wachtel geschrien hätte!

Wir fuhren ungefähr eine halbe Stunde. Filofej schwang fortwährend die Peitsche und schnalzte mit den Lippen, aber weder er noch ich sprachen ein Wort. Wir hatten eine Anhöhe erklommen ... Filofej brachte das Dreigespann zum Stehen und sagte sogleich: „Es rattert ... Es ra-attert, Herr!"

Ich lehnte mich wieder aus dem Tarantas hinaus; aber ich hätte ruhig unter dem Verdeck bleiben können, so deutlich, wenn auch noch aus weiter Ferne, drang jetzt das Rattern von

Wagenrädern, das Pfeifen von Menschen, das Schellengeklingel und das Getrappel von Pferdehufen an mein Ohr; sogar Singen und Lachen glaubte ich zu vernehmen. Zwar wehte der Wind von dorther, doch gab es keinen Zweifel daran, daß die unbekannten Reisenden eine ganze Werst, vielleicht auch zwei, näher an uns herangekommen waren.

Ich wechselte einen Blick mit Filofej. Er schob sich nur den Hut aus dem Nacken in die Stirn und begann sogleich, über die Zügel gebeugt, auf die Pferde loszupeitschen. Sie setzten sich in Galopp, aber sie konnten nicht lange galoppieren und fielen wieder in Trab. Filofej peitschte weiter auf sie ein. Wir mußten doch entkommen!

Ich konnte mir nicht erklären, warum ich, der ich anfangs Filofejs Verdacht nicht geteilt hatte, plötzlich davon überzeugt war, daß wirklich böse Menschen hinter uns herfuhren ... Ich hatte doch nichts Neues gehört: Es waren dieselben Schellen, dasselbe Rattern eines unbeladenen Bauernwagens, dasselbe Pfeifen, derselbe verworrene Lärm ... Doch jetzt zweifelte ich nicht mehr. Filofej irrte sich nicht!

Und wieder waren etwa zwanzig Minuten vergangen ... Während der letzten dieser zwanzig Minuten hörten wir durch das Rattern und Poltern unseres eigenen Wagens bereits ein anderes Rattern und ein anderes Poltern ...

„Halt an, Filofej", sagte ich, „es ist doch einerlei – mag es kommen, wie es will."

Filofej rief ängstlich: „Brrr!" Die Pferde standen augenblicklich still, als freuten sie sich über die Möglichkeit, etwas auszuruhen.

Allmächtiger Gott! Die Schellen heulen ja schon ganz dicht hinter unserem Rücken, der Wagen dröhnt und klirrt, die Leute pfeifen, schreien und singen, die Pferde schnauben und stampfen mit den Hufen den Boden ... Sie haben uns eingeholt!

„Schli-i-imm", sagte Filofej halblaut und gedehnt und begann unentschlossen schnalzend die Pferde anzutreiben. Doch im selben Augenblick war es, als ob etwas jäh über uns hereinbräche, aufbrüllte und zusammenstürzte – ein riesengroßer, breit ausladender Bauernwagen, von einem Dreigespann magerer Pferde gezogen, raste wie ein Wirbelwind scharf an uns vorbei, jagte vor und fiel sogleich in Schritt, so daß er uns den Weg versperrte.

„Eine richtige Räubersitte!" flüsterte Filofej.

Ich muß gestehen, mir stand das Herz still ... Ich spähte angespannt in das Halbdunkel des von Nebelschwaden verschleierten Mondlichtes. In dem Wagen vor uns befanden sich, halb sitzend, halb liegend, sechs Männer in Hemden und weit offenen Bauernröcken; zwei davon hatten keine Mütze auf; ihre großen, in Stiefeln steckenden Füße hingen baumelnd über den Wagenrand hinunter, ihre Arme reckten sich in die Höhe und fielen wieder hinab, ohne Sinn und Zweck ... Die Körper schwankten hin und her ... Es gab keinen Zweifel: Die Leute waren betrunken. Einige grölten, was ihnen gerade einfiel; einer pfiff schrill und durchdringend, aber rein, ein anderer schimpfte; auf dem Bock saß ein Riese in einem Halbpelz und lenkte. Sie fuhren im Schritt, als beachteten sie uns gar nicht.

Was sollten wir machen? Wir fuhren notgedrungen ebenfalls im Schritt hinter ihnen her.

Etwa eine Viertelwerst bewegten wir uns auf diese Art vorwärts. Qualvolle Spannung ... Sich retten, sich verteidigen ... aber wie denn! Sie waren ihrer sechs, und ich hatte nicht einmal einen Stock bei mir! Kehrtmachen und zurückfahren? Aber sie würden uns doch sofort wieder einholen. Mir fiel ein Vers von Shukowski ein, in dem er von der Ermordung des Feldmarschalls Kamenski spricht: Verachtenswerte Axt des Räubers ... Oder aber – sie schnüren dir mit einem schmutzigen Strick die Kehle zu ... und werfen dich in den Graben ... Röchle dort und zapple wie der Hase in der Schlinge ... Ach, scheußlich!

Sie aber fuhren nach wie vor im Schritt und beachteten uns nicht.

„Filofej", flüsterte ich, „versuch es mal, halte mehr nach rechts, als ob du vorbeifahren wolltest."

Filofej versuchte es – er hielt nach rechts ... Aber jene hielten sofort gleichfalls nach rechts ... Es war unmöglich, vorbeizukommen.

Filofej versuchte es nochmals: Er hielt nach links ... Aber auch dort ließen sie ihn nicht an ihrem Wagen vorbei. Sie lachten sogar. Es war klar, sie wollten uns nicht durchlassen.

„Richtige Räuber", flüsterte mir Filofej über die Schulter zu.

„Aber worauf warten sie denn?" fragte ich, ebenfalls flüsternd.

„Da vorn, in der Mulde, da führt eine kleine Brücke über einen Bach ... Dort werden sie! ... So machen sie's immer ... an Brücken. Wir sind erledigt, Herr!" fügte er mit einem Seufzer hinzu. „Die werden uns kaum am Leben lassen, denn für sie ist die Hauptsache: Alle Spuren verwischen. Eins tut mir leid, Herr: Mein Dreigespann ist hin, auch meine Brüder werden es nicht bekommen."

Ich hätte mich eigentlich wundern müssen, daß sich Filofej in einer solchen Minute noch Sorgen um seine Pferde machte, aber ich gestehe, mir war nicht danach zumute ... Ob sie uns wirklich umbringen? wiederholte ich in Gedanken immer wieder. Wozu denn? Ich werde ihnen ja alles geben, was ich habe.

Die kleine Brücke kam immer näher, immer deutlicher wurde sie sichtbar. Plötzlich erscholl ein wildes, schrilles Geschrei, das Dreigespann vor uns schien davonzufliegen; es raste los, und erst als es die kleine Brücke erreicht hatte, blieb es mit einem Ruck wie angewurzelt stehen, ein wenig seitlich von der Straße. Mir sank das Herz in die Kniekehlen.

„Ach, Bruder Filofej", sagte ich, „nun fahren wir beide in den Tod. Vergib mir, wenn ich dich ins Verderben gebracht habe."

„Das ist doch nicht deine Schuld, Herr! Seinem Schicksal entgeht man nicht! Nun, Zottiger, mein treues Pferdchen", wandte sich Filofej an das Mittelpferd, „lauf zu, Bruder, vorwärts! Erweis mir den letzten Dienst! Es ist alles eins ... Gott sei uns gnädig!"

Und er ließ sein Dreigespann traben.

Wir näherten uns der Brücke und gleichzeitig jenem regungslosen, bedrohlichen Wagen ... Auf ihm war es, wie mit Absicht, ganz still geworden. Nicht ein Laut! So hält der Hecht still, der Habicht, jedes Raubtier, wenn sich die Beute nähert. Jetzt waren wir mit dem Wagen auf gleicher Höhe ... Plötzlich sprang der Riese in dem Halbpelz hinunter und kam gerade auf uns zu! Er sagte kein Wort zu Filofej, aber dieser zog sofort von selbst die Zügel an ... Der Tarantas hielt.

Der Riese legte beide Hände auf den Wagenschlag, beugte zähnefletschend seinen zottigen Kopf vor und sagte mit leiser, ruhiger Stimme und in der Sprechweise eines Fabrikarbeiters:

„Verehrter Herr, wir kommen von einem ehrlichen Festschmaus, von einer netten kleinen Hochzeit; wir haben nämlich einen tüchtigen Jungen von uns verheiratet, zu Bett gebracht, so, wie sich's gehört. Wir sind alle jung, alles verwegene Kerle – es ist viel getrunken worden, aber wir haben nichts, um gegen den Kater noch etwas Starkes zu trinken. Würden Sie vielleicht die Güte haben, wollen Sie uns nicht ein paar Moneten spendieren, eine Kleinigkeit bloß – so viel, daß auf jeden von uns eine halbe Flasche kommt? Wir würden sie auf Ihre Gesundheit trinken, würden Euer Ehren dabei gedenken; wenn Sie uns aber die Güte nicht erweisen wollen – nun, so bitten wir, uns nicht böse zu sein!"

Was soll das heißen? ging es mir durch den Kopf... Spott? ... Hohn?

Der Riese blieb mit gesenktem Kopf stehen. Gerade in diesem Augenblick trat der Mond aus dem Nebel heraus und beleuchtete sein Gesicht. Es griente, dieses Gesicht, mit den Augen und mit dem Mund. Aber von einer Drohung war nichts darin zu sehen, nur gespannte Erwartung schien es auszudrücken... Und die Zähne waren so weiß und groß.

„Ich werde mit Vergnügen ... Nehmen Sie ...", sagte ich rasch, zog den Geldbeutel aus der Tasche und entnahm ihm zwei Silberrubel; damals war in Rußland noch Silbergeld im Umlauf. „Hier, wenn das genügt."

„Danke gehorsamst!" schrie der Riese nach Soldatenart, und seine dicken Finger entrissen mir im Nu – nicht den ganzen Beutel, sondern nur die zwei Rubel. „Danke gehorsamst!" Er schüttelte die Haare aus dem Gesicht und lief zu dem Bauernwagen.

„Jungens!" rief er. „Zwei Rubel spendiert uns der Herr Reisende!"

Die anderen stimmten plötzlich ein lautes Gejohle an ... Der Riese wälzte sich auf den Bock ... „Glückliche Weiterreise!" Und fort waren sie! Die Pferde griffen aus, der Wagen polterte bergan, nur einmal tauchte er noch auf der dunklen Linie auf, die Erde und Himmel trennte, dann fuhr er bergab und verschwand. Und schon war kein Rattern, kein Schreien, kein Schellengeklingel mehr zu hören ...

Es war totenstill geworden.

Filofej und ich kamen nicht sofort zur Besinnung.

„Ach, der Spaßvogel, so ein Spaßvogel!" sagte er endlich, nahm den Hut ab und bekreuzigte sich. „Wahrhaftig, ein Spaßvogel", fügte er hinzu und drehte sich freudestrahlend zu mir um. „Ein guter Mensch muß das sein, wahrhaftig. Hü-hü-hü, ihr Kerlchen, bewegt euch! Ihr bleibt heil und ganz! Alle bleiben wir heil und ganz! Das war er, der uns nicht vorbeifahren ließ, er lenkte ja die Pferde. So ein Spaßvogel, der Kerl! Hü-hü-hü-hüü! Mit Gott!"

Ich schwieg, aber auch mir wurde wohl ums Herz.

„Heil und ganz bleiben wir!" wiederholte ich für mich und streckte mich auf dem Heu aus. Billig waren wir davongekommen!

Ich schämte mich sogar ein wenig, daß ich an den Vers von Shukowski gedacht hatte.

Plötzlich kam mir ein Gedanke.

„Filofej!"

„Was ist?"

„Bist du verheiratet?"

„Ich bin verheiratet."

„Und hast du Kinder?"

„Ich habe auch Kinder."

„Wie, hast du denn gar nicht an sie gedacht? Die Pferde taten dir leid, aber deine Frau, deine Kinder?"

„Warum sollten die mir leid tun? Sie wären ja nicht den Räubern in die Hände gefallen. Im Sinn habe ich sie die ganze Zeit behalten, habe ich sie auch jetzt – und ob." Filofej schwieg eine Weile. „Vielleicht ... ist ihretwegen der Herrgott dir und mir gnädig gewesen."

„Aber wenn es nun gar keine Räuber waren?"

„Woher soll man das wissen? Kann man in eine fremde Seele hineinkriechen? Eine fremde Seele – das weiß man –, die ist dunkel. Aber mit Gott kommt man immer besser. Nein ... meine Familie habe ich immer ... Hü-hü-hü, ihr Kerlchen, mit Gott!"

Es war schon fast hell geworden, als wir uns Tula näherten. Ich lag im Dämmer des Halbschlafes ...

„Herr", sagte Filofej plötzlich zu mir, „sehen Sie mal: Da halten sie an der Schenke ... Das dort ist ihr Wagen."

Ich hob den Kopf. Richtig, das waren sie, ihr Wagen und auch ihre Pferde. Auf der Schwelle des Wirtshauses erschien plötzlich der wohlbekannte Riese im Halbpelz.

„Herr!" rief er, die Mütze schwenkend. „Wir vertrinken Ihr Geld! Sag mal, Kutscher", fügte er hinzu, indem er Filofej zunickte, „du hast ganz schön Angst gehabt, was?"

„Ein gar zu lustiger Mensch", bemerkte Filofej, als wir uns etwa zwanzig Sashen von der Schenke entfernt hatten.

Endlich gelangten wir nach Tula. Ich kaufte Schrot und nebenbei auch Tee und Branntwein und erstand sogar ein Pferd beim Händler. Gegen Mittag machten wir uns auf den Rückweg. Als wir an der Stelle vorüberkamen, an der wir zum erstenmal das Rattern des Wagens hinter uns gehört hatten, begann Filofej, der in Tula ein bißchen über den Durst getrunken hatte und sich nun als ein äußerst gesprächiger Mensch entpuppte – er erzählte mir sogar Märchen –, als wir also da vorüberkamen, begann Filofej plötzlich zu lachen.

„Erinnerst du dich, Herr, wie ich immer wieder zu dir sagte: ‚Es rattert!' – ‚Es rattert', sagte ich, ‚es rattert!'" Er schwenkte ein paarmal kräftig die Hand. Sehr spaßig kam ihm dieses Wort jetzt vor.

Am selben Abend kehrten wir heim in sein Dorf.

Ich teilte Jermolai unser Erlebnis mit. Da er nüchtern war, zeigte er keinerlei Anteilnahme, sondern machte nur „hm, hm!", ob anerkennend oder vorwurfsvoll, das wußte er, meine ich, selber nicht. Aber zwei Tage danach berichtete er mir vergnügt, daß in derselben Nacht, in der ich mit Filofej nach Tula fuhr, und auf derselben Landstraße ein Kaufmann beraubt und erschlagen worden sei. Anfangs glaubte ich diese Nachricht nicht, aber später mußte ich sie doch glauben; ihre Richtigkeit bestätigte mir der Landpolizist, der vorbeigeritten kam, als er diesen Vorfall untersuchte. War das vielleicht die „Hochzeit", von der unsere verwegenen Gesellen zurückkehrten, und war das etwa der „tüchtige Junge", den sie zu Bett gebracht hatten, wie der Spaßvogel, der Riese, sich ausdrückte? Ich blieb noch fünf Tage in Filofejs Dorf. Wenn ich ihm begegnete, sagte ich jedesmal zu ihm:

„Na, rattert es?"

„Ein lustiger Mensch", antwortete er mir jedesmal und fing selber an zu lachen.

Wald und Steppe

Und ganz allmählich zog es und doch stark
Zurück aufs Land ihn, in den dunklen Park,
Wo Lindenbäume groß und schattig stehen,
Der Maienglöckchen keusche Düfte wehen,
Wo runde Weiden sich zum Wasser neigen
Vom Damm des Teichs hinab in stillem Reigen,
Wo Eichen ragen überm grünen Hag,
Wo es nach Hanf und Nesseln riechen mag ...
Dahin, dahin, wo freies Feld sich weitet
Und sich wie Samt die schwarze Erde breitet,
Wo Roggen wogt, so weit die Augen reichen,
Wenn sanfte Windeswellen drüber streichen,
Wo schwer in goldnem Strahl das Sonnenlicht
Aus schimmerndweißen, runden Wolken bricht;
Dort ist es schön ...

*Aus einem Gedicht,
das den Flammen übergeben wurde*

Dem Leser sind meine Aufzeichnungen vielleicht schon langweilig geworden; ich beeile mich daher, ihn mit dem Versprechen zu trösten, mich auf die bereits abgedruckten Abschnitte zu beschränken, aber da ich nun von ihm Abschied nehme, kann ich es nicht unterlassen, noch einige Worte über die Jagd zu sagen.

Die Jagd mit Flinte und Hund ist an und für sich etwas Herrliches; aber nehmen wir an, Sie seien nicht zum Jäger geboren: Dennoch lieben Sie aber die Natur und die Freiheit; folglich können Sie nicht anders als unsereinen beneiden. Hören Sie zu.

Wissen Sie zum Beispiel, was für ein Genuß es ist, im Frühling vor Sonnenaufgang auszufahren? Sie treten auf die Freitreppe hinaus ... Am dunkelgrauen Himmel flimmern hier und da Sterne; ein feuchter Windhauch wird bisweilen wie eine leichte Welle herangetragen; man hört das verhaltene, undeutliche Raunen der Nacht; die Bäume rauschen leise, von Schatten umflutet. Nun breitet man einen Teppich in den Wagen und stellt zu Füßen den Kasten mit dem Samowar hinein. Die Seitenpferde schaudern, schnauben und treten tänzelnd von einem Fuß auf den anderen. Ein Paar eben erst aufgewachter weißer Gänse überquert stumm und langsam die Straße. Im Garten hinter dem Flechtzaun schnarcht friedlich der Wächter; jeder Laut bleibt in der erstarrten Luft gleichsam stehen, bleibt stehen und erstirbt nicht. Nun haben Sie Platz genommen; die Pferde ziehen mit einem Ruck an, laut rattert der Wagen ... Sie fahren. Sie fahren an der Kirche vorbei, dann bergab nach rechts, über den Damm ... Der Teich beginnt schwach zu dampfen. Ihnen ist ein wenig kalt, Sie schlagen den Mantelkragen vor das Gesicht; Sie werden schläfrig. Die Pferde patschen geräuschvoll mit den Hufen durch die Pfützen; der Kutscher pfeift vor sich hin. Aber nun haben Sie schon vier Werst zurückgelegt ... Der Himmelsrand rötet sich in den Birken erwachen die Dohlen und fliegen schwerfällig von einem Baum zum andern; die Spatzen schilpen bei den dunklen Heuschobern. Die Luft wird heller, die Straße besser sichtbar, der Himmel klarer, die Wolken werden weiß, die Felder grün. In den Bauernstuben brennt mit rotem Licht der Kienspan, hinter den Hoftoren hört man verschlafene Stimmen. Unterdessen entzündet sich das Morgenrot; schon ziehen sich goldene Streifen über den Himmel; in den Schluchten ballen sich Nebel; die Lerchen singen hell, der Morgenwind weht, und still taucht die purpurrote Sonne empor. In mächtigem Strom flutet das Licht dahin; das Herz im Leibe erschauert wie ein Vogel. Frisch, lustig, angenehm ist es draußen! Weit kann man rundum sehen. Dort hinter dem Gehölz liegt ein Dorf, etwas entfernter ein anderes mit einer weißen Kirche, dort, auf einer Anhöhe, ein Birkenwäldchen, dahinter erstreckt sich das Moor, wohin Sie fahren ... Schneller, ihr Pferde, schneller! In scharfem Trab vorwärts! Es sind noch drei Werst, mehr nicht. Die Sonne steigt rasch höher, der Himmel ist wolkenlos ... Das Wetter wird herrlich. Aus dem Dorf zieht uns eine Herde entgegen. Sie haben eine Anhöhe erstiegen. Was für eine Aussicht! Der Fluß windet sich wohl zehn Werst weit hin, trübe schimmert sein Blau durch den Nebel; dahinter liegen wäßriggrüne Wiesen, hinter den Wiesen sanfte Hügel; fern hinter dem Moor schlagen Kiebitze schreiend ihre Bogen; durch den feuchten Glanz, der die Luft erfüllt, tritt die Ferne klar hervor ... nicht so wie im Sommer. Wie frei atmet die Brust, wie unbeschwert bewegen sich die Glieder, wie kräftig fühlt sich der Mensch, wenn ihn der Atem des Frühlings umfängt! ...

Aber nun ein Morgen im Sommer, im Juli! Wer außer dem Jäger hat erfahren, was für eine Freude es ist, im Morgenrot durch die Büsche zu streifen? Als grünes Band legt sich die Spur Ihrer Füße auf das tauige, weiß schimmernde Gras. Sie biegen einen nassen Strauch auseinander – und schon umgibt Sie der aufgespeicherte warme Duft der Nacht; die Luft ist ganz durchtränkt mit der frischen Bitterkeit des Wermuts, mit dem Honig des Buchweizens und des Wiesenklees; in der Ferne steht wie eine Mauer der Eichenwald und glänzt und rötet sich in der Sonne; es ist noch kühl, aber man spürt schon die nahende Hitze. Man wird schwindlig im Kopf und ganz benommen vom Überfluß der Wohlgerüche. Der Buschwald nimmt kein Ende ... Höchstens in der Ferne leuchtet hier und da das Gelb des reifenden Roggens und in schmalen Streifen das Rot des Buchweizens. Da knarrt ein Wagen; ein Bauer kommt im Schritt gefahren; er stellt sein Pferd beizeiten in den Schatten ... Sie wechseln einen Gruß mit ihm und gehen weiter; hinter Ihnen erklingt das helle Klirren der Sense. Höher und höher steigt die Sonne. Rasch trocknet das Gras. Nun ist es schon heiß geworden. Es vergeht eine Stunde, eine zweite ... Der Himmel färbt sich am Rande dunkel; in stechender Glut brütet die unbewegte Luft.

„Wo könnte man hier trinken, Bruder?" fragen Sie einen Schnitter.

„Dort in der Schlucht ist ein Born."

Durch dichte Haselnußbüsche, die durch Schlingpflanzen wirr miteinander verflochten sind, steigen Sie auf den Grund der Schlucht hinunter. Richtig: Unterhalb eines Steilhanges verbirgt sich eine Quelle; ein Eichenbusch hat seine knorrigen Äste gierig über dem Wasser ausgestreckt; große silberne Blasen steigen schwankend vom Grunde auf, der mit zartem, samtigem Moos überzogen ist. Sie werfen sich auf den Erdboden; Sie trinken sich satt, aber Sie sind zu träge, sich zu rühren. Sie liegen im Schatten, Sie atmen die duftgeschwängerte Feuchtigkeit ein; Ihnen ist wohl, aber drüben in der Sonne glühen die Sträucher und scheinen zu gilben. Doch was ist das? Ein Windstoß ist plötzlich herangebraust und vorbeigejagt; ringsum erzittert die Luft: Hat es etwa gedonnert? Sie verlassen die Schlucht ... Was ist das für ein bleifarbener Streifen am Horizont? Hat sich die Glut noch verdichtet? Zieht da eine Wolke herauf? ... Da zuckt auch schon schwach ein Blitz ... Oh, das ist ein Gewitter! Ringsum scheint noch hell die Sonne: Man kann noch jagen. Aber die Wolke wächst: Ihr vorderer Rand streckt sich aus wie ein Arm, er beugt sich. Die Kräuter, die Büsche, alles hat sich mit einemmal verdunkelt ... Nun aber schnell fort! Dort drüben scheint eine Heuscheune zu sein ... Schneller ... Sie haben sie erreicht, sind eingetreten. So ein Regen! Solche Blitze! Hier und da tropft durch das Strohdach Wasser auf das duftende Heu ... Aber da fängt die Sonne schon wieder an zu spielen. Das Gewitter ist vorüber: Sie treten hinaus ins Freie. Mein Gott, wie fröhlich alles ringsum funkelt, wie frisch und rein die Luft ist, wie es nach Erdbeeren und Pilzen riecht! ...

Aber nun bricht der Abend an. Das Abendrot ist aufgelodert wie ein Brand und hat den halben Himmel ergriffen. Die Sonne geht unter. Die Luft in der Nähe erscheint besonders durchsichtig, wie Glas; in der Ferne lagert sich ein weicher, anscheinend warmer Dunst; zugleich mit dem Tau fällt ein blutroter Glanz auf die Waldwiesen, die eben noch von Strömen flüssigen Goldes überflutet waren; von den Bäumen, von den Sträuchern, von den hohen Heuschobern laufen lange Schatten fort ... Die Sonne ist untergegangen; ein Stern blinkt auf und zittert im feurigen Meer des Sonnenuntergangs ... Nun verblaßt die Glut; der Himmel wird tiefblau; die einzelnen Schatten verschwinden, Dunkelheit durchdringt die Luft. Es ist Zeit heimzukehren ins Dorf, in das Bauernhaus, in dem Sie übernachten. Die Flinte über die Schulter geworfen, gehen Sie schnell, trotz der Müdigkeit ... Unterdessen bricht die Nacht herein; keine zwanzig Schritt weit kann man sehen; die Hunde erkennt man kaum noch als helle Flecke in der Finsternis. Drüben, über den schwarzen Büschen, steht noch ein trüber heller Schein am Himmelssaum ... Was ist das? Eine Feuersbrunst? ... Nein, da geht der Mond auf. Und dort unten, rechts, blinken schon die Lichter des Dorfes ... Hier ist endlich auch Ihr Bauernhaus. Durchs Fenster sehen Sie den Tisch, der mit einem weißen Tuch gedeckt ist, eine brennende Kerze, das Abendbrot ...

Oder Sie lassen die Laufdroschke anspannen und fahren in den Wald, um Haselhühner zu jagen. Es ist ein Vergnügen, auf schmalem Wege zwischen zwei Wänden hohen Roggens hindurchzufahren! Ähren streichen Ihnen leise übers Gesicht, Kornblumen bleiben an Ihren Füßen hängen, die Wachteln schnarren in der Runde, das Pferd läuft in trägem Trab. Da ist der Wald. Schatten und Stille. Schlanke Espen lispeln hoch über Ihnen; die langen, hängenden Zweige der Birken bewegen sich kaum; eine mächtige Eiche steht wie ein alter Kämpe neben einer schönen Linde. Sie fahren auf einem grünen, mit Schatten gesprenkelten Waldweg dahin; große gelbe Fliegen hängen regungslos in der goldenen Luft und schwirren plötzlich davon; Mückenschwärme tanzen in Säulen, die im Schatten hell, in der Sonne dunkel wirken; friedlich singen die Vögel. Das goldene Stimmchen des Rotkehlchens ertönt in unschuldiger, plauderhafter Freude; es paßt gut zum Duft der Maiglöckchen. Weiter geht es, weiter, tiefer in den Wald hinein ... Der Wald wird zur Wildnis ... Eine unaussprechliche Stille senkt sich in die Seele; und auch ringsum ist es so schläfrig und still. Aber da erhebt sich ein Wind, die Wipfel rauschen auf wie brandende Wellen. Durch das braune vorjährige Laub sind hier und da hohe Kräuter gewachsen; vereinzelt stehen Pilze unter ihren Hüten. Plötzlich springt ein Schneehase auf, der Hund jagt mit lautem Gebell hinter ihm her ...

Und wie schön ist dieser selbe Wald im Spätherbst, wenn die Waldschnepfen ziehen! Sie halten sich nicht drin im Dickicht auf: Man muß sie am Waldrand suchen. Es weht kein Wind, es scheint keine Sonne, es gibt kein Licht, keinen Schatten, keine Bewegung, kein Geräusch; die milde Luft ist erfüllt von Herbstduft, der dem Duft des Weines gleicht; ein dünner Nebel steht fern über den gelben Feldern. Durch das kahle, graubraune Geäst der Bäume schimmert blaß und still der unbewegte Himmel; hier und da hängen an den Linden noch die letzten goldenen Blätter. Die feuchte Erde gibt unter den Füßen nach; die hohen trockenen Grashalme regen sich nicht; lange Spinnfäden schimmern im vergilbten Gras. Ruhig atmet die Brust, aber das Herz befällt eine seltsame Unruhe. Man geht am Waldrand entlang, blickt nach dem Hund, und dabei kommen einem liebe Bilder, liebe Gesichter, tote und lebende, in den Sinn; unerwartet erwachen längst in den Schlaf des Vergessens gesunkene Eindrücke; die Phantasie regt ihre Flügel und schwebt davon wie ein Vogel, und so klar und deutlich steht und bewegt sich alles vor dem Auge. Bald erbebt das Herz, hämmert und stürmt leidenschaftlich vorwärts, bald versinkt es unwiederbringlich in Erinnerungen. Das ganze Leben rollt sich leicht und schnell auf wie eine Schriftrolle; seine ganze Vergangenheit, all seine Gefühle und Kräfte, seine ganze Seele hat der Mensch dann in seiner Hand. Und nichts rundum stört ihn – es ist keine Sonne da, kein Wind, kein Geräusch ...

Und dann ein klarer, etwas kalter Herbsttag mit Frühfrost, wenn sich die Birke, gleich einem Märchenbaum ganz in Gold, schön gegen den blaßblauen Himmel abzeichnet; wenn die niedrigstehende Sonne nicht mehr wärmt, aber heller strahlt als im Sommer; wenn der kleine Espenhain, ganz von Licht durchflutet, funkelt und glitzert, als sei es für ihn eine Freude und ein leichtes, so nackt dazustehen; wenn der Rauhreif noch weiß auf den Talsohlen liegt und ein frischer Wind die abgefallenen verdorrten Blätter leise bewegt und vor sich hertreibt; wenn blaue Wellen fröhlich über den Fluß eilen und die verstreuten Gänse und Enten im Gleichmaß auf und nieder schaukeln. In der Ferne klappert eine Mühle, von Weidengebüsch halb verdeckt, und über ihr ziehen, bunt schillernd in der hellen Luft, Tauben schnell ihre Kreise ...

Schön sind auch die nebligen Sommertage, obwohl die Jäger sie nicht lieben. An solchen Tagen kann man nicht schießen:

Der Vogel, der vor Ihren Füßen aufflattert, verschwindet sofort in der weißlichen Dämmerung des unbewegten Nebels. Aber wie still, wie unaussprechlich still ist alles ringsum! Alles ist wach, und alles schweigt. Sie gehen an einem Baum vorüber – er rührt sich nicht: Er gibt sich mit Behagen der Ruhe hin. In dem feinen Dunst, der die Luft erfüllt, taucht vor Ihnen verschwommen ein langer schwärzlicher Streifen auf. Sie halten ihn für den nahen Wald; Sie gehen darauf zu – der Wald verwandelt sich in Reihen hoher Wermutstauden, die an einem Feldrain stehen. Über Ihnen, um Sie herum – überall ist Nebel ... Aber nun erhebt sich ein leichter Wind – ein Fetzen blaßblauen Himmels tritt undeutlich durch den dünner werdenden, gleichsam verdampfenden Dunst, ein goldgelber Sonnenstrahl bricht plötzlich durch, flutet in langem Strom herab, trifft auf die Felder, stößt auf den Hain – und gleich darauf ist wieder alles verschleiert. Lange währt dieser Kampf, aber wie unsagbar prächtig und klar wird der Tag, wenn das Licht endlich triumphiert und die letzten Wellen des erwärmten Nebels bald sich senken und ausbreiten wie weiße Tücher, bald aufwärtsschweben und in den Tiefen der zart leuchtenden Höhe verschwinden ...

Nun aber haben Sie sich in ein weit abliegendes Jagdgebiet aufgemacht, in die Steppe. An die zehn Werst haben Sie auf Feldwegen zurückgelegt – da ist endlich die große Landstraße. Vorbei an endlosen Fuhrwagenzügen, vorbei an kleinen Gasthöfen mit dem zischenden Samowar unter dem Vordach, mit sperrangelweit offenem Tor und einem Ziehbrunnen, von einem Dorf zum anderen, durch unübersehbare Felder, an grünen Hanfpflanzungen entlang – lange, lange fahren Sie so. Elstern fliegen von Weidenbaum zu Weidenbaum; Bäuerinnen mit langen Rechen in den Händen schlendern aufs Feld; ein Wandersmann in abgetragenem Nankingrock, den Reisesack auf dem Rücken, schleppt sich müden Schrittes weiter; die schwere, plumpe Kutsche eines Gutsbesitzers, mit sechs großen, abgetriebenen Pferden bespannt, schwankt Ihnen entgegen. Aus dem Fenster ragt der Zipfel eines Kissens heraus, und auf dem hinteren Trittbrett hockt seitlings auf einem Sack ein über und über mit Schmutz bespritzter Lakai in einem Mantel und hält sich an einem Strick fest. Da ist das Kreisstädtchen mit den krummen und schiefen Holzhäuschen, den endlosen Zäunen, den unbewohnten Steingebäuden der Kaufleute und der altertümlichen Brücke über der tiefen Schlucht... Weiter, immer weiter! ... Jetzt kommen Steppengegenden. Von einer Anhöhe aus hält man Umschau – welche Aussicht! Runde, niedrige Hügel, bis oben hin beackert und besät, laufen in breiten Wellen auseinander; mit Buschwerk überwucherte Schluchten winden sich zwischen ihnen dahin; wie längliche Inseln liegen kleine Wäldchen verstreut; von Dorf zu Dorf laufen schmale Wege; Kirchen schimmern weiß; zwischen Weidenbüschen blinkt ein Flüßchen, das an vier Stellen von Stauwehren aufgehalten wird; weit draußen im Feld ziehen Trappen im Gänsemarsch; ein altes Herrenhaus hat sich mit seinen Wirtschaftsgebäuden, seinem Obstgarten und der Tenne an einem kleinen Teich niedergelassen. Aber Sie fahren weiter, weiter. Die Hügel werden immer niedriger, es ist fast kein Baum mehr zu sehen. Da ist sie endlich, die grenzenlose, unübersehbare Steppe! ...

Und an einem Wintertag durch hohe Schneewehen auf die Hasenjagd zu gehen, die scharfe Frostluft einzuatmen, unwillkürlich zu blinzeln, geblendet von dem feinen Glitzern des weichen Schnees, sich an der grünen Farbe des Himmels über dem rötlichen Walde zu freuen! ... Und die ersten Frühlingstage, wenn ringsum alles glänzt und sich auflöst, wenn es durch den schweren Dunst des tauenden Schnees schon nach erwärmter Erde riecht, wenn auf den vom Schnee befreiten Stellen unter den schrägen Strahlen der Sonne vertrauensvoll die Lerchen singen und mit fröhlichem Rauschen sich Schmelzwasserströme wirbelnd von Schlucht zu Schlucht ergießen ...

Jedoch – es ist Zeit zu schließen. Gerade im rechten Augenblick habe ich vom Frühling gesprochen: Im Frühling fällt das Abschiednehmen leicht, im Frühling zieht es auch den Glücklichen in die Ferne ... Leben Sie wohl, mein Leser, ich wünsche Ihnen ein stetes Wohlergehen.

Anhang

Nachwort

„Nach ‚Chor' zu urteilen, werden Sie weit kommen. Das ist Ihre wirkliche Art ... Seinen Weg zu finden, seinen Platz zu erkennen, das ist die Aufgabe des Menschen ... Wenn ich mich nicht irre, ist es Ihre Berufung, die Erscheinungen der Wirklichkeit zu beobachten und sie durch die Phantasie wiederzugeben, sich aber nicht nur auf die Phantasie zu stützen", schrieb Belinski im Februar 1847 an den jungen Iwan Turgenjew, kurz nachdem die Erzählungen „Chor und Kalinytsch" und „Pjotr Petrowitsch Karatajew" in der Petersburger Zeitschrift „Sowremennik" (Der Zeitgenosse) veröffentlicht worden waren.

Belinskis Prophezeiung, daß der bis dahin nur wenig bekannte Dichter mit solchen Werken wie „Chor und Kalinytsch" literarische Karriere machen würde, sollte sich schon bald erfüllen. Nur wenige Monate danach berichtete Nikolai Nekrassow, der Herausgeber des „Sowremennik", daß die Moskauer Leser von Turgenjews Erzählungen begeistert seien. „Ich übertreibe keinesfalls, wenn ich Ihnen sage, daß diese Erzählungen die gleiche Wirkung hervorgerufen haben wie die Romane Herzens und Gontscharows", versicherte er dem Dichter in einem Brief vom Juni 1847. Noch war nicht der gesamte Jägerzyklus geschrieben, da zählte der junge Turgenjew bereits zu den größten literarischen Hoffnungen der russischen Nation.

Der Dichter entstammte väterlicherseits einem alten Adelsgeschlecht, das schon in den Chroniken des 16. Jahrhunderts erwähnt wurde. Einer seiner Urahnen, der Bojar Pjotr Nikitytsch Turgenjew, war Anfang des 17. Jahrhunderts unter dem Henkerbeil gestorben, weil er dem falschen Zaren Dmitri die Anerkennung als Herrscher des Moskauer Staates furchtlos verweigert hatte. Zu den Vorfahren des Dichters gehörte aber auch Timofej Wassiljewitsch, der Statthalter von Zarizyn, der 1670 von den aufständischen Scharen des Donkosaken Stepan Rasin gefangengenommen und in der Wolga ertränkt worden war, eine historische Begebenheit, die den jungen Turgenjew sehr beeindruckte.

Sein Vater war ein Lebemann, der sich nur wenig um die Erziehung der Kinder kümmerte. Völlig verarmt, hatte er die reiche Gutsbesitzerin Warwara Petrowna Lutowinowa geheiratet und bald darauf im Range eines Oberst den Militärdienst quittiert. Aus dieser wenig glücklichen Ehe gingen drei Söhne hervor.

Iwan Sergejewitsch, der zweitälteste, wurde am 9. November 1818 in Orjol geboren. Auf dem mütterlichen Stammgut Spasskoje-Lutowinowo bei Orjol verbrachte der Dichter seine frühe Kindheit. Hier herrschte die hartherzige Warwara Petrowna mit despotischer Willkür über ihr Hofgesinde und ihre Söhne Nikolai, Iwan und Sergej. „Ich wurde geboren und wuchs auf in einer Atmosphäre, wo Faustschläge, Tritte, Prügel, Ohrfeigen und ähnliches an der Tagesordnung waren. Auch ich wurde für jede Kleinigkeit fast täglich verprügelt", schrieb Turgenjew später über das Milieu, in dem er seine Kinderzeit verbringen mußte. Diese Eindrücke trugen dazu bei, daß er schon früh zu einem entschiedenen Gegner der Leibeigenschaft wurde und zeit seines Lebens die Prügelstrafe strikt ablehnte. „Der Haß gegen die Leibeigenschaft lebte schon damals in mir. Dieser Haß war unter anderem die Ursache dafür, daß ich, unter Prügeln und Mißhandlungen aufgewachsen, meine Hand niemals auch nur durch einen einzigen Schlag befleckt habe", äußerte Turgenjew in einem seiner Briefe aus dem Jahre 1874.

Der unmittelbare Kontakt mit den Leibeigenen des mütterlichen Gutshofes wirkt sich auch noch in anderer Weise fruchtbringend auf die geistige und charakterliche Entwicklung des jungen Turgenjew aus. Besonders waren es die leibeigenen Jäger und Förster von Spasskoje, die den wißbegierigen Jungen in die Geheimnisse der Waidmannskunst einführten und in ihm die Liebe zur heimatlichen Natur weckten, wenn er sie auf ihren Streifzügen durch Wald und Feld begleitete. Bei diesen Ausflügen lernte er Charakter und Lebensweise des russischen Bauern näher kennen, die er zwei Jahrzehnte später in seinen „Aufzeichnungen eines Jägers" so eindrucksvoll schilderte.

Daß er bereits in diesem frühen Lebensabschnitt Lesen und Schreiben in der Muttersprache lernte und sein Interesse für die schöngeistige Literatur seines Vaterlandes erwachte, verdankte er dem leibeigenen Privatsekretär der Mutter, Lobanow, dem er in der Erzählung „Punin und Baburin" ein bleibendes Denkmal gesetzt hat. Lobanows Bemühungen waren um so bedeutsamer, als die Bildung und Erziehung der Kinder im Hause Turgenjew – wie in vielen russischen Adelsfamilien jener Zeit – fast ausschließlich ausländischen „Hofmeistern" oblag, die der russischen Sprache und Literatur naturgemäß wenig Aufmerksamkeit schenkten. Bezeichnend ist auch, daß die umfangreiche Familienbibliothek in Spasskoje zu etwa zwei Dritteln aus französischer Literatur bestand, während sich der Rest aus englischen, deutschen und nur relativ wenigen russischen Büchern zusammensetzte. Andererseits trug aber diese Atmosphäre dazu bei, daß sich der junge Iwan Sergejewitsch schon früh mit fremden Sprachen beschäftigte und später Französisch, Englisch und Deutsch in Wort und Schrift fast ebenso gut beherrschte wie seine Muttersprache.

Durch Hauslehrer und in Moskauer Adelspensionaten auf das Hochschulstudium vorbereitet, bezog der Fünfzehnjährige 1833 die Moskauer Universität, um sich dort dem Studium der Philosophie, Geschichte und Literatur zu widmen. Diese Bildungsstätte, an der zu Beginn der dreißiger Jahre Belinski, Herzen, Ogarjow, Stankewitsch, Lermontow und Gontscharow studierten, bildete damals das bedeutendste Zentrum freiheitlicher Auffassungen im nikolaitischen Rußland. Obwohl sich die zaristische Regierung bemühte, mit den Mitteln des brutalsten Terrors jegliche fortschrittliche Regung im kulturellen Leben zu ersticken, pflegte man hier in geheimen Studentenzirkeln das geistige Erbe der Dekabristen, jener ersten, aus dem Adel kommenden russischen Revolutionäre, deren verzweifelter Aufstand im Dezember 1825 blutig niedergeschlagen worden war. Angesichts der traurigen Wirklichkeit des zeitgenössischen politischen und sozialen Lebens begeisterten sich die Studenten vor allem für die deutsche idealistische Philosophie. Mit großem Eifer arbeiteten sie die in Rußland damals verbotenen Werke Kants, Schellings und Hegels durch, dessen Dialektik Alexander Herzen als „Algebra der Revolution" bezeichnete.

Turgenjew, der bei seiner Immatrikulation eine Erklärung unterschreiben mußte, „weder einer Freimaurerloge noch irgendeiner Geheimgesellschaft" anzugehören, zählte selbst nicht zu den Mitgliedern dieses Studentenkreises. Das hinderte ihn aber nicht, zweiundzwanzig Jahre später in seinem Roman „Rudin" ein höchst anschauliches Bild von den Moskauer Zirkeln der dreißiger Jahre zu zeichnen. Die zeitbedingte Problematik dieser Studentenbewegung, deren Aktivität auf zumeist recht abstrakte philosophische und literarische Diskussionen beschränkt bleiben mußte, klingt auch in der 1849 geschriebenen Erzählung „Der Hamlet des Kreises Stschigry" an, die zu den „Aufzeichnungen eines Jägers" gehört.

Im Jahre 1834 verließ Turgenjew auf Wunsch der Eltern die Moskauer Universität und setzte sein Studium in Petersburg fort. Dort hörte er unter anderem die Geschichtsvorlesungen seines großen dichterischen Vorbildes Gogol, der zu jener Zeit mit wenig Erfolg ein Lehramt für allgemeine Geschichte bekleidete.

Nachdem Turgenjew 1838 in Petersburg den akademischen Grad eines Kandidaten der Wissenschaften erworben hatte, entschloß er sich, seine Kenntnisse im Ausland zu vervollkommnen. Er studierte an der Berliner Universität – von einigen Unterbrechungen abgesehen – bis 1841 Geschichte, klassische Philologie und vor allem die Hegelsche Philosophie.

Während dieser Studienjahre beschäftigte sich Turgenjew nicht nur mit der deutschen Philosophie, mit Geschichte und alten Sprachen, sondern fand erstmalig auch Zugang zu den Werken Goethes, dessen großer Verehrer er zeit seines Lebens geblieben ist. In Berlin verkehrte der russische Student in den Kreisen um Karl Varnhagen von Ense, Bettina von Arnim und Alexander von Humboldt. Besonders eng schloß er sich aber seinen Landsleuten Bakunin und Stankewitsch an, die damals gleichfalls in Berlin studierten und deren idealistische Philosophie den etwas jüngeren Turgenjew stark beeinflußte. Erinnerungen an diesen Studienaufenthalt in Berlin verarbeitete der Dichter später in der schon erwähnten Erzählung „Der Hamlet des Kreises Stschigry".

Als Turgenjew nach Rußland zurückkehrte, durfte er 1842 die philosophische Magisterprüfung ablegen, doch ein Lehrstuhl für Philosophie an der Moskauer Universität blieb ihm versagt, da diese „gefährliche" Bildungseinrichtung auf Befehl des Zaren inzwischen abgeschafft worden war. So entsprach er zunächst der Bitte seiner Mutter und nahm im darauffolgenden Jahr eine Stellung als Beamter im Innenministerium an. Diese Tätigkeit vermochte ihn aber in keiner Weise zu befriedigen, so daß er schließlich 1845 seine Entlassung aus dem Staatsdienst erwirkte.

Turgenjews literarischer Schaffensweg begann schon im Jahre 1834, als sein Erstlingswerk „Steno" entstand, das er später selbst als „sklavische Nachahmung des Byronschen ‚Manfred'" bezeichnete. Die Vorliebe des jungen Schriftstellers für die historisch damals bereits überlebte Romantik – sie äußerte sich bei ihm zunächst auch noch in einer Reihe elegischer Liebesgedichte – schwand in den vierziger Jahren allmählich ebenso wie sein Hang zur deutschen spekulativen Philosophie und machte in zunehmendem Maße einer kritisch-realistischen Betrachtung und Darstellung der Wirklichkeit Platz. Eine wichtige Rolle spielte hierbei seine Freundschaft mit Belinski, die im Jahre 1843 entstand. Belinskis Kampf gegen die reaktionären Züge der Romantik, sein Eintreten für die von Puschkin und Gogol begründete Natürliche Schule in der russischen Literatur und seine politischen und philosophischen Anschauungen übten einen nachhaltigen Einfluß auf die weltanschauliche und literarische Entwicklung Turgenjews aus.

Die zwischen 1843 und 1846 geschriebenen Verserzählungen, Prosaerzählungen und Komödien, in denen vornehmlich das Leben auf den adligen Gutshöfen geschildert wird, stellten im Schaffen des Dichters eine Art Übergang zu einer neuen, realistischen Gestaltungsweise dar. Obwohl sich in diesen Werken schon das originale schriftstellerische Talent ihres Verfassers abzeichnete – Belinski lobte zum Beispiel in einer Besprechung der Verserzählung „Parascha" die „der Wahrheit gerecht werdende Beobachtungsgabe, die tiefe Gedankenarbeit und die feine, elegante Ironie" des Dichters –, war eine gewisse Abhängigkeit von seinen damaligen literarischen Vorbildern Puschkin, Lermontow und Gogol nicht zu verkennen.

Von Zweifeln an seiner dichterischen Begabung gequält, trug sich Turgenjew zeitweilig mit dem Gedanken, das Schreiben wieder aufzugeben. Da kam es 1847 zu einer unerwarteten Wende. Iwan Panajew, der Mitherausgeber des „Sowremennik", bat ihn, einen literarischen Beitrag für seine Zeitschrift zu schreiben. Turgenjew übersandte ihm daraufhin die kleine Erzählung „Chor und Kalinytsch", die im „Sowremennik" abgedruckt wurde, nachdem Panajew von sich aus den Untertitel „Aus den Aufzeichnungen eines Jägers" hinzugefügt hatte, um die Leser „nachsichtig" zu stimmen.

Zur großen Überraschung des Autors und des Herausgebers fand „Chor und Kalinytsch" bei den Lesern einen so begeisterten Anklang, daß Turgenjew, von diesem Erfolg ermutigt, bis 1852 noch weitere zwanzig Erzählungen schrieb, die bis auf eine Ausnahme sämtlich im „Sowremennik" erschienen. 1852 wurden diese Beiträge dann unter dem Titel „Aufzeichnungen eines Jägers" erstmals in Buchform herausgegeben. In den siebziger Jahren ergänzte der Dichter seinen „Jägerzyklus" noch durch die teilweise schon früher konzipierten Erzählungen „Das Ende Tschertopchanows", „Die lebende Reliquie" und „Es rattert!", die 1880 zusammen mit den anderen in die erste vollständige Sammlung der „Aufzeichnungen" aufgenommen wurden.

Die außerordentlich starke Resonanz, die Turgenjews Jägererzählungen bei ihrem Erscheinen in der russischen Öffentlichkeit hervorriefen, läßt sich vor allem durch die Tatsache erklären, daß der Dichter – ohne direkt davon zu sprechen – seinen Lesern das brennendste gesellschaftliche Problem jener Zeit, die Notwendigkeit der Bauernbefreiung in Rußland, eindringlich vor Augen führte.

Wie sein Freund Belinski erblickte auch Turgenjew im Fortbestehen der anachronistischen Leibeigenschaftsordnung die

Hauptursache für die schwere Lage des russischen Volkes und die allgemeine Rückständigkeit. Der Abscheu und Protest gegen diese unmenschliche Einrichtung und das autokratische Regime Nikolais I. waren auch wesentliche Gründe dafür, daß sich der Dichter in den Jahren 1847 bis 1850 ausschließlich im Ausland aufhielt, wo auch ein großer Teil seiner „Aufzeichnungen" entstand. In seinen Lebenserinnerungen berichtete Turgenjew, daß er in jener Zeit eine Art „Hannibalschwur" geleistet habe, sich nie mit seinem schlimmsten Feind, der Leibeigenschaft, zu versöhnen, sondern sie bis zum Ende zu bekämpfen. Um diesen Schwur verwirklichen und den Gegner aus der Entfernung stärker angreifen zu können, habe er Rußland damals für längere Zeit verlassen. In die freiwillige Emigration ging er endgültig dann Anfang der sechziger Jahre, als er seinen ständigen Wohnsitz nach Baden-Baden verlegte. 1871 siedelte er dann nach Paris über und verbrachte hier seine letzten Lebensjahre.

Turgenjew war nicht der erste russische Dichter, der in den vierziger Jahren das aktuelle Thema der Leibeigenschaft behandelte. Nachdem Gogol in seinem Roman „Die toten Seelen" (1842) den Verfall der russischen Gutsbesitzerschicht meisterhaft geschildert hatte, zeichneten die zu Gogols „Natürlicher Schule" gehörenden Schriftsteller Dahl und Grigorowitsch in ihren Prosawerken Bilder aus dem Leben der leibeigenen Bauern. In seinen „Aufzeichnungen" griff Turgenjew die Thematik der Dorfgeschichten Grigorowitschs teilweise wieder auf, enthüllte in ihnen aber schonungsloser als seine Vorgänger die soziale Ungerechtigkeit auf dem Land und den fortschreitenden Verfall der adligen Gutsherren.

Am schärfsten griff der Dichter die adligen Leibeigenenbesitzer in den Erzählungen „Der Gutsvogt", „Das Kontor" und „Zwei Gutsbesitzer" an, die verschiedene Spielarten der Gutsbesitzerwillkür zeigen.

Im Jahre 1847 begleitete Turgenjew Belinski zur Kur nach Salzbrunn in Schlesien, wo der todkranke Belinski seinen berühmten Brief an Gogol verfaßte, in dem er die gesellschaftlichen Zustände in Rußland anprangert. Die obengenannten drei Erzählungen, die am selben Ort geschrieben wurden, unterstreichen teilweise verblüffend die kritischen Feststellungen Belinskis. So heißt es zum Beispiel in Belinskis Schreiben, Rußland biete den „abscheulichen Anblick ... eines Landes, in dem sich die Menschen nicht mit ihren Namen anreden, sondern mit verächtlichen Spitznamen wie Wanka, Waska, Steschka, Palaschka". In Turgenjews Erzählung „Zwei Gutsbesitzer" wird geschildert, wie der Gutsbesitzer Stegunow beim Erscheinen des Dorfgeistlichen seine Diener mit den Worten herbeiruft: „Mischka! Juschka! Den Wodka für Hochwürden!" Der mit Juschka angeredete Diener aber ist ein „langer, hagerer Greis von etwa achtzig Jahren".

So eng Turgenjews Beziehungen zu Belinski auch waren, den revolutionären Ideen seines Freundes stand er fern. Er war und blieb zeit seines Lebens ein Liberaler, der die Befreiung der Bauern und den gesellschaftlichen Fortschritt durch Reformen nach westeuropäischem Vorbild verwirklicht sehen wollte. Andererseits übersah er jedoch nicht, daß es unter den liberalen Adligen auch Heuchler gab, die sich mit der Gloriole des humanen und zivilisierten Liberalen umgaben, in Wirklichkeit aber mit ihren Leibeigenen grausamer umsprangen als die reaktionären „altväterlichen" Gutsbesitzer von der Art Stegunows. Einen solchen „Westler" beschreibt der Dichter in der Gestalt des Gutsbesitzers Penotschkin („Der Gutsvogt"), der mit seinem Gast erhabene Gespräche führt und gleichzeitig seinen Diener bestrafen läßt, weil der Wein nicht genügend temperiert ist.

Die Ungerechtigkeit und Menschenfeindlichkeit des Leibeigenschaftssystems kommen auch deutlich in den Erzählungen „Jermolai und die Müllerin", „Das Himbeerwasser" und „Lgow" zum Ausdruck, in denen Turgenjew eine Reihe erschütternder Schicksale darstellt: unter anderem das Los der schönen Müllersfrau Arina, die auf ihr Liebesglück verzichten muß, weil ihre Gutsherrin keine verheirateten Zofen um sich duldet, und das des Leibeigenen Sutschok („Lgow"), der von einem Gutsbesitzer an den anderen verkauft und vererbt wird und nacheinander als Koch, Kaffeeschenk, Schauspieler, Vorreiter, Gärtner, Hundewärter, Kutscher und Fischer arbeiten muß.

Aber Turgenjew schildert die Leibeigenen nicht nur als Opfer der Willkür, sondern zeigt auch, ohne dabei zu idealisieren, ihre moralische Größe, ihre gesunde Lebenstüchtigkeit und die in ihnen schlummernden großen geistigen und menschlichen Qualitäten.

Bereits in „Chor und Kalinytsch", aber auch in anderen Werken des Zyklus spürt man den patriotischen Grundgedanken, den der Dichter selbst in die Worte kleidete: „Im russischen Menschen verbirgt sich und reift der Keim zukünftiger großer Taten, einer großen Entwicklung des Volkes."

Turgenjew läßt dabei keinen Zweifel darüber bestehen, daß eine solche Entwicklung zu jener Zeit durch die in Rußland herrschenden Verhältnisse verhindert wurde. Leibeigene wie der kluge, energische und praktisch denkende „Rationalist" Chor und der verträumte „Romantiker" Kalinytsch sind zwar ihrem Gutsherrn, dem langweiligen, unpraktischen und wenig gebildeten Polutykin, in jeder Beziehung überlegen, doch können sie unter den Bedingungen der Leibeigenschaft ihre großen Fähigkeiten bei weitem nicht ausschöpfen.

Dieser Widerspruch zwischen der reichen potentiellen Begabung des russischen Volkes und dem erbärmlichen Dasein, zu dem es seine Unterdrücker verurteilt haben, bildet auch den zentralen Konflikt in der Erzählung „Der Sänger". Mit großer Anschaulichkeit wird hier gezeigt, daß das einfache Volk nicht weniger Begeisterung und Verständnis für die Musik besitzt als die Angehörigen der privilegierten Oberschichten. Wenn der Wettstreit der Volkssänger schließlich mit dem „unerfreulichen, wenn auch bunten und lebendigen Bild" eines wilden Trinkgelages endet, so offensichtlich deshalb, weil die Beteiligten auf diese Weise ihr dumpfes und finsteres Alltagsleben zu vergessen trachten.

Unter Turgenjews Bauerngestalten gibt es keine Empörer oder gar Aufrührer. In ihrem Charakterbild überwiegen die Züge der Verschüchterung, der passiven Geduld und der patriarchalischen Demut. Daß sich der Dichter dennoch zeitweilig mit der Absicht trug, auch den Widerstand der Leibeigenen gegen ihre Unterdrücker zu beschreiben, verrät eine Bemerkung über die unvollendet gebliebene Erzählung „Der Erdfresser".

„In der Erzählung", so schrieb Turgenjew an seinen Freund Annenkow, „werde ich ein Vorkommnis erzählen, das sich tatsächlich zugetragen hat – nämlich wie Bauern ihren Gutsherrn umgebracht haben, der ihnen jährlich ein Stück von ihrem Land abgetrennt hatte, weswegen er ‚Erdfresser' genannt wurde. Sie zwangen ihn, sieben Pfund von der guten Schwarzerde zu schlucken."

So vielschichtig ist die Thematik der einzelnen Jägererzählungen und so fein differenziert die Skala der sozialen Typen, daß man den gesamten Zyklus als eine Art „Enzyklopädie" des zeitgenössischen russischen Land- und Provinzlebens bezeichnen kann.

Neben den adligen „Seelenbesitzern" und ihren leibeigenen Opfern werden auch jene Verwalter, Kontoristen, Schreiber und Kammerdiener dargestellt, die sich von ihren Herren zu willenlosen oder schlau berechnenden Werkzeugen machen ließen, die ihre eigenen Standesgenossen unterjochten. Männer wie der Gutsvogt Sofron („Der Gutsvogt") und der Hauptkontorist Nikolai Jeremejitsch („Das Kontor") waren Vorläufer einer ländlichen Bourgeoisie, die nach Aufhebung der Leibeigenschaft in Rußland an die Seite der adligen Gutsbesitzer trat.

Doch nicht in allen Werken des Zyklus stehen die konträren Beziehungen Gutsbesitzer-Leibeigene im Mittelpunkt. Besonders in den Erzählngen, die nach Belinskis Tod geschrieben wurden, behandelt der Dichter auch verschiedene andere Probleme und Konflikte, ohne dabei die Grundthematik des gesamten Bandes – die Unmenschlichkeit und Sinnlosigkeit der Leibeigenschaft – völlig außer acht zu lassen.

Außer folkloristisch und ethnographisch interessanten Szenen aus dem Volksleben („Lebedjan", „Die Beshinwiese") und reinen Naturbeschreibungen („Wald und Steppe") entstand unter anderem die Erzählung „Der Hamlet des Kreises Stschigry", in der Turgenjew erstmals in seinem Schaffen das Thema des „überflüssigen Menschen" aufgriff, mit dem er sich in der Folgezeit noch mehrfach auseinandersetzte. Diese „Überflüssigen", die als literarischer Typus vor ihm bereits von Puschkin, Lermontow und anderen gestaltet worden waren, sind junge, begabte Menschen aus der Adelsintelligenz, die – infolge ihrer Erziehung und Lebensweise, aber auch weitgehend bedingt durch die drückenden sozialen Verhältnisse – nicht imstande waren, sich eine sinnvolle Lebensaufgabe zu stellen.

Wie demoralisierend oder gar zerstörend sich die Leibeigenschaftsordnung selbst auf gutmütige Vertreter der herrschenden Klasse und auf die Angehörigen der kleinbürgerlichen Schichten auswirkte, verdeutlichen Erzählungen wie „Pjotr Petrowitsch Karatajew", „Tschertopchanow und Nedopjuskin", „Das Ende Tschertopchanows" und „Der Kreisarzt", in denen der Dichter mit großer Sachkenntnis und innerer Anteilnahme den Abstieg des Landadels und den Verfall ihrer „Adelsnester" gestaltet, ein Thema, das in seinem Gesamtschaffen einen bedeutenden Platz einnimmt.

„Man muß feststellen, daß Turgenjew seine Farben nie dick aufträgt und keine kräftigen Ausdrücke verwendet; im Gegenteil: Er erzählt völlig gelassen und benutzt einen feinen Stil, was den Eindruck dieser poetisch geschriebenen Anklageschrift gegen die Leibeigenschaft ungewöhnlich verstärkt." Mit diesen Worten charakterisierte Alexander Herzen 1857 die stilistische Eigenart der „Aufzeichnungen".

In allen Erzählungen des Sammelbandes nimmt die große Ausdruckskraft und Plastizität der Sprache Turgenjews gefangen. Der Verfasser der „Aufzeichnungen" bemühte sich stets um eine einfache und präzise Ausdrucksweise. Das charakteristischste Merkmal seines Sprachstils ist dessen große Musikalität, die einen Zeitgenossen Turgenjews, den Dichter Alexej Tolstoi, dazu veranlaßte, die „Aufzeichnungen eines Jägers" mit den Sonaten Beethovens zu vergleichen. Manche Stellen rufen beim Leser tatsächlich den Eindruck hervor, als handle es sich hierbei nicht um Prosa-, sondern um Verserzählungen oder Gedichte in Prosa. Und dieser lyrische Grundton durchdringt auch die meisten anderen erzählenden Werke des Dichters.

Die große künstlerische Meisterschaft, mit der Turgenjew seine humanistischen Ideen in den „Aufzeichnungen" gestaltete, läßt sich indessen nicht ausschließlich auf die sprachliche Komponente zurückführen. Neben den typisch gezeichneten Porträts von Bauern, Gutsbesitzern und Gestalten aus anderen sozialen Schichten sowie den meisterhaften Schilderungen des entsprechenden Milieus sind es besonders die prachtvollen Naturbilder, die seinen Miniaturen ihren großen poetischen Reiz verleihen. Es gibt wohl kaum einen Dichter in der russischen Literatur, der Turgenjew als Landschafts- und Naturmaler übertrifft.

In die Naturschilderungen des Jägerzyklus, die mitunter – wie in „Wald und Steppe" – sogar die eigentliche Handlung verdecken oder ersetzen, legte der Dichter seine ganze Liebe zur heimatlichen mittelrussischen Landschaft, die er auf seinen Jagdzügen gründlich durchstreifte. Mit realistischer Treue, gleichzeitig aber mit den Farbtönen des echten Dichters beschreibt er Wald, Feld und Steppe im Wechsel der Tages- und Jahreszeiten, wobei er die vielfältigen Nuancen der Natur treffend wiederzugeben weiß, wie das folgende Beispiel aus „Wald und Steppe" beweist: „Das Abendrot ist aufgelodert wie ein Brand und hat den halben Himmel ergriffen. Die Sonne geht unter. Die Luft in der Nähe erscheint besonders durchsichtig, wie Glas; in der Ferne lagert sich ein weicher, anscheinend warmer Dunst; zugleich mit dem Tau fällt ein blutroter Glanz auf die Waldwiesen, die eben noch von Strömen flüssigen Goldes überflutet waren; von den Bäumen, von den Sträuchern, von den hohen Heuschobern laufen lange Schatten fort ..."

Solche Naturbilder werden von Turgenjew häufig dazu benutzt, seine Schilderungen der Rechtlosigkeit und des schweren Lebens der Leibeigenen zu untermalen. In der Erzählung „Die Sänger" bildet zum Beispiel die melancholische Naturstimmung den Hintergrund für das beginnende Trinkgelage: „Die Hitze war nach wie vor unerträglich. Sie hing wie eine dichte, schwere Schicht unmittelbar über der Erde; am dunkelblauen Himmel schienen kleine, helle Funken durch feinen, fast schwarzen Staub zu schwirren. Alles schwieg; es lag etwas Hoffnungsloses, Niedergedrücktes in diesem tiefen Schweigen der erschlafften Natur."

Nicht minder wirkungsvoll unterstreicht die Natur in der Erzählung „Das Stelldichein" die Stimmung ihrer Helden, den Schmerz des unglücklich liebenden Bauernmädchens Akulina: „Die Seite des Waldes, die wie eine Wand dem Feld zugekehrt war, zitterte und glitzerte in feinem Geflimmer – deutlich, aber nicht grell; im rötlichen Gras, an den Halmen, an den Stoppeln funkelten und bebten zahllose herbstliche Spinngewebe. Ich blieb stehen ... Mir wurde traurig ums Herz: Hinter dem wehmütigen, wenn auch noch frischen Lächeln der welkenden Natur schien sich die trostlose Furcht vor dem nicht mehr fernen Winter zu verbergen."

Die Regierung des Zaren, die 1842 jede öffentliche Diskussion über die Bauernbefreiung streng verboten hatte, bemerkte sehr bald, daß Turgenjews „Aufzeichnungen eines Jägers" eine Art „poetischer Anklagerede gegen die Leibeigenschaft" darstellten, wie es Alexander Herzen formulierte. Sie wartete nur auf einen Vorwand, den unbequemen Dichter maßregeln und seine literarischen Gesinnungsfreunde einschüchtern zu können. Die Gelegenheit hierfür sah sie 1852 gekommen, als Turgenjew in einer Moskauer Zeitung einen Nachruf auf Gogol publizierte, dessen Veröffentlichung von der Petersburger Zensur untersagt worden war. Der Dichter wurde des „Ungehorsams" beschuldigt, verhaftet und für anderthalb Jahre auf sein Gut Spasskoje verbannt.

Daß die erste Buchausgabe der „Aufzeichnungen" zu einem Zeitpunkt erscheinen konnte, da ihr Verfasser bereits in der Verbannung lebte, läßt sich nur durch ein Versehen der Zensurbehörden erklären. Nach einer amtlichen Untersuchung des Inhalts und der Umstände ihres Erscheinens wurde der verantwortliche Zensor denn auch auf persönlichen Befehl des Zaren ohne Pensionsrecht entlassen. In einem abschließenden Bericht beanstandete der mit der Untersuchung beauftragte Beamte der höchsten Zensurbehörde, daß Turgenjews Jägererzählungen die Freisassen und Bauern poetisieren und die Gutsbesitzer als „gemeine Wilde" und „Tollköpfe" darstellen, die sich ihren Leibeigenen gegenüber ungehörig und ungesetzlich verhalten. Am Schluß heißt es darin: „Ich glaube nicht, daß das Ganze dem edel denkenden Leser irgendeinen Nutzen oder gar Vergnügen bringen könnte. Im Gegenteil: Alle diese Erzählungen hinterlassen ein unangenehmes Gefühl."

Fast wären die bereits ausgedruckten und verkauften Exemplare des Werkes beschlagnahmt worden, doch schließlich beschränkte man sich darauf, Turgenjew zu untersagen, in den Zeitungen über die „Aufzeichnungen" zu schreiben und für sein Buch zu inserieren. Eine Neuauflage des Sammelbandes wurde zu Lebzeiten Nikolais I. nicht genehmigt. Erst 1859, als sich die Aufhebung der Leibeigenschaft bereits abzuzeichnen begann, konnte er zum zweitenmal erscheinen.

Während sich die zaristischen Behörden auf diese Weise bemühten, eine weitere Verbreitung des Jägerzyklus zu verhindern, wurden Turgenjews Erzählungen von der fortschrittlichen Intelligenz mit einmütiger Zustimmung aufgenommen, obwohl die demokratische und liberale Literaturkritik sie im einzelnen sehr verschieden interpretierte. Daß sich auch unter den einfachen Menschen aus dem Volk herumsprach, welch großartiges Denkmal ihnen der Dichter in seinem Buch gesetzt hatte, beweist ein Erlebnis Turgenjews, über das er selbst berichtete: „Als ich vom Land einmal nach Moskau fuhr, ging ich auf einer kleinen Station auf den Bahnsteig hinaus. Plötzlich traten zwei junge Menschen an mich heran; der Kleidung und ihrem Benehmen nach schienen sie Kleinbürger oder Handwerker zu sein. ‚Gestatten Sie bitte die Frage‘, sagte der eine von ihnen, ‚sind Sie Iwan Sergejewitsch Turgenjew?‘ – ‚Der bin ich.‘ – ‚Derselbe, der die »Aufzeichnungen eines Jägers« geschrieben hat?‘ – ‚Derselbe.‘ Beide nahmen sie ihre Mützen ab und verneigten sich tief vor mir. ‚Wir neigen uns vor Ihnen‘, sagte der eine, ‚im Namen des ganzen russischen Volkes zum Zeichen der Verehrung und Dankbarkeit.‘ Der andere verneigte sich nur schweigend."

Mit den „Aufzeichnungen" hatte Turgenjew seinen literarischen Ruf begründet, obgleich er den absoluten Höhepunkt seines Schaffens erst in der zweiten Hälfte der fünfziger und zu Beginn der sechziger Jahre erreichte, als seine bedeutendsten Gesellschaftsromane („Ein Adelsnest", „Vorabend", „Väter und Söhne") und psychologischen Erzählungen („Asja", „Erste Liebe") erschienen. Doch ungeachtet der Tatsache, daß er sich in dieser Zeit bewußt dem sozialen Roman als neuem Genre zuwandte und auch in seiner Erzählkunst bestimmte neue Züge herausarbeitete, um die Wirklichkeit noch umfassender und tiefer darstellen zu können, knüpfte er häufig thematisch und künstlerisch an die „Aufzeichnungen" an. Daß der Jägerzyklus mehr als eine bloße „Ouvertüre" zu seinem Schaffen darstellte, beweist auch, daß Turgenjew in seiner letzten Wirkungsperiode noch einmal zu dem Genre zurückkehrte, mit dem er sich den Ruf eines „künstlerischen Chronisten" seiner Epoche erworben hatte. Mit berechtigtem Stolz konnte der Dichter von seinen „Aufzeichnungen" schließlich sagen: „Ich bin froh, daß dieses Buch erschienen ist. Mir scheint, daß es mein Scherflein für die Schatzkammer der russischen Literatur bleiben wird."

Mit seinen Jägererzählungen hat Turgenjew unstreitig einen fruchtbringenden Einfluß auf die russische Literatur ausgeübt. Turgenjews Werk „stellte den Anfang einer ganzen Literatur dar, deren Objekt das Volk und seine Nöte waren", bemerkte der Satiriker Saltykow-Stschedrin. Und bei keinem Geringeren als Lew Tolstoi lassen sich deutliche Spuren dieser von Turgenjew begründeten Tradition der Volksdarstellung nachweisen. So spürt man zum Beispiel in Tolstois früher Novelle „Der Holzschlag", die er dem Verfasser der „Aufzeichnungen" persönlich widmete, sowohl thematisch als auch in einzelnen Ausdrücken und Vergleichen das unmittelbare Vorbild der Jägererzählungen. Auch so bedeutende russische Schriftsteller wie Nekrassow, der junge Tschechow, Gorki und Prischwin sind durch die Erzählungen Turgenjews in ihrem Schaffen angeregt oder gar direkt beeinflußt worden.

Die „Aufzeichnungen" wurden schon zu Lebzeiten des Dichters weit über die Grenzen seines Vaterlandes hinaus bekannt. Bereits 1854/55, zu einer Zeit, da das Werk in Rußland faktisch verboten war, erschienen die ersten französischen, englischen und deutschen Übersetzungen in Buchform, die sofort ein lebhaftes Echo in der Literaturkritik dieser Länder fanden. In den mehr als hundert Jahren, die seitdem vergangen sind, wurden allein in deutscher Sprache – unter den verschiedensten Titeln („Memoiren eines Jägers", „Federzeichnungen eines Jägers", „Erzählungen eines Jägers", „Skizzen aus dem Tagebuch eines Jägers" oder „Aufzeichnungen eines Jägers") – über dreißig Ausgaben des Sammelbandes veröffentlicht, der auch heute noch zu den beliebtesten Büchern der Weltliteratur zählt.

Trotz mancher Vorbehalte und Mißdeutungen – in Frankreich versuchte man während des Krimkrieges (1853–1855) sogar, die sozialkritische Tendenz der „Jägererzählungen" zur antirussischen Kriegspropaganda auszunutzen, wogegen sich der Dichter energisch verwahrte – erkannte man in Westeuropa schon relativ früh, daß Turgenjews „Aufzeichnungen" eine große Bereicherung der europäischen Erzählkunst bedeuteten, der sie neue ideelle und ästhetische Maßstäbe setzten. „Der Mit- und Nachwelt berichtet zu haben, was Leibeigenschaft ist", darin erblickte der deutsche Literaturkritiker Julian Schmidt in den sechziger Jahren das historische Verdienst des russischen Dichters.

Turgenjews russische „Dorfgeschichten" führten den westeuropäischen Leser nicht nur in eine ihm bis dahin fast völlig unbekannte Welt, sie machten ihn auch erstmals mit einer wahrhaft realistischen Gestaltung der damals überaus aktuellen Bauernthematik bekannt. Diese Gestaltung unterschied sich grundlegend von der sentimentalen und bewußt naiven Darstellung des Bauernlebens in den zu jener Zeit sehr populären „Schwarzwälder Dorfgeschichten" Berthold Auerbachs, mit denen die Jägererzählungen häufig verglichen wurden.

Wie sehr die realistische Gestaltungsmethode des russischen Dichters von Vertretern der westeuropäischen Literaturen bewundert wurde, zeigt das Beispiel von George Sand, die selbst Bauernerzählungen und -romane schrieb. Nach der Lektüre der „Lebenden Reliquie", deren tiefe Menschlichkeit sie vor allem ergriff, bezeichnete die französische Schriftstellerin Turgenjew als „Lehrer", dessen Schule alle durchlaufen müßten. In Deutschland machte der Dichter Paul Heyse als einer der ersten auf die realistische Menschenzeichnung und Naturgestaltung in den „Aufzeichnungen" aufmerksam, deren Feinfühligkeit und natürliche Frische ihm wert schien, als Vorbild für die damalige deutsche Literatur zu gelten.

Auch Theodor Fontane lobte später „die scharfe Beobachtung und das hohe Maß phrasenloser, alle Kinkerlitzchen verschmähender Kunst" in den Skizzen und Erzählungen des russischen Dichters, zu dem er, wie er selbst bekannte, als seinem „Meister und Vorbild" aufschaute. Viele andere bedeutende Schriftsteller der Weltliteratur, darunter Thomas Mann, Maupassant, Romain Rolland, Galsworthy und Hemingway, gehörten gleichfalls zu den Verehrern der „Aufzeichnungen eines Jägers" und ihres Autors, dessen große Gestaltungskraft sie nachhaltig beeindruckte.

Die „Aufzeichnungen" legten das feste Fundament für die weltliterarische Geltung, die Turgenjew schon zu seinen Lebzeiten errang, und trugen darüber hinaus auch dazu bei, daß in der zweiten Hälfte des 19. Jahrhunderts die falschen Vorstellungen über Rußland und die Vorurteile gegen die russische Literatur weitgehend beseitigt oder zurückgedrängt wurden.

Klaus Dornacher

Anmerkungen

6 *Nachimow* – Akim Nikolajewitsch Nachimow (1783–1815); Verfasser literarisch wenig bedeutender Epigramme, Fabeln und Verssatiren.
„Pinna" – Titel einer Erzählung des russischen romantischen Schriftstellers Michail Alexandrowitsch Markow (1810–1876).
7 *Alles junge Iltisse* – Das russische Wort chor bedeutet Iltis.
11 *dann wäre ein jeder, der ohne Bart lebt, mehr als Chor* – Chor spielt hier offensichtlich auf die russische Beamtenschaft an, der es Zar Nikolai I. (1825–1855) verboten hatte, einen Bart zu tragen.
39 *mit Spitznamen Tuman* – Das russische Wort tuman bedeutet Nebel.
41 *Und das Hündchen ... ein furländisches?* – Gemeint ist ein Hund der damals berühmten kurländischen Rasse.
66 *Adelsmarschall* – Im zaristischen Rußland Vorsteher der adligen Ständevertretung im Kreis- oder Bezirksmaßstab.
68 *mit denen die bekannte „Ziege" um den gezähmten Bären stolziert* – Im 18. Jahrhundert wurden in Rußland dressierte Tanzbären häufig von Jungen begleitet, die als Ziegen verkleidet waren.
Freisasse – Die Freisassen waren Staatsbauern, die eine Mittelstellung zwischen den Gutsbesitzern und den leibeigenen Bauern einnahmen. Sie hatten das Recht, selbst Leibeigene zu besitzen, mußten aber wie diese Kopfsteuern bezahlen.
69 *Dummkopf* – russisches Kartenspiel.
89 *une tendre mère* – (franz.) eine zärtliche Mutter.
90 *Sauvez-moi, sauvez-moi, mon bon monsieur!* – (franz.) Retten Sie mich, retten Sie mich, mein guter Herr!
saweh Müsik wu? Saweh? – (franz. richtig: savez-vous faire la musique? Savez-vous?) Können Sie Musik machen? Können Sie?
schueh saweh? – (franz. richtig: savez-vous jouer?) Können Sie spielen?

90 *Oui, monsieur, oui, oui, je suis musicien; je joue ...* – (franz.) Ja, mein Herr, ja, ja, ich bin Musiker; ich spiele alle Instrumente, die es gibt! Ja, mein Herr ... Retten Sie mich, mein Herr!
Schueh! – (franz. richtig: Jouez!) Spielen Sie!

93 *gris-de-lin* – (franz.) leingrau; rötlich blaugrau.
bleu-d'amour – (franz.) zartblau.

95 *Sutschok* – Das russische Wort sutschok bedeutet Ästchen.
Ci-gît Théophile Henri, vicomte de Blangy – (franz.) Hier ruht Théophile Henri, Vicomte von Blangy.

145 *Gamajun* – sagenumwobener Vogel der russischen Folklore.

151 *mon cher; il faut prendre cela en considération* – (franz.) mein Lieber; man muß das in Betracht ziehen.

152 „*Der ewige Jude*" – Roman des französischen Schriftstellers Eugène Sue (1804–1857).
„*Lucia*" – Gemeint ist die Oper „Lucia di Lammermoor" des italienischen Komponisten Gaetano Donizetti (1797–1848).
„*Die Nachtwandlerin*" – Oper des italienischen Komponisten Vincenzo Bellini (1801–1835), die ebenso wie „Lucia di Lammermoor" zum Repertoire der italienischen Oper gehörte, die in den vierziger Jahren in Petersburg gastierte.
Mais c'est impayable! – (franz.) Das ist ja köstlich!
Mais comment donc! – (franz.) Aber wieso denn!

154 *Voilà, mon cher, les désagréments de la campagne* – (franz.) Das, mein Lieber, sind die Unannehmlichkeiten des Landlebens.

155 *c'est leur affaire* – (franz.) das ist ihre Sache.
une forte tête – (franz.) ein Dickkopf.
Carême – Marie-Antonine Carême (1784–1833), französischer Koch; Verfasser mehrerer Werke über die Kochkunst.

158 *N'est-ce pas que c'est touchant?* – (franz.) Ist das nicht rührend?

160 *Quel gaillard, ah?* – (franz.) Das ist ein Kerl, wie?

165 *Je vous demande bien pardon, mon cher* – (franz.) Ich bitte Sie vielmals um Verzeihung, mein Lieber.
C'est le mauvais côte de la médaille – (franz.) Das ist die Kehrseite der Medaille.

167 *jener sterbende Ziegenbock ..., den Robinson in einer Höhle auf seiner Insel fand* – Anspielung auf eine Szene aus dem Roman „Robinson Crusoe" des englischen Schriftstellers Daniel Defoe (1660–1731).

171 *en raccourci* – (franz.) perspektivisch verkürzt.

176 *zwei graue Scheine und einen weißen* – Grau war eine Fünfzigrubelnote, weiß eine Fünfundzwanzigrubelnote.

188 *wie ein Kahn auf dem Meer* – Zitat aus dem Gedicht „Die drei Palmen" des russischen Dichters Michail Jurjewitsch Lermontow (1814–1841).
197 *wie sich Saadi, nach dem Zeugnis Puschkins, ausgedrückt hat* – Anspielung auf die letzte Strophe des achten Kapitels von Alexander Puschkins (1799–1837) Roman in Versen „Eugen Onegin". – Der persische Dichter Saadi lebte etwa von 1184 bis 1283.
199 *„Journal des Débats"* – eine Pariser Tageszeitung, die seit 1789 herausgegeben wurde.
201 *vieux grognard* – (franz.) alter Brummbär.
202 *hat er ... bei Butenop ... eine Dreschmaschine gekauft* – 1832 wurde in Moskau von den Gebrüdern Butenop eine Fabrik für landwirtschaftliche Geräte und Maschinen gegründet.
209 *Remontenoffizier* – ein Offizier, der für die Beschaffung neuer Pferde verantwortlich ist.
„Pan Twardowski" – Oper des russischen Komponisten Alexej Nikolajewitsch Werstowski (1799–1862).
215 *Baklaga* – Das russische Wort bedeutet Feldflasche.
218 *Zar Iwan Wassiljewitsch* – Zar Iwan IV. oder der Schreckliche. Er regierte von 1533 bis 1584.
J'aime ça – (franz.) Ich liebe das.
226 *Viotti* – Giovanni Battista Viotti (1775–1824), italienischer Geiger und Komponist.
227 *Kutusow* – Fürst Michail Illarionowitsch Golenistschew-Kutusow (1745–1813), russischer Feldherr. Im Vaterländischen Krieg von 1812 war er Oberbefehlshaber der russischen Streitkräfte und schlug die französische Armee vernichtend.
Kommang wu porteh wu? – (franz. richtig: Comment vous portez-vous?) Wie geht es Ihnen?
Bongschur, bongschur, weneh issi! – (franz. richtig: Bon jour, bon jour, venez ici!) Guten Tag, guten Tag, kommen Sie her!
siwupläh – (franz. richtig: s'il vous plaît) bitte.
231 *im Schoße der ländlichen Stille* – Zitat aus Alexander Puschkins Roman in Versen „Eugen Onegin", Siebentes Kapitel, Strophe 2.
233 *„Jacopo Sannazar"* – Titel eines Dramas von Nestor Wassiljewitsch Kukolnik (1809–1868), einem der führenden Vertreter der russischen reaktionären Romantik in den dreißiger Jahren; Verfasser pseudohistorischer, von monarchistischem Geist erfüllter Theaterstücke.
236 *bei den talentlosen Poleshajews zweiter Garnitur* – Gemeint sind die Nachahmer des russischen Dichters Alexander Iwanowitsch

Poleshajew (1805–1838), der ein Opfer der zaristischen Willkür wurde.

236 *Warlamows Romanzen „Die einsame Fichte" oder „Nein, Doktor ..."* – Der russische Komponist Alexander Jegorowitsch Warlamow (1801–1848) hat nur das zuletzt genannte Musikstück geschrieben; „Die einsame Fichte" wurde von Nikolai Alexejewitsch Titow (1800–1875) komponiert.

Haltet ein, Wogen der Leidenschaft – Anfangsworte der Romanze „Der Zweifel" des russischen Komponisten Michail Iwanowitsch Glinka (1804–1857).

239 *Schopenhauer* – Johanna Schopenhauer (1766–1838), deutsche Schriftstellerin; Verfasserin von Romanen und Reiseschilderungen; Mutter des Philosophen Arthur Schopenhauer (1788–1860).

Leroysche Tropfen – eine nach dem französischen Arzt Jean-Jacques Le Roy d'Etiolles benannte Medizin.

240 *Kolzow* – Alexej Wassiljewitsch Kolzow (1809–1842), russischer Dichter. Die hier zitierten Verse stammen aus dem Gedicht „Der Wald", das Kolzow dem Andenken Puschkins widmete.

245 *Dans ces beaux lieux* – (franz.) An diesen schönen Stätten, wo die Freude herrscht, ward dieser Tempel von der Schönheit aufgetan; bewundert die zärtliche Liebe eurer Herrschaft, ihr guten Bewohner von Krasnogorje!

Et moi aussi j'aime la nature! – (franz.) Und auch ich liebe die Natur!

250 *Sind dem Falken die Schwingen gebunden? ...* – Diese Verse stammen aus dem Gedicht „Lied des Falken" von Alexej Wassiljewitsch Kolzow.

266 *tenore di grazia* – (ital.) ein lyrischer Tenor.

ténor léger – (franz.) ein lyrischer Tenor.

Pflügen will ich ... – altes russisches Volkslied, dessen Melodie Pjotr Iljitsch Tschaikowski (1840–1893) im Finale seiner ersten Sinfonie verarbeitete.

276 *Piter* – volkstümliche Bezeichnung für Petersburg.

290 *Poleshajew* – Vgl. 1. Anmerkung zu S. 236. Die vom Geist der Freiheitsliebe und der sozialen Anklage erfüllten Gedichte Poleshajews wurden damals in handgeschriebenen Exemplaren illegal in Rußland verbreitet.

Motschalow – Pawel Stepanowitsch Motschalow (1800–1848), russischer Tragöde. Eine seiner größten Rollen war in den dreißiger und vierziger Jahren Shakespeares Hamlet, in die er den Protest der fortschrittlichen Jugend Rußlands gegen die herrschende Willkür hineinlegte.

290 *Nichts weiter! – und zu wissen...* – Vgl. Shakespeare, Hamlet, III, 1.
Ein kurzer Mond; bevor die Schuh' verbraucht ... – Vgl. Shakespeare, Hamlet, I, 2.
291 *Um Hekuba! ...* – Vgl. Shakespeare, Hamlet, II, 2.
315 *Nach meinem Los zu fragen* – Zitat aus Lermontows Gedicht „Vermächtnis".
Mon verre n'est pas grand ... – (franz.) Mein Glas ist nicht groß, aber ich trinke aus meinem eigenen Glas.
316 *die Enzyklopädie Hegels* – Gemeint ist das Werk „Enzyklopädie der philosophischen Wissenschaften" des deutschen idealistischen Philosophen Georg Wilhelm Friedrich Hegel (1770–1831).
319 *Gefährlich ist's, den Leu zu wecken ...* – ungenau zitierte Verse aus Schillers Ballade „Das Lied von der Glocke".
322 *ich habe in Rom vor dem „Jüngsten Gericht" gestanden und vor der Venus in Florenz* – Gemeint ist Raffaels Gemälde „Die Transfiguration", das sich im Vatikan befindet, sowie die in den Uffizien zu Florenz aufbewahrte „Venus von Medici", die wahrscheinlich aus dem 1. Jahrhundert v. u. Z. stammende Statue eines unbekannten Künstlers.
Cicerone – (ital.) Fremdenführer.
327 *Wecke sie nicht beim Morgenrot* – Anfangsworte einer Romanze, deren Musik Warlamow (vgl. 2. Anmerkung zu S. 236) zugeschrieben wird; der Text wurde von dem russischen Dichter Afanassi Afanasjewitsch Fet (1820–1892) verfaßt.
330 *eine Tragödie Voltaires* – Gemeint ist Voltaires Tragödie „Mérope".
339 *„Moskowskije wedomosti"* – „Moskauer Nachrichten"; Tageszeitung, die von 1859 bis 1917 in Moskau erschien.
345 *de gustibus non est disputandum* – (lat.) über Geschmack soll man nicht streiten.
Dershawin – Gawrila Romanowitsch Dershawin (1743–1816), russischer Dichter; Vertreter des späten russischen Klassizismus.
348 *Marlinski* – Pseudonym des russischen Schriftstellers Alexander Alexandrowitsch Bestushew (1797–1837); Verfasser romantischer Versdichtungen, kulturgeschichtlicher und historischer Erzählungen, die trotz ihrer verschnörkelten Sprache und üppigen Rhetorik in den dreißiger Jahren sehr populär waren. Wegen seiner Teilnahme am Dekabristenaufstand von 1825 wurde Bestushew als Soldat in den Kaukasus strafverschickt, wo er im Kampf mit den Bergvölkern fiel.
Ammalat-bek – Held der gleichnamigen romantischen Kaukasuserzählung von Marlinski.

363 *Malek-Adel* – Held des Romans „Mathilde oder Erinnerungen aus der Zeit der Kreuzzüge" der französischen Schriftstellerin Marie-Sophie Cottin (1770–1807).

370 *du könntest mir dein ganzes Reich für mein Pferd bieten – ich nähme es nicht!* – Turgenjew spielt hier auf folgenden Ausspruch des Königs Richard aus Shakespeares Tragödie „König Richard III." an: „Ein Pferd! ein Pferd! mein Königreich für 'n Pferd!" (V. 4).

386 *Mariä Schutz und Fürbitte* – Ein Hauptfest der griechisch-orthodoxen und später auch der römisch-katholischen Kirche; fällt auf den dritten Sonntag im November, kann aber auch auf einen beliebigen Sonntag des Monats verlegt werden.

396 *Tjutschew* – Fjodor Iwanowitsch Tjutschew (1803–1873), russischer Dichter.

409 *Petrifasten* – Fastenzeit vom Sonntag nach Pfingsten bis zum Peter-und-Pauls-Tag am 29. 6. alten Stils, der zu Ehren der beiden Apostel Petrus und Paulus von der römisch-katholischen und der griechisch-orthodoxen Kirche begangen wird.

423 *ein Vers von Shukowski* – Gemeint ist ein Vers aus dem Gedicht „Auf den Tod des Feldmarschalls Graf Kamenski" des Dichters Wassili Andrejewitsch Shukowski (1783–1852), dem Begründer der russischen empfindsamen Romantik.

Inhalt

Chor und Kalinytsch	5
Jermolai und die Müllerin	21
Das Himbeerwasser	35
Der Kreisarzt	47
Mein Nachbar Radilow	60
Der Freisasse Owsjanikow	70
Lgow	92
Die Beshinwiese	105
Kasjan aus Krassiwaja Metsch	129
Der Gutsvogt	151
Das Kontor	167
Der Birjuk	187
Zwei Gutsbesitzer	197
Lebedjan	208
Tatjana Borissowna und ihr Neffe	223
Der Tod	238
Die Sänger	253
Pjotr Petrowitsch Karatajew	274
Das Stelldichein	292
Der Hamlet des Kreises Stschigry	303
Tschertopchanow und Nedopjuskin	333
Das Ende Tschertopchanows	355
Die lebende Reliquie	396
Es rattert!	412
Wald und Steppe	429
Anhang	437
Nachwort	439
Anmerkungen	457

Turgenjew, Ges. Werke in Einzelb. 1–10
ISBN 3-351-02280-8
Turgenjew, Aufzeichnungen
ISBN 3-351-02281-6

1. Auflage 1994
© Aufbau-Verlag Berlin und Weimar 1968 (deutsche Übersetzung)
Einbandgestaltung Ute Henkel
Druck und Binden Kösel GmbH, Kempten
Printed in Germany